KLAUSHOFER · GESTALT

JOHANN W. KLAUSHOFER

GESTALT, GANZHEIT UND HEILSAME BEGEGNUNG IM RELIGIONSUNTERRICHT

Eine Auseinandersetzung mit der Gestaltkatechese von Albert Höfer

OTTO MÜLLER VERLAG SALZBURG

ISBN 3-7013-0755-5

© 1989 OTTO MÜLLER VERLAG SALZBURG
Umschlaggestaltung: Mag. Anton Pürcher, Salzburg
unter Verwendung des Bildes „Fußwaschung"
von Sr. Animata Probst, Regens-Wagner-Institut,
D-8880 Dillingen
Gesamtherstellung: Druckhaus-Nonntal-GesmbH., Salzburg

INHALT

8

VORWORT

Die großen Traditionen der Kirche deuteten schon immer darauf hin, daß wir Menschen „ganz" mit allen unseren Sinnen, Kräften, Bestrebungen, Antrieben uns auf die Jesus-Christus-Beziehung einlassen sollen.

Du sollst den Herrn, Deinen Gott, lieben aus all deinen Kräften. In der Katechese wurde dieser Grundimpuls und Auftrag immer wieder verwässert – in der neuscholastischen Katechese mit ihren dürren begrifflichen Lehrsätzen ebenso wie in der neuesten Diskussion um die von manchen wieder neu geforderte Einführung von Katechismen von nur dogmatisch formulierter Qualität. Die Räume der Zustimmung zum Glauben sowohl im Sinne des Vertrauensglaubens als auch der Glaubenssätze sind zu weiten. Die Engführung auf eine dieser beiden Dimensionen des Glaubens ist unzureichend, ja kann sogar verhängnisvoll für die Zukunft der Glaubensverkündigung in einer Zeit werden, in der es immer mehr auf Überzeugungen und auf die Erlebnisdimension des Glaubens ankommt.

Johann W. Klaushofer hat mit seiner Dissertation einen sehr kompetenten und grundlegenden Entwurf zur Gestalt, Ganzheit und heilsamen Begegnung im Religionsunterricht vorgelegt. Am Beispiel der immer wieder auch umstrittenen Arbeiten von Albert Höfer, der schon früh Zugänge aus der Gestaltpädagogik in die Religionspädagogik hinein eröffnet hat, stellt J. W. Klaushofer die Grundkriterien der Gestaltpädagogik, so etwa auch das Menschenbild, die Ziele, Inhalte und Themen, aber auch die historischen Wurzeln dar. Er leistet dadurch einen aufklärenden Beitrag zur österreichischen Katechetik der letzten zwanzig Jahre.

Der gestaltpädagogische Zugang zur Substanz des katholischen Glaubens führt konsequenterweise zur „trinitarischen Gestalt der Verkündigung", führt über die Kategorie der Begegnung zu einem Angesprochen- und Verpflichtetsein des Menschen vom Kerygma her.

J. W. Klaushofer überläßt sich also gerade nicht den derzeitigen modischen Strömungen, die mit dem Begriff „ganzheitlich" auf den Markt der psychologischen Konkurrenzangebote drängen.

Daß es um die Realisation des Glaubens geht, die sich orientiert an Jesus Christus als der Grundgestalt, der den Menschen in seine volle Entfaltung hineinführen will, wird gut begründet deutlich gemacht. Zu den menschlichen Möglichkeiten gehört es auch zu leiden, sich dem Kreuz zu unterziehen.

Jesus Christus selbst ist „die Gestalt der Gestaltkatechese". Die

Symbola der christlichen Tradition dienen der Einheit zwischen der Christusgestalt und den verschiedenen Lebensgestalten unserer Existenz.

Besonders interessant wird es bei den „Methoden" der Gestaltkatechese, die aktives Symbolisieren ebenso einschließen wie die verschiedenen Ebenen der Leiblichkeit, Spontaneität, des Feierns, des Hörens und des Sehens.

Über die bisherige Diskussion über einen therapeutischen Religionsunterricht hinaus, den ich aufgrund der mangelnden Kompetenz von uns Religionspädagogen ablehne, erörtert J. W. Klaushofer einen hilfreichen Zusammenhang zwischen „Verkündigen und Heilen", grenzt Therapie und Pädagogik voneinander ab und plädiert für eine Pädagogik der sich zuwendenden personalen Begleitung, die sich auch der Klage aus den Verletzungen heraus nicht entzieht.

Ein Exkurs zum Modell eines nach diesen Kriterien aufgebauten „Exerzitienähnlichen Lehrerverhaltenstrainings" stellt Praxiswege dar und hilft zu einer weiterführenden Klärung der angeregten Diskussion über eine ganzheitlich strukturierte Religionslehrerausbildung.

Ich wünsche diesem Buch, daß es aufgrund seiner sehr fundierten und engagierten Auseinandersetzung mit diesem wichtigen Thema entsprechende Herausforderungen stimuliert und eine Diskussion über ein Konzept von religiösem Lehren und Lernen anstiftet, das Jesus Christus als „Grundgestalt" in der inkarnatorischen Beziehung zu unserem Menschsein immer intensiver erschließen kann.

Salzburg, April 1989   Albert Biesinger

PERSÖNLICHE VORBEMERKUNG

Es war in der Woche vor Pfingsten 1976[1], als ich zum ersten Mal nach Graz eingeladen wurde. A. Höfer gab damals mit seinen Mitarbeitern für Multiplikatoren aus ganz Österreich eine Einführung in die „Methoden", die in der Neuauflage des „Glaubensbuches 5-8" (1977/78) zur Anwendung kommen sollten.
Alles, was in dieser Woche auf mich zukam, war für mich ganz und gar überraschend. Ich hatte Vorträge erwartet und wurde plötzlich in ein Geschehen hineingenommen, das für mich persönlich bedeutsam war. Ich erlebte existentiell meine Höhen und Tiefen, erfuhr wohltuende Begleitung und konnte aus innerstem Herzen in der konkreten Situation beten und feiern. Nach acht Tagen stellte ich fest, daß ich lebensentscheidende Exerzitien mitgemacht hatte. Wollte ich ursprünglich Methoden für meinen Religionsunterricht kennenlernen, so fühlte ich mich jetzt selber neu und im Aufbruch. Natürlich wirkte sich das im Religionsunterricht aus. Anders als früher hörte ich auf die Schüler, konnte sie gewähren lassen und entdeckte plötzlich meine Kreativität und die der Schüler.
Ich kann mich noch gut an ein Treffen im Kreise von Kooperatoren – Kaplänen – erinnern. Dort erzählte ich voller Begeisterung von meiner Freude am Unterricht und von der kreativen Mitarbeit der Schüler. Meine Begeisterung war so groß, daß ich nicht einmal bemerkte, wie meine Freunde ob meines enthusiastischen Berichtes immer mehr entmutigt wurden. Als sich die Möglichkeit ergab, bei A. Höfer ein „Katechetentraining"[2] mitzumachen, war ich schnell dabei. In der Pfarrgemeinde versuchte ich inzwischen, Jugendwochenenden in der Art zu gestalten, wie ich es bei A.Höfer erfahren, erlebt und gelernt hatte. Allerdings zeigten sich auch immer mehr die Grenzen. In den Klassen der Handelsschule gingen die Schüler nicht so begeistert mit wie in der Hauptschule. In der Handelsakademie (1. Klasse) kam ich mit dieser Arbeitsweise überhaupt nicht an. Gefragt, was ich denn wolle und tue, sprach ich wohl von „Glaube" und „Erfahrung", war aber mit meiner Argumentationsfähigkeit bald am Ende. Durch das „Katechetentraining" wußte ich zwar, daß das, was ich machte, mit „Gestalt" zu tun hatte, konnte mir aber selbst und auch anderen nur bruchstückhaft erklären, was es mit „Gestalt" auf sich hat.
Während eines Studienjahres in München wurde ich 1982 von A. Höfer eingeladen, als Fachdidaktiker an die Religionspädagogische Akademie[3] Graz-Eggenberg zu kommen. Das Angebot ehrte mich, ich nahm an, die Erzdiözese Salzburg gewährte mir drei Jahre Studien-

aufenthalt in Graz, und ich wollte „Gestalt" reflektieren. So ergab sich für mich ein dreifacher Aufgabenbereich. In der Stadtpfarrgemeinde Hl. Blut in Graz wirkte ich, soweit es mir meine Zeit erlaubte, vor allem durch Predigt und Feier der Eucharistie mit. Als Fachdidaktiker der Religionspädagogischen Akademie Graz-Eggenberg brachte mir meine Unterrichtstätigkeit in Verbindung mit einem Studium der Religionspädagogik und Katechetik in Salzburg stetig fortschreitende Klärung im Theorie-Praxis-Zirkel.

An dieser Stelle gilt ein ganz besonderer Dank a. o. Univ.-Prof. Dr. Albert Höfer, der mich in die „Gestaltkatechese" einführte und als persönlicher Freund und Begleiter sowie als Partner in theoretischen Auseinandersetzungen wegweisend war. Angefangen vom „Intensiven Methodentraining" über das „Katechetentraining" und den Ruf nach Graz zeigte er meinem Leben, meinem Glauben und meiner religionspädagogischen und katechetischen Arbeit neue Dimensionen auf. Mit ihm bin ich Gründungsmitglied des „Instituts für Integrative Gestaltpädagogik und Seelsorge"[4] und fühle mich dieser Richtung und dem Freundeskreis verbunden. In letzter Zeit führten unsere Wege etwas auseinander. Distanz war notwendig, um in fundierter Reflexion zur eigenen Stellungnahme und Wertschätzung und zu einer kritischen Würdigung zu kommen.

Danken möchte ich allen Freunden von der Religionspädagogischen Akademie Graz-Eggenberg, die mich in ihre Unterrichts-Praxis hineinschauen ließen und für Theoriegespräche offen waren. Für viele praktische und theoretische Anregungen bedanke ich mich bei meinem Freund Dr. med. Winfried Tröbinger, mit dem ich Einkehrtage in christlich-orientierter Gestaltarbeit mit ganzheitlichen Übungen aus der Bibel gestaltete.

Univ.-Prof. Dr. Albert Biesinger hat meine Reflexionen durch kritische Hinterfragung und ermutigende Begleitung vorangetrieben und die Darstellung meiner Untersuchung als Dissertation[5] angenommen. Für die Veröffentlichung war er gerne bereit, ein Vorwort zu verfassen. Verlagsleiter Arno Kleibl und Lektor Mag. Cornelius Hell haben die Veröffentlichung dieses Buches angeregt und gefördert. Mit großer Sorgfalt hat Frau Ursula Zippusch die Vorarbeiten zum Manuskript durchgeführt. Frau Mag. Gertraud Jeller half bei den abschließenden Arbeiten. Ihnen allen sei an dieser Stelle ausdrücklich gedankt.

Die ,,Gestalt" ist nie ein abgeschlossenes System. ,,Gestalt" bedingt Dynamik und Werden. Schließt sich eine ,,Gestalt", so öffnet sich eine neue. Die ,,Gestalt" dieses Buches ist abgeschlossen. Im gleichen Augenblick öffnen sich neue ,,Gestalten", neue Fragen, neue Dimensionen. So ist dieses Buch in seinem Abschluß ein Neubeginn. Es ist eine sich schließende und gleichzeitig offene ,,Gestalt" und möchte auch als solche verstanden sein.

EINLEITUNG

Alternative Ansätze in der Pädagogik sind heute gefragt. Im Bemühen, umfassendes Wissen zu vermitteln und allerorten gleichwertige Leistungskontrollen einzuführen, wurden Lehrpläne reformiert, Lernziele formuliert, detaillierte Strategien entwickelt und großartige Medien zur Verfügung gestellt. Dabei blieb oft der konkrete Schüler mit seinen Anliegen, seinem Gewordensein und seinem Umfeld auf der Strecke. Der Lehrer war eine Zeitlang vor allem als Übermittler von sachlichen Informationen und als Organisator festumrissener Lernschritte geachtet.

Diese Phase scheint aber beendet zu sein. Ausgehend von alternativen Ansätzen in der Pädagogik steht der Schüler und auch der Lehrer als Mensch und Person im Mittelpunkt des pädagogischen Interesses. Nicht nur das Thema und der Inhalt sind wichtig. Der Schüler soll Beziehung aufnehmen können, sich eigenständig auseinandersetzen, Kreativität entwickeln und gemeinsam mit Schülern und Lehrer Wert- und Sinnhorizonte erschließen.

Sieht man sich in der Religionspädagogik nach derartigen Ansätzen um, so trifft man in Österreich früher oder später auf den Ansatz von Albert Höfer. In das Konzept einer ,,Gestaltkatechese" bringt A. Höfer seine Therapie-Erfahrung ein, versucht aber, die entsprechenden pädagogischen Impulse theologisch aus der Tradition der Kirche und des Glaubens zu begründen. Damit liefert er einen Entwurf, der zugleich radikal (zu den Wurzeln des Glaubens zurückgehend) und pädagogisch alternativ anmutet.

A. Höfer will dem ,,Kerygma", der ,,Verkündigung"[1] dienen. Kerygma und Verkündigung, verstanden als Verkündigungsgeschehen, sind in Jesus Christus ,,Mittel"[2] der Begegnung zwischen Christus und den Menschen. Jesus Christus ist nach A. Höfer ,,im verkündigten Wort seiner Beauftragten gegenwärtig und als Erhöhter allen Generationen gleichzeitig" und kann darum ,,seine Nähe jederzeit gewähren".[3] Wie alle Verkündigung, so ist auch die ,,Katechese"[4] – der ,,Religionsunterricht" – kirchliche Verkündigung in der Schule und ,,organischer Teil der Wortverkündigung und Seelsorge der Gemeinde".[5] Katechese hat deshalb der Hinführung und der konkreten Einübung in die Gemeinde und in den Gemeindegottesdienst zu dienen.[6] Die Schüler sind ,,getaufte Glieder der Kirche",[7] Katechese muß ,,Glaubenshilfe"[8] sein und hat der ,,Realisation des Glaubens"[9] zu dienen. In seiner Habilitationsschrift legt A. Höfer im Jahre 1966 ein Modell

einer kerygmatischen Katechese unter dem Titel „Biblische Katechese. Modell einer Neuordnung des Religionsunterrichtes bei Zehn-
bis Vierzehnjährigen"[10] vor. In dieser Schrift geht er davon aus, daß
sich das Ur-Kerygma[11] in dreifacher Weise entfaltet hat: zum Dogma
und Katechismus als lehrhafte, zu den Evangelien als erzählende
und zum Kirchenjahr als gefeierte Form der Entfaltung.[12] Aus reli-
gionspädagogisch-psychologischen Gründen[13] schlägt A. Höfer für die
untersuchte Altersstufe der zehn- bis vierzehnjährigen Schüler eine
christozentrische[14] Gliederung des Lehrstoffes in der „konkreten"
und „anschaulichen" Form biblischer Perikopen[15] vor. Das Kirchenjahr ist primäres Prinzip der Stoffverteilung,[16] das die entsprechenden
biblischen Perikopen des Christus-Kerygmas „jährlich - aber nach je
anderen Gesichtspunkten"[17] darstellt. A. Höfer hat damit einen Lehrstoff gefunden, der Begegnungscharakter hat, weil „Exempel, Bilder,
Erlebnisse und Umgang mit der betreffenden Wirklichkeit"[18] nicht nur
dem Katecheten, sondern auch „dem Kinde einleuchten".[19]
A. Höfer verfolgt mit dem „Modell der biblischen Katechese" und der
damit verbundenen neuen Aufteilung des Lehrstoffes für die fünfte bis
achte Schulstufe (Hauptschule) in Österreich[20] ein zweifaches Ziel: zunächst will er „Katechese" in der Schule als „aktuelle" Verkündigung,
als „Bezeugung" und „Gegenwart des Wirkens Christi", als konkreten „Heilsvollzug" für die Schüler verstehen[21] und gleichzeitig die
Trennung von Bibel- und Katechismusunterricht überwinden,[22] indem
er biblische Texte rund um ein christologisches Thema dem Kirchenjahr entsprechend ansiedelt.[23] Eine detailliertere Darstellung des kerygmatischen Ansatzes bei A. Höfer verbunden mit einer kritischen
Würdigung dieses Ansatzes findet sich bei J. W. Klaushofer,
Verkündigung und Gestalt.[24]

A. Höfer wendet sich in der Folge den Humanwissenschaften zu und
übernimmt aus Sozialpsychologie, Lernpsychologie und Tiefenpsychologie Erkenntnisse, die ihm die Bedeutsamkeit der Glaubens-
„Rolle", des Einstellungs-Lernens, der Gruppenarbeit im Religionsunterricht, des „aktiven" Symbolisierens[25] und den Zusammenhang
von Glaube und Identitätsbildung aufzeigen. In dieser Zeit betont er
die inneren Kräfte und die Energie des Schülers und versucht, diese
inneren Kräfte für einen kreativen Prozeß und für eine personale
Glaubensbegegnung zu wecken. Vermehrt tauchen bei A. Höfer
„Übungen" auf. Er versucht, daß die Schüler bereits im Unterricht
zum „Handeln" und „Tun" kommen.[26] Damit schwenkt das Interesse
A. Höfers von der kerygmatischen Lehrstoffgliederung zum Schüler

und zur Ermöglichung eines Prozesses der Glaubensbegegnung. Besonders in seiner Schrift ,,Das Glauben lernen"[27] wird der Zusammenhang von Reifungsprozeß, Gewissensbildung und Glaubensbegegnung aufgezeigt und die Selbstentfaltung des Schülers als Möglichkeit der Gottesbegegnung dargestellt.[28] Hier zeigen sich bereits integrative Ansätze, ,,ganzheitliche", gestalthafte Züge.[29] Der Übergang zur ,,Gestaltkatechese" ist fließend.

Nachdem mit dem Modell der ,,Biblischen Katechese"[30] eine Lehrstoffgliederung gegeben war, erschienen 1968/69 die ,,Glaubensbücher 5—8" für die fünfte bis achte Schulstufe der Pflichtschule in Österreich (Hauptschule). In der Folge erschien eine ganze Reihe Handbücher,[31] und 1973 wurden die Schülerbücher als ,,Religionsbuch 5—8" in Deutschland mit kleinen Veränderungen neu aufgelegt. 1977/78 legte A. Höfer die ,,Glaubensbücher 5—8" in Österreich neu auf. Sie unterscheiden sich von der früheren Auflage durch eine ganze Reihe neuer ,,Übungen",[32] die er weitgehend aus seiner Therapieerfahrung in die Religionspädagogik einbrachte. Seit 1983 setzt sich dann der Ausdruck ,,Gestaltkatechese" durch. Parallel dazu verweist A. Höfer auf die Notwendigkeit der Praxiserfahrung[33] und bietet ab 1976 mit Mitarbeitern ein ,,Lehrertraining"[34] an, das er ,,Christlichorientiertes Lehrerverhaltenstraining — exerzitienähnliche Katechetenschulung"[35] nennt. Mit Absolventen dieses Trainings gründet er 1982 das ,,Institut für Integrative Gestaltpädagogik und Seelsorge".[36]

Im folgenden soll nun in einer ersten Annäherung an die Gestaltkatechese der ,,Gestalt"-Begriff und A. Höfers Interpretation beschrieben werden (1.). Da aber A. Höfer zur Theorie der Gestaltkatechese relativ wenig explizit vorgelegt hat, muß zunächst ausführlich über Gestaltpädagogik referiert werden. Damit ist die Frage zu stellen, ob Gestaltpädagogik und kerygmatische Katechese in Zusammenhang gebracht werden können (2.). Nachdem auf diesem Wege einige Aspekte der ,,Gestalt" gewonnen sind, werden die Wurzeln der Gestaltkatechese (3.) und die ,,gestalttheoretischen" Anliegen A. Höfers (4.) darzustellen sein. Auf das Gottes- und Menschenbild der Gestaltkatechese (5.) soll ein spezielles Augenmerk geworfen werden. Anschließend sind die Ziele (6.), die Inhalte und Medien (7.), die Methoden (8.), Fragen rund um den Lehrplan (11.) und der Katechet der Gestaltkatechese (10.) darzustellen. Weil A. Höfer eine Reihe von Übungen aus dem therapeutischen Kontext übernommen hat, wird seiner ,,therapeutischen Orientierung" (9.) gesondert nachzugehen sein.

1. ANNÄHERUNG AN DIE GESTALTKATECHESE[1]

In diesem ersten Kapitel wird eine vorläufige Annäherung an die „GK" versucht. Eine letztgültige Definition der „GK" an dieser Stelle würde ganz und gar der Art A. Höfers widersprechen. Er hat eine eher metaphorisch evozierende Sprache und äußert sich in Bildern und Beispielen. Begriffe und Definitionen dienen nach A. Höfer der Abgrenzung und allgemeinen Gültigkeit. Sie entbehren aber der inhaltlichen Fülle und bleiben im Abstrakten verhaftet.[2] Eine Definition von GK würde andererseits auch der Gestaltpädagogik[3], die das Leben als Prozeß und ständige Entwicklung sieht und „Festschreibungen in besonderer Weise problematisch" nennt,[4] nicht entsprechen.

Es kann darum in diesem Kapitel — und auch im ganzen Buch — keine letzte „Definition" der GK geben. Besonders im nächsten Kapitel wird aber weitere „Prägnanz" erreicht werden.

1.1. Der Ausdruck[5] „Gestaltkatechese"

Der Ausdruck „Gestaltkatechese" kommt zum ersten Mal bei K. Steiner vor. Sie beruft sich auf A. Biesinger, der anläßlich einer Gastvorlesung A. Höfers am 30. 11. 1983 in Salzburg diesen mit „Vater der ‚Gestaltkatechse'"[6] begrüßt hat.[7] Seit diesem Zeitpunkt hat sich allmählich der Ausdruck GK gegenüber früheren Formulierungen durchgesetzt.

Im Jahre 1979 betitelt A. Höfer seine Graduierungsarbeit am pastoraltheologischen Institut der Universität Graz und am Fritz-Perls-Institut für Gestalttherapie in Düsseldorf[8] zum nämlichen Thema mit: „Einführung in die integrative Religionspädagogik".[9] Synonym dazu stehen auch die Ausdrücke „integrative Katechese",[10] „integrativer Religionsunterricht"[11] und drei Jahre später „ganzheitliche Religionspädagogik",[12] „ganzheitlicher Religionsunterricht",[13] „gestaltorientierte Katechese",[14] „gestaltorientierte Religionspädagogik"[15] und „Gestaltkonzeption in der Katechese".[16]

Da „integrativ," „ganzheitlich" und „gestaltorientiert" sowohl bei A. Höfer als auch in der GP[17] „synonym" verwendet werden, können mit dem Ausdruck „Gestaltkatechese" all diese Bezeichnungen zusammengefaßt werden.

1.2. Der Ausdruck „Gestalt"

Mit dem Ausdruck „Gestalt" greift A. Höfer einen holistischen, einen „Ganzheitsbegriff" auf. Es ist grundlegendes Wissen aller Völker, daß wir primär „nicht Einzelheiten, sondern Ganzheiten" wahrnehmen, aus denen wir „die Einzelheiten dann herausschälen können".[18] Das ganze Gefüge ist dabei immer schon mehr als die Summe der einzelnen Teile[19]. „Gestalt" nennt man nun dieses Ganze, wenn man eher die strukturelle Gestaltung und die Anschaulichkeit im Blick hat. Von „Ganzheit" spricht man eher, wenn das Ganze des Gefüges zum Ausdruck kommt.

Ganzheit (griech. holon, lat. totum) ist „eine der ältesten ontologischen Kategorien der Philosophie[20] und bezeichnet eine Einheit, die in sich Teile enthält, indem sie diese strukturiert; damit setzt sie sich auf der einen Seite gegen das ‚Einfache' ab (simplex), das keine Teile enthält, und auf der anderen Seite gegen das bloße ‚Konglomerat' (die Summation oder Addition von einzelnem)". Aristoteles hat den Begriff des „Ganzen" in die abendländische Philosophie eingebracht, und seitdem wird das Wesen der „Ganzheit" darin gesehen, „daß das Ganze den Teilen ‚vorangeht', nicht in der Zeit, aber ‚der Natur nach' und daß das Ganze ‚mehr ist' als die Summe seiner Teile".[21] Überträgt man ganzheitliches Denken auf das Weltbild, so spricht man von „Holismus" und nennt die ganzheitliche Betrachtung eine „holistische".[22] Die Gestalt kann einerseits als „Vielfältigkeit" statisch die „Einheit dieser Teile" darstellen. Andererseits ist Gestalt aber auch *dynamisch*, „Werden, Bewegung, Leben; d. h. ein Raum-Zeit-Kontinuum", ein „Bezug der Dinge zueinander" in „Polarität, Differenz, Figur und Grund".[23] Bei aller Wahrnehmung von Ganzheiten tritt manches in den Vordergrund – sowohl räumlich wie auch zeitlich – während anderes im Hintergrund bleibt. Was sich in den Vordergrund drängt, ist „ein unerledigtes Geschäft", das nach „Klärung und Vollendung" drängt.[24]

Gestalt kann also von der Gestaltpsychologie her gesehen werden als „ein Muster, eine Figur, die besondere Art, wie die vorhandenen Einzelelemente organisiert sind". Auch die menschliche Natur ist „in Strukturen oder Ganzheiten organisiert" und wird nach F. Perls erst dann richtig gesehen, wenn sie „als eine Funktion dieser Strukturen oder Ganzheiten, aus denen sie besteht" verstanden wird.[25] So gesehen hat Gestalt und Ganzheit wesentlich mit *Beziehung* – der Teile zum Ganzen und des Ganzen zu den Teilen – zu tun.

1.3. Mögliche Ansätze für Gestalt in der Katechese

In einer vorläufigen Annäherung an die GK können wir vielleicht schon erahnen, daß in der kerygmatischen Katechese nach A. Höfer manches unter ganzheitlichem, gestalthaftem bzw. holistischem Aspekt betrachtet werden kann:

* Die Strukturierung des Stoffes

Wenn der Lehrstoff ausgehend vom Christuskerygma christozentrisch – nach dem Prinzip der „Konzentration"[26] statt „Addition"[27] – um eine alles durchdringende und in Beziehung bringende Mitte gegliedert ist, dann trägt dieser Lehrstoff gestalthafte Züge. Der Glaube kann nach A. Höfer nicht als Sammelsurium von Sätzen dargestellt werden. Er ist ein „Ganzes", das „seine organisierende und alles andere implizierende Mitte hat in dem Bekenntnis zu dem einen Gott, der durch Jesus Christus im Heiligen Geist das Heil der Menschen ist".[28]

* Der Schüler als Ganzer

Wo die Pädagogik und die Katechese versuchen, den Schüler in seiner kognitiven, affektiven und psychomotorischen Dimension im Unterrichtsgeschehen zu erfassen, dort wird der Schüler ganzheitlich gesehen. Durch Erfahrungen in der außerschulischen Kinder- und Jugendarbeit der Pfarrgemeinde wurde A. Höfer auf den Weg des affektiven und psychomotorischen Lernens geführt.[29] Zudem vertritt er von Anfang an wie sein Lehrer G. Hansemann[30] einen existentiellen Ansatz in der Katechese.

* Der dynamische Prozeß der Erschließung und Begegnung

Geht man von einem gestalthaft strukturierten Stoff und der Beteiligung des Schülers als ganzem aus, so ist die Beziehung der beiden zueinander auch gestalthaft zu sehen. Besonders wenn als Stoff nicht ein abstraktes Thema gegeben ist, sondern der eine Christus, der in den einzelnen Themen wirksam wird, begegnen will,[31] dann ist die *Dynamik der Erschließung* ganzheitlich. Gestalthafter Unterricht wird darum den Prozeß, die Beziehung, die Begegnung und den Weg (Methode) besonders beachten.[32]

* Der konkrete und anschauliche Inhalt

A. Höfer will von Anfang an die abstrakten und lehrhaften Katechismussätze durch anschauliche und konkrete Erzählungen der Heiligen Schrift ersetzen. Es geht ihm ,,um eine Begegnung mit lebendigen Gestalten des Glaubens, besonders mit der ,Gestalt des Gott-Menschen". [33]

A. Höfer hat also aus seiner kerygmatischen Orientierung beste Voraussetzungen, das dynamische Geschehen der Verkündigung und der Katechese unter dem Aspekt der Gestalt zu sehen.

1.4. A. Höfer zur Gestaltkatechese

1985 versucht A. Höfer eine Art Begriffsklärung vorzulegen, in der er GK und GP näherhin beschreibt und bestimmt.

* Gestalt, Begriff und Symbol

A. Höfer beschreibt den *Begriff* ,,als allgemein gültig" mit dem Vorzug einer ,,exakten Definition", aber ohne Aussage, ,,ob er in einer bestimmten Wirklichkeit konkretisiert ist".
Gestalt ist immer ,,konkrete Wirklichkeit" und ,,Tatsächlichkeit der Verwirklichung". Als ,,eine Verwirklichung und Erscheinung des Seins selbst" ist die Gestalt parallel mit einem Symbol zu sehen und kann zum *Symbol des Seins*, das eben in dieser Gestalt ,,in dieser Form erscheint und etwas von sich offenbart", werden. Der Vorteil der Gestalt als Symbol liegt ,,in seiner unerschöpflichen Offenheit". [34]

* Gestalt, Mysterium Gottes und reale Zustimmung

Da das *Mysterium Gottes* ,,kein *Finis*", keine Begrenzung kennt, ist es jeder Definition entzogen. Alles Sprechen von Gott muß ,,analog, symbolisch, sakramental und personal" geschehen und darf die Offenheit und Weite nie verlieren. [35] Deshalb muß der Inhalt konkret und inhaltsvoll gegeben sein als konkrete Verwirklichung des Seins. Diesem kann ,,reale Zustimmung" gegeben werden. [36] Zu all dem eignet sich in bevorzugter Weise die Gestalt.

* Gestalt, Struktur und System

Gestalt ist ,,eine Wirklichkeit unter dem Blickwinkel ihrer Ganzheit", *Struktur* lenkt die Aufmerksamkeit auf die ,,innere Differenzierung

dieser Ganzheit", auf den Zusammenhang zwischen dem Ganzen und den Teilen und auf das Verhältnis der Teile untereinander.
System ist „ein Aggregat von Objekten und Beziehungen zwischen den Objekten und ihren Merkmalen", wobei „unter den Objekten die Bestandteile des Systems, unter Merkmalen die Eigenschaften der Objekte zu verstehen sind und die Beziehungen den Zusammenhalt des Systems gewährleisten".[37] Daher ist nach A. Höfer vieles vom Gestaltdenken im „Strukturalismus und im systemischen Denken" bereits aufgegriffen und weiterentwickelt.[38]

* Gestalt, Phänomen und Phänomenologie

Ausgehend von der aristotelisch-scholastischen Lehre, daß die Wirklichkeit tatsächlich vorhanden ist, sieht A. Höfer die „Gestalt" und das „*Phänomen*" als „*konkrete Wirklichkeit*", die „in ihrer Einmaligkeit so und nicht anders" existiert und erscheint. „Gestalt erkennen" als „Erkennen von konkreten Wirklichkeiten" ist „*Phänomenologie*". Im personalen Bereich widersetzt sich die Einmaligkeit der jeweiligen Person von vornherein jedem abstrakten Begreifen. „Anschauung" durch das „Vermögen der Einbildungskräfte" und die „aktive Phantasie" anhand konkreter Wirklichkeit kann im personalen Bereich weiterhelfen.[39]

* Gestaltpädagogik, gestalthaftes in aller Pädagogik

A. Höfer will „nicht exklusiv von ‚*der*' Gestaltpädagogik" sprechen, sondern „von den Aufgaben und Anliegen des Gestalthaften in aller Pädagogik".[40] Und unter „Gestaltpädagogik" versteht A. Höfer vom Wesen her „eine Pädagogik der ‚*Begegnung*', weil ja Wirklichkeit auf Wirklichkeit, Existenz auf Existenz trifft". Dies beginnt „mit der ganzheitlichen Wahrnehmung (Ch. von Ehrenfels), führt zur gegenseitigen Annäherung (R. Guardini), ermöglicht eine wechselseitige Erschließung (J. W. v. Goethe) und kann so zu existentieller Betroffenheit (O. F. Bollnow), zum persönlich bedeutsamen Lernen (J. Bürmann) werden", wobei der Mensch verwandelt aus dieser Begegnung hervorgeht. Am elementarsten, sagt A. Höfer, ereignet sich diese Begegnung als „*Intersubjektivität* (F. Ebner, M. Buber, G. Marcel)".[41]

* Die fünf Ebenen der Gestaltkatechese

Zunächst ist „das Wichtigste", daß a) „jeder *Schüler* als einmalige Gestalt und nicht als eine Nummer gesehen wird". Dann steht für A. Höfer „katechetisch" im Vordergrund, daß b) „das Mysterium Gottes in Gestalt des Messias Jesus in den Gestalten der Offenbarungsträger und Offenbarungsempfänger in die Geschichte eingegangen ist". Das heißt, daß die einmalige *Urgestalt* in den verschiedenen Teilgestalten konkret aufleuchtet. Weiters hat c) die Anordnung des Lehrstoffes „in einer Konzeption zu erfolgen, die für den jeweiligen *Adressaten* als klare und bewegende Gestalt erkennbar ist". A. Höfer betont deshalb auf der Ebene des Lehrplans eine gestalthafte Strukturierung der Inhalte, die nicht nur für den Experten, sondern vor allem für den Betroffenen, den Schüler einleuchtend sein muß. Eine vierte Ebene liegt vor, wenn in der „Begegnung von Lehrern und Schülern" d) auf die „einmaligen Wirklichkeiten der Personen und Situationen treffend" eingegangen werden kann. Diese Ebene nennt A. Höfer dann „gestalt-*pädagogisch*", während für ihn „gestalt-*didaktisch*" der Unterricht dann ist, wenn er e) „die Wirklichkeit des Schülers und das Bildungsgut als Wirklichkeit zusammenführt, daß daraus Begegnung, Wachstum und Verwandlung geschieht".[42]

Damit sind die fünf Ebenen der GK als Gestalt des *Schülers, Urgestalt* Jesu Christi und Entfaltung durch die Geschichte, gestalthaft strukturierter *Lehrplan*, ganzheitliche Begegnung zwischen *Lehrer und Schüler* und gegenseitige Erschließung und Begegnung zwischen *Inhalt* der Katechese *und Schüler* vorgestellt.[43]

* A. Höfer über seinen Weg zur Gestaltkatechese (1985)

„Ich möchte dieses Gestaltanliegen in der Katechese an dem veranschaulichen, was mir in den Jahren meiner katechetischen Tätigkeit aufgegangen ist und wie ich mich bemüht habe, es für die Praxis fruchtbar zu machen. Zuerst suchte ich nach dem Gestaltungsprinzip jeglicher Verkündigung und fand es in der *Urgestalt* des Auferstandenen und seiner Botschaft (Biblische Katechese, 1966). Dann beschäftigte ich mich jahrelang damit, diese Urgestalt so zu entfalten, daß sie zwar auf alle Pflichtschuljahre verteilt und dennoch immer wie in einem Brennpunkt in ihrer personalen Ganzheit wahrgenommen werden kann (Der neue Religionsunterricht. Eine Einführung in die 1.–8. Schulstufe, 1972; Spuren der Ganzheit. Impulse für eine ganzheitliche Religionspädagogik, 1982). Nach den Bemühungen mit der sogenannten ‚Stoffverteilung' wandte ich mich immer mehr der *Gestalt* des Schülers als des Empfängers dieser Botschaft zu. In ‚Das Glauben lernen' (1974) ging ich der Frage nach, wie der Schüler so über sich hinauswachsen könne, daß er Gott begegne und auf ihn transzendiere (credere *in* Deum): *Pädagogisch* reift er an seinen Bezugspersonen und über sie hinaus; *ethisch* entfaltet er sich aus seinen emotionalen Wurzeln (Selbsterziehung) und gelangt mit Hilfe der Gemeinschaft zu jener Transparenz des Gewissens, die auf Christus verweist; *religions- pädagogisch* schließlich vermag der Schüler durch die Förderung des aktiven Symbolisierens die Kräfte des Transzendierens zu verwirkli- chen. Von da weg beschäftigte ich mich immer mehr mit der Frage, wie der lebendige Schüler und der lebendige Gott mittels seiner Selbst- offenbarung sich begegnen. Daß hier zwei lebendige *Personen* (und nicht nur ‚Stoffe‘, ‚Lehrinhalte‘ und ‚Lernziele‘) aufeinandertreffen, hob ich immer wieder engagiert hervor, vor allem in: ‚Die neuen Glau- bensbücher. Einführung in die Integrative Religionspädagogik‘ (1979) Seite 11—18: Kinder brauchen die Menschlichkeit Jesu; Schüler suchen den Meister; der Prophet zeigt auf Gott; die Jünger bekennen Jesus als Gottes Sohn. Ich spreche darum lieber von *‚Begegnung‘* als von ‚Korrelation‘, weil hier das Personale des Vorgangs deutlicher ins Wort gefaßt ist ... Natürlich vermittelt sich die Selbstoffenbarung Gottes durch Schrift, Symbol und Sakrament (durch ‚Inhalte‘) und will beim Schüler Auge und Ohr, Herz und Hand wecken: Diesen gestalt- didaktischen und gestaltpädagogischen Aufgaben gelten vor allem die Arbeiten aus meiner letzten Zeit (Die neuen Glaubensbücher, Seite 19—73; Gestalt des Glaubens. Beispiele aus der Praxis gestaltorien- tierter Katechese, 1982). Ich kann mein Engagement für das Gestalt- anliegen in der Katechese nicht mit einem großen theoretischen Wurf vorlegen, wohl aber durch zähe Kleinarbeit in Theorie und Praxis, der ich in vielen Jahren mit meinen Freunden und Mitarbeitern nach- gegangen bin.“[44]

1.5. Zusammenfassung

War es ursprünglich das Anliegen A. Höfers, eine neue (gestalthafte) Lehrstoffverteilung zu erstellen, so geht es ihm im Jahre 1985 vor al- lem um die besondere Qualität des Inhalts, der als „Gestalt“ oder „Symbol“ *konkrete Wirklichkeit* vermitteln soll. Dadurch ist perso- nale *Begegnung* und Glaubensbegegnung möglich. Der Ansatz zeigt *korrelative* Züge.[45] Die *Begegnungs-Struktur* von Gott und Mensch ist aber so tief verwurzelt, daß sich A. Höfer gegen jede Art von *analyti- scher* Darstellung wendet. Er will jedes Auseinanderreißen von an- thropologischer und theologischer Seite verhindern.[46]
Auch bei kritischer Beurteilung des Ansatzes in der GK wird das Be- mühen um die personale Begegnung zwischen Schüler und Jesus Chri-

stus hervorzuheben sein.[47] Der Schüler hat die Möglichkeit, im Glaubensprozeß „seine Gestalt" zu finden.[48]

Wenn A. Höfer den Ausdruck „Gestaltkatechese" verwendet und von GP in seiner Katechese spricht, dann ist es an dieser Stelle im Sinne einer Begriffsklärung notwendig, detailliert auf die GP einzugehen. A. Höfer hat für die GK einige Klärung herbeigeführt, allerdings nie Konkretes über die GP ausgeführt. Andererseits soll natürlich aus der GP erhoben werden, ob und inwieweit die GP Theorie- und Praxisanregungen für die Katechese bieten kann und soll.

2. GESTALTPÄDAGOGIK

A. Höfer hat den Ausdruck „*Gestaltpädagogik*" in den Namen des von ihm gegründeten „Institut für Integrative Gestaltpädagogik und Seelsorge"[1] aufgenommen, aber gleichzeitig 1985 klargestellt, daß er „nicht exclusiv von *,der*' Gestaltpädagogik sprechen will, sondern „von den Aufgaben und Anliegen des *Gestalthaften* in aller Pädagogik".[2] Da nun die GP in die GK eingegangen ist, muß geklärt werden, ob diese „geliehene Identität"[3] auch mit der kerygmatischen Katechese vereinbar ist.

Die GP ist noch *sehr jung* und der Ausdruck taucht zum ersten Mal 1977 als Buchtitel[4] auf. Eine eindeutige Definition von GP kann nicht gegeben werden, da „ganz bewußt von *,Konzepten*'" gesprochen wird und „eine geschlossene Theorie weder vorgelegt werden kann noch soll".[5] So kann noch sehr viel unter dem Begriff GP *subsumiert* werden.[6] Festzuhalten ist, daß GP keine „Bezeichnung für ein einheitliches klar formuliertes Konzept" ist und entweder „eher als *Sammelbegriff*" für die unterschiedlichen Anwendungsformen von Gestaltkonzepten im Unterricht"[7] oder als *pädagogische Anwendung* der „*Gestalt-Therapie*"[8] dargestellt werden kann. Manche Dimensionen werden aus den historischen Wurzeln (2.2.) klar werden.

Mit dem Blick auf das „Ganze" hat die GP „mehr" im Auge als die „Summe" der einzelnen Segmente des Unterrichtsgeschehens.[9] Es geht um ein „lebendiges Lernen für ein lebenswertes Leben",[10] um eine „*Humanisierung des Lehrens und Lernens* für eine menschlichere Gesellschaft" und um eine Erfassung des Menschen „in seiner Ganzheit und nicht nur in Teilaspekten".[11] Es lassen sich aber doch Aussagen über Ziele (2.5.), Inhalte und Themen (2.6.), Medien und Methoden (2.7.) der GP darstellen.

Der Lehrer (2.8.) ist in besonderer Weise gefordert, da es wohl konkrete Ansätze (2.1.), aber sehr verschiedene Begründungen (2.4.) zu den einzelnen Teilen des Unterrichts und zur gesamten Theorie gibt. Oft übernehmen Praktiker (Pädagogen) Übungen, ohne die Theorie zu kennen[12] und sind damit in einem *offenen System* unreflektierten Einflüssen ausgeliefert. Für uns heißt das, daß wir für den speziellen Fall des religiösen Lernens das Menschenbild der GP (2.3.) besonders unter die Lupe nehmen müssen. Weiters wird zu prüfen sein, inwieweit eine Pädagogik, deren Theorie „noch nicht zu finden"[13] ist, in die Institution Schule (2.9.) paßt.

2.1. Ansätze der Gestaltpädagogik

Unter anderem Namen reichen die „gestaltpädagogischen" oder ganzheitlichen pädagogischen Ansätze weit zurück.[14] Gegenwärtig zählt man zwei bzw. drei Richtungen auf: Confluent Education, Integrative Pädagogik und bei manchen Autoren auch die Themenzentrierte Interaktion.

* Confluent Education

George I. Brown, ein Schüler von F. Perls, versuchte in Santa Barbara das *Zusammenfließen* (confluence) von kognitivem und affektivem Lernen[15] zu erreichen. „Confluent Education"[16] ist im wesentlichen die *Synthese* des *affektiven* (Empfindungen und Gefühle, Haltungen und Werte) und des *kognitiven* Bereichs (Intellekt und Tätigkeit des Geistes in bezug auf Wissen).[17] Wie im Religionsunterricht[18] soll vor allen Dingen die affektive Komponente im Lernprozeß mehr Beachtung finden[19] und die Integration von Intrapersonalem, Interpersonalem, Extrapersonalem und *Transpersonalem* eine ganzheitliche Sicht ergeben.[20] Dabei versucht Confluent Education „*traditionelle Lerninhalte* mit humanistischen Methoden" zu unterrichten.[21]

* Integrative Pädagogik[22]

Hilarion G. Petzold entwickelt einen „multimodalen agogischen Ansatz"[23] für Erwachsenenbildung,[24] Altenbildung[25] und Vorschulpädagogik.[26] Im Jahre 1977 bezieht er die Schulpädagogik mit ein.[27] Neben der Gestalttherapie wird auf das Psychodrama J. L. Morenos[28] und auf das therapeutische Theater V. N. Iljines[29] zurückgegriffen, „um *kognitives, affektives, somatomotorisches Lernen im sozialen* und *ökologischen Feld* zu verwirklichen. Im Unterschied zur Confluent Education wird der Dimension des *Leibes* durch Atem- und Bewegungserziehung größere Bedeutung beigemessen".[30]

Anknüpfend an die Tradition der europäischen Philosophie und Pädagogik versteht H. Petzold seine Arbeit als „angewandte *Anthropologie*".[31] Die von ihm „Integrative Agogik" benannte Richtung kennzeichnet „Bildung und Bildungsarbeit als *lebenslange Prozesse* ...", die nicht auf Kindheit und Jugend festgelegt werden dürfen". Agogik umfaßt Pädagogik, Andragogik und bezieht „die Fachbereiche Sozialpädagogik, Behindertenpädagogik u. ä." mit ein. Agogik ist also ein „*umfassendes erziehungswissenschaftliches Konzept*".[32]

H. Petzold legt eine Reihe von „Konzepten" vor, aber – wie bereits oben erwähnt – *ohne Absicht"* auf ein bereits *abgeschlossenes System*. Leben ist ja ein ständiger „Prozeß, der sich in jedem Setting, zu jeder Zeit neu vollzieht und deshalb beständig neue Wahrnehmungen und neue Integrationen erfordert." So ist die Theorie auf die Praxis verwiesen und muß ständig mit der konkreten Situation korrespondieren. Dieser „Prozeß der Korrespondenz, des gemeinsamen Antwortens auf die Fragen einer bestimmten Situation ermöglicht Integration: die Integration zwischenmenschlicher Wirklichkeit, ökologischer Realität, sozialer, ökonomischer und politischer Konstellationen, historischer Zusammenhänge",[33] sagt H. Petzold. Damit bezieht er auch die politisch-gesellschaftliche Dimension in sein Konzept ein,[34] die in solchen Ansätzen eher selten zu finden ist.[35]

* Themenzentrierte Interaktion

Bisweilen wird – unter anderem von H. Petzold[36] – TZI nach Ruth C. Cohn zur GP gezählt.[37] Sie selbst kann allerdings das Modell der Themenzentrierten Interaktion[38] *in keinem Fall* hier einordnen,[39] weil etwa G. Brown „mehr vom therapeutisch-individuellen Ansatz im Schulzimmer" ausgeht, während sie sich selbst „mehr vom pädagogisch-sozialpolitischen" Ansatz leiten ließ.[40] Mit R. C. Cohn halten wir fest, daß TZI *nicht* unter GP zu *subsumieren* ist.

Zusammenfassend ist zu sagen, daß es verschiedene Zweige der GP gibt.[41] Im Rahmen dieser Arbeit wird im wesentlichen der Linie H. Petzolds und dem europäischen Zweig der GP nachgegangen, da auch A. Höfer gleichen „Vätern"[42] folgt.

Vorläufig soll *GP definiert* werden als Sammelbegriff von verschiedenen pädagogischen Theorien und Praktiken, die humaneres Lernen zum Ziel haben und von einer ganzheitlichen Sicht der Welt ausgehen, sich manchmal Methoden der Gestalttherapie zu eigen machen, und Lernen als einen lebenslangen Prozeß des ganzen Menschen, ein Zusammenfließen von kognitiven, affektiven und somatomotorischen Elementen im sozialen und ökologischen Feld betrachten. Eine Abgrenzung von Pädagogik und Therapie wird nicht immer leicht sein, zumal F. Perls fordert, die „störende und letztlich artifizielle Trennung zwischen den Therapeuten, Pädagogen und Philosophen" zu überwinden. Die Gestalttherapie hat „seit ihren Anfängen pädagogische Intentionen", und die Gestalttherapeuten, etwa P. Goodman, zeichnen

sich durch (manchmal recht eigenwillige) Innovationen im Bildungs-
wesen aus.[43]

2.2. Die historischen Wurzeln der Gestaltpädagogik / Gestalttherapie

In dem offenen und noch nicht abgeschlossenen Konzept[1] ist GP als
Sammelbegriff[2] für verschiedene pädagogische Konzepte, durch die
jeweils in den Vordergrund tretenden historischen Wurzeln geprägt.
Es liegt in der Natur der Sache, daß auch über die Wurzeln der GP
keine einhellige Meinung herrscht, nur diese, daß GP im weitesten
Sinn im Zusammenhang mit der Gestalt-Therapie[3] steht, auch oft nur
dadurch, daß die Pädagogen ein gestalt-therapeutisches Lehrertraining mitgemacht haben. Offen oder auch verdeckt findet man deshalb
die Wurzeln der GP parallel zu den Wurzeln der GTh.[4]
Die Wurzeln der *Gestalttherapie* lassen sich feststellen, wenn man der
Lebensgeschichte von *F. Perls*[5] folgt, wobei auch hier wieder Reihung
und Gewichtung seiner Quellen sehr unterschiedlich[6] angegeben sind.
Weil aber im allgemeinen sehr wenig auf den Ausdruck „Gestalt" in
der GP/GTh eingegangen wird, soll in dieser Arbeit hierin ein Schwerpunkt liegen (2.2.1.), da ja auch A. Höfer sehr früh über F. Weinhandl
Kontakt zur „Gestalt" bekam.[7] In weiteren Schritten sollen der Exi-
stentialismus, (2.2.2.) die Psychoanalyse (2.2.3.), die Humanistische
Psychologie (2.2.5.), das Psychodrama (2.2.6.), die Dimension des
Körpers nach W. Reich (2.2.4.) und die östlichen Religionen (2.2.7.)
in ihrem Einfluß auf die GTh[8]/GP untersucht werden.

2.2.1. Die Gestalttheorie

Der Begriff *Gestalttheorie* wird hier als Überbegriff[9] bei der psychologischen, physiologischen (organismischen) und philosophischen Richtung[10] als *Theorie der Gestalt* im *weitesten Sinn* verwendet und soll in
dieser Eingrenzung – ausgehend von der Gestaltpsychologie – anhand
von Persönlichkeiten und ihrem Denken dargestellt werden.
Nach W. Metzger ist ein *Ganzes* „eine räumlich, zeitlich oder raum-
zeitlich überpunktuelle Gesamtheit", sofern die einzelnen Teile nicht
zufällig oder beliebig nebeneinander stehen und einen „Realzusam-
menhang" haben.[11] Wenn „das Problem der innerhalb vom Ganzen
herrschenden Ordnung mehr und mehr in den Mittelpunkt der Betrachtung" kommt, spricht man von *Gestalt*.[12] Wahrnehmend erkennt
der Mensch nie Einzelelemente, sondern immer Gestalten, Einzelheiten in „Beziehung" zur großen (ganzen) Wahrnehmung.[13] Gestalthafte Wahrnehmung ist ein „Verfahren zur Weltbetrachtung"[14] und

kann neue Dimensionen erschließen und „Erfahrungen höherer Ordnung"[15] bringen. So umfaßt die Gestalttheorie, ausgehend von der Gestaltwahrnehmung und Gestaltpsychologie, den *organismischen*, den *innerpsychischen* und den *interaktionellen* Bereich und kommt über die allgemeine Interdependenz zu einer *holistischen* Sicht der Dinge in der Feldtheorie.[16]

Meist spricht man bei der Erwähnung der Gestalttheorie und Gestaltpsychologie nur von einer „Leipziger Schule"[17] und einer „Berliner Schule".[18] Es gibt aber noch die „Grazer Schule" der Gestalttheorie „mit Ehrenfels, Meinong, Benussi, Höfler, Weinhandl" – manchmal auch „Österreichische Schule" genannt.[19] Im folgenden soll die „Grazer Schule" besonders berücksichtigt werden.

* Die aktive Wahrnehmung

Die Assoziations- oder Elementenpsychologie ging erkenntnistheoretisch von einer atomistischen Sicht der Dinge aus und reduzierte das Psychische auf reine Abbildung. Das Bewußtsein wäre eine passive Spiegelung der Außenwelt. Gegen Ende des 19. Jhs. gibt es einen Aufbruch von neuen erkenntnistheoretischen Ansätzen. *Wilhelm Wundt* (1832–1920) erklärt, daß das seelische Produkt eine *„aktive Verarbeitung"*, eine „Apperzeption" ist, und *Rudolf Hermann Lotze* (1817–1881) erkennt, daß das Bewußtsein die „Tätigkeit eines unteilbaren Wesens", einer Einheit ist, wo nicht zufällig Inhalte zusammengewürfelt werden.[20]

* Ernst Mach (1839–1916)

E. Mach stellt fest, daß die „Empfindung" einen unmittelbaren Eindruck jenseits jeder intellektueller Verarbeitung hinterläßt. Trotz verschiedener Farben und verschiedener Größe kann ein Gegenstand *(„Raumgestalt")* und trotz verschiedener Transponierung kann eine Melodie *(„Tongestalt")* wiedererkannt werden. Die Unterscheidung von Verstandesleistung und Empfindungsleistung ist die entscheidende Vorarbeit für Ch. Ehrenfels' *„Gestaltqualitäten"*.[21]

* Christian von Ehrenfels (1859–1932)

Ch. Ehrenfels studierte bei Alexius von Meinong in *Graz*, Wien und Prag[22] und stellte „Vorstellungskomplexe im Bewußtsein", die „Gestaltqualitäten" fest. Als Kriterien *(„Ehrenfelskriterien")* für die Gestaltqualität fand er die *„Übersummativität"*, die *Transponierbarkeit* und das „*Abheben vom Grund*". Damit war klar, daß das *Ganze* mehr ist als die Summe seiner Teile[23] und daß der *Phantasie* großes schöpferisches Vermögen zukommt.[24]

* Ferdinand Weinhandl (1896–1973)[25]

F. Weinhandl will jenseits jeder Detailwissenschaft und Methode als *Philosoph* das „Ganze" in den Blick bekommen[26] und wendet als gestaltphilosophische Erkenntnismethode die „*Gestaltanalyse*" an. Diese anerkennt den subjektiven Erscheinungsaspekt, die Phantasie als wesentliche Geistesfunktion und öffnet den Blick auf das Ganze.[27]

Die Gestaltanalyse ist „*eine persönliche Haltung* des erkennenden Subjektes", die sich „in der *Hingabe an den Gegenstand* und im *Verzicht auf Selektion*" vom „*Vorgegebenen*" bestimmen läßt und nicht einen Gegenstand bestimmt.[28]

F. Weinhandl schreibt der *Phantasie*[29] eine *aktive* Rolle im Erkenntnisakt zu.[30] Das *Sichtbarmachen von Gestalt* (Standpunktverlagerung), die Verdeutlichung (Figur/Grund/Wechsel), das Aufhellen (Fokusieren), das Sichten (Distanzieren), der Umgang mit der Dynamik der Gestalt (Körperarbeit), das Sehen von Strukturen (Vereinfachen, Weglassen) und das Deuten der Gestalt (Phantasiearbeit) werden von F. Weinhandl als *Techniken der Gestaltanalyse* angegeben.[31] Diese Techniken haben im Zusammenhang mit dem „*aufschließenden Symbol*" für jede ganzheitliche Wahrnehmung große Bedeutung.[32]

* Max Wertheimer (1880–1943)

M. Wertheimer stellt bei der Untersuchung, wie Einzelteile in ein Ganzes eingehen können, bestimmte „*Gestaltgesetze*" fest. Unter anderem sagt er, daß sich Wahrnehmungsfelder so organisieren, daß unter den gegebenen Umständen die bestmögliche Ordnung zustande kommt. Unabhängig vom Material gibt es in der Wahrnehmung „Umstrukturierungen" und „Gestalt-Wandlungen" mit einer „*Tendenz zur guten Gestalt*" (Prägnanztendenz), sodaß es mit einer gewissen „Dynamik" zur Schließung der Gestalt[33] durch Leistung der Phantasie kommt. M. Wertheimer spricht dabei vom „*fruchtbaren* oder *weiterführenden* (‚*produktiven*', ‚*kreativen*') *Denken*".[34]

* Wolfgang Köhler (1887–1967)

W. Köhler bringt den Begriff der „*Isomorphie*" in die Gestaltpsychologie ein und zeigt auf, daß sich *dynamische Prozesse* im *physikalisch-*

physiologischen und im *seelischen* Bereich analog vollziehen. Psychische Vorgänge drücken sich nicht nur psychisch aus, sondern auch *körperlich-physiologisch.*[35]

* Kurt Goldstein (1878–1965)[36]

K. Goldstein wendet das Figur-Grund-Prinzip auf den ganzen Organismus an und spricht von der *Homöostase,* von der Tendenz nach *Ausgleich,* .von „Selbstrealisierung und Selbstaktualisierung" des Menschen, ob es nun um die Triebebene oder modifiziert um Selbstentfaltung geht. Findet sich ein „unerledigtes Geschäft", so weiß der Organismus am besten, „wie und was er als nächstes" realisieren will.[37]

* Kurt Lewin (1890–1947)

K. Lewin erweitert die Gestalttheorie durch seinen *„Feldbegriff".* Er sieht den Menschen in seinen gesamten Beziehungen, in vielfachen Feldern, die dynamisch aufeinander wirken und den „Lebensraum" ausmachen.[38] Die mathematische Darstellung des Feldes wird zur Grundlage der Gruppendynamik und Aktionsforschung.

* Fritz Perls (1893–1970)

F. Perls trifft auf die Gestaltpsychologie über K. Goldstein[39] und über *Jan Christian Smuts,* der ein der Natur innewohnendes Organisationsprinzip annimmt.[40] Außerdem hat *Laura Perls* in Gestaltpsychologie promoviert[41] und nach eigenen Angaben „an der Entstehung der Theorie und Praxis" der GTh viel mehr Anteil, als es durch Fritz bekannt geworden ist.[42] Die Verbindung zur „Gestalt" zeigt sich auch darin, daß F. Perls 1946 die zweite Auflage von „Ego, hunger and aggression" dem „Andenken von Max Wertheimer" widmet.[43] F. Perls übernimmt, daß es in der Wahrnehmung um eine „Gestaltformation" geht, die zu plötzlichem Verstehen, zum ‚Aha-Erlebnis‘ und zur Einsicht wird.[44] Lernen ist für ihn „*Auf*decken von etwas ‚Neuem‘"[45] und Aneignung des ‚Neuen‘ durch *Integration.* Das mußte zu einer Ablösung von der *psychoanalytischen* Methode führen.[46]

* Zusammenfassung

„Gestalt" ist einerseits eine spezielle *Art der Wahrnehmung* und andererseits eine bestimmte *Sicht der Welt,* eine Philosophie im weitesten Sinn. Gestalt ist „mehr" und „anders" als die Summe der Einzelteile, und in der Gestalt zeigt sich die dynamische *„Tendenz zur guten Ge-*

stalt", die *„Prägnanztendenz"*. Durch *„Isomorphie, „Homöostase"* und *„Feldbegriff"* erfährt „Gestalt" eine Ausweitung auf alle Bereiche der Welt. *„Gestaltanalyse"* ist eine aktive Wahrnehmung, ein Akt der „produktiven Phantasie", und zeitigt Einsicht.
Die organismische *Selbstregulation* könnte total innerweltlich gedacht zu einem apersonalen, totalitären und areligiösen System führen. Wird allerdings im großen Organismus auch *Transzendenz* mitbedacht, so bietet sich Gestalt zur Rezeption in der Religionspädagogik an. Vor allem die *produktive Phantasie* scheint religionspädagogisch sehr bedeutsam zu sein, da Mensch und (aufschließendes) Symbol zusammenwirken können.[47] Der Vorwurf, die Werte würden offengelassen, dürfte besonders auf die „Berliner Schule" und auf die Feldtheorie" zutreffen.[48]

2.2.2. Der Existentialismus

Der Existentialismus ist mit der GP/GTh über Laura Perls, die M. Buber und P. Tillich hörte, und über F. Perls verbunden, der sich früh mit Kierkegaard, Nietzsche, Bergson, Friedlaender, später auch mit Sartre, Scheler und Marcel auseinandersetzte.[49] In einer Lebenskrise (1936) versuchte er, sich vom nihilistischen Existentialismus Sartres abzugrenzen.[50] Für den europäischen Zweig der GP/GTh stützt sich H. G. Petzold auf Marcel, Bergson, Berdjajaev und Merleau-Ponty.[51] Der Existentalismus versucht, den Menschen aus der Selbstvergessenheit des Alltagsbewußtseins zum *Selbstsein* zu führen. In den nihilistischen Ansätzen soll sich der Mensch seiner *Absurdität* und des Nichts bewußt werden und durch eine absolute Tat neu begründen. Christliche Ansätze gehen davon aus, daß das Sein ein Mysterium, ein Geheimnis, ist „in dem der Mensch schon immer steht und dessen er sich in der ‚Sammlung' inne wird". Der Mensch steht vor dem *Anruf ja zu sagen* und „die wahre Möglichkeit seiner selbst" zu wählen.[52]
Folgende Aspekte sind bedeutsam:

* Verantwortung und Entscheidung

F. Perls schreibt das englische Wort „responsibility" oft getrennt als „respons-ability", um auf die Fähigkeit des Antwortens hinzuweisen.[53] Auch im sogenannten „Gestaltgebet" kommt die *Verantwortung* der Existenz deutlich zum Ausdruck: „Ich bin ich / und Du bist Du. / Ich bin nicht auf dieser Welt, um für Deine Erwartungen zu leben

/ und Du bist nicht auf dieser Welt, um meinen zu genügen. / Ich bin Ich / und Du bist Du."[54]

Nach M. Buber ist echte Verantwortung nur dort, wo es wirklich Antworten gibt auf das, ,,was einem widerfährt, was man zu sehen, zu hören, zu spüren bekommt", ein Antworten ,,in und auf die Situation", wie sie gerade jetzt vor mir ist;[55] d. h. eben jetzt dem Augenblick antworten. Dies ist allerdings nur für Menschen möglich, die aufmerkend geworden[56] und zu wacher Bewußtheit gelangt sind und nicht in ein ,,schützendes Ein-für-alle-Mal" fliehen wollen. Damit sind sie aus Verantwortung zur *Entscheidung* fähig.

Die Betonung von Verantwortung und Entscheidung und das ständige Sich-selbst-Setzen ist *nicht unwidersprochen* geblieben. Zum einen wird auf die Flucht in die allzu ,,*private Sphäre*" hingewiesen,[57] zum anderen darauf, daß rund um den Zweiten Weltkrieg ,,Mut mit zusammengebissenen Zähnen" ein sinnloses und vergebliches Bemühen war, das nur half, im Ertragen bestenfalls ,,*Würde zu bewahren*" und ein heroisches Ziel anzustreben.[58] Allerdings gibt es auch Stimmen, die von einer *Aufwärtsbewegung* des Geistes vom ,,positivistischen Materialismus und Determinismus" zu humanen Werten sprechen.[59]

* Phänomenologie — Leib-Subjekt

Der Existentialismus geht *phänomenologisch* (Hegel, Husserl) vor, d. h. er geht in der Wahrnehmung direkt an die Tatsachen heran und von den Tatsachen aus. Auf irgendwelche rationale Vorentwürfe wird keine Rücksicht genommen.[60] M. Merleau-Ponty ergänzt die Phänomenologie, indem er im ,,Leib-Subjekt" die Grundlage des Menschseins sieht.[61] Lernen muß eine Evidenzerfahrung des ganzen Leibes, ein ganz und gar *vitales* Geschehen sein, das ,,*Betroffenheit*" und ganzheitliches Verstehen und Begreifen mit sich bringt.[62]

* Individualistisch — Dialogisch

F. Perls wird oft der Vorwurf gemacht, daß sein Ansatz *individualistisch* sei. Vielleicht um sich abzusichern, hat er gegen Ende seines Lebens das ,,Gestaltgebet" noch erweitert: ,,Erst muß ich mich finden, um Dir begegnen zu können. Ich und Du, das ist die Grundlage zum Wir, und nur gemeinsam können wir das Leben in dieser Welt menschlicher machen."[63] Der *europäische* Zweig der GTh/GP baut von Anfang an einen ,,*dialogischen* Existentialismus" (Marcel, Merleau-Ponty) auf.[64] Alles ,,Sein" ist grundsätzlich als ,,*Ko-Existenz*" bestimmt[65] und zeigt sich als ,,Ich-Du-Dialog" und als ,,*existentielle*

Begegnung".[66] Jede Existenz des Menschen ist Subjekt und trifft auf ein Subjekt. Mit Engagement haben wir uns der Mühe zu unterziehen, den begegnenden Menschen aus jeder Objektivität zu befreien und *Begegnung* zu ermöglichen.[67]

* Aspekte für die Katechese

Verantwortung und Entscheidung betonen die *Personalität* des Menschen als *Gerufener* und *Antwortender*. Der Mensch wird dargestellt als „*Bezogener und Beziehender"*[68] und ist damit im Kontakt mit allem Dasein, auch mit der *Transzendenz*. *Lernen* gewinnt aus der Begegnung *persönliche Bedeutung*. Da der Mensch ein *Leib*-Subjekt ist, geschieht dies in einem *vitalen Akt*. Lernen hat mit Beziehung und *Begegnung* zu tun, ist ganzheitlich und persönlich bedeutsam und geht den Weg von Verantwortung zur Entschiedenheit und zum Handeln. Im französischen Existentialismus wird deutlich auf die *Qualität* der Beziehung und Begegnung hingewiesen. G. Marcel sagt etwa, daß erst in einer auf die „zweite Person ausgerichteten Philosophie" die Worte „mein Nächster" einen Sinn bekommen.[69] M. Buber sieht die Ich-Es-Beziehung ausgrenzend, während der, der *Du* sagt, in *Beziehung* ist.[70] Und diese Qualität kann nur *Liebe* sein, „Verantwortung eines Ich für ein Du".[71] Die Begegnung in der Qualität der Liebe ist für die Katechese rezipierbar. Es wird allerdings kritisch darauf zu achten sein, ob nicht individualistische Ansätze zum Vorschein kommen.

2.2.3. Die Psychoanalyse[72]

Die orthodoxe Psa kann „Saatbeet zur Entwicklung der Gestalt-Therapie"[73] genannt werden, auch wenn F. Perls „eine Revision der Psychoanalyse"[74] vorgenommen hat. Obwohl F. Perls in der psychoanalytischen Bewegung kein hohes Ansehen genoß, achtete er S. Freud als „Edison der Psychiatrie".[75] Während F. Perls die Psa zunächst noch bei Therapeuten mit „beziehungsloser Abstinenz" kennenlernt, übernimmt er die engagierte, „zugewandte Haltung" und arbeitet später dramatisch und körperbezogen.[76]

* F. Perls' „Verarbeitung der Psychoanalyse"[77]

Gegenüber einem Ursache-Wirkung-Gesetz übernimmt F. Perls das *polare Denken*,[78] das die Spannung, die „kreative Indifferenz"[79] kennt und das durch „Integration der Differenzen, ohne daß sie aufgelöst und zerstört werden"[80], einer Mitte zustrebt. Gegenüber associativer Wahrnehmung vertritt er die *gestalthafte* Wahrnehmung. Gegenüber isoliert psychischer Betrachtung vertritt er ein *ganzheitliches* Menschenbild. Gegenüber der Triebauffassung S. Freuds kennt er die organismische *Selbstregulation* (Homöostase). Der Libido-Theorie setzt er den *Hungertrieb* und die *Ich-Funktionen* entgegen. Gegenüber Fixierung auf die Vergangenheit setzt er auf das *Hier-und-Jetzt*-Prinzip. Anstatt auf freie Assoziation setzt er auf „die Gegenwart, auf das Sympton und auf die Beziehung Klient–Therapeut".[81]

* Aspekte für die Katechese

Die Weiterentwicklung der Psa durch F. Perls zeitigt für eine Katechese manche positive Dimension. Ein ganzheitlicher Lernprozeß wird durch die Sicht des Menschen als *Leib-Seele-Geist-Einheit* erreicht. Die *körperliche* Dimension könnte die Katechese beleben. Die *Integration* von Polaritäten kann personales Wachstum und Identitätsbildung anregen. Die organismische *Selbsterhaltungs*-Theorie kann Vertrauen im Schüler wecken, und die Konzentration auf das *Hier-und-Jetzt* ruft nach Konkretheit, Anschaulichkeit und Lebensnähe. Allerdings wird gerade beim Hier-und-Jetzt-Prinzip die Frage zu stellen sein, ob sich eine Religion, die sich aus gelebter Tradition versteht, zusehr vom Hier-und-Jetzt treiben lassen darf. Grundsätzlich ist zu fragen, ob diese Ansätze zu einer Therapie in der Schule führen[82] und ob der Lehrer nicht in die Rolle eines Therapeuten gedrängt wird.[83]

2.2.4. Die Dimension des Körpers

W. Reich erweitert die orthodoxe Psa, indem er den menschlichen Körper „als physisches Abbild des Seelischen" sieht[84] und in seiner Theorie vom Charakterpanzer ein *Ausagieren,* eine „Katharsis" fordert, damit sich der Muskelpanzer entlädt und der Organismus wieder ins Gleichgewicht kommt.[85] F. Perls betrachtet weiterschreitend *Emotionen* nicht mehr als Belästigung, benötigt kein Ausagieren, vertraut auf die organismische Selbstregulation und will *mit* Emotion arbeiten. An die Stelle des Ausagierens tritt jetzt das „*Durchspielen*".[86] M. Merleau-Ponty geht in seiner *Leib-Theorie* noch einen Schritt weiter. Der Leib ist Subjekt aller Wahrnehmung, speziell „unserer Selbstwahrnehmung".[87] Der Leib ist einerseits vom Körper gespalten, kann sich von ihm abheben, aber andererseits ist die Trennung wieder überwunden.[88].

* Aspekte für die Katechese

Die *psychomotorischen* Lernprozesse werden durch die Beachtung der Leibhaftigkeit des Menschen hervorgehoben. Näherhin betrachtet geht es beim Lernen nicht einfach um ein Ausagieren, sondern um ganzheitlich *intentionale* Prozesse. Der Religionslehrer wird nicht einfach Bewegung anbieten, sondern Übungen, die erfahren, begegnen lassen und Beziehungen verschiedenster Art ermöglichen.

2.2.5. Die Humanistische Psychologie

In einer kulturell eher düsteren Zeit[89] entstand die *Human-Potential-Bewegung* mit einer Vielzahl von Konzepten und ständig neuen Ansätzen.[90] Gemeinsam war ihnen allen „die Idee von einem menschlichen Leben"[91] und der Aufstand *gegen* die *Entfremdung* des Menschen. In dieser *Dritten Kraft* der Psychologie ist der Mensch nicht mehr „black box" und leerer Organismus, sondern handelndes und auf die Umwelt einwirkendes Wesen mit Entscheidung und Verantwortung, mit Bezogensein auf Sinn, Wertsetzung und Selbstverwirklichung. Der Mensch ist erlebende Person, die die Fähigkeit hat, sich selbst zu entwickeln.[92] Der Mensch ist *gesund, integrationsfähig,*[93] hat eine dialogische Grundhaltung und ein Ziel in seinem Leben.[94]

Die Grundanliegen der Humanistischen Psychologie wurden von der *Pädagogik* aufgenommen. Die Vorschläge haben weitgehend nur Postulatscharakter. Die Entwicklung der Persönlichkeit ist für den Lehrer gleich wichtig wie kognitives Wissen. Intrinsisches Lernen soll gefördert werden. Helfende Beziehung zwischen Lehrer und Schüler wird verlangt, und ethische Maßstäbe tauchen auf.[95]

* Aspekte für die Katechese

Durch die Betonung des *Humanismus* und der *ganzheitlichen* Sicht des Menschen als *Subjekt* wird der Schüler als Mensch und nicht als Determinante eines Lernprozesses angesehen. Die Katechese kann in Richtung Entwicklung menschlicher „Potentiale", „Wachstum" und „Entfaltung", „Kreativität", „Sinn- und Wertorientierung" Anstöße erhalten. Die *innere Seite* des Erlebens und die dialogische Beziehung zu sich und zur Umwelt können eröffnet werden.[96] Der Lehrer könnte Impulse zu seiner personalen Entfaltung bekommen. Kritisch ist allerdings anzumerken, daß der Begriff *Humanismus* letztlich *nirgends* definiert ist[97], und daß im gleichen Zusammenhang der Vorwurf laut wird, die Humanistische Psychologie könnte *individualistisch* sein.[98]

2.2.6. Das Psychodrama

J. L. Moreno kommt aus einem Kreis von Dichtern und Theaterma-
chern und gründet bereits 1921 eine Experimentierbühne, ein Ste-
greiftheater. Er gelangt über das Rollenspiel zur Gruppenpsychotherapie, zum Psychodrama und integriert *Spontaneität, Kreativität* und
Soziometrie.[99] Bei ihm finden sich Wertschätzung der Erfahrung,
kreatives Experiment, szenische Vergegenwärtigung von pathogenen
Erlebniseinheiten und reinigende (kathartische) Befreiung durch handelndes Tun. Dabei erlangt der Mitwirkende mehr Rollenflexibilität
und erweitert den Erlebnishorizont seiner Perspektiven.[100]
F. Perls übernimmt von J. L. Moreno Rollenspiel, Rollentausch und
den ,,leeren Stuhl",[101] verwendet aber das innerpsychische Psychodrama, während J. L. Moreno *gruppenorientiert* arbeitet. H. G. Petzold übernimmt als Schüler von J. L. Moreno den *dramatischen*
Aspekt[102] und zentrale Begriffe wie Spiel, Aktion, Spontaneität, Kreativität, Begegnung und Augenblick.[103]

* Aspekte für die Katechese

Diese Wurzel bringt in *spielpädagogischer* Hinsicht das dramatische
Spiel und regt zur *Identifikation* mit bestimmten Gegenständen, Räu-
men und Rollen an. Die Arbeit mit *Konflikten* im *sozialen* Netzwerk
wird grundsätzlich ermöglicht.

2.2.7. Östliche Religionen

F. Perls sucht schon vor seiner Japan-Reise eine ,,Religion ohne Gottes Vorstellung", eine innere Heimat und Mitte.[104] Im Yin Yang bzw.
im Tai Chi-Symbol des Taoismus findet er ein *Integrationssymbol* des
menschlichen Denkens. Ein Äquivalent zur ,,schöpferischen Indifferenz", zur *Balance* zwischen *polaren* Gegensätzen. Er lernt eine fortschreitende Differenzierung in Gegensätzen kennen, die übergeord-
net jedoch ,,wieder miteinander vereint und verschmolzen" sind,[105]
und stößt in der ,,Meditation" auf eine Haltung, wo man sich einfach
dem Fluß von Gedanken und Phantasiekonstrukten hingeben kann.[106]
Neu ist auch, daß das *Paradox* eine kreative Lösungsmöglichkeit aus
festgefahrenen Denkmustern sein kann.[107]

* Aspekte für die Katechese

Meditation, Wahrnehmungsübungen und das Aufdecken der Balance
in *polaren* Gegensätzen bringt tiefe Erfahrung und Verantwortungs-
bewußtsein. Kritisch wird man dort hinsehen müssen, wo die organismische *Selbstregulation* zwischen polaren Kräften so stark ist, daß ein

richtungweisendes *Offenbarungswort* und damit Verkündigung de facto überflüssig ist. Denken in dieser Richtung könnte zu einer Weisheitslehre, zu einer Religion „ohne Gottesvorstellung" führen.[108]

2.2.8. Zusammenfassung

Wir sind im großen und ganzen dem *Lebensweg* von F. *Perls* nachgegangen und haben mit den Wurzeln der GTh zugleich die Wurzeln der GP aufgezeigt und Aspekte für die Katechese herausgearbeitet.

Aus der *Gestalt-Theorie* können wir vor allen Dingen die „Übersummativität" aller Wahrnehmung mitnehmen. Die „ganzheitliche" Betrachtung des pädagogischen Geschehens, der beteiligten Subjekte und die ganzheitliche Sicht (in die immer schon die transzendente Dimension integriert werden kann), bringen einen humanen und transzendierenden Aspekt in das Lerngeschehen. Die Zusammenschau und der wahrgenommene Zusammenhang allen Seins und allen Geschehens gibt viele mögliche Ansatzpunkte.

Aus der *Gestaltwahrnehmung* ist die Betonung der „aktiven" und „produktiven" Phantasie mitzunehmen. Objekte können bei entsprechender Annäherung zum „(aufschließenden) Symbol" werden, ein doppelseitiges Erschließungsverfahren in Gang setzen und Möglichkeit zum Transzendieren bieten.

Der Hinweis auf die *„Tendenz zur guten Gestalt"* und die *„Homöostase"* läßt auf die Kräfte im Schüler vertrauen und macht auf dessen ureigenste Anliegen und auf die Entfaltung seiner Möglichkeiten aufmerksam.

Aus dem (französischen) *Existentialismus* ist *Verantwortung*, Entscheidung, „dialogisches" Verhältnis und „intersubjektive Beziehung" − auch zu einem personalen Gott − mitzunehmen. Der Mensch ist als „Wirkender und Bewirkter" in *Beziehung* mit sich selbst, mit Menschen, mit Welt und Gott. Jedes Lernen wird dadurch *existentiell* und personal „bedeutsam" und hat *soziale* Dimension.

Aus der durch F. *Perls* abgewandelten *Psychoanalyse* ist für die Katechese auf die „*ganzheitliche"* Sicht des Menschen und des Lernprozesses mit besonderer Beachtung der *körperlichen* Dimension im *„Hierund-Jetzt"* hinzuweisen. So kann die Katechese versuchen, das „Heute" des Heiles konkret erlebbar zu machen.

Aus der *Humanistischen Psychologie* ist die Betonung des Menschen als *ganzheitliches Subjekt* und die *innere* Seite des Lernens mitzunehmen. *Werte* sollen erlebt und erfahren, Kreativität angesprochen und gefördert und Selbstverwirklichung ermöglicht werden. Der *Lehrer* spielt dabei eine entscheidende Rolle.

Aus dem *Psychodrama* werden Anregungen zur *spielpädagogischen* Verarbeitung speziell von biblischen Texten, die *Identifikation* mit bestimmten Rollen und Objekten und die Dimension des *sozialen* Netzwerkes mitzunehmen sein.

Die *östlichen Religionen* können ein Denken im *polaren* Spannungsfeld eröffnen und aus *paradoxen* Situationen kreative Lösungsmöglichkeiten aufzeigen.

Vorbehalte sind anzumelden und *Abgrenzungen* vorzunehmen, wo die Selbstregulation als „Tendenz zur guten Gestalt" autonom gesehen wird und die Entscheidung und die Verantwortung keinen Platz mehr haben. Außerdem gibt es Tendenzen einer „individualistischen" Sicht. Es wird Aufgabe der Katechese sein, ihr „Humanum" klar von einer christlichen Anthropologie her zu definieren und die Praxis aus einem „intersubjektiven" Ansatz ständig zu überprüfen. Dazu genügt es allerdings nicht, nur im „Hier-und-Jetzt" den Unterricht „persönlich bedeutsam" zu gestalten. Um die christliche Anthropologie einzubringen, muß die Tradition kritisch aufgearbeitet werden.

Um zu einer differenzierten Beurteilung der GP zu kommen und positive Aspekte – aber auch Vorbehalte – herauszuarbeiten, muß in einem weiteren Schritt versucht werden, Dimensionen eines Menschenbildes der GP aufzuzeigen.

2.3. Aspekte eines Menschenbildes der Gestaltpädagogik

Weil die GP/GTh viele und sehr verschiedene Wurzeln hat, kann nicht einfach *das* Menschenbild der GP/GTh dargestellt werden. Um so wichtiger ist es, im Rahmen dieser Arbeit auf Aspekte, Tendenzen, Ansätze und Konzepte eines Menschenbildes hinzuweisen, damit der Katechet die Vor- und Nachteile und die größeren Zusammenhänge erkennt.

Grundsätzlich wird man die Tendenz zur *Integration* feststellen. H. G. Petzold setzt das Wort „Integration" über seine ganze Arbeit und spricht von „Integrativer Agogik"[1] und „Integrativer Therapie".[2] Er selbst lernte mehrere Kulturkreise kennen, konnte diverse Studien absolvieren und erfuhr verschiedenste therapeutische Schulen aus erster Hand.[3] Er geht von der *anthropologischen Grundformel* aus: „Der Mensch ist ein Leib-Seele-Geist-Subjekt in einem sozialen und ökologischen Umfeld, mit dem er in einem unlösbaren Verbund steht. In Interaktion mit diesem Umfeld gewinnt er seine Identität."[4] Diese dichte Formel soll im folgenden etwas näher beleuchtet werden.

2.3.1. Der Mensch in ganzheitlicher Sicht

GTh und GP/Integrative Agogik[5] haben im Bezug auf den Menschen grundlegend *holistische* Prämissen[6], und alle analytischen Ansätze gelten ihnen als magischer Aberglaube.[7]

* Der Mensch als Einheit von Leib-Seele-Geist

Die GP betrachtet den Menschen als *Ganzheit* mit all seinen Dimensionen und Fähigkeiten, will diese alle ansprechen und ernstnehmen[8] und wendet sich der „Gesamtheit" *mehr* zu als den einzelnen Aspekten.[9] Deswegen werden Verfahren bevorzugt, die den ganzen Menschen ansprechen und die Einheit „in Fühlen-Denken-Handeln bzw. Tun"[10] berücksichtigen, wenn auch bisweilen in der bewegungsarmen Schulkultur körper- und bewegungspädagogische Aspekte im Vordergrund stehen.[11]

* Der Mensch im Kontext seiner Umwelt

Der Mensch wird in der GP „total" gesehen, d. h. als ganzer und zudem noch in einem „*unlösbaren Verbund*" mit seiner „sozialen und physikalischen Umwelt". Der „*totale Mensch*" ist mehr als nur „Mensch-an-sich".[12] Er ist Figur vor „seinem jeweiligen Hintergrund" und gewinnt erst in der Interaktion mit der Umwelt seine Identität.[13] Manche Autoren betonen allerdings, daß die Ausführungen zum „Sein-in-der-Welt" in der Gestaltpädagogik noch zu wenig entwickelt seien.[14]

* Der Mensch im Kontinuum von Vergangenheit/Gegenwart/Zukunft

Der Ausdruck „Kontext" spricht das räumliche Umfeld des Menschen an, der Ausdruck „Kontinuum" das zeitliche Feld. Aus der Abb. 1 ist einerseits das Zusammenspiel von Kontext und Kontinuum und andererseits die *Gegenwart* als jener wandelnde Punkt zu sehen, der bisherige Lebensgeschichte und Zukunftserwartung, Ereignisse der Vergangenheit und Möglichkeiten der Zukunft vereint. „Figur" ist das „*Hier-und-Jetzt*". Vergangenheit und Zukunft schwingen als Hintergrund immer mit.[15]

* Der Mensch als dynamischer Organismus

Der Mensch ist ein *Organismus* mit einer inneren Dynamik und mit einer Dynamik zur Außenwelt.[16] Alles steht mit allem in Beziehung,

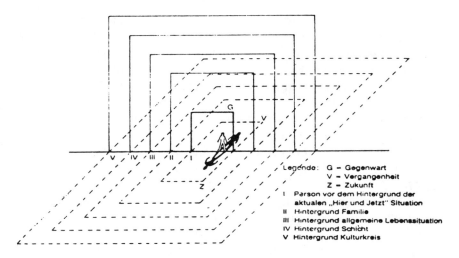

Legende: G = Gegenwart
V = Vergangenheit
Z = Zukunft
I Person vor dem Hintergrund der aktualen „Hier und Jetzt" Situation
II Hintergrund Familie
III Hintergrund allgemeine Lebenssituation
IV Hintergrund Schicht
V Hintergrund Kulturkreis

Abb.1: Die Person und ihr Umfeld als räumlich und zeitlich gestaffelte Figur/Hintergrund-Relation (= Kontext/Kontinuum)[17]

das Leben des Menschen ist ein ständiger *Prozeß*[18] und nichts kann sinnvoll ohne diesen Zusammenhang existieren und begriffen werden.[19] Zusätzlich kennt aber die GP/GTh noch das Prinzip der *homöostatischen Balance* zwischen verschiedenen Polen, das Prinzip der Selbstregulation, die *nie zur Ruhe* kommt und sich als Prozeß „ständig erneuert".[20] Jeder neue „Kontakt", jede neue Wahrnehmung, jeder neue Anstoß hält den Prozeß in Gang. Neben der Selbstregulation im Sinne von Ausgleich kennt die GP/GTh die Dynamik, die zwischen *polaren Kräften* wachsam im Zentrum bleibt und beide Seiten *zu integrieren* versucht. Diese „schöpferische Indifferenz" versucht, beide Seiten zu sehen und einseitige Anschauung zu vermeiden, um so zu tieferer Einsicht und größerem Handlungsspielraum zu kommen.[21]

* *Die „Tendenz zur guten Gestalt" und der „Self-Support"*

Bei manchen Autoren ist die „*Tendenz zur guten Gestalt"*, die „Prägnanz-Tendenz", ein übergeordnetes Prinzip,[22] weil es die Gestalt-Theorie grundsätzlich erklärt. Zunächst besagt diese Tendenz, daß der Mensch im *Wahrnehmungsvorgang* sich fehlende und nicht sichtbare Teile ergänzt und durch ordnende Organisation vervollständigt.[23] So sieht man etwa einen ganzen Kreis, wenn auch nur viele Punkte in entsprechender Form angeordnet sind. Auf den ganzen *Organismus* übertragen besagt „Tendenz zur guten Gestalt" sodann, daß es eine Tendenz gibt, „unerledigte Geschäfte (offene Gestalt)" – nicht erfüllte Bedürfnisse – in eine gute Gestalt zu bringen. Die unerledigten Geschäfte ziehen alle Energie und Konzentration auf sich und beeinträchtigen die Beschäftigung mit einer anderen Sache, bis das unerledigte Geschäft erledigt ist.[24] Mit Figur und Hintergrund läßt sich diese Tendenz in einem anderen Konstrukt erklären: Die vorherrschenden Bedürfnisse werden zur „Figur", und alles andere tritt in den „Hintergrund". Die Figur ist jenes Bedürfnis, das am „heftigsten auf Befriedigung drängt"[25] und wieder in den Hintergrund geht, wenn es gestillt ist. Dann wird ein neues Bedürfnis zur Figur.

Die GP/GTh geht davon aus, daß der Mensch genügend innere Kräfte, „Stütze", (Selbst-) „Support"[26] hat, um auf seine gute Gestalt zu kommen und sein Geschäft zu erledigen. Jeder Mensch hat grundsätzlich „Selbst die besten Fähigkeiten", um sein eigenes Leben „sinnvoll zu gestalten". Aufgabe des Therapeuten/Pädagogen ist es lediglich, ihn „bei der Entfaltung seiner Fähigkeiten zu unterstützen".[27] Oft sind die Fähigkeiten zuwenig entfaltet oder sogar verschüttet. Die GP will stützen und wecken und versteht sich prinzipiell als „Hilfe zur Selbsthilfe".[28] Dieser Support wird gerade dann frei, fließend und wirksam, wenn es dem Menschen gelingt, in „Kontakt" mit seinen unbewußten Anteilen zu kommen und zu seiner eigenen guten Gestalt voranzuschreiten.

* Der Mensch als Leib-Subjekt in Kontext und Kontinuum – der Mensch als Identität

Zusammenfassend ist zu sagen: Der Mensch ist ein „System unter Systemen", ein Organismus in der Welt und nicht nur das, er ist ein „personales System" im Kontext und Kontinuum seiner Umwelt. Er ist „Subjekt" und hat „Identität" in aller Interaktion. Die Identität und (in der GTh/GP weitgehend synonym verwendet) seine Personalität sind nicht statisch und beziehungslos, sondern dauernde „Integration im Lebensvollzug".[29] Aufgabe der GP ist es, die Integrität dieses (Leib-)Subjekts zu sichern und zu fördern.[30]

* Aspekte für die Katechese

Eine Pädagogik, die den Menschen als Einheit und in all seinen Bezügen sieht, wird im ganzheitlichen Ansatz zu würdigen sein. Kognitive, affektive und psychomotorische Lernprozesse werden ineinandergehen, und es wird weitgehend um Beziehungs-Lernen und um Begegnung gehen. Außerdem ist jetzt schon zu sagen, daß Lernprozesse dieser Art *identitätsbildend* sein werden, weil der Mensch in all seinen Beziehungen als Ganzer involviert ist. Die Katechese wird mit der GP einen Blick auf die *inneren Kräfte* werfen, sie erspüren und wecken dürfen. Dabei sind *individualistische* Ansätze zu vermeiden, in denen der Mensch *nur* auf seine eigenen inneren Kräfte vertraut. Diesen Ansätzen stehen allerdings Entwürfe gegenüber, die den Menschen in einem *dynamischen* Austausch mit Kontext und Kontinuum sehen. Gerade dort, wo in diesem dynamischen Umfeld auch noch Offenheit für *Transzendenz* gegeben ist, wird die Katechese in der GP einen idealen Partner finden.

Wenn oft von *Selbstregulation* und *dynamischer Balance* die Rede ist, so hat dies den Anschein eines *totalitären* Systems, ohne Möglichkeit von Verantwortung und Entscheidung. Gestalt-Autoren gehen allerdings davon aus, daß die ganze belebte Natur ,,aus *offenen Systemen*" mit dynamischer ,,*Selbst*-Steuerung" belebt ist.[31] Während mechanische Prozesse selbsttätig ablaufen, ist in organischen Prozessen ,,das Bewußtwerden der eigenen Möglichkeiten" gegeben und der *eigene Wille* in den Möglichkeiten, die sich aus der Umwelt ergeben, angefordert.[32] Denkt man − wie einige Ansätze − *polar,* so weist das Konstrukt der schöpferischen Indifferenz in Richtung *Verantwortung.* Bei einem detaillierten Blick auf dieses Menschenbild − zumindest bei H. G. Petzold – ist festzustellen, daß der Mensch wohl positive Kräfte und Energien besitzt, ihrer aber erst schrittweise in einem *lebenslangen* Prozeß bewußt werden muß. So geht die GP nicht vom ,,naiven Optimismus humanistischer Pädagogik" aus und betrachtet ,,den *Menschen* in sich als *konflikthaft*", aber ,,auf Integration hin" ausgerichtet.[33] (Hier hätten vielleicht auch Aussagen Platz, die von der Erbschuld des Menschen wissen.)
Es zeigen sich aber auch schon einige Fragen: So etwa, ob der Ansatz im *Hier-und-Jetzt,* der den Lernprozeß sehr aktuell macht, ein *kritisch-reflektierendes* Herangehen an Texte und Situationen aus der Tradition hintanstellt. Andererseits könnte die Formulierung von der ,,Tendenz *zur guten Gestalt*" dazu verführen, jede sich schließende Gestalt im menschlichen Verhalten schon deshalb als *sittlich* gut zu bezeichnen, weil sie eine Tendenz abschließt.[34] Und bei *polarem* Denken sowie durch das Ziel, alle Polarität zu integrieren, könnte die Tatsache ausgeblendet werden, daß es Gegensätze im Sinne von ,,*Widerspruch*" und sich ausschließenden Gegensätzen gibt.[35] Wo sittliche Entscheidungen fallen, ist dieser Unterschied sehr bedeutsam.

2.3.2. „Agogik" und Identität

Oben wurde der Mensch als Ganzheit und als Subjekt in seiner vielfachen Beziehung mit Kontext und Kontinuum beschrieben. In Kurzform können wir sagen, der Mensch ist „*Leib-Subjekt*", und drücken damit aus, daß sich im Leib wie in einem Schnittpunkt Zeit und Umwelt „archivieren"[36] und andererseits der Mensch als Subjekt sich als einmaliges und unwiederholbares Ganzes in einem lebenslangen Prozeß ständig neu setzt. Mit dem Wort „*Agogik*" – ursprünglich: Lehre von der individuellen Gestaltung des Tempos beim musikalischen Vortrag – deutet H. G. Petzold an, daß jedes Lernen, jedes leibhaftige Integrieren mit Selbstverwirklichung und Identitätsbildung einhergeht. Anhand einiger Ausdrücke aus der GP/GTh soll hier die „Agogik" und ihre identitätsbildende Wirkung beleuchtet werden.

* Kontakt (-Grenze)

Die Grenze zwischen *Ich* und *Umwelt* – physisch und auch psychisch gesehen – nennt die GP/GTh „Kontaktgrenze". Normalerweise ist an dieser Grenze *lebendiger Austausch*. Diese Grenze ist nicht so sehr als Linie zu denken, sondern als Begegnungs- und Austauschmöglichkeit. Zum einen bewahrt und beschützt die Kontaktgrenze vor dem Überfließen und zum anderen ermöglicht sie den Punkt zur Berührung mit dem Umfeld.[37] Vom Mutterschoß an weiß jeder Mensch, daß Kontakt gewinnbringend ist und Verminderung des Kontaktes Unbehagen und Einsamkeit zur Folge hat. Durch Kontakt lernt aber auch jeder Mensch ein eigenartiges *Paradoxon*. Durch Kontakt setze ich meine Unabhängigkeit aufs Spiel, und nur in Kontakt kann ich die eigene Identität voll begreifen. Ohne Kontakt ist Einsamkeit, Stehenbleiben und letztlich Ende allen Wachstums und Lebens. Im Kontakt liegt die Möglichkeit einer *Veränderung*.[38]

In diesem Kontakt, der einerseits Anerkennung von *Anderem* und Möglichkeit der *Begegnung* mit Anderem bringt, ist nicht nur das „*Was*" der Kontaktnahme interessant, sondern auch die Qualität, das „*Wie*". Unter Kontakt ist nicht die oberflächliche Begegnung gemeint, sondern ein *bewußtes Erleben* und *Wahrnehmen* von Augenblick zu Augenblick.[39]

Da das Wahrnehmen von neuen Inhalten (Lernen) nur im Kontakt geschehen kann, ist gestaltpädagogisch bedeutsam, daß der Schüler zunächst an seine eigene *Kontakt-Grenze gehen muß*, um Möglichkeit zur Assimilation oder Zurückweisung, zur eigenen Veränderung oder zum bewußten Gleichbleiben zu haben. Wenn also ein Schüler nicht *zu sich selbst* findet, kann er auch nicht den Kontakt zum Anderen bekommen.[40] D. h., daß die GP Prozesse anbietet, damit der Schüler sich zurückziehen kann, seinen natürlichen Bedürfnissen auf die Spur kommt und ,,bei sich selbst sein" kann.

* *Bewußtheit — Awareness*

Awareness ist das ,,*bewußte In-Kontakt-Sein* mit der inneren und äußeren Realität im ,*Hier-und-Jetzt'"*.[41] Es ist eine Art von ,,Selbst-Bewußtheit oder Gewahrsein". Der Mensch ist in awareness, wenn er als lebendiger Organismus in einer *entspannten Form* der *Aufmerksamkeit* ist, wenn er als Ganzer ,,in Kontakt ist mit sich und der Umwelt".[42] Awareness ist immer *Leiberfahrung* und geht daher über Wissen, über Bewußt*sein* hinaus zur ganzheitlichen, leibhaftigen Bewußt*heit*.[43] Auch hier treffen wir innerhalb der GP/GTh wieder auf das eigenartige *Paradoxon*, daß gerade jener Mensch, der sich seiner Situation voll und ganz bewußt ist — in awareness ist —, die Möglichkeit zur *Veränderung* in sich trägt.[44] Für den Menschen gibt es deshalb die Verantwortung, jeden Augenblick ,,*voll zu leben*" — im Sinne von bewußt leben —, denn dadurch werde ich meiner Situation gewahr und erspüre auch die Kräfte zu ,,*Alternativen"* und zur Veränderung.[45] In der Beurteilung der *politischen* Dimension der GP wird dieser paradoxe Sprung hervorzuheben sein.[46]

GP kennt daher *Bewußtheits*-Übungen,[47] die in bewußter existentieller Begegnung Beziehung zu *sich selbst* und zu einem *Thema* aufnehmen lassen.

* *Das ,,Hier-und-Jetzt"-Prinzip*

Kontakt und awareness sind nur als gegenwärtiges Erleben möglich. Alles Reden über Vergangenes oder Zukünftiges ist ein ,,Darüber-Reden", wenn nicht im ,,Hier-und-Jetzt" ein Erleben ermöglicht wird.[48] In der Gegenwärtigkeit und nur in ihr ist Leiberfahrung möglich. Körperliches Erleben, emotionale Erfahrung und rationale Einsicht können ineinanderfließen, und die Erfahrung wird ,,unmittelbar und total ,eingängig'"[49] zur *vitalen Erfahrung*.

* *Ko-existenz und intersubjektive Begegnung*

Da der Mensch ein Leib-Seele-Geist-Subjekt im sozialen und ökologischen Umfeld ist, bedeutet alles Leben und Existieren ,,*Mit-sein"*, ,,*Ko-Existenz"*.[50] Kontakt, Beziehung und Begegnung, Ich und Du

45

haben in der GP zentrale Bedeutung, sodaß die GP letztlich erst „aus und durch die Begegnung" zu verstehen ist. Im Sinne von M. Buber ist die Begegnung nicht eine Summe von Kontakten, sondern „eine eigene Qualität".[51]

Wo Menschen aufeinandertreffen, geht es um *intersubjektive* Begegnung. Dies erfordert *Engagement,* innere *Beteiligung* und die Mühe, sich in den anderen hineinzuversetzen. Das Subjekt muß als *Subjekt,* als *zweite Person* behandelt werden. Unser ganzes *Sein,* unsere ganze *Existenz* spricht sich dann in der Begegnung aus.[52] Damit darf in der GP der zu lernende und zu lehrende Stoff nicht in den Vordergrund treten. Zwischen *Lehrer* und *Schüler* soll *horizontale* Begegnung angestrebt werden, eine *Subjekt-Beziehung,* bei der alle *voneinander* lernen.[53]

Intersubjektive Begegnung geschieht zwischen „Leib-Subjekten", und alle Begegnung ist Wahrnehmen und Berührtwerden in der Leiblichkeit. Der Leib ist die Konstante in aller Begegnung. Es gibt aber einen Wechsel in der Szenerie und im Rollenverhalten.[54] Im Leib vereinigen sich die individuelle Existenz und die Existenz mit den anderen. Hier ist die Grundlage einer Persönlichkeitstheorie, die besagt, daß das Leib-Subjekt in der Welt wie auf einer *Bühne* steht, wo ein Reservoir von Szenen, von Rollen und ein Archiv von Partituren vorhanden ist. Die „Sozialisation" kommt in Form der Speicherung in der „Internalisierung von Szenen und Szenengeschichten, von Rollenfigurationen, von Stücken, die ich mit anderen teile", zustande.[55] Im bewußten leibhaften Verwirklichen der Existenz gewinnt der Mensch Identität im Spannungsfeld zwischen Individualität und Ko-Existenz. Das bewußte Eingehen in dieses Spannungsfeld bringt im lebenslangen Prozeß *Sinn* und *Identität.*

* Agogik im Lebensganzen

Identität ist ein „Prozeß", ein „mittelfristiges überdauerndes Konzept"[56] und ist letztlich nie abgeschlossen. GP geht daher davon aus, daß Lernen nie nur für einen bestimmten Lebensabschnitt bestimmt ist, sondern auf das *Lebensganze* zielt und nur „im Zusammenhang mit dem Ganzen verstehbar und sinnvoll" wird.[57] Lernen muß daher einerseits so geschehen, daß *alle* menschlichen Potentiale auf der geistigen, seelischen und körperlichen Ebene entfaltet werden und andererseits die *Schule nicht Ghetto* des Lernens wird.

Aspekte für die Katechese

Lernen und *Identitätsbildung* werden in der GP als miteinander verwoben betrachtet und sind nicht zu trennen. Damit ist grundsätzlich ein Weg eröffnet, Glaube und Leben, Glauben-Lernen und persönliches Reifen korrelativ zu sehen. ,,Kontakt", ,,awareness" und ,,Hier-und-Jetzt" zeigen auf, daß der Schüler vor einer (Glaubens-)Begegnung zunächst *sich selbst* kennenlernen muß. Zu schnell wird oftmals eine Beziehung zum Inhalt aufgebaut, ohne zuvor den Schüler in *Selbstbeziehung* zu bringen.[58] Ist aber der Schüler mit sich selbst nicht in Beziehung, so ist Integration neuer Inhalte im Sinne von persönlichem Wachstum nicht möglich.[59] Will man eine Katechese mit Glaubens-*Begegnung*, dann ist Kontaktaufnahme und Bewußtheitsförderung *nicht Vorfeld*-Katechese, sondern entscheidende Grundlage. Entsprechende Übungen und die Meditation werden aus der GP einen neuen Impuls bekommen.

Das ,,Hier-und-Jetzt"-Prinzip wird anleiten, *konkret* zu sprechen und zu handeln und recht genau hinzuhören, wenn ein ,,Darüber-Reden" um sich greift. Das biblische *Heute* kann vital erlebbar werden.

Die Gedanken zur Intersubjektivität geben einerseits Impulse zur Gestaltung des *Lehrer-Schüler-Verhältnisses* und eröffnen *andererseits* Möglichkeiten zur Arbeit mit geprägten *Glaubensrollen*.

Die Agogik im Lebensganzen gibt Hinweise, daß die Katechese in der Schule (Religionsunterricht) nicht getrennt von der Katechese im Lebensganzen und nicht getrennt von der Katechese in der Gemeinde gesehen werden darf.

Nochmals wird darauf hinzuweisen sein, daß bei einer aktuellen Auseinandersetzung mit Glaubensrollen und Inhalten im ,,Hier-und-Jetzt" der ,garstige Graben' der Geschichte nicht ohne kritisch-reflektierende Hermeneutik übersprungen werden darf.

Nun aber soll ein detaillierterer Blick auf den Lernprozeß, der zugleich Identitätsbildung ist, geworfen werden.

2.3.3. Integration und Kreation

Der lebenslange Lern- und Wachstumsprozeß kann unter den beiden Aspekten *Integration* und *Kreation* betrachtet werden. Nicht aus jedem Blickwinkel sagen die beiden Ausdrücke Gleiches, wohl aber Ähnliches. Der Wahrnehmungsvorgang kann polar als Einverleibung und Neuschöpfung gesehen werden, der Lernprozeß als Aneignung und Wachstum und das Leben mit anderen als kreative Anpassung und kreative Veränderung. Weiters zeigt sich eine Spannung zwischen Integrität und Engagement.

* Der Wahrnehmungsvorgang als Integration und Kreation

An Kipp- oder Vexierbildern[60] kann aufgezeigt werden, daß bei gleichem Anschauungsobjekt Menschen verschiedene Wahrnehmungen machen. Der *Mensch selbst ordnet* das Vorhandene. Die GP/GTh geht phänomenologisch an die Sachen heran, weiß aber auch, daß der Mensch selbst das eine zur *Figur* und anderes zum *Hintergrund* macht. Dabei ist die Phantasie ein schöpferisches Vermögen von größter Bedeutung.[61] Gegebenes wird integriert und zugleich in einer Tendenz zur *guten Gestalt* kreativ vervollständigt. Alfred Höfler – nicht zu verwechseln mit Albert Höfer – weist mit H. Urs von Balthasar auf das ,,*Erblicken"* und ,,*Entrücktwerden"* in der *theologischen* Wahrnehmung hin. Sie unterscheidet sich von der objektiven Erfassung der Wirklichkeit dadurch, daß sich der Mensch öffnet, entrückt wird und sich von der Herrlichkeit Gottes eingeholt erlebt. Ganzheitlich gesehen ist die theologische Wahrnehmung eher eine *Lebenshaltung* als ein Zur-Kenntnis-Nehmen von Tatsachen.[62]

* Lernen als Aneignung und Wachstum

GP sieht Lernen als ,,*subjektiv bedeutsames Geschehen* einer Interaktion" zwischen einem Subjekt samt seinem Hintergrund und einem Thema aus der Welt. Die Folge davon ist entweder eine *Veränderung* der *äußeren Situation* oder der *Person* selbst.[63] J. Bürmann zeigt auf, daß die GP von der GTh die Theorie der bewußten Wiederaneignung abgespalteter Teile der Person übernommen hat, allerdings so, daß in der GP *unzusammenhängende Teilerfahrungen* von Lerninhalten integriert und neu umstrukturiert werden, indem Kontakt mit ihnen aufgenommen und dadurch sowohl Wissensaneignung wie auch persönliches Wachstum möglich wird. Um dies zu erreichen, hat die GP von der GTh Verfahren und Techniken der Wiederaneignung adaptiert.[64]

* Kreative Anpassung und kreative Veränderung

Während F. Perls ,,*creative adjustment"* als ,,ursprünglichste und kreativste Leistung" des Organismus sieht, kennt H. G. Petzold auch noch ,,*creative change".* Gerade in heutiger Zeit fordert er nicht nur Anpassung, sondern auch *Förderung* aller *kreativen Potentiale* des Menschen und *Veränderung* im Lernprozeß auf allen Ebenen.[65]

* Integrität und Engagement

Weil der Mensch als Organismus im größeren Umfeld von Kontext und Kontinuum steht, ergibt sich zusammen mit der Frage nach der *Freiheit* die Frage nach der Integrität und dem Engagement. Freiheit ist nie eine beliebige, sondern immer „die Freiheit, das Rechte zu tun", sagt W. Metzger.[66] So bleibt der Mensch in der Balance zwischen seiner inneren Forderung und der Forderung der Umwelt. Integrität bedeutet in diesem Zusammenhang Engagement, das *Rechte zu tun*. Dies ist aber heute, wo es um „Überleben oder *sinn*-lose Zerstörung von Leben" geht, sehr komplex. Die Integrität ist nur dort gegeben, wo Möglichkeiten eröffnet sind und der gesamte Lebenszusammenhang mitbedacht wird.[67] Integrität ist nicht gewahrt, wo allein die eigene Identität erhalten wird, sondern nur dort, wo auch das *Gegenüber*, ob Ding oder Mensch, „nicht verletzt oder zerstört" wird. Aus diesem Grund ist das Engagement im Sinne einer *umfassenden* Integrität wert- und zielorientiert.[68]

* Aspekte für die Katechese

Für die Katechese ist interessant, daß durchgehend die *Phantasie* als entscheidende Komponente im Lernprozeß gesehen wird. Vor allem dort, wo der Schüler nicht nur Inhalte aufzunehmen hat, sondern wo er sich von Inhalten *ergreifen lassen* soll, sind *offene* Lernkonzepte zu entwickeln und Inhalte vorzugeben, die nicht nur Integration, sondern auch *kreative Auseinandersetzung* ermöglichen. Dies gilt zunächst für den Wahrnehmungsprozeß, dann aber vor allem auch für den Lernprozeß, der − wird Katechese als *Verkündigung* gesehen, die existentiell und personal ansprechen will − die ganze Person miteinbeziehen und *Begegnung* ermöglichen will.

Weiters wird es entscheidend sein, die Antwort des Glaubens nicht nur im privaten Bereich anzusiedeln, sondern heute gerade die *Umwelt*-Problematik im Detail und in aller strukturellen Verknüpfung zu beachten.

Zusammenfassend ist zu sagen, daß der Mensch als Leib-Seele-Geist-Einheit in Kontext und Kontinuum, als personaler Organismus in dynamischer Beziehung mit der Umwelt, als Leib-Subjekt in Ko-Existenz und Intersubjektivität, durchaus für die Katechese rezipierbar ist, wenn zur Einheit, zum großen Organismus und zur Ko-Existenz auch die Transzendenz zu zählen ist. Die dynamische Balance und das Vertrauen auf die eigenen Kräfte zur Selbstregulation sind zu rezipieren, wenn der Organismus als offenes System gesehen wird und die Tendenz zur guten Gestalt nicht in einem naiven Humanismus endet. Ansätze, die auf Beziehung, Begegnung, Ko-Existenz, Intersubjektivität hinsteuern, kommen dem Anliegen der Katechese, zu einer Glaubens-Begegnung zu führen, entgegen. Kontakt, awareness, Hier-und-Jetzt verlangen nach meditativen Elementen und erinnern an das Gebot, den Nächsten so zu lieben wie sich selbst (Mt. 22, 39). Der Hinweis auf Phantasie und Kreativität bei phänomenologischem Herangehen an das Vorhandene erinnert uns an das Mysterium Gottes, das nie ganz zu begreifen, aber immer neu zu schauen ist und uns in Symbolen des Glaubens seinerseits ergreifen kann und begegnen will.

Mit einigen kleinen Anmerkungen versehen können wir also davon ausgehen, daß – soweit es um das Menschenbild geht – die GP für die Katechese rezipierbar ist. Nun ist allerdings noch die Frage zu stellen, ob wir nicht mit der GP auch die Therapie rezipieren. Wir müssen das Verhältnis von GP und GTh klären.

2.4. Verschiedene Ableitungen der Gestaltpädagogik

In einer wenig reflektierten Art und Weise wird bisweilen von GK so gesprochen, als wäre sie „Gestalttherapie im Religionsunterricht". Aus diesem Grunde ist es notwendig aufzuzeigen, daß es verschieden akzentuierte Ableitungen der Gestaltpädagogik gibt. Natürlich bestehen Zusammenhänge zwischen GTh und GP. Manche gestaltpädagogische Ansätze gehen aber nur von der Gestalt-Wahrnehmung aus, und die GK nach A. Höfer bringt als gestaltpädagogische Akzente die „konkrete Gestalt" – verstanden als konkrete Wirklichkeit – in den Mittelpunkt.

2.4.1. Gestalttherapie und Gestaltpädagogik

Direkt oder indirekt läßt sich meist ein Zusammenhang zwischen GTh und GP nachweisen oder erkennen.

* Zusammenhänge und Querverbindungen

Praktisch alle vorliegenden Veröffentlichungen zur GP gehen von der Tatsache aus, daß es „Zusammenhänge, Bezüge, Querverbindungen"[1] zwischen GP und GTh gibt oder daß eine der Wurzeln der GP sicher aus der GTh stammt.[2] Wurde ursprünglich das Zusammenspiel von GTh und Lernprozeß im Klassenzimmer erforscht[3], so versucht man heute, von der „therapeutischen Persönlichkeitsintegration zum

50

identitätsfördernden integrativen Lernen"[4] zu gehen, bis der Ausdruck „Therapie" sogar in den Buchtiteln[5] vorzufinden ist. Grundsätzlich ist aber der Zusammenhang zwischen Therapie und Pädagogik in einer *Intention F. Perls'* grundgelegt. Er will „die artifizielle Trennung zwischen dem Philosophen, Pädagogen und dem Psychotherapeuten" aufgehoben sehen, weil es allen dreien um *Wachstum, Lernen* und *Integrität* geht. Jeder Mensch „sinnt über das Leben nach, jeder kann lernen, jeder kann heilend wirken und Wachstum fördern"[6], hebt F. Perls hervor und schlägt damit die Brücke zwischen Therapie und Pädagogik.

* Das *Lehrertraining*[7] als Bindeglied

Viele Gestaltpädagogen haben ein Lehrertraining mit gestalttherapeutischem Hintergrund absolviert[8] und versuchen, Erfahrungen aus der gestalttherapeutischen Gruppe in eigener Kreativität und Integrität auf den schulischen Alltag zu *übertragen*. Wer im therapeutischen Kontext sowohl die Integrationsmöglichkeit als auch die geschichtlichen Blockierungen erkannt hat, wird als Pädagoge im Unterricht *kongruenter* und *flexibler* sein.

* *Unklare Abgrenzung* zwischen GP und GTh

Wer die GP vertritt, wird sich damit auseinandersetzen müssen, daß bei vielen Autoren die Grenze zwischen GP und GTh nicht geklärt wird oder verschwommen bleibt. Vielfach wird die GP direkt von Konstrukten der GTh hergeleitet[9] und sogar von einem „therapeutischen Klassenzimmer" gesprochen, wobei das „Therapeutische an diesem Klassenzimmer"[10] nicht definiert bzw. geklärt wird. Von solchen Ansätzen wird sich eine schulische Pädagogik und vor allen Dingen die Katechese deutlich *abgrenzen* müssen.

* *Klare Abgrenzung* zwischen GP und GTh

Wenn die Grenzen zwischen GP und GTh auch fließend sind, so gibt es doch sehr klare Ansätze zu einer Unterscheidung und Abgrenzung. H. Petzold unterscheidet ganz klar zwischen dem Sichern und Fördern der Integrität des Menschen und dem Wiederherstellen seiner Integrität. Aufgabe der GP ist es, die *Integrität* zu *fördern* und zu *sichern*. Aufgabe der Therapie ist es, diese Integrität wiederherzustellen.[11] In ähnlicher Weise betont A. Höfler, daß Interventionen mit „reparativem, rehabilitierendem Charakter" eindeutig in die GTh gehören, während es Aufgabe der GP ist, *„vorbeugende, konservierende, stabilisierende, dynamisierende* Maßnahmen" zu setzen.[12] Während in der GTh mit therapeutischer Labilisierung gearbeitet wird, ist es Aufgabe der GP, die *Mobilisierung* durch *„Förderung* von Selbstverwirklichung mit Kreativität, Entfaltung, Kontakt, Begegnung, Eigeninitiative, Bewußtsein, Wertschätzung, Grenzziehung, Zuwendung, Komplexreduktion, Wahrnehmung, Wir-Erleben, u. a." zu erreichen.[13] Während die Therapie reparative Zielsetzung hat, liegt die Aufgabe der GP in der Weckung, Förderung und Stabilisation der menschlichen Person und aller ihrer Fähigkeiten.

2.4.2. Gestaltpädagogik unter dem Aspekt der Gestalt-Wahrnehmung

Gestaltpädagogische Impulse müssen nicht unbedingt ihre Wurzeln in der GTh haben. Einerseits kann die spezielle Art der Wahrnehmung von Gestalten und andererseits auch die wahrnehmende Haltung eines Glaubenden gestaltpädagogische Anstöße zeigen.

* Gestalt-Wahrnehmung bei *F. Weinhandl*

F. Weinhandl versucht in seiner „Gestaltanalyse"[14], mit einer gestaltanalytischen Methode ein philosophisches Erkenntnisproblem zu lösen. Er geht der Frage nach, wie ein *aufschließendes Symbol* zu einem Erkenntnismittel wird, das nicht nur den *Gegenstand,* sondern auch den *Betrachter* selbst erschließt.[15]
Grundpfeiler dieses philosophischen Ansatzes sind das Verstehen mit dem Blick auf das *Ganze,* die Anerkennung der *Phantasie* als wesentliche Geistesfunktion und das Festhalten an einem *subjektiven* Erscheinungsaspekt. Das Objektive wird durch die Phantasie in aktiver Eigenleistung durch Sichtbarmachen von Gestalt (Standpunktverlagerung), durch Verdeutlichung von Gestalt (Figur-Grund-Wechsel), durch das Aufhellen von Gestalt (Fokusieren), durch das Sehen von Strukturen (Vereinfachen, Weglassen), durch die Sichtung von Gestalt (Distanzieren), durch den Umgang mit der Dynamik einer Gestalt (Körperarbeit) und durch die Deutung der Gestalt (Phantasiearbeit) umgestaltet.[16] Das Symbol selbst ist *unerschöpflich*. Dies ist „kein Mangel des Symbols, im Gegenteil, es zeichnet gerade das echte metaphysische Symbol vor der bloßen Allegorie aus"[17], daß es durch die *Phantasie,* durch die „produktive Einbildungskraft" neue inhaltliche Qualität bekommt und andererseits den Menschen Neues und bisher nicht Bewußtes aus seinem eigenen Leben erkennen läßt.[18]

K. Steiner hebt nach F. Weinhandl einerseits die Bedeutung der *Phantasie* in der Wahrnehmung und in der Konstitution des Symbols hervor und betont andererseits die *bewegende Wirkung* des metaphysischen Symbols.[19] K. H. Ladenhauf zeigt – sich ebenfalls an F. Weinhandl orientierend – auf, daß bei diesem Erkenntnisakt mit Hilfe der Phantasie die „höchste Erkenntnisform" gegeben ist, weil nicht „bereits begrifflich Festgelegtes" fixiert wird, sondern überschreitend „der Sache, dem anschaulichen Ganzen" begegnet werden kann.[20]
Mit Hilfe der produktiven Einbildungskraft kann man zum Wesen der Dinge selbst, zur Transzendenz vorstoßen und zur Erschließung seiner eigenen Person mit Hilfe der Schau des „Symbols" gelangen.

* Die *„theologische Wahrnehmung"*

A. Höfler macht aufmerksam, daß H. U. v. Balthasar, Thomas von Aquin folgend, zwischen empirischer und theologischer Wahrnehmung unterscheidet. Im theologischen Sinn sprechen sie vom *„Erblicken"* und *„Entrücktwerden"*.[21] Der Mensch wird im Erblicken schon immer von der Herrlichkeit Gottes eingeholt und aus der Sündhaftigkeit zu Gott heimgeholt. Es kommt zur „Aufhebung unseres Fremdseins gegenüber der absoluten Liebe"[22]. Theologische Wahrnehmung ist *„mehr als ein bloßes Zur-Kenntnis-Nehmen von Bildern"*, es ist eine Haltung, ein *„Lebensakt"*, und darin zeigt sich ihr übersummativer Aspekt.[23]
Wenn R. Guardini den Wahrnehmungsvorgang als „Dienen" im Gegensatz zum „Herrschen" darstellt, so spricht er im Grunde den gleichen Sachverhalt an. Wer sich dem „Unmittelbar-Gegebenen" hingibt, der wird das „Eigentliche" erfassen.[24] Wir sollten vom ersten Augenblick an in der *Wirklichkeit* die *„Gestalten"* wahrnehmen, wie „jedes Element von anderen getragen wird und das Ganze ebenso grundlegend ist wie die Summe der Einzelheiten".[25] Im Geschaffenen läßt sich der lebendige Schöpfer erkennen. Diese Erkenntnis wirkt aber auf den Menschen selbst zurück. Er ist „von Wirklichkeit getroffen" und tritt in das „Kraftfeld einer Wesenheit" ein.[26]
Während objektive Wahrnehmung empirisch Feststellbares auflistet, bringt die „theologische Wahrnehmung" den Menschen in Begegnung mit der wirkmächtigen, umgreifenden Ganzheit, mit Gott.

*Die *Wirkmächtigkeit* des Symbols, der Gestalt

Nach P. Tillich verweist das Symbol nicht nur auf eine Wirklichkeit über sich hinaus,[27] sondern hat auch eine Wirkmächtigkeit, die Erfahrung zeitigt, wie sie durch keine andere Kenntnis vermittelt werden kann.[28] Symbole sind affektbesetzt, rühren die Seele und wecken *archetypische Bilder,* die das Innere des Menschen formen.[29] Was hier speziell vom Symbol gesagt wird, das kann nach F. Weinhandl in gleicher Weise auch von Gestalt festgehalten werden.

* Eine *Querverbindung* zwischen Gestalt-Wahrnehmung und GTh?

Ausgehend von der „Grazer Schule" und F. Weinhandl kommt K. H. Ladenhauf vom *gestalthaften* Sehen zu einer überraschenden Nähe zum Konzept der GTh.[30] F. Weinhandl fordert in seiner „Charakterdeutung auf gestaltanalytischer Grundlage"[31] die konzentrierte Beobachtung der *Körperphänomene,* das „immaginative Fühlen der Dynamik, das Wahrnehmen der charakteristischen Züge und Bewegungsabläufe des gesamten Organismus". Wenn sich die „Gestalt-Wahrnehmung" nicht nur einem aufschließenden Symbol zuwendet, sondern einem *Menschen,* so sind wir nach K. H. Ladenhauf beim gestalthaften Sehen, einer *„Grundhaltung* des *Therapeuten",* der „mit seiner Fähigkeit zur Eigen- und Fremdwahrnehmung und ihrer Verbalisierung" selbst zum wichtigsten Instrument der Therapie wird.[32]

2.4.3. Die „konkrete" Gestalt und die Gestaltpädagogik

Während K. Steiner versucht, die GK aus der Gestalt-Wahrnehmung abzuleiten[33], setzt A. Höfer 1985 mit vier Artikeln[34] einen neuen Akzent. Er betont, daß es ihm in der GK ganz zentral um *„konkrete"* Gestalten, um konkrete *Wirklichkeit* geht. Neu an dieser Forderung ist, daß A. Höfer versucht, dies vom gestalthaften Denken zu begründen. In diesem Sinne spricht er auch vom „Anliegen des Gestalthaften in aller Pädagogik" und nicht „exklusiv von ‚der' Gestaltpädagogik".[35]

* Gestalt und Begriff

A. Höfer beschreibt „Gestalt" oder „Phänomen" als „konkrete Wirklichkeit", die „in ihrer Einmaligkeit so und nicht anders existiert und erscheint".[36] Der „Begriff" hingegen wird als „allgemein gültig", allerdings ohne Aussage, ob er „in einer bestimmten Wirklichkeit konkretisiert ist" oder nicht, beschrieben. Die Vorteile des Begriffes sind, daß er „definitiv, abgegrenzt, inhaltsleer, allgemein gültig und abstrakt" ist, während die Gestalt *„inhaltsvoll, konkret-einmalig und real-wirklich"* ist.[37]

54

* Gestalt, Symbol und konkrete Wirklichkeit

Nach A. Höfer kann alles zum Symbol werden, weil alles Irdische „zum Aufleuchten des Seins an sich" führen kann. Die Gestalt wiederum ist konkrete Wirklichkeit und „eine Verwirklichung und Erscheinung des Seins selbst". Damit kann Gestalt zum Symbol des Seins werden. *Gestalt* und *Symbol* werden bei A. Höfer somit synonym verwendet.[38]

* Gestalt und Transzendenz

A. Höfers großes Anliegen kommt zum Ausdruck, wenn er zu begründen versucht, daß die Katechese nicht Begriffe, sondern reale und konkrete (Glaubens-)Gestalten als Inhalte[39] anbieten soll. Sowohl „Goethe, wie Weinhandl, wie Newman" haben auf die *Verkündigungsweise Jesu* und auf sein konkretes anschauliches Sprechen in den Gleichnissen hingewiesen.[40] Wer im Wort und Bild bleibt, der bietet konkrete, aber auch auf Transzendenz geöffnete Wirklichkeit an.[41] Gestalt/Symbol, also konkrete Wirklichkeit, ist zur *Transzendenz* hin offen, unausschöpfbar und läßt sich nicht „vorschreiben, was es zu bedeuten" habe.[42] Diese möglichst bildhaften und anschaulichen „Gestalten" haben „Wirkung" und erschließen durch aufmerksame Wahrnehmung/*awareness* sowohl den *Inhalt* als auch den *Schüler* selbst, indem sie transzendieren lassen.

* Person und Mysterium Gottes

Die „Einmaligkeit der jeweiligen Person" widersetzt sich grundsätzlich jedem abstrakten und begrifflichen Definieren. Nach A. Höfer muß deshalb eine *Pädagogik,* die es mit „einmaligen Personen" zu tun hat, „wesentlich *gestalthaft* (konkret)" sein. Und gesondert weist er darauf hin, daß das „Mysterium Gottes" jeder begrifflichen Fixierung „am radikalsten" und „grundsätzlich" entzogen ist. Das Sprechen von *Gott* fordert immer eine *analoge, symbolische, sakramentale* und *personale* Art und Weise.[43]
Durch die Forderung nach konkreten Gestalten will A. Höfer in der religiösen Erziehung zu „*Gott selbst*" vordringen. Die konkreten Gestalten sollen „zum Fenster werden", damit man Gott „in allen Dingen sehen und in allen Situationen finden" kann.[44] Ob der Name „Gestalt" verwendet wird oder nicht, ist ihm dabei nicht so sehr wichtig,[45] wenn sein Anliegen gehört wird, daß der Unterricht derart gestaltet ist, daß

sich „zwei lebendige *Personen" begegnen* können[46] und eine „reale Zustimmung" (Kardinal Newman) möglich wird.[47]

2.4.4. Zusammenfassung

Wenn bei manchen Autoren die GP vorschnell von der GTh allein abgeleitet und keine klare *Abgrenzung* vorgenommen wird, so ist mit A. Höfer eine deutliche Abgrenzung von jeder Therapie in der Schule vorzunehmen. Zwar weiß auch er, daß die GP im „Aufwind der Gestalttherapie" in Erscheinung getreten ist. Die GTh hat ihren Akzent „auf das Wahrnehmen, das Wachstum und die Veränderung der menschlichen Person" gelegt und damit viele Mittel und Wege aufgezeigt, die nach A. Höfer „ursprünglich und normalerweise im pädagogischen Feld" zu Hause waren.[48] Wenn ein gestaltpädagogisch gebildeter Lehrer Erfahrungen in GTh gemacht hat, kann er unter Umständen echter/kongruenter und flexibler sein und als Religionslehrer gute Voraussetzungen mitbringen, um als *konkreter Zeuge* des Glaubens aufzutreten. Er wird vielleicht eher die Anliegen und die Probleme der Schüler wahrnehmen und im Unterricht fördernd, stützend und letztlich *„heilsam"* wirken können.

Da Lernen als ganzheitliches lebenslanges *Wachstum* gesehen wird, ist es Aufgabe der GK, dieses Wachstum zu *ermöglichen,* zu *fördern* und zu *stabilisieren.* Wo es allerdings darum geht, Blockierungen zu labilisieren und Krankhaftes in reparativer Art anzugehen, da hat die Pädagogik ausgedient und die Therapie muß ansetzen. Außerdem ist das Setting in der Therapie anders als in der Institution Schule.

Nimmt man aber die Ableitung der GP aus der Gestalt-Wahrnehmung und den Hinweis auf die „konkrete" Gestalt und das „konkrete" Symbol sehr ernst, dann hat die GP und vor allem die GK die *produktive Einbildungskraft* der Phantasie und die *korrelative Erschließung* in der *Symboldidaktik* aufzugreifen. Zu diesem Zweck sind Phantasie-Übungen und kreative Arbeitsformen, meditative Elemente und Einübung in awareness, „theologische" Wahrnehmungs-Übungen und Möglichkeiten des Transzendierens anzubieten. Die entsprechenden Inhalte sind nicht in begrifflicher Thematik, sondern in Form von lebendigen, konkreten und wirkmächtigen (Glaubens-)Gestalten zu vermitteln. So kann das „Eigentliche" der GK vorbereitet werden, die *Begegnung* zweier Personen, die *Begegnung* zwischen dem Schüler und dem sich ihm zuwendenden Gott.

2.5. Ziel(e) der Gestaltpädagogik

Geht man auf die Suche nach Zielen der GP, so wird man *keine Lernziele*[1], sondern eher übergeordnete Prinzipien des Unterrichts finden. Die allgemeinste Zielsetzung (2.5.1.) liegt in der Grundannahme, daß Lernen ein lebenslanger Wachstumsprozeß ist.[2] Daraus können einige differenzierte Ziele (2.5.2.) abgeleitet werden, die hauptsächlich die Qualität des Lernprozesses beschreiben. A. Höfler hat allerdings versucht, speziell auf die Lernzielproblematik in der GP (2.5.3.) einzugehen. Deshalb werden seine Überlegungen auch gesondert angeführt.

2.5.1. Zur allgemeinen Zielsetzung der Gestaltpädagogik

Die ursprünglichste Zielsetzung der GP liegt in der Forderung nach Konfluenz/Zusammenfließen von *kognitiven* und *affektiven* Elementen des Unterrichts, um zu einem *humaneren Lernen* zu kommen. In der Folge versuchte man, durch Begegnung mit neuen Inhalten die Konfluenz aller Kräfte zu erreichen.

Kurz zusammengefaßt könnte das Ziel lauten: *Integration* von *inhaltlichem Lernen* und *persönlichem Wachstum;* ein Lernen, das die Aneignung neuer Inhalte und persönliches Wachstum verbindet. J. Bürmann nennt dieses Lernen „persönlich bedeutsames Lernen"[3]. A. Höfler beschreibt das Ziel mit Integration von Inhalt und Beziehung. Der Schüler muß „mit sich" und auch mit „dem Inhalt in Beziehung" kommen.[4] O.-A. Burow und K. Scherpp geben als Lernziel „Menschlichkeit" an.[5]

Besser würde man wohl von Postulaten[6] oder Leitbegriffen[7] bzw. Leitlinien der GP sprechen.

2.5.2. Differenzierte Ziele der Gestaltpädagogik

Die allgemeine „Zielsetzung" wird an manchen Stellen auch differenzierter beschrieben:

* Nach *O.-A. Burow* und *K. Scherpp* lassen sich zunächst *übergreifende Ziele* aus der GTh für die GP ableiten:
- „Selbstfindung
- Selbstverwirklichung/Selbsterfüllung
- Wiedergewinnung der verlorenen und verdrängten Teile der Person
- Persönliches Wachstum
- Entwicklung des gesamten menschlichen Potentials
- Selbstverantwortlichkeit

- Förderung von Bewußtheit
- Zentrierung auf das Hier-und-Jetzt".[8]

* Bei *M. Phillips* finden wir eine ähnliche Auflistung von Zielen – genannt als *„Inhalte"*, die Grundlage für ein *„Lehrerverhalten* als auch für ein ausgearbeitetes *Curriculum* in der Integrativen Pädagogik" sind:
- „Die Entwicklung und Entfaltung der Person als Ganzheit
- Die Entwicklung verantwortungsbewußter Personen
- Die Entwicklung integrierter Persönlichkeiten
- Die Entfaltung einer wahrnehmenden Person
- Die Entwicklung von Persönlichkeiten, die imstande sind, sich auf das ‚Hier und Jetzt' zu zentrieren
- Die Entwicklung von Personen, die nicht manipulieren".[9]

* Bei *O.-A. Burow* und *K. Scherpp* finden wir *weitere „übergreifende Ziele"* für die GP:
„Anleitung zur
- Ausbildung der eigenen Fähigkeiten und Fertigkeiten
- Empfindung und Realisierung der eigenen Potenzen und Möglichkeiten
- Lösung von hemmenden Blockierungen".[10]

* Bei den gleichen Autoren finden wir folgende *„Leitziele"*[11] mit lernzielartiger Formulierung:
- „Eigene Bedürfnisse und Interessen kennen und erkennen sowie weiterentwickeln (sowohl subjektive als auch objektive)
- Chancen zur Erweiterung des Handlungs- und Erlebnispotentials wahrnehmen (experimentieren)
- Bildung eines ständig neu sich konstituierenden produktiven Verhältnisses zwischen
  - Disziplin und Spontaneität
  - Handeln nach augenblicklichen Bedürfnissen und ‚Ausklammern', Zurückstellen, Hierarchisieren von Bedürfnissen
  - freier Entscheidung und Verantwortung
  - individuellen Polaritäten (z. B. schützen und beschützt werden)
- Selbstbestimmung (im Gegensatz zu Fremdbestimmtheit) im Bewußtsein sozialer Eingebundenheit (s. Individuum-Umwelt-Einheit)
- Soziales Engagement im Bewußtsein von Selbstverantwortung (s. die Einheit des Menschen als Bewirkender und Bewirkter)

- Förderung der Autonomie der Person
- Förderung der Erlebnisfähigkeit und Sensitivität
- ‚Offenheit' für die ‚Forderungen der Lage', also die Fähigkeit und die Bereitschaft, diese Forderungen zu erfassen und ihnen entsprechend zu handeln".[12]

Th. Besems gibt in seinen Überlegungen zu einem „intersubjektiven Unterricht" folgendes *„Richtziel"* an:
- „Der Unterricht will durch Einsicht und Praxis einen Beitrag zur Veränderung leisten in Richtung auf eine gerechte, gewaltlose Gesellschaft, in der die Menschen frei und gleich in Würde und Rechten miteinander umgehen können.
  Damit wir dieses Ziel erreichen können, müssen wir bei den Schülern/Studenten bewirken, daß sie sich ihrer Möglichkeiten, ihrer Selbstverwirklichung und der daraus hervorgehenden Interessen, Wahlen, Handlungen und Verantwortlichkeiten bewußt werden".[13]

Th. Besems leitet aus obigem Richtziel *vier „Grobziele"* ab:
- „Das Bewußtwerden und die Erweiterung von eigenen Möglichkeiten, Kommunikations- und Beziehungsmodellen mit anderen und mit Sachen, und von Veränderungsmöglichkeiten der direkten gesellschaftlichen Umgebung
- Einsicht verschaffen in das eigene Funktionieren und die historischen, sozialen und kulturellen Zusammenhänge dieses Funktionierens im interpersonalen und gesellschaftlichen Kontext
- Das Erweitern der Wahlmöglichkeiten des Individuums an sich, des Individuums in Beziehung zu den anderen und des Individuums in Beziehung zur Welt
- Voraussetzungen schaffen, um diese Einsicht in die Funktionszusammenhänge zu rationalisieren und das aktive Vertreten von Interessen möglich zu machen".[14]

W. Faber gibt „Leitsätze" an, die die Qualität eines gestaltpädagogischen Lernprozesses bestimmen sollen:
- „Die Persönlichkeit des Lehrers ist von entscheidender Bedeutung für die Lernbereitschaft, den Lernerfolg und die sittliche und religiöse Erziehung und Entwicklung des Schülers
- Mehr menschliche Beziehung statt mehr Wissensvermittlung und perfekte Unterrichtsstrategien
- Balance zwischen Ich-Wir-Stoff statt Dominanz des Unterrichtsstoffes

- Klassenraum und außerunterrichtliches Schulleben entscheiden mit über die Effektivität des Lernens
- Förderung der Selbstverantwortung des Schülers".[15]

Die angeführten Ziele geben wenig Auskunft über die inhaltliche Seite des Lernens. Sie sprechen eher die grundsätzliche Qualität des Unterrichts und Lernens an und können nicht als Lernziele und schon gar nicht als Feinziele definiert werden.

2.5.3. „Gestaltpädagogische Lernzielarbeit" nach A. Höfler

Während im lernzieltheoretischen Bereich die Lernziele in einer quasi Vorprogrammierung aussagen, was aus dem Schüler werden soll, möchte sich F. Perls nach A. Höfler auf das konzentrieren, „was jetzt *ist* und nicht, was sein *soll*".[16] A. Höfler setzt sich mit diesem Problem auseinander.[17] Bei konkreter Lernzielvorbereitung soll trotzdem auf das Hier und Jetzt eingegangen werden. Sind Lernziele *vorgegeben,* ist gleichzeitig mit den Schülern auch das Lernziel zu *entwickeln.*[18] Neben der *Beziehung* als Basis darf aber der *Inhalt* keineswegs zu kurz kommen.

A. Höfler betont, daß es „sehr schwer" ist, *gestaltpädagogisch subjektzentriertes* Lernen und das primär *objektzentrierte* Lernen der *Lerntheorie* zusammenzubringen.[19] Wenn „in jedem Menschen Fähigkeiten (Energien) enthalten sind, die das Lernen ermöglichen, ohne von außen erzwungen zu werden", so sind Soll-Behauptungen kaum am Platz. Lernziele können nur als „Orientierung" im Sinne eines *Spielraumes* verstanden werden, der „die Entscheidung der Schüler und des Religionslehrers fordert, aber nicht das Ziel abverlangt", sonst würde die Lernzielarbeit gegen eine integrative Persönlichkeitsentwicklung stehen.[20]

In der GP ist Lernzielarbeit nur „vom gestaltpädagogischen Hintergrund" her sinnvoll. Beachtet man dieses Kriterium, so sind folgende *Grundsätze* abzuleiten:

„1. Gestaltpädagogische Lernziele sind als *Orientierungshilfen* zu verstehen, die nicht auf Fixpunkte ausgerichtet sind, wobei die Lernziele immer den *Subjektbeziehungen untergeordnet* werden. Lernziele, Methoden und Inhalte beziehen sich auf ein Subjekt. Das entspricht dem ‚Kontextprinzip', das besagt: ‚Nichts kann ohne seinen Zusammenhang sinnvoll begriffen werden'.

2. Die *individuelle Sinnhaftigkeit* eines Lernziels kann erst im *Prozeß* des Religionsunterrichts sichtbar werden, wenn ein Lernziel für den

Schüler aus inneren Zusammenhängen erstrebenswert und differenziert erkannt wird. Das entspricht dem ‚Identitätskonzept', das durch Kontakt und Abgrenzung gekennzeichnet ist.

3. Der Umgang mit Lernzielen im Hier und Jetzt ist bedeutender als ihre Festlegung und Erfüllung. Da heißt, daß *existentielle* Beziehungen vor funktionalen kommen. Das entspricht der Betonung des ‚Hier-und-Jetzt-Prinzips'.

4. Lernziele können *Richtungen* andeuten, aber sie brauchen individuelle Auseinandersetzung, um *Gemeinsames* und *Unterschiedliches* in Beziehungen zum Vorschein zu bringen. In diesem Fall sprechen wir vom ‚Konsenskonzept'. Es besagt: ‚Sinn mit anderen und anderem'.

5. Wir bezeichnen gestaltpädagogische Lernziele als *offene Ziele*, wenn der Religionslehrer fähig ist, seine Lernziele zu Gunsten der Beziehungen mit den Schülern zu verändern, wenn sie sich als beziehungsstörend erweisen. Wir sprechen hier vom ‚Koexistenzkonzept', das besagt: ‚Alles Sein ist Mit-Sein'.

6. Lernziele sind in einem Handlungskonzept ständig der *Beziehungsdynamik* unterworfen, die sie begleiten. Wir finden diese Lebensprozesse theoretisch im ‚Kontinuitäts/Diskontinuitätskonzept' behandelt.

7. Lernziele müssen *mehrdeutig* sein, da Wirklichkeit mehrdeutig ist. Damit ist jeder Schüler mehr zum Subjektsein herausgefordert als zur Erfüllung von ‚Eindeutigkeit' (Ambiguitätskonzept)."[21]

Aus der Sicht des Lehrers, so A. Höfler, wird in der Lernzielproblematik oft die Formel „der Schüler soll" mit „ich soll" verwechselt. Dadurch empfindet der *Lehrer* das Gefühl eines *Müssens,* während Lernziele Hilfen sein sollen.[22] Aus der Sicht des Schülers ist entscheidend, daß er an der Zielbestimmung mitarbeiten kann und dadurch *persönlich* Sinn findet. Aus der Sicht des Religionsunterrichtes ist die Balance zwischen *Sach-* und *Beziehungsorientierung* zu erwähnen. Wenn der „Kontakt" zwischen Schüler und Inhalt gehalten wird, so ist die notwendige Balance vorhanden.[23]

Resümierend kann mit A. Höfler festgestellt werden, daß „die *subjektive Entscheidungsfindung*" mehr zu betonen ist als „die *Beeinflussung* oder *Programmierung* von außen". Die *Feinzielarbeit* ist damit völlig dem *Subjekt überantwortet.* Nach A. Höfler ist es aber auch sehr bedeutsam, die *Spannung* zwischen *Ideal-* und *Realziel* aufrecht zu halten, denn „ein ideales Ziel ohne Realitätsbeziehung wird zur Utopie, und ein reales Ziel ohne Idealbezug wird hoffnungslos". Durch notwendige Korrespondenz beider Zielrichtungen könnte positive Arbeit geleistet werden.[24]

2.5.4. Zusammenfassung

Die GP versteht Lernen als lebenslangen Wachstumsprozeß und hat besonders das eine Ziel, daß die *Entfaltung des Subjekts* im Kontext und Kontinuum anhand vorgegebener Inhalte vor sich gehen kann. Ein *Lernziel* kann deshalb nur *Orientierungshilfe* sein und muß in Zusammenarbeit mit den Schülern ständig neu bestimmt werden. Der *Lehrer* im gestaltpädagogischen Prozeß ist *existentiell* im Hier und Jetzt großen *Anforderungen* ausgesetzt. Es bedarf wohl einiger Anstrengung, daß die *inhaltliche Seite* im Lernprozeß einerseits so gestaltet und aufbereitet wird, daß *Kontakt* möglich ist, und andererseits bei aller positiven Hervorhebung des persönlichen Wachstums die inhaltliche Seite *nicht vergessen* wird. Gerade in der Katechese wird es im Sinn der „Korrelation" wichtig sein, die Balance zwischen „*Inhaltslernen* und *Beziehungslernen*" zu beachten.

Nun aber muß in einem weiteren Schritt der Frage nachgegangen werden, ob im gestaltpädagogischen Lernprozeß für bestimmte Inhalte Präferenzen vorliegen.

2.6. Inhalte / Themen der Gestaltpädagogik

Grundsätzlich ist die GP *offen* gegenüber allen Inhalten und Themen des Unterrichts. Bevorzugt werden allerdings Themen, die eine besondere Nähe zur *Identitätsbildung*[1] zeigen. Es geht um Fragen des eigenen Gewordenseins, des Einblicks in die Entwicklungspsychologie, des Kontextes in der Familie, um Sinn- und Orientierungsfragen, um die Einsicht in Gruppenprozesse, um Partnerschaftsfragen usw. Weiters gibt es Themenbereiche, die spezielle *Fähigkeiten* und *Fertigkeiten* – besonders aus dem musisch-kreativen Bereich und zum Gewahrwerden des *Körpers* – zum Inhalt haben.

Vor allem werden Themen und Inhalte aus dem *affektiven* und *psychomotorischen* Bereich bevorzugt.[2] Hat ein Inhalt weder affektive noch identitätsnahe Dimension, so ist *didaktische Vorarbeit* durch den Lehrer oder in der ersten Phase des Unterrichts notwendig. Ein Thema oder ein Inhalt ist in der Sach- und Affektdimension didaktisch so aufzubereiten, daß der Schüler angesprochen ist, das Thema zu seinem Anliegen wird, die größeren Zusammenhänge erkannt werden können und durch Integration und/oder Kreation Stabilisierung und/oder Veränderung des Schülers, der intersubjektiven Beziehungen und der Umweltbedingungen vorgenommen werden können.[3]

Für unser *katechetisches* Anliegen ist aus einer Orientierung der Theologie „*pro homines*" die Verwendung der für den Schüler bedeutsamen

Inhalte und Themen hervorzuheben. Der Schüler und die Klassensituation bestimmen korrelativ mit dem Lehrplan die Auswahl der entsprechenden Themen und Inhalte.

2.7. Die Methoden / Medien der Gestaltpädagogik

Bereits bei der Frage nach den Zielen der GP wurde deutlich, daß das *Ineinander,* die Konfluenz, Integration oder Synergie ein Spezifikum der GP ist. Waren oben Ziel, Inhalt und Prozeß, Subjektives und Intersubjektives nicht zu trennen, so gehen hier im gestaltpädagogischen Prozeß die Medien und Methoden ineinander über.

* Zur *Bestimmung* von *Methode* und *Medium*

H. Petzold definiert die *Methode* als „in sich konsistente Strategien des Handelns, die durch ein theoretisches Konzept abgesichert sind, zusammenhängen und über ein Repertoire von Handlungstechniken und spezifischen Medien verfügen". *Techniken* definiert er „als Instrumente zur Erreichung bestimmter Zielsetzung im Rahmen der Methode". Und *Medien* sind „die Träger von/oder Systeme/n von Informationen in einem kommunikativen Prozeß, die methodisch vermittelt werden sollen". Bei Annahme dieses komplexen Medienbegriffes kann H. Petzold die *Methoden* und *Techniken als Medien* klassifizieren, weil sie Träger von Information sein können.[1] So sind etwa Handlungsabläufe – Handlungsmedien – in ihrem Prozeßcharakter (Methode) Träger ganzheitlicher Information (Medien).

* Zur *Klassifikation* von *Medien*

H. Petzold teilt die Medien nach der Modalität, dem Substrat und der Qualität ein.

Nach der *Modalität* – nach der Ausgangslage – ist zu unterscheiden zwischen *natürlichen, geladenen* und *aktiven Medien,* wobei H. Petzold besonders die natürlichen Medien hervorhebt, weil sie durch den Schüler eine Ladung erhalten können.

Nach dem *Substrat* – nach der materiellen Grundlage – gibt es personale Medien, Handlungsmedien und Sachmedien. Unter den *personalen Medien* ist besonders der *Lehrer* hervorzuheben, der durch seine „natürliche Ladung" – äußeres Auftreten – Wirkung hat. Je mehr er sich seiner Lebensgeschichte und der oft unbewußten Ladung bewußt wird, um so kongruenter/echter kann er sein. Die *Handlungsmedien*[2] schätzt H. Petzold von ihrer Qualität her hoch ein, weil sie komplex sind und ein Repertoire personaler Medien gut integrieren können. Zu den *Sachmedien* sind die technischen Medien und die Materialmedien zu zählen, wobei letztere wieder eine hohe Qualität haben, da sie offen sind für neue Ladung.[3]

Nach der *Qualität* lassen sich nach H. Petzold die Medien in ihrem *Aufforderungscharakter*, in ihren *Ausdrucksmöglichkeiten*, in ihren *Wirkmöglichkeiten* und *Rückwirkungsmöglichkeiten* unterscheiden.

Es zeigt sich, daß die *Klassifikation* der Medien nicht so sehr von der Funktion als Informationsträger vorgenommen wird, sondern eher von ihrer *Qualität* im *Kommunikationsprozeß*. Nicht das Medium oder die Methode sind entscheidend, sondern *wie* sie in der bestimmten Unterrichtssituation durch den Lehrer *intuitiv richtig* zum Einsatz gebracht werden.

* Zwei konkrete Handlungsmedien / *Strategien des Unterrichts*

Wenn H. Petzold die Methode als „in sich konsistente Strategien des Handelns, die durch ein theoretisches Konzept abgesichert sind, zusammenhängen und über ein Repertoire von Handlungstechniken und spezifischen Medien verfügen" bezeichnet,[4] so ist mit dieser Definition von Methode nicht nur Methode im Sinn von Technik gemeint, sondern durchaus auch eine *gleichbleibende Strategie,* ein wiederkehrender *Unterrichtsprozeß.* In diesem Abschnitt sollen zwei Strategien eines Unterrichtsprozesses dargestellt werden.

J. Bürmann stellt eine Einheit in vier Phasen vor. Er will sie als *Methodik* (und *Didaktik*) verstanden wissen, die je nach Situation kreativ verändert werden kann und soll:

1. Phase: *Reaktivierung* der vorfindlichen Lernerfahrungen und deren *subjektive* Reflexion: In diesem Schritt werden ältere schulische und lebensgeschichtliche Lernerfahrungen in bezug auf ausgewählte Lerninhalte durch verschiedenste Methoden wachgerufen und auf irgendeine Art festgehalten.

2. Phase: *Intersubjektiver* Austausch und Vergleich der subjektiven Erfahrungswelten: In diesem Schritt werden subjektive Ergebnisse ausgetauscht und dadurch eine *Neuorientierng* oder Neuentscheidung beim Schüler herbeigeführt.

3. Phase: *Ausweitung* und Kontrastierung der subjektiven Erfahrung und Vorverständnisse durch *Informationen* und *Theorie:* In dieser Phase der weitgehend selbständigen Informationsverarbeitung ist es

wichtig, daß der Lehrer die Einheit und den Zusammenhang der Einzelthemen aufzeigt und erlebnisaktivierende Verfahren einsetzt.
4. Phase: *Reflexion* und *Bilanzierung* von Lernerfahrungen: Da weitgehend subjektive Lernprozesse vorliegen, ist besonderer Bedacht auf die *Abrundung* und den Abschluß der Einheit zu legen. Dabei können durchaus auch offene Fragen stehenbleiben. Den Schluß bildet das Vortragen der Lernergebnisse und der Konsequenzen vor dem Plenum, wobei durchaus auch an kreative Formen gedacht wird.[5]

W. Faber führt für seinen spiralenförmigen Prozeß fünf Faktoren einer Gestaltmethode für das „Lernen durch *Erleben* und *Erfahren"* an:
1. *Erlebnisgestalt* (Lerngegenstand, Text, Bild, Situationen, usw.): Ausgangspunkt ist der „Stoff", der, sollte er nicht affektiv geladen sein, noch zu laden ist.
2. *Wahrnehmen* (was – Körper, Umwelt, Gedanken/Phantasie).
3. *Erleben* (wie – innere Resonanz der Wahrnehmung): Der zweite und dritte Schritt wollen die stärkere „Bewußtwerdung der Erlebnisgestalten und dienen damit schon der Erarbeitung".
4. *Erarbeiten* (ausdrücken, reflektieren/interpretieren, identifizieren, Rollentausch, verkörpern, usw.): In diesem Schritt haben neben kognitiven gerade „erlebnis- und handlungsorientierte Verfahren", die „Ausgangserlebnisse zu *Erfahrungen* werden lassen", ihren Ort.
5. *Erfahren* (vergleichen, übertragen, anwenden): Dieser Schritt ist ein ganzheitlicher, bewußtseinserweiternder Erfahrungsprozeß, der „durch Vergleichen mit der Ausgangssituation und durch Übertragen auf ähnliche Lerninhalte" sich noch vertiefen läßt.[6]

Ein Vergleich beider Konzepte zeigt deren *Verschiedenheit.* Beide kommen aber zu subjektiv bedeutsamen Lernergebnissen (Erfahrung). Für die Schüler entsteht persönliches Wachstum und Sinnfindung. Von Motivation ist – wie überhaupt in der GP – nicht die Rede. In der intuitiv richtig gesetzten Methode ist bereits die Motivation gegeben.[7]

* Ansätze für die Katechese

Die Betonung der Handlungsmedien oder der *Methode* als „*Weg"* erinnert unter dem Aspekt der kerygmatischen Katechese an den *liturgischen Vollzug,* in dem Glaubensantwort und „*Information"* für den Gläubigen ineinanderfließen. Die „intuitiv richtige" Setzung von Medium und Methode als primäre Motivation ist weiter zu bedenken. Außerdem wird der Hinweis, der Lehrer sei ein bedeutsames personales Medium, für die Funktion des Religionslehrers als *Zeuge* des Glaubens hervorzuheben sein. Ein weites Repertoire von personalen Medien ist in den biblischen Erzählungen zu finden.

Kritisch wird allerdings zu fragen sein, ob die *Motivation* und die Bereitwilligkeit auf entsprechende Medien und Methoden einzugehen vorhanden ist bzw. ob die Motivation und die Bereitwilligkeit im schulischen Unterricht sich anders darstellt als bei Rahmenbedingungen mit freiwilliger Beteiligung.

2.8. Der Lehrer der Gestaltpädagogik

Der Lehrer ist in der GP von *entscheidender Bedeutung.* Er soll sich weniger durch gekonnte Technik als durch seine aus dem Lehrertraining gewonnene echte Persönlichkeit einbringen und eine neue Lehrer-Schüler-Beziehung aufbauen.

* Der Lehrer und seine *Persönlichkeit*

Alle humanistischen[1] und psychotherapeutischen Ansätze der Pädagogik gehen wie die GP davon aus, daß humanes Lernen die Persönlichkeitsentfaltung beinhaltet und wesentlich „durch den Kontakt mit einer anderen bereits voll *entwickelten* Persönlichkeit" stimuliert werden kann.[2] Damit ist der Lehrer als Persönlichkeit gefragt. Ziel ist, daß er sich im Unterrichtsprozeß *kongruent/echt* verhält. Er soll sich nicht als Techniker, sondern als „Künstler" in all seiner „Kreativität" und mit all seinen Fähigkeiten schöpferisch und intersubjektiv einbringen können. *Empathie* und *Beziehungsfähigkeit*[3] helfen ihm.

Um echt zu sein, muß der Lehrer zunächst sein *verstecktes Curriculum* kennenlernen. Das *hermeneutische* Mittel dürfte die Einsicht in die eigene *Lebensgeschichte* sein.[4] Wer das eigene Gewordensein mit allen Widerständen und Vermeidungsmechanismen kennt, wird Achtung und Würde vor dem Wachstum der anderen, Achtung vor der je eigenen Geschwindigkeit, Möglichkeit und Fähigkeit zur Entfaltung anderer haben. Er wird als Lehrer nicht „lediglich ‚Tricks' anwenden", sondern *intuitiv* und *kongruent Methoden* einsetzen.[5] Der Mensch wird mehr und mehr zum Maß der Schule werden.[6] Zur Kongruenz gehört natürlich auch, daß der Lehrer entsprechendes Fachwissen hat. Es wird allerdings *mehr* darauf geachtet, daß er ein Modell für *authentisches Verhalten* und für *offene Kommunikation* ist. So kann er das Vertrauensklima schaffen, in dem der Schüler in Kontakt mit sich selber gelangt. Zusätzlich trägt der Lehrer *Verantwortung* für den *Lernpro-*

zeß und muß zwischen Solidarität mit dem Schüler und der Abgrenzung vom Schüler – bisweilen bis zur Frustration[7] – seine Echtheit durchhalten.

* *Lehrertraining* – Selbsterfahrung in Gruppen für Lehrer

Alle humanistischen und psychotherapeutischen Ansätze der Pädagogik kennen Kurse zur Selbsterfahrung, die allgemein „Lehrertraining" genannt werden. *Ausgangspunkt* zur Bildung und Durchführung solcher Lehrertrainings sind meist konkrete Probleme der schulischen Praxis. Diese werden in Gruppensitzungen aufgearbeitet und durchgespielt. *Schulische* Situation und *persönliche* Situation/Problematik zeigen sich in ihrer *Verflechtung.* Gleichzeitig gehen *Praxis* und *Theorie* ineinander über. Damit zeigt sich das Lehrertraining selbst als ganzheitliche Bildung „im *praktischen Vollzug".*[8]
Durch einen neuen Kontakt zu seinem *eigenen Verhalten* merkt der Lehrer schon bald eine *Veränderung* im Klassenzimmer. „Größere Bewußtheit, größere Verantwortung, emotionaler Ausdruck, Wissen über sich selbst, Selbsteinschätzung und Flexibilität" wachsen und dem Lehrer wächst die Fähigkeit zu, „im Hier und Jetzt zu leben und Kontakt zur eigenen Kraft" zu bekommen.[9] Das zunehmende Kennen eigener Verhaltensmuster und der eigenen *Lebensgeschichte* führt zu einem tieferen Verständnis der Schüler, zum Erproben und Erfinden neuer Zugänge und Methoden und damit allmählich zu immer *mehr Handlungskompetenz* im Unterricht.

* Eine *neue* Lehrer-Schüler-*Beziehung*

Indem der Lehrer selbst „wieder Schüler" wird und sich „seinem eigenen Wachstum" zuwendet, erhält er nicht nur Kompetenz, um das Wachstum der Schüler zu fördern, er wird auch zu einem *gemeinsam* mit den Schülern *Lernenden.*[10] Lehrer und Schüler stehen in einer *horizontalen* Beziehung, in der der Lehrer durch seine Kongruenz dem Schüler vertrauensvolle Atmosphäre bietet und der Schüler den Lehrer durch seine Interventionen im Wachstum und Wissen weiterführt. Die Beziehung zwischen Lehrer und Schüler ist eine Subjekt-Subjekt-Beziehung, eine *intersubjektive* Beziehung.[11]
Der Lehrer *achtet* die *Würde* und die Persönlichkeit des Schülers und bietet *Hilfe* zur *Selbsthilfe.* Der Schüler bietet dem Lehrer durch seine Impulse Hilfe in der persönlichen Entfaltung. Beide *lernen gemeinsam.* Die Kompetenz für Inhalt und Struktur liegt allerdings mehr beim Lehrer.

* Ansätze für die Katechese

In der GP hat der Lehrer durch fachliche und personale Kompetenz seine zentrale Funktion. Er ist *selbst* sein *bestes Instrument,* allerdings nicht in dem Sinn, daß er jemandem etwas vorspielt oder vormacht, sondern daß er *„Resonanzkörper"* wird für all das, was sich zwischen ihm und den Schülern abspielt.[12] Durch Lehrertraining und Selbsterfahrung ist *Schulung* auf diesem Gebiet möglich.

Im katechetischen Bereich wird man neben der personalen Kompetenz mit der Fähigkeit zur Selbstwahrnehmung, Selbstregulation und Selbstverwirklichung[13] besonders auf die *„pastorale Kompetenz"* hinweisen müssen. Es ist das die Fähigkeit, als „authentischer Zeuge des christlichen Glaubens die Nöte und Fragen der Menschen aufzuspüren und aufgrund der theologischen und humanwissenschaftlichen Kenntnisse und Erfahrungen die lebensgestaltende Kraft des Christentums wirksam werden zu lassen".[14] Der *Zeuge des Glaubens* wird nicht nur in der Tradierung, im *Was* des Glaubens, sondern auch in der Art und Weise, im *Wie* der Begegnung, Kongruenz zeigen. Personale und pastorale Kompetenz gehen ineinander über, und die lebensgestaltende Kraft des Christentums wird wirksam.

Die Auseinandersetzung mit dem Lehrer in der GP führt uns gleich einen Schritt weiter zur Institution Schule.

2.9. Fragen der schulischen Organisation

Alternative Ansätze in der Pädagogik sind eine Anfrage an die Institution Schule, an den Lehrplan und an seine Inhalte, und das Überleben solcher Ansätze muß sich im gesellschaftlichen Feld erst erweisen.

* Alternative oder „alte" *Schule*

Um das Jahr 1945 hat P. Goodman das offizielle amerikanische Schulsystem total verlassen und versuchte, in den amerikanischen Großstädten kleine Gruppen zusammenzufassen und die Schule als Kultur- und Begegnungszentrum in Wohnungen für Schüler aus der gleichen Straße zu eröffnen.[1] Während in Amerika diese „utopischen Entwürfe" wichtige Denkanstöße waren, um Jugendliche überhaupt noch zum Lernen zu bringen, versucht man in *Deutschland* im bestehenden Schulwesen und in Teilen des Unterrichts gestaltpädagogische Impulse zu verwirklichen.[2] Damit tritt die GP aus der alternativen Rolle heraus und versucht, das *„alte"* Schulsystem von innen her zu *erneuern*. Es gibt sehr wohl *Kritik* an der heutigen Schulwirklichkeit, allerdings will diese Kritik nicht aus dem System ausscheren.[3] Die GP möchte grundsätzlich zum *humaneren Lernen* führen.

* Neue und alte *Inhalte*

Um zu einem humaneren Lernen zu gelangen, kann die GP durchaus „*alte*" Inhalte verwenden, wenn sie entsprechend *aufbereitet* wurden, wenn sie „affektive Aufladung" haben, damit die Schüler in *Kontakt/ Beziehung* kommen können.
Neben den traditionellen Inhalten gibt es aber eine Reihe *neuer* Inhalte, die *persönliche* und *soziale* Entfaltung ermöglichen, Verantwortung und Bewußtheit fördern, Kreativität und Einbildungskraft ermöglichen und die Phantasie zum Schauen innerer Bilder wecken.[4]

* Zum *Lehrplan*

Gestaltpädagogische Lehrpläne gibt es nicht. Die GP tut sich mit Festschreibungen grundsätzlich sehr schwer. Ein Lehrplan aber, der konsequent ein *Jahresthema* abwandelt, hat sicher ganzheitliche und gestalttheoretische Ansätze, wenn sich das Ganze in den einzelnen Teilen spiegelt usw. Grundsätzlich herrschen aber nur *Konzepte* und *Ansätze* vor. Wo sich der Lehrplan eher wie eine Summe von fachwissenschaftlichen Themen liest, dort kann die GP durch Thematisierung mit korrelativem Blick auf den Schüler die einzelnen Einheiten aufbereiten.

* Die *politische Relevanz* der Gestaltpädagogik

Bisweilen wird der GP – wahrscheinlich zu Recht – vorgehalten, daß sie eher *intrapersonal* als interpersonal arbeitet und dadurch die politische Dimension übersieht. Wenn sie eher mit dem Menschen und seiner Entfaltung beschäftigt ist und weniger den „heimlichen Lehrplan der Institution" Schule[5] hinterfragt, dann kommt gerade dieser Lehrplan der Institution vermehrt zu Geltung. (Politische) Strukturen werden dann *nicht verändert,* sie werden am Leben *erhalten.*[6]
A. Prengel zeigt allerdings auf, daß gestaltpädagogische *awareness*-Übungen, die sich ganz auf die gegenwärtige Befindlichkeit konzentrieren, eine *„sprunghafte Veränderung"* aus der bereits beschriebenen paradoxen Situation ermöglichen. Deshalb ist GP auch nicht unpolitisch, wenn sie auch nicht wie die *politische Bildung* die Ursachenzusammenhänge untersucht.[7] GP kann kein Ersatz für politische Auseinandersetzung sein, wohl aber ein Bestandteil dieser Auseinandersetzung.

* Ansätze für die Katechese

Wenn GP versucht, die „alten" Inhalte so aufzubereiten, daß der Mensch in Kontakt kommt und existentiell betroffen ist, so liegt sie in der Linie der kerygmatischen Katechese. Da sie in der Institution Schule verbleibt, ist auch von dieser Seite eine Integration der GP möglich. Aus awareness-Übungen können Impulse für konkretes Handeln erwachsen. Es wird allerdings auch kritisch zu fragen sein, ob die gesellschaftlich-politische Dimension genügend bedacht wird.

2.10. Kritische Würdigung der Gestaltpädagogik im Hinblick auf eine kerygmatische Katechese

Nachdem bereits bei den einzelnen Punkten die Ansätze für die Katechese aufgezeigt wurden, soll in diesem Resümee nur das Wesentlichste zusammenfassend hervorgehoben werden.

Grundsätzlich ist die GP *offen* für *Transzendenz* und damit auch für die kerygmatische Katechese.[1] GP ist, sofern sie sich von der GTh ableitet, ein Verfahren, das nicht wertend und deutend in das Geschehen eingreift. Somit können Glaubensaussagen gemacht und Glaubensinhalte in den Unterricht eingebracht werden.

Gerade duch die Erweiterung des Gestaltansatzes in der Integrativen Agogik von H. Petzold wird ein *Menschenbild* vorgestellt, das ganzheitlich, existentiell und personal geprägt ist. Der Mensch ist ein Leib-Seele-Geist-Organismus, der sich in Existenz mit anderen vorfindet und in intersubjektiver Beziehung lebt. Als „Leib-Subjekt" befindet sich der Mensch im Kontext eines gesellschaftlichen und ökologischen Feldes und im Zeit-Kontinuum. Der Mensch ist in Entscheidung gestellt und trägt Verantwortung. Er weiß, daß er nicht ohne das Du leben kann. Das Konzept einer gnadenhaften Liebe Gottes und der Gottes- und Nächstenliebe ist mit diesem Menschenbild vereinbart und zeigt besondere Nähe zu dem vorgestellten Menschenbild.

Der Mensch lebt in *ständigem Wachstum* und erlebt sich selbst als offenes System mit einer Tendenz zur guten Gestalt. Er erreicht aber nie die volle Prägnanz. So steht der Mensch theologisch gesehen unter einem *eschatologischen* Vorbehalt. Der Mensch ist *Pilger* und ständig unterwegs, bis er einmal ganz in Gott ruht.

Die Inhalte der Katechese sind Inhalte des „beziehungsreichen" Gottes. Unser primärer „Inhalt" nimmt also Beziehung mit uns auf und wünscht *personale Begegnung,* die sehr wohl den ganzen Leib des Menschen mit einschließt. Gottesbegegnung und persönliches Wachstum, Identitätsbildung und *Lebensentfaltung* ergänzen einander. Unter diesem Aspekt zeigt sich neuerlich eine besondere Nähe zwischen GP und Katechese.

Großes Gewicht legt die GP auf die *Wahrnehmungsfähigkeit,* damit in produktiver Einbildungskraft die „Gestalt" der Dinge zu erschauen ist. Die Fähigkeit zur Wahrnehmung kann zur *Lebenshaltung* werden, zu Bewußtheit, Verstehen, Empathie und, theologisch gesehen, zum „Lieben", weil wir aus der „Gestalt" der Dinge erfahren, daß wir zuerst geliebt sind. Katechetisch ist hier der Ort der Tugenden.

Die besondere Art des Wahrnehmungsvorganges führt aber auch zum *Transzendieren* und zur Erschließung der eigenen *Identität.* In dieser Balance zeigt sich *Korrelation im Prozeß* in einer für die Katechese äußerst bedeutsamen Form.

Die Annahme, daß der Mensch selbst am besten weiß, was er braucht und will, führt dazu, daß sehr sensibel auf die Würde des Schülers zu achten ist. Der *Schüler* ist das *Subjekt* des Unterrichts vor jeder Lehrstoffangabe und Zielformulierung. Darin spiegelt sich das christliche Prinzip *„propter nos homines".* Der Lehrer wiederum ist sowohl in seiner personalen wie auch in seiner fachlichen/pastoralen Kompetenz gefordert und als Religionslehrer *Zeuge,* der in der Situation *echt/kongruent* und *intuitiv* entscheiden darf. Hilfe zu solcher Haltung ist ihm ein Lehrertraining, das jenseits jeder reinen Theoretisierung zu praktischer Glaubens- und Lebenserfahrung führen kann.

Kritisch ist aber festzuhalten, daß in der GP bisweilen ein *total optimistisches Menschenbild* mit Tendenz zur guten Gestalt und *Selbstregulation* vermittelt wird. Zwar weiß die GP, daß der Mensch ein offenes System ist, das sich von einer inneren Mitte her aus eigenem Willen regelt. Trotzdem bleibt bisweilen der Eindruck, daß der Mensch *nur gute* Energie in sich habe und sich, wenn er nicht gehindert wird, aus Tendenz zur guten Gestalt selbst zum Positiven reguliert. Dieser Ansatz blieb nicht unwidersprochen, und gerade die europäische Richtung der GP spricht davon, daß der Mensch ein *konflikthaftes System* sei. Damit ist theologisch die Erlösungsbedürftigkeit angesprochen. Zur Vorsicht wird man besonders dort mahnen müssen, wo gestaltpädagogische Unterrichtseinheiten von *ungeschulten Lehrern* übernommen werden. Ohne Entwicklung und Entfaltung der eigenen Potentiale wird die GP zu einer Technik und zu einer Ausübungsmodalität. Das *Lehrertraining* kann aber *nicht* von allen Lehrern *gefordert* werden. Andererseits müssen auch für geschulte Lehrer die *Grenzen* zwischen Pädagogik und Therapie klar sein. Gerade eine Katechese, die heilende und heilsame Impulse in sich trägt, muß sich dieser Grenzen sehr bewußt sein.

Bisweilen entsteht der Eindruck, daß in der GP durch die Betonung von Kontakt und *Beziehung* der *Inhalt* weniger beachtet wird. Für die Katechese wäre es aber unheilvoll, wenn der Inhalt ausgeblendet würde oder nur mehr Anstoß für Selbsterfahrung böte. Weiters ist auf inhaltlicher Seite festzustellen, daß *affektive* Aspekte gegenüber *kognitiven* vorherrschen. Damit wäre tiefe Glaubensbeziehung und -begegnung möglich. Die kognitive Argumentations- und Begründungsfähigkeit könnte aber zu kurz kommen.

Zusätzlich scheint noch wenig Auseinandersetzung mit Strukturen und Mechanismen der gesellschaftlichen und institutionellen Verflochtenheit aufgearbeitet zu sein.

Als *Resümee* ist festzuhalten: GP als „beziehungsreiches" Lernen in einer „horizontalen" intersubjektiven Ebene von Leib-Subjekten – als personale Wesen, offene Leib-Seele-Geist-Organismen im sozialen und ökologischen Kontext und Zeit-Kontinuum – im Sinn eines lebenslangen persönlichen Wachstums und der Entfaltung der Identität durch Kreation und Integration im Hier und Jetzt ist nicht nur offen für ein katechetisches Anliegen, sondern zeigt zur katechetischen Intention der Begegnung zwischen dem personalen Gott und dem personalen Leib-Subjekt sogar *gewisse Affinität* und läßt in einigen Dimensionen eine besondere *Bedeutsamkeit* für diese hohe Intention erkennen.

Nach diesen grundsätzlichen Erwägungen zur GP, die immer schon im Hinblick auf die GK von A. Höfer betrachtet wurden, wird es jetzt möglich, die GK selbst darzustellen. Dabei wird sich die Abstimmung zwischen der Darstellung der GP und GK in der Abfolge der wesentlichen Abschnitte nützlich erweisen. Das heißt, daß nun die Wurzeln der GK darzustellen sind.

3. DIE WURZELN DER GESTALTKATECHESE

A. Höfer gibt 1979[1], 1981[2], 1982[3], 1984[4] und 1985[5] Hinweise über die geistigen und praktischen Wurzeln seines Werdegangs. Bei genauem Studium dieser Angaben fällt auf, daß A. Höfer zu verschiedenen Zeitpunkten verschiedene „Väter" seines Denkens und seiner Praxis auflistet. Die wesentlichen Wurzeln sind in *München,* in seiner *therapeutischen* Ausbildung und in der *„Grazer Schule"* der Gestalttheorie zu finden.

3. 1. Die Begegnungen bei den zwei Münchner Aufenthalten

A. Höfer lebte 1955–1957 und 1964–1966 studienhalber in München. Bei seinem ersten Aufenthalt war er ein Jahr im Noviziat des Oratoriums von Philipp Neri in München.[6] Dort begegnete er H. Kahlefeld, K. Tilmann, F. Schreibmayr und Ph. Dessauer. Außerdem traf er mit R. Guardini und J. Goldbrunner zusammen und hörte Vorlesungen von K. Rahner.

* Theologisches Denken um einen *lebendigen Mittelpunkt*

A. Höfer trifft in München einerseits auf die *kerygmatische* Tradition und andererseits auf die *Jugend-,* die *Liturgie-* und die *Bibel-Bewegung.* Diesem Kreis und der ganzen Bewegung ging es um das *Ganze* des menschlichen und christlichen Daseins, nicht nur in der Erkenntnis, sondern auch im Vollzug und in der Verwirklichung.[7] Im *Mittelpunkt* der ganzen Theologie steht das Heilsgeschehen und in dessen Mittelpunkt wiederum *Christus.* Das „Ganze" der Botschaft ist nicht „eine Sammlung von einzelnen Lehren, Geboten, Pflichten usw.", sondern „ein *organisches* Ganzes" mit einem lebendigen „Mittelpunkt", und dieser Organismus wirkt und hält zusammen.[8] Diese Blickrichtung bringt einerseits eine *Vereinfachung* und andererseits eine *Zentrierung* für jede Katechese.
So stößt A. Höfer bereits in München auf eine kerygmatische Theologie, die in ihrer Strukturierung und Zentrierung *gestalthafte* Züge trägt. Hier dürfte das Gestaltdenken von A. Höfer seine Wurzeln haben.

* Die *anthropologische Dimension* der kerygmatischen Theologie

Die kerygmatische Theologie versteht sich als Gegenposition zur scholastischen Theologie und betont das Heilsgeschehen. Dieses *Geschehen* soll „lebendig" und „wirksam" bleiben als eine Art „Grundmelodie" der ganzen Botschaft.[9] Das Geschehen in Christus betrifft die *ganze Existenz* und kann nur als „Heil", „Daseinserfüllung" und konkrete „Rettung" verkündet werden.[10] A. Höfer lernt somit in München eine kerygmatische Theologie kennen, die mit und im Heilsgeschehen den Menschen mitbedenkt und ein existentiell-praktisches Anliegen hat.

Zugleich gibt es aber auch schon Ansätze, die die *menschlichen* „Grunderfahrungen als *Ort* der *Glaubenserfahrung"* betrachten.[11] Ph. Dessauer[12] und K. Tilmann[13] versuchen mit ihren meditativen Ansätzen zu erschließen, was R. Guardini mit den Anliegen formuliert: Die Sinne sollen „das an sich Unanschauliche in der Anschaubarkeit" erkennen, hinter dem „zunächst-Gegebenen" ein „‚dahinter' liegendes Eigentliches" erahnen und dadurch zur „personalen Mitte" und „zum Dasein als Ganzem" gelangen.[14]

Parallel dazu hat A. Höfer die *existentielle Dimension* der Katechese als Assistent von G. Hansemann in Graz[15] und die *anthropologische Wende* der Theologie aus Vorlesungen bei K. Rahner kennengelernt. Der Mensch existiert in seinen unausweichlichen Grunderfahrungen „immer schon auf Gott hin" – „mag er es thematisch wissen oder nicht".[16]

* *Begegnung* und *Realisation*

In einer gewissen Kontrastellung zur scholastischen Theologie befaßt sich kerygmatische Theologie nicht mit philosophischen Erklärungsversuchen, sondern versucht zur *personalen Begegnung* von zwei lebendigen Personen zu führen. In der Begegnung, sagt R. Guardini, liegt ein „Mehr" als die bloße „quantitative Zählung". Das „Wir" übersteigt die Summe von „Ich" und „Du", denn im Ganzen des Bezugs erwacht „in der Begegnung" etwas „Eigenes". Darin liegt der Wert der Begegnung.[17] Wenn A. Höfer auf G. Marcel, M. Buber und Kardinal Newman verweist, so dürfte der Münchner Kreis Pate für das Denken in Begegnungsstrukturen und das Denken in Richtung Realisation des Glaubens gestanden haben. Neben der Begegnung war die *Realisation* des Glaubens ein Hauptanliegen des ganzen Kreises.[18] J. Goldbrunner hat „Realisation" sogar programmatisch zu einem pastoralen Konzept erhoben.[19]

* Das *Konkrete* und *Anschauliche*

R. Guardini geht „vom Ding", vom „Konkreten" aus und möchte die Sinne „für die besondere Tatsache des Dinghaft-Konkreten" öffnen.[20]

Das Konkrete ist bei ihm das *„Phänomen"*, das zum Wesen der Dinge hinführt. Es hat den Charakter des Bildes. „Seine Eigenschaftlichkeit bildet keine Aneinanderreihung von Einzelheiten, sondern ein Ganzes; ein Gefüge, in welchem jedes Element durch jedes andere bedingt ist. So ist der erste, alle späteren tragende und sich immer weiter vertiefende Akt der Phänomenerfassung ein Hineinblicken und Sehen."[21]
Der *Erkenntnisakt* ist ein *konkret lebendiges Geschehen*, das ein „inneres Kennen" und ein inneres „Wissen" ermöglicht.[22]
Von daher könnte A. Höfers Insistieren auf Konkretheit, Wirklichkeit und Anschaulichkeit grundgelegt sein. Der Erkenntnisakt läßt das dahinter Liegende schauen und kennt die produktive Kraft der Intuition.

3.2. Die Therapieerfahrung von A. Höfer

A. Höfer gibt 1979 Auskunft über seine therapeutischen Wurzeln.[23] Katechetisch zeigt sich seine Therapieerfahrung in vielen *neuen Schülerübungen,* die er aus dem therapeutischen Kontext gewonnen und für die Katechese und seine Schulbücher rezipiert hat.[24] Andererseits taucht 1976 ein *„Lehrertraining"* im Angebot von A. Höfer auf. Er benennt es 1981: „Christlich orientiertes Lehrerverhaltenstraining – Exerzitienähnliche Katechetenschulung".[25]
In der Zeit der Erprobung neuer Übungen beachtet A. Höfer besonders den Unterrichts-*Prozeß.* 1979 wird dieser jetzt vertiefte Ansatz bei der *Erfahrung* der Schüler und der Blick auf die *Entfaltung* der Schüler in einer narrativen Art aufgearbeitet. Der konfliktgeladene Schüler und die *therapeutische Orientierung* werden besonders hervorgehoben.[26] Sechs Jahre später ist in den „Thesen der Gestaltpädagogik" eine therapeutische Orientierung praktisch nicht mehr erwähnt.[27]

3.3. Die Gestalttheorie der Grazer Schule

Ab 1983 hat A. Höfer immer häufiger auf seine Verbindung zur *Grazer Schule* der Gestalttheorie durch F. Weinhandl hingewiesen.[28] Zu dieser Zeit führt er aus, wie sehr ihn das Studium der entsprechenden Autoren bereits seit frühester Zeit geprägt hat. Weil aber sonst *Hinweise* auf Autoren der Grazer Schule *fehlen,* ist aber unter Umständen anzunehmen, daß A. Höfer bereits mit der kerygmatischen Theologie das Gestaltdenken aufnahm und erst durch K. Steiner[29] an diese „Grazer" Brücke erinnert wurde.

3.4. Zusammenfassung

Die wesentlichen Wurzeln der GK dürften in der *Kerygmatischen Katechese* der *Münchner Zeit* und in seiner *Therapieerfahrung* grundgelegt sein. Die christozentrische Strukturierung der Theologie in existentiell-personaler Vermittlung mit dem immer weiter voranschreitenden Ansatz beim Menschen hat er sicher in München kennengelernt, wie auch das Insistieren auf einen anschaulich-konkreten Stoff mit bevorzugter Verwendung der Bibel. Die Therapieerfahrung hilft ihm, diesen Ansatz auf der Seite des Unterrichtsprozesses und die therapeutischen Orientierung des Religionsunterrichtes stärker auszubauen. Eine Brücke zur *Gestalttheorie* scheint möglich, dürfte aber *eher nicht* der Fall sein.

A. Höfer ist also seinem Ansatz der „*Biblischen Katechese*" treu geblieben und hat die Grundstruktur aus dem Jahr 1966 durch über 20 Jahre durchgehalten. Die GK dürfte eine *Neuformulierung* und *Neupräzisierung* der bereits vorhandenen Tendenzen sein. Wesentlich neu sind die vielen aus der Therapieerfahrung entstandenen Übungen und ein neues Selbstverständnis des Katecheten, der sich durch das Lehrertraining seiner selbst mehr bewußt wird und eine neue Beziehung zu den Schülern aufbauen kann. Überraschenderweise ist die „therapeutische Orientierung" für A. Höfer ab 1985 nicht mehr erwähnenswert.

In einem weiteren Schritt soll nun die Gestaltorientierung der Katechese bei A. Höfer näher geklärt werden.

4. EINE „THEORIE" DER GESTALT BEI A. HÖFER

Wer die metaphorische und evozierende Sprache und Ausdrucksweise von A. Höfer kennt, wird erahnen, daß die Suche nach einer „Theorie" der Gestalt kein leichtes Unternehmen ist. A. Höfer bringt Bilder und Beispiele, aber kaum Definitionen. Außerdem dürfte bei ihm – wie überhaupt in der GP – die Theoriebildung noch im Fluß sein. Stand 1979 der ganzheitliche Lernprozeß mit dem besonderen Aspekt von „Verkündigen und Heilen" im Vordergrund, so betont er 1985 vor allem die „konkrete" Wirklichkeit und Anschaulichkeit der Gestalt in Parallelität mit dem Symbol (4.2.). Hinweise, wie er die „Theorie" von Gestalt versteht, finden wir in narrativer Form 1982 (4.1.).

4.1. Anliegen und Perspektiven der Gestaltkatechese (1982)

Mit einer Schilderung von der „Blutbuche vor dem Schloß"[1] führt A. Höfer in die *Gestalttheorie* ein und betont zusammenfassend drei Momente:
1. Alles, was ist, hat „eine Gestalt", ist eine in sich „geordnete Einheit", eine „Ganzheit von bestimmter Realität".
2. Die Wahrnehmung des Menschen nimmt nicht Einzelpunkte und Einzelreize auf, sondern „immer schon die Gestalt in ihrer Ganzheit".
3. Jede Gestalt hat „einen verschiedenen, immer reicher werdenden Inhalt", der sich in „immer größerer Fülle" entfalten kann, andererseits aber wird die Gestalt in der „Geordnetheit als Ganzheit" und als „Reichtum", als die „Einfachheit des Reichtums" erfahren.

Nach A. Höfer ist also die Gestaltkonzeption eine *bestimmte Weise,* die *Wirklichkeit* zu *sehen* und zu *leben:*
„1. Wirklichkeit ist jeweils eine Ganzheit, also eine bestimmte Gestalt.
2. Die Ganzheit ist in Teile gegliedert, die ihren Sinn davon erhalten, wie sie auf das Ganze und aufeinander bezogen sind.
3. Die Gestalt ist umso höher, je differenzierter und gleichzeitig geordneter sie ist.
4. Jede Gestalt hat ihre eigene Kraft und Dynamik, aus der heraus sie sich verwirklicht und vollendet.
5. Sie ist ein System, das mit den sie umgebenden Wirklichkeiten in wechselseitiger Beziehung steht.
6. Wenige Gestalten sind vollkommen, man muß also mit ihrer Desintegration rechnen und umgehen lernen.
7. Positiv betrachtet, kann die Unvollkommenheit kraft der Zeitper-

spektive auch die Möglichkeit beinhalten, zu einer noch vollkommeneren Gestalt zu reifen.

8. Die Gestaltkonzeption liegt allen Wirklichkeitsbereichen zugrunde: sie findet sich im Anorganischen wie im Organischen, im Tier wie im Menschen, in sozialen Gebilden (wie z. B. Staat oder Schulklasse), in menschlichen Produkten wie Maschinen und Kunstwerken usw."[2]

Damit hat A. Höfer die *Strukturierung* der Ganzheit, die *Übersummativität,* die *Tendenz* zur *guten Gestalt* und den *organismischen* Zusammenhang mit dem *Kontext* auf allen Wirklichkeitsebenen beschrieben. An anderer Stelle ergänzt er diese Ausführungen noch durch die *„pars-pro-toto*-Funktion". Es ist dies das Gestaltprinzip, das besagt, daß jeder Teil der Gestalt die ganze Gestalt spiegelt, wie sich – so A. Höfer – in einem Teich „der ganze Himmel spiegelt".[3]

Diese besondere Art, Wirklichkeit zu sehen und zu leben, die ganze Wirklichkeit unter dem Aspekt der Gestalt wahrzunehmen, wird von A. Höfer in den *verschiedenen Dimensionen der GK* aufgezeigt:[4]

* Die *Struktur* des *Lehrplans* und des *Jahresstoffes*

Im Bild des „tausendfach funkelnden Edelsteins" legt A. Höfer dar, wie sich die Gestalt des Gott-Menschen in allen einzelnen katechetischen Gestalten/Inhalten zeigt. In gleicher Weise spiegeln die einzelnen Inhalte/Gestalten die Gesamtgestalt des Jahresstoffes. Der Jahresstoff ist eine klare *Einheit,* und in den einzelnen *Teilen* des Jahresstoffes kommt das Ganze zum Tragen, letztlich die *Urgestalt* Jesus Christus – im Ganzen und in allen Teilinhalten.

* Der *Schüler* als *Ganzheit*

Wie es ein Liebeslied ausdrückt, soll der Schüler in seiner *Körper-Seele-Geist-Einheit* mit all seinen Kräften mobilisiert werden, um Jesus zu „umarmen". Auf Vertrauen, Kreativität und Phantasie, Einfühlen und Kontaktnahme bauen die „transzendierenden Seelenkräfte" – Glaube, Hoffnung und Liebe – auf und sind durch entsprechende Arbeitsanregungen zu wecken.

* Ein *ganzheitlicher Vollzug*

Wie im „Straßentheater" soll die Klasse zur Bühne eines „jetzt geschehenden Spieles" werden. Der Schüler kann seine *„Rolle"* finden, in einer *„verhaltens-* und *handlungsorientierten"* Dramatik die Möglichkeit seiner *Entfaltung* erreichen und vielleicht auch eine „Einstellungsänderung" vornehmen.

* Das *Schulbuch* dient einer *ganzheitlichen Dynamik*

Das Schulbuch soll – wie A. Höfer schon früher von der Heiligen Schrift gesagt hat[5] – die *„Partitur"* sein, die „zur Aufführung" drängt. Deshalb müssen für den Schüler Anleitungen zum Tun und Hinweise zur „Einübung in die Tugenden" vorhanden sein. Die organische Entfaltung der einzelnen Kapitel aus der Urgestalt und aus dem Jahresthema ist für die Schüler anschaulich darzustellen.

* Der *kongruente Katechet*

Der Katechet ist „ das beste und letztlich einzige *Instrument"* seiner selbst und muß „sich selbst ins *Spiel bringen"*. Er darf sich nicht hinter Arbeitsanregungen verstecken und soll in intersubjektiver Beziehung die Kinder „wie eine Kommunion" aufnehmen. Damit er so mit den Schülern umgehen kann, *wie „Jesus* mit den Menschen umgegangen ist"*, bietet A. Höfer das Lehrertraining – „Exerzitien" – an.

* Zusammenfassung

A. Höfer zeichnet anschauliche Bilder und erreicht dadurch ein leichtes Rezipieren seiner Texte. Es fällt aber auf, daß *relativ wenig* Einsicht in die *Theorie* der GP und GK gegeben wird. Damit taucht die Frage auf, ob die *Komplexität* der anstehenden Fragen durch die bisweilen zu ideal gezeichnete Situation[6] außer acht gelassen wird und ob dadurch der Religionslehrer – speziell der, der kein Katechetentraining mitgemacht hat – überhaupt weiß, was er tut oder tun soll. Außerdem ist festzuhalten, daß didaktische Überlegungen zu einer Neugestaltung der Lehrstoffgliederung und zur Strukturierung von Unterrichtseinheiten und -reihen mit konkreten Unterrichtsbeispielen fehlen.

4.2. Die synonyme Verwendung von Gestalt und Symbol (1985)

1983 überrascht A. Höfer bei einem Vortrag über GK[7] mit der Aussage, daß die Katechese zum Zwecke der Realisation (Kardinal Newman) *anschauliche* und konkrete *Wirklichkeiten* benötigt. In einer Skizze (Abb. 2) stellt er Symbol und Gestalt synonym vor und grenzt beide vom Begriff ab. 1985 veröffentlicht er in Weiterführung der Theorie eine „integrative Symbolschau" (Abb. 3).

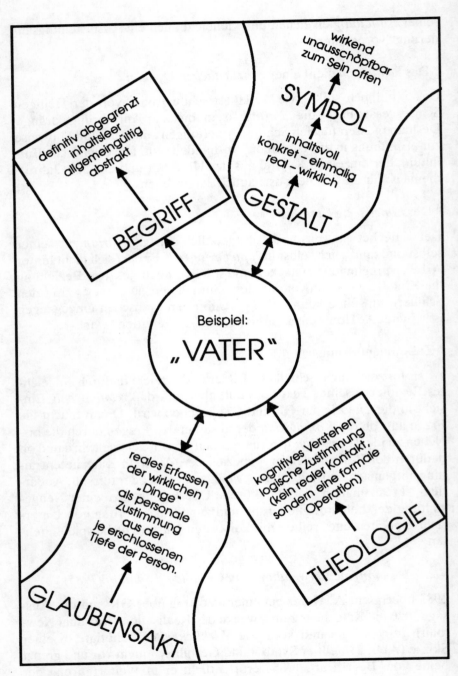

Abb. 2: Begriff und Gestalt/Symbol[8]

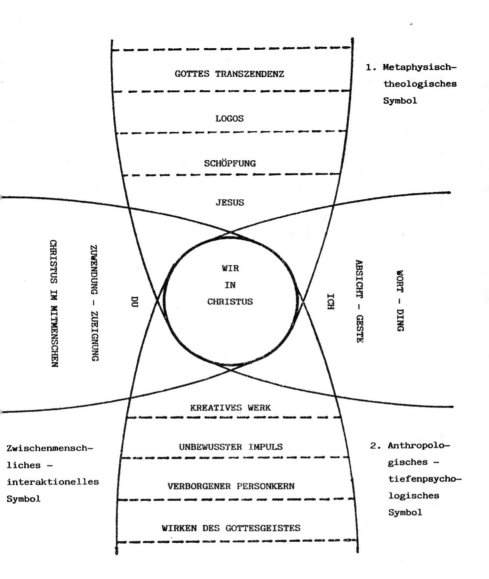

Abb. 3: Integrative Symbolschau[9]
"Dieses Schema vereinigt drei Symbolebenen in ein "höheres"
Symbolverständnis von trinitarischer Struktur:
1. Gott in seiner Selbstmitteilung
2. Der Mensch in seiner Selbstübereignung
3. Die Mitmenschlichkeit als Ort der Christenbegegnung"

An dieser Stelle wird versucht, die *wesentlichen Aspekte* bzw. *Intentionen* der von A. Höfer vorgelegten „Theorie" der Gestalt in kurzer Form aufzuzeigen:

* Die *konkret existierende Wirklichkeit*

A. Höfer zeigt auf, daß viele Denker von der *konkret existierenden* Wirklichkeit ausgegangen sind. *Gestalt* ist im Gegensatz zur Ideenlehre Platons eine konkrete Wirklichkeit, die „in ihrer Einmaligkeit so und nicht anders existiert und erscheint" – eine „existierende Wirklichkeit (konkrete Existenz) von bestimmter Wesenheit (Essenz) mit ihren einmaligen konkreten Erscheinungsformen (Akzidentien)". Die *konkrete Gestalt* als „Verwirklichung und Erscheinung des Seins" ist zugleich auch *„Symbol"* des Seins, weil das *Sein erscheint* und sich offenbart. – Theologisch betrachtet ist in der Trinität die konkret erscheinende Gestalt und das offenbarende Symbol der *geschichtliche Jesus Christus.*[10]

Der *Begriff in Abgrenzung* von Gestalt/Symbol

Der *Begriff* entbehrt der Anschaulichkeit und ist *abstrakt,* hat aber den Vorteil einer *exakten* Definition und einer *allgemeinen* Gültigkeit. Er sagt aber nichts darüber aus, ob er „in einer bestimmten Wirklichkeit konkretisiert ist".[11]

* Gestalt/Symbol ist *offen* – auch *für Transzendenz*

Bei einem Symbol kann von Eindeutigkeit nicht die Rede sein. Es hat „unerschöpfliche Offenheit" und ist in der Vieldeutigkeit fern jeder dogmatischen Fixierung. In jedem Bild, in jedem Wort und speziell in jeder Textgestalt ist die *Struktur offen* gegeben. Speziell die konkrete *Person* als „Subjekt in Freiheit" widersetzt sich jeder klaren Definition. Das *„Mysterium Gottes"* ist aber „am radikalsten und damit grundsätzlich" jeder eindeutigen Definition entzogen. Darum muß für A. Höfer das Sprechen in diesem Bereich „analog, symbolisch, sakramental und personal" sein. – Trinitarisch ist *Gott Vater* die unerschöpfliche Transzendenz sowohl des Logos als auch aller Schöpfung.[12]

* Gestalt/Symbol und die *bewegende Dynamik*

Anschauliche Konkretheit bewegt und weckt die Tiefe. Mit Kardinal Newman insistiert A. Höfer auf *lebendigen Beispielen* und *Bildern,* denn sie wecken die Einbildungskraft und führen zu „realer Zustimmung". Symbolhafte/gestalthafte Vermittlung der Inhalte weckt *innere Kräfte* und *Energien* und führt zum Glaubensakt. – Trinitarisch benennt A. Höfer diese inneren Kräfte und Energien des Menschen mit „Innerlichkeit" oder auch mit *„Geist Gottes"* im Menschen.[13]

* Gestalt/Symbol und *Gemeinschaft/Kontext*

A. Höfer zeigt auf, daß jede „sakramentale Situation" durch Personen, Dinge, Worte, Gesten und bestimmte Absichten konstituiert ist und weist auch darauf hin, daß im religiösen Symbolbereich das mit einzubeziehen ist, „was vom ‚interaktionellen Symbol' zu sagen ist". Er macht aber dann keine weiter klärenden Aussagen.[14] Das Problem des Kontextes ist zwar angeschnitten, aber die Ausführungen lassen zu wünschen übrig.

* Zusammenfassung

Gestalt/Symbol und der Begriff werden in ihrer Gegensätzlichkeit dargestellt. Gestalt/Symbol ist konkret existierende Wirklichkeit, offen für Transzendenz, durch Anschaulichkeit bewegend und durch innere Energie und Dynamik weckend. Damit ist für A. Höfer die Qualität des Inhalts gefunden, der in der GK zu konkreter Begegnung und Realisation des Glaubens führen kann. Die grundsätzlichen Überlegungen werden im theologischen Kontext einer trinitarischen Sicht der Verkündigung vorgelegt. Gott Vater ist Transzendenz, der geschichtliche Jesus Christus und die Schöpfung erweisen sich als konkrete Gestalten, und der Heilige Geist zeigt sich als Innerlichkeit des Menschen. In dieser ganzheitlichen Sicht wird das aktive Symbolisieren in der Katechese zu einem „Realsymbol", in dem „realiter" Geist Gottes wirkt.[15] Dies wird allerdings weiter unten noch einer genaueren Klärung bedürfen.

4.3 Kritische Würdigung

A. Höfer bleibt in der Klärung seines Gestalt-Ansatzes weitgehend in narrativer *Anschaulichkeit*. Das bringt auf den ersten Blick Vorteile. Katecheten, die sich mit Hintergründen und theologischen Grundlagen ihres Tuns auseinandersetzen, werden es jedoch schwer haben, zu einer klaren Theorie und zu einer entsprechenden Reflexion zu kommen.[16] Zur Verdeutlichung des Ansatzes können weitere Skizzen[17] die „Integrative Symbolschau" klären helfen. A. Höfer stützt sich in der *synonymen* Verwendung von *Symbol* und *Gestalt* auf K.

Rahner und seine „Theologie des Symbols".[18] A. Höfer kommt zum Schluß, daß „die *verschiedenen Symbolbegriffe* im religiösen Bereich" *zusammengefaßt* werden können und als *Dimensionen* des *religiösen Symbols* „integriert und aufgehoben" sind:

„Das *metaphysische* Symbol reicht von der Transzendenz Gottes über den Logos und die Schöpfungswirklichkeit bis zur Inkarnation des Gottessohnes. Das *anthropologisch-tiefenpsychologische* Symbol kommt aus der vom Geiste Gottes erfüllten Innerlichkeit des Menschen und wird kreative Gestalt im innerweltlichen Handeln, das immer schon in Gemeinschaft auf den Menschen hin geschieht. Die Strukturen des Symbolischen zeigen sich als Spuren der Dreifaltigkeit Gottes, als Offenbarung seines inneren Lebens in die Schöpfung und Geschichte hinein, als Ausweis seiner Transzendenz und Gestaltwerdung, als Innerlichkeit und umfassende Kommunikation."[19]

A. Höfer zeigt mit diesem Entwurf seine *theologische Orientierung* und die Ansiedlung seines Denkens „im *religiösen* Bereich", ohne allerdings irgendwo in seinem Werk „Religion" zu definieren. Es ist anzunehmen, daß er mit „religiösem Bereich" (zumindest auch) die Katechese meint, da anschließend Folgerungen für die Katechese in der Schule gezogen werden.

Damit erhebt sich aber die Frage, ob seine „Integrative Symbolschau" aus theologischem Hintergrund der *pluralen Schulsituation*[20] entspricht. Zumindest müßte zwischen dem theologisch-integrativen Ansatz und den *didaktischen* Möglichkeiten eines *existentiellen* Symbolvollzugs im *Glauben* für den *schulischen* Bereich unterschieden werden. Wenn A. Höfer eine „schüler- und christus-zentrierte" Katechese[21] fordert, so ist die Schülerzentriertheit mit einer *pluralen Ausgangslage* wohl zu wenig aufgearbeitet. Gerade eine „Integrative Symbolschau" müßte sehr differenzierte Angebote und zur Entlastung des Religionslehrers auch sehr differenzierte Globalziele aufweisen.

* Das konkrete „Realsymbol" – die konkrete Gestalt

Zunächst ist festzuhalten, daß A. Höfers Forderung, die Gestalt des irdischen Jesus als *konkrete menschliche Gestalt* in den Blick zu nehmen, von großer Bedeutung ist. Jesus ist das sich selbst „gegenwärtig setzende *Symbol"*, da sich der Vater in seinem Sohn selbst der Welt zusagt.[22] Die Konkretheit birgt didaktisch die *Begegnungsdimension* und die Möglichkeit zu existentieller Grundentscheidung in sich.

Es ist aber festzustellen, daß eine differenzierte Klärung des Symbol-begriffs[23] nicht in Angriff genommen wird und die zentrale Stellung der *Urgestalt* Jesu Christi aus der Skizze zur „Integrativen Symbol-schau" (Abb. 3) nicht abzulesen ist. Da der Symbolbegriff nicht näher geklärt ist, wird auch didaktisch nicht auf die Frage eingegangen, ob die konkrete Gestalt Jesu Christi in der *pluralen* Schülersituation fakti-sche Konkretheit und Wirklichkeit besitzt.

* Der Begriff im Gegensatz zu Gestalt/Symbol

Durch die Abgrenzung von einem reinen Begrifflichkeitslernen weist A. Höfer auf das *personale* und *ganzheitliche* Lernen an der Gestalt des Glaubens und auf die Begegnung im Glauben hin. *Affektive* und *psychomotorische* Dimensionen stehen im Vordergrund, während gleichzeitig *rationale* und *kognitive* Komponenten in den Hintergrund treten. Bei aller Würdigung des ganzheitlichen Ansatzes ist nun aber doch kritisch die Frage zu stellen, ob nicht ein wesentlicher Aspekt ausgeblendet bzw. zu wenig beachtet wird. Gerade weil A. Höfer an anderer Stelle die Integration von rechts- und linkshemisphärischer Wahrnehmung, die Integration zwischen „rationaler" und „intuitiver" Wahrnehmung[24] fordert, müßte auch die *kognitive Seite mehr* beachtet werden. Eine Unterschlagung dieser Komponente kann verführerisch und gefährlich sein, abstumpfen und lähmen.[25] Kognitive Auseinan-dersetzung, Interpretation und Kritik könnte von einer „ersten Naivi-tät" zu einer „zweiten Naivität" führen[26] und die Integration abrun-den.

* Die Offenheit für Transzendenz

A. Höfer ist beizupflichten, wenn er mit anderen Autoren von dem zur Transzendenz offenen Symbol[27] und von anschaulichen Bildern und konkreten Gestalten spricht, die wie *Fenster* zur *Unendlichkeit* offen sind.[28] Damit ist aber didaktisch noch nicht entschieden, welche Sym-bole und welche Symbolstrukturen für welche *Altersstufe* besonders bedeutsam sind. Da Symbole *nie eindeutig,* aber im Sinne der GP *iden-titätsfördernd* zu sehen sind, muß eine Begründung der verwendeten Gestalten und eine Interpretationshilfe für die Gestalten – ohne für den konkreten Prozeß die offene Dimension zu zerstören – vorliegen. Andererseits muß die plurale Ausgangssituation im schulischen Kon-text beachtet werden, um nicht Schüler und Lehrer zu überfordern. Wieder ist die Forderung nach einem differenzierten *Ziel-Katalog* zu erheben. Ein theologisch-kerygmatischer Begründungszusammenhang kann sehr leicht zu hohe Zielsetzungen festschreiben.

* Die bewegende „Innerlichkeit"

Von seiner Sicht des Symbols im „religiösen Bereich" ausgehend, deutet A. Höfer zurecht die *„Innerlichkeit"* des Menschen und die innere *Dynamik* theologisch mit dem Wirken des *Geistes Gottes.* Alles aktive religiöse Symbolisieren gewinnt dann die „Qualität eines ‚*Realsymbols'"*, ist „realiter vom Geist Christi bewirkt" und bekundet diesen. Von daher bekommt alles Tun in der Katechese unaufgebbare Bedeutung, denn auch „für dieses Tun gilt: ‚Löscht den Geist nicht aus!' (1 Thess 5,19)".[29] An dieser Stelle ist aber kritisch festzuhalten, daß A. Höfer theologisch und kerygmatisch argumentiert, im Ansatz jedoch schon die plurale Situation der Schule ausblendet und die *schulische Situation* mit einem *liturgischen* Vollzug de facto gleichsetzt. Alles katechetische Tun wird für ihn „sakramental". Das entspricht weder der differenzierten Situation der Schüler noch ist es theologisch korrekt.

* Die Frage der Interaktion

Wie bereits erwähnt, fällt der Hinweis auf das „interaktionelle Symbol" äußerst kurz aus. Im theoretischen Ansatz ist eine bestimmte *Ratlosigkeit* festzustellen, wenn man sich die entsprechenden Abbildungen ansieht.[30] Außerdem ist der weitere Kontext und das Zeitkontinuum nicht mitbedacht.

* Zusammenfassung

A. Höfer versucht in seinen *gestalttheoretischen* Ausführungen (1982), die Strukturierung der Ganzheit, die Übersummativität, die Tendenz zur guten Gestalt, die organismischen Zusammenhänge und das „parspro-toto-Prinzip" zu klären und auf Jahresstoff, Schüler, Unterrichtsprozeß und Katechet umzulegen. Er spricht in anschaulicher Bildhaftigkeit und konkretisiert seine Ausführungen in Beispielen. 1985 betont er mit der synonymen Verwendung von Gestalt und Symbol, daß Inhalte der Katechese *lebensnah, konkret* und *anschaulich* sein müssen. Die Begründung legt er mit einer „Integrativen Symbolschau" aus dem „religiösen Bereich" dar und verweist auf die „trinitarische Struktur der Verkündigung". Besonders wichtig ist ihm, daß Gestalten/ Symbole eine *existentielle* und *personale* Erschließung zwischen Inhalt (Gott) und Mensch ermöglichen.

Der grundsätzliche korrelative Ansatz im gegenseitig erschließenden Prozeß ist zu würdigen. Es bleibt allerdings die Frage, ob aus der grundsätzlichen Möglichkeit eines korrelativen Prozesses dieser Vorgang auch im schulischen Kontext durchführbar und planbar ist. Es hat den Anschein, daß bei A. Höfer die kerygmatische Orientierung durchschlägt und deshalb für die Katechese das ausgesagt wird, was grundsätzlich für den *liturgischen* Vollzug zu sagen ist. Geht die Katechese (Religionsunterricht) allerdings davon aus, daß zur Glaubensbegegnung geführt werden kann und soll, so dürfen in Teileinheiten des Unterrichts diese Ansätze nicht übersehen werden. Die kognitive Komponente bzw. die Führung von der „primären Naivität" zur „sekundären Naivität" ist allerdings im Sinne eines ganzheitlichen Ansatzes zu fordern.

Festzuhalten ist, daß die „Theorie" der GK Ansätze mit theologischer Deutung gegenüber der Beachtung der pluralen Ausgangslage, die individuelle Dimension gegenüber einer Vernetzung aus Kontext und Kontinuum, die intuitiven Fähigkeiten gegenüber den kognitiven und die Dimension der Erfahrung gegenüber kritischer Hermeneutik bevorzugt. Bei aller Würdigung der positiven Ansätze ist die Forderung nach *differenzierter Sicht* in der Theorie und Praxis zu erheben. Die *existentiellen* und *personalen* Ansätze der GK sind aber *so bedeutsam,* daß sie als Teilelemente einer ganzheitlichen Katechese *auch* im schulischen Kontext nicht wegzudenken sind.

Nun aber soll ein Blick auf das Gottes- und Menschenbild der GK geworfen werden.

5. DAS GOTTES- UND MENSCHENBILD

Gestaltpädagogische Ansätze sind sowohl für die Transzendenz als auch für verschiedene Sinn- und Wertorientierungen offen. Der ideologische und religiöse Hintergrund muß erweisen, ob gestaltpädagogische Ansätze in der Katechese möglich sind oder nicht. Für die GK hebt A. Höfer hervor, daß sie vom *„Biblischen Menschenbild"*[1] geprägt ist und sich einer *„personalen Anthropologie"* und einem *„biblischen Humanismus"*[2] verpflichtet fühlt. Zwar ist das „Biblische Menschenbild" bei A. Höfer nicht gesondert dargestellt; es kann aber aus dem Gesamt der Veröffentlichungen erhoben werden. Einzelnen Dimensionen soll hier nachgegangen werden.

5.1. *„Die trinitarische Gestalt der Verkündigung"*

Im Jahre 1985 schreibt A. Höfer, daß jede „Verkündigung" in der Trinität begründet und in Analogie zu ihr zu sehen ist. Wie sich immanent „der Vater dem Sohn im Heiligen Geist schenkt", so schenkt sich uns Gott heils-ökonomisch als „Geheimnis, das sich verströmt", aber auch ganz konkret als *„Gott mit menschlichem Antlitz"* mitten unter uns. Gott wendet sich dem ganzen Menschen zu und ist in ganzheitlicher Begegnung zu erfahren. Andererseits zeigt sich der Heilige Geist „im Menschen" als *„Innerlichkeit"*.

In kürzester Zusammenfassung kann A. Höfer, K. Tilmann folgend, formulieren: „Gott *über* mir (der Transzendente) rufe ich als *Vater* an; Gott *mit* mir, mein Bruder ist sein *Sohn*, Gott *in* mir ist Gott als *Heiliger Geist"*.[3]

Für die Katechese sind folgende Aspekte noch gesondert hervorzuheben:

* Gott als *konkrete Wirklichkeit*

Gott ist und bleibt „unsagbares Mysterium", vor dem es besser ist zu schweigen.[4] Durch die *Selbstmitteilung* Gottes wird Jesus zum „Realsymbol" und zur *konkreten Person,* die historisch als konkrete Gestalt für uns greifbar ist.[5]

* Vermittlungsinstanz ist das *Symbol*

In der ganzen Schöpfung leuchtet Gott auf, und in aller Schöpfung ist die Transparenz zu Gott hin gegeben. Vermittlungsinstanz ist für A. Höfer „das Symbol", das „die Bewegung des Logos" nachvollzieht und damit ein möglicher *Weg* zur *Transzendenz* wird.[6] Bilder, Gestalten mit offener Struktur ermöglichen in ihrer anschaulich-konkreten Art einen phänomenologischen Zugang durch aufmerksame Wahrnehmung (awareness) und erschließen das Mysterium Gottes, das kein Ende kennt.[7]

Die Gestalt Jesu ist als das *„Realsymbol Gottes"*, als Gestalt und Symbol zentraler Inhalt aller Katechese.

* Der *personale Gott*

Die Gestalt Jesu als konkrete Wirklichkeit und Realsymbol Gottes existiert unter den Menschen als *Person*. Jesus *begegnet* den Menchen und läßt sich in *Beziehungen* mit ihnen ein. Damit hat jede Katechese bei A. Höfer personalen Charakter, will Beziehung mit Jesus anbahnen und den Schülern ermöglichen, „sich in seine Arme fallen zu lassen".[8]

* *Gestalthafte* Strukturierung

Da Gott sich in seinem Sohn selbst offenbart, ist für A. Höfer Jesus Christus Mittelpunkt der ganzen Katechese. Die einzelnen Inhalte (Teilgestalten) der Katechese sind nicht nur Entfaltung der einen Gestalt, sondern auch „pars-pro-toto" Repräsentanten der ganzen Gestalt Jesu Christi. Jede *Teilgestalt* der Katechese bringt das *ganze Mysterium* der Trinität und des Heilsgeschehens zum Aufleuchten.[9]

* Das *Heilsgeschehen*

Gott ist nicht statisches Moment, sondern Dynamik und „Geheimnis, das sich verströmt" in der besonderen Qualität einer Liebesbewegung".[10] Deshalb wird jede Katechese *Prozeßcharakter*[11] sowie *heilendes*[12] und heilsames Geschehen in der Qualität einer *Pädagogik der Liebe*[13] aufweisen.

A. Höfer sieht also die Verkündigung im Zusammenhang mit dem gottesimmanenten und heilsökonomischen trinitarischen Vorgang. Wie dieser als Liebesbewegung zu verstehen ist, so hat alle Verkündigung und Katechese Anteil am Heilsgeschehen Gottes unter den Menschen. In der Gestalt Jesu Christi wird Gott konkrete Wirklichkeit und „Realsymbol". Er ist für A. Höfer Mittelpunkt und innere Kraft jeder Katechese. Jesus Christus ist Offenbarung Gottes und Eröffnung des Weges zum transzendenten Gott. In der Selbstoffenbarung, im Heilsgeschehen ist der Mensch als Adressat der Verkündigung mitbedacht und miteinbezogen. Der Mensch ist aber andererseits auch deshalb bedeutsam, weil die Innerlichkeit des Menschen Ort des Heiligen Geistes ist und nach A. Höfer alle Tätigkeit des Menschen als Ausdruck des Geistes Gottes interpretiert werden kann. Eine Katechese, die nur abstrakte Begrifflichkeit vermitteln würde, könnte nicht am Heilsgeschehen und der Liebesbewegung teilhaben. Erst wenn die „Begegnung des jungen Christen mit seinem Herrn",[14] erst wenn die ganzheitliche Wahrnehmung und die personale Begegnung möglich wird, dann steht die GK im ganzheitlichen Zusammenhang. Dann allerdings müßten die Inhalte der GK symbolisch-gestalthaften Charakter annehmen.

5.2. Die Begegnung

Will man das Gottes- und Menschenbild der GK nach A. Höfer erheben, so fällt sofort die beidseitige Verknüpfung und näherhin Gott als der auf, der in heilsamer Beziehung und liebender Begegnung dem Menschen das Leben erschließen will. Die Verkündigung und die Katechese müssen deshalb durch alle Inhalte und Methoden hindurch diese Begegnung erschließen und „eine *lebendige Beziehung* unmittelbar auf *Gott selbst*" eröffnen.[15] In ganzheitlicher Sicht sollen in der GK alle beteiligten Personen, alle Inhalte, Methoden, Medien usw. von der Qualität der heilsamen Begegnung geprägt sein.
Einige Aspekte aus diesem Begegnungsgeschehen seien gesondert erwähnt:

5.2.1. Das Ineinander von anthropologischer und theologischer Dimension

Wie Gott mit dem Menschen in Beziehung treten will, so sollen in der Katechese auch anthropologische und theologische Dimension miteinander verschränkt sein. A. Höfer beschreibt dies in seiner narrativen Art am Beispiel Jesu. *Wie Jesus* seinen Jüngern begegnete und sie gelehrt hat, so darf und muß alle Katechese sein. Jesus setzt bei den konkreten Menschen/Schülern an und läßt sie zu Wort kommen. Unter Leitung des „Meisters"/Katecheten wird geübt, wie Jesus zu handeln. Als „Prophet" hilft er ihnen in der Erschließung der Transzendenz. Die „Jünger"/Schüler kommen dabei erst später, nach der Auferstehung, zum vollen Christusglauben. Nicht erst am Schluß, sondern bereits zu Beginn sind die „Jünger"/Schüler in der menschlichen Art Jesu „nicht ‚nur' einem Menschen, sondern bereits der *Menschwerdung Gottes*" begegnet.[16]
Deshalb darf die GK „christus- und schülerzentriert" sein, wobei nach

A. Höfer die Trennung beider Pole untragbar ist. „Die *Beziehung* beider Pole"[17] als *Prozeß*, als *Unterwegssein* und gegenseitige *Begegnung* ist entscheidend.

Aus der *Begegnungsstruktur* von Jesus und seinen Jüngern lernt die GK. Letztlich versteht sich von dort das *Ineinander* der anthropologischen und theologischen Seite. Es geht A. Höfer in Abgrenzung von reinem Wissenserwerb um eine Haltung, eine Einstellung, um ein Verhalten, letztlich um das Lernen einer „Tugend".[18] Das ist nur möglich, wenn in einem ganzheitlich-personalen Vollzug Glaubenserfahrung und Lebenserfahrung im Unterrichtsprozeß ineinander verschränkt sind. Insofern wird man die GK *korrelativ* nennen können, auch wenn A. Höfer den Ausdruck der personalen „Begegnung" dem Begriff der Korrelation vorzieht.[19]

5.2.2. Glaube und Identität[20]

Glaubensbegegnung und Identitätsbildung gehen in der GK ineinander über. Wenn sich auch A. Höfer nie ausdrücklich in einer eigenen Abhandlung zu diesem *Zusammenhang* äußert, so ist die Verknüpfung von Glaube und Identität selbstverständlich *vorausgesetzt*. Identitätsbildung muß hier analog mit Persönlichkeitsbildung und Selbstentfaltung des Menschen verstanden werden. Der Glaubende findet zu seinem eigenen „Selbst", zu seiner eigenen „Gestalt" und kann zugleich mit diesem „Selbst" und mit der eigenen „Gestalt" ident werden. Der Weg zur Identität und zum eigenen „Selbst" führt über den intersubjektiven Dialog mit einem konkreten Du. Die „konkrete" und „wirkliche" Identität des jeweiligen Menschen steht für A. Höfer stets im Vordergrund. Differenzierte Analysen und phasenartige Darstellungen einer allgemeinen Schülersituation finden wir aber nicht.

Wie die Jünger zunächst der „Menschenfreundlichkeit Gottes" im Menschen Jesus begegnen und eine *innige Beziehung* zu Jesus aufbauen konnten,[21] so ist Gott auch heute durch Menschen nahe, und das „Heil" ist in *menschliche Prozesse* gnadenhaft hineinverwoben. *Mutter* und *Vater*, Geschwister und Lehrer können zu „Erfahrungen des Heils", zu „Motivationen des Glaubens" und zu Treffpunkten mit Gott werden.[22] Das Urvertrauen, die Du-Beziehung und die Über-Ich-Bildung dienen sowohl der Glaubensbegegnung als auch der Identitätsbildung. Die Begegnung mit den leibhaften Verkörperungen der unsichtbaren *Nähe Gottes* zeitigt in einem lebenslangen Wachstums- und Entfaltungsprozeß *personale Entfaltung*.

5.2.3. Die „sakramentale" Deutung der Katechese

Weil für A. Höfer Katechese letztlich auf Gott hin führt, nur von Gott her verstanden werden kann und Anteil am trinitarischen Heilsgeschehen hat, ist die *Katechese* nicht Selbstzweck, sondern „*Gnadenmittel*" und damit „*sakramental*".[23] Es ist anzunehmen, daß A. Höfer „sakramental" im *weiten* Sinne[24] – auf tiefer Liegendes verweisend – versteht. Die Abgrenzung zwischen „sakramental" und „Sakrament" ist aber nicht so klar ausgeführt.

Es entsteht zumindest der Eindruck, daß aus *theologischer* und *ontologischer* Begründung plötzlich *alles* in der Katechese zum „Gnadenmittel" und zum „Medium für die Christusverkündigung" wird. So ist etwa ein Medium schon dadurch, daß es in der Katechese verwendet wird, bei A. Höfer ein „Gnadenmittel", das nicht mehr nur „mit einer menschlichen Botschaft ,aufgeladen' (ist), sondern auch mit der *Kraft* des *Heiligen Geistes*". Auch wenn er einräumt, daß die Aufladung nicht so wie im Sakrament ist, so meint er doch, daß „der Wirksamkeit (dieser Medien) mehr zuzutrauen (ist), als ihnen nur die Unterrichtstechnik zuspricht".

Bibelspiel ist nicht mehr nur ein „Tun-als-ob oder eine fromme Erinnerung", sondern „mehr". Und wenn die Schüler die Jesuserzählung „behandeln, verarbeiten und so in ihr Leben hineinnehmen", dann vertraut A. Höfer darauf, daß das, was „sie tun, auch an ihnen geschieht: nämlich die heilbringende Begegnung mit dem Heiland".[25] Von Jesus erzählen wird dann zum „Gottesdienst (Gott kultisch ehren)", und der Katechet steht „nicht vor verrammelten Türen", weil er „im Licht des Glaubens" vor „*getauften Kindern*" steht, in deren Herz Christus wohnt.[26]

Zusammenfassend ist festzuhalten, daß die GK aus dem Heilsgeschehen und der trinitarischen Struktur des Gottesbildes abgeleitet wird und auf personale Begegnung zwischen Gott und Mensch hinzielt. Jeder Trennung von Lebens- und Glaubenserfahrung ist Einhalt geboten. Das Lernen erweist sich als „persönlich bedeutsam" (J. Bürmann) und kann Identität fördern, entfalten und stabilisieren. Da A. Höfer theologisch argumentiert, bekommt alle Katechese „sakramentalen" Charakter. Damit ist aber bei aller Begegnungsstruktur von anthropologischer und theologischer Dimension und bei allem grundsätzlichen Ineinander von Glaubens- und Lebenserfahrung der korrelative Ansatz aus kerygmatischer Ausrichtung ungleichgewichtig. Die kerygmatische Theologie scheint klar den Ton anzugeben.

5.3. Der konkrete Mensch

Der konkrete Mensch ist in der GK zunächst und vor allem ein *ganzer* und soll *ganzheitlich* betrachtet werden und zur Geltung kommen. A. Höfer wehrt sich gegen jeden „Zerfall in Teilbereiche" und möchte einen „synthetischen Denkansatz", wo im Unterrichtsgeschehen sogar „Profanes und Religiöses, Tradition und Privates untrennbar ineinander fließen".[27] Aus diesem Grund gibt es allerdings auch keine differenzierten Untersuchungen in Detailfragen und vor allem *keine Situationsanalyse,* da in ihr nach Ansicht A. Höfers der konkrete Schüler verlorengeht und nicht das zur Geltung kommt, was im „Hier und Jetzt" Bedeutung hat.[28] Wenn vom *konkreten Menschen* die Rede ist, dann immer in ganzheitlicher Sicht, wobei zum *Ganzen* des Menschen aus kerygmatischer Orientierung auch und gerade die *Gottesbeziehung* und die Deutung des Menschen als Tempel des Heiligen Geistes gehört. Jeder Mensch ist gerufen, in persönlicher Reifung seine Selbstentfaltung anzugehen und zu seiner „moralischen Gestalt" zu kommen.

5.3.1. Der Mensch und das Kerygma

In der GK wird der Mensch *im Rahmen der Heilswirklichkeit* gesehen. Das will A. Höfer allerdings nicht so verstanden wissen, daß damit die anthropologische Dimension hinter der theologischen zurücktreten müsse. Genau das Gegenteil ist der Fall. Gerade im Rahmen der Heilswirklichkeit Gottes gehört der *Schüler* „als der von *Gott geliebte Mensch* in das Evangelium", und nicht nur das Lehrgut der Kirche, sondern auch der Schüler ist „Stoff" der Katechese.[29] Der Schüler in all seiner Not und mit seinen Problemen darf und soll vor Gottes Angesicht zu Wort kommen. Die *„Kreativität" Gottes* zeigt sich gerade darin, daß er in einem „nie abgeschlossenen Handeln" auf das „nie abgeschlossene Handeln des Menschen gestaltend und formend" eingeht,[30] allerdings nie so, daß des Menschen Wille übergangen wird. Der *Mensch selbst* hat die Kreativität in der Begegnung und in der Liebe weiterzuführen. Durch die Zuwendung Gottes wird aber in den „Torso Mensch", in die „noch nicht voll entfaltete Knospe" viel Hoffnung gelegt und mit „noch ausstehenden Möglichkeiten" gerechnet.[31] Gestaltpädagogisch gesprochen ist festzuhalten, daß aus der intersubjektiven Begegnung zwischen Gott und Mensch weckende und belebende Kraft erwächst, die in Richtung der im Menschen selbst angelegten „Tendenz zur guten Gestalt" Glaubens- und Persönlichkeitsentfaltung anregt.[32] So ist gerade in der GK der konkrete *Schüler* in all seinen verschiedensten Dimensionen als *Adressat* auch immer „*Stoff*" des Unterrichts.[33] In der Praxis zeigt sich allerdings, daß die thematische Vorgabe der fünften und sechsten Schulstufe hauptsächlich *bibelorientiert* ist, während in der siebten und achten Schulstufe der *Schüler selbst* mit seinen Fragen und Problemen zum Thema/Inhalt der GK wird.

5.3.2. Der Mensch als Tempel des Heiligen Geistes

Nach A. Höfer kann der Heilige Geist „in der Erfahrung der menschlichen *Innerlichkeit*" erschlossen werden. Er wirkt in ihr und „gleichzeitig *aus* ihr heraus". Der Heilige Geist ist „Gott im Menschen", und damit kann „(gegenständlich) vom Menschen" gesprochen werden und gleichzeitig das Wirken des Heiligen Geistes zur Sprache kommen. Besonders die *Tiefe* des Menschen, die dynamischen *Wirkkräfte,* die *Sinnenhaftigkeit* und die emotionalen und psychomotorischen Kräfte werden als „Innerlichkeit" des Menschen gesondert hervorgehoben. Alles von innen geleitete und kommende Tun, besonders das aktive Symbolisieren der Schüler, hat im katechetischen Prozeß die „Qualität eines ‚Realsymbols'".[34] In der GK wird unter diesem Blickwinkel das *Handeln* und *Üben* neu betont und theologisch untermauert.

5.3.3. Der Mensch als „moralische Gestalt"

A. Höfer möchte nicht von Sittlichkeit als einem vom Menschen losgelösten Prinzip sprechen, sondern von der jeweiligen „sittlichen Gestalt", zu der der Mensch durch „seine sittlichen Entscheidungen" gelangen muß. Gegenüber einer Moral,[35] die mit Fremdforderungen an den Menschen herantritt, wird Sittlichkeit „als jenes Handeln und Verhalten, das den handelnden Menschen formt und erst zum Menschen werden läßt" ausgewiesen. Damit wird *Moral*/Sittlichkeit zur *eigenen Lebensentfaltung.* Verpflichtend ist für den Schüler, was „einen persönlichen Sinn hat, was sinnhaft ist" und für die „Selbstvollendung" dienlich ist. Schuld ist „die Weigerung, sich zu entfalten, zu vollenden und zu gestalten". Das „Gesetz" der Moral trägt der Mensch „zuinnerst in sich": die Möglichkeit der „Vollendung seiner nur ihm eigenen Gestalt". Diese seine *Gestalt* wird „im wachsenden Ringen" nach eigenen Möglichkeiten *entfaltet* und *erweitert.* Der Reifungsprozeß ist demnach „Gestaltwandel", und das Gewissen ist die „sittliche Tendenz zur guten Gestalt". Damit gehen ethisches/sittliches Lernen und persönliches Wachstum/Identitätsbildung ineinander über.[36]

5.3.4. Die Selbstentfaltung

Die Selbstverwirklichung und Selbstentfaltung wird in der GK so sehr hervorgehoben,[37] daß ein nicht in theologischer Literatur Bewanderter übersehen könnte, daß dieser Aspekt nur im *Zusammenhang* mit der *Gottesbeziehung* gesehen wird. Zum einen geht A. Höfer davon aus, daß in der Gottesbegegnung Erfahrung „anderer Art" gemacht werden muß. Wer aber Erfahrung braucht, der muß „sich selber ins Spiel bringen". Weil Erfahrung nur im Rahmen von Selbsterfahrung möglich ist, sind die „Wege der Selbsterfahrung" zugleich mögliche Wege zu Gott. Der Mensch kann im Herzen Gott erfahren wie in einem „*Spiegel,* in dem Gott aufleuchtet," oder wie in einem „*Fenster,* durch das Gottes Licht scheint," und zugleich sich selber entfalten. Mit Augustinus sagt A. Höfer, der Mensch muß „zuerst sich selbst zurückgegeben" werden, damit er „gleichsam zur *Stufe* geworden, aufsteigen kann zu Gott".[38]

Außerdem wird davon ausgegangen, daß der Mensch das „Ebenbild Gottes" ist. Durch seine Selbst-Entfaltung wird er für Christus aufnahmefähig und in seiner *Ebenbildlichkeit* kann er die „Herrlichkeit Gottes" aufleuchten lassen. A. Höfer versteht das „*Selbst*" des Menschen als „Vorläufer Christi", das den Menschen in seiner Tiefe auf Christus hinweist. Und wer „im rechten Sinn sein Selbst zu verwirklichen trachtet, gibt damit Christus in sich Raum".[39]

5.3.5. Der Mensch als Ganzheit

In der GK wird der Mensch/Schüler grundsätzlich ganzheitlich gesehen und ganzheitlich in den Unterrichtsprozeß hineingenommen. A. Höfer geht davon aus, daß in der konkreten „Gestalt" des Menschen im „Hier und Jetzt" die ganzheitliche Vernetzung mitschwingt. Der Schüler wird in seiner je eigenen Art, in seiner Entscheidungsfähigkeit und persönlichen Verantwortung angesprochen, da in ihm die „Tendenz zur guten Gestalt" zur Entfaltung kommen darf.

Gestaltpädagogisch gesehen geht A. Höfer von folgenden Aspekten des Menschenbildes aus:

* Der Mensch als *Leib-Seele-Geist-Einheit*

Mit dem „*Sechs-Stern*" des Glaubens[40] legt A. Höfer ein Modell vor, durch das er den Menschen mit all seinen Dimensionen und Kräften, in all seinen Möglichkeiten und Fähigkeiten am Unterrichtsprozeß beteiligen will. Öfters greift er auch auf Pestalozzi und seine Forderung zurück, den Schüler mit „*Hand-Herz-Hirn*" zu beteiligen.[41] Besonders werden dabei wie in der GP die Dimension des *Leibes,* die psychomotorische Seite des Lernens und das Spiel hervorgehoben.[42]

Bei all dem grenzt sich A. Höfer vom vermeintlichen abstrakt-begrifflichen Lernen ab und betont das *Wissen um „Beziehungen".*[43] Er weiß selbst, daß er sich um Sachwissen zu wenig gekümmert hat und formuliert: „Ich gebe zu, daß ich die Bedeutung des religiösen Sachwissens zu knapp behandelt habe – zu sehr steht mir das Anliegen des umgreifenden Wissens im Vordergrund".[44]

Damit überwiegt die Dimension des *Leibes* und die *emotionale* Dimension gegenüber einer eher *kurz* angesprochenen *kognitiven* Ebene des Lernens.

* Der Mensch im *Kontext* und *Kontinuum*

Es fällt auf, daß übergeordnete soziale Strukturen kaum thematisiert und beachtet werden.[45] Ausgehend vom *konkreten Handlungs-* und *Lebensraum* in „Familie, Schulsystem, Freundesgruppe, Nachbarschaft" werden für A. Höfer die größeren Handlungsräume – „Gemeinde, Beruf, Partei und Staat" – erst nach der Pubertät interessant. Lebt sich ein Mensch/Schüler in die konkreten Handlungsräume ein und übernimmt und erprobt er Glaubensmuster und Gruppenrollen in seiner konkreten Umgebung, so wächst ihm die Voraussetzung für politisches Verhalten jenseits der Schulzeit zu, führt A. Höfer aus.[46]

Dem Zeitgefüge nach betont die GK wie die GP das *„Hier und Jetzt"* und arbeitet oft mit Identifikation, ohne sich etwa kritisch-hermeneutisch mit der Vergangenheit und deren Bedingungen auseinanderzusetzen.

* Der Mensch und die *Tendenz zur guten Gestalt*

In der GK ist sehr viel von *Selbstverwirklichung* und *Selbstentfaltung* des Menschen zu hören. Da der Mensch einerseits Ebenbild Gottes, andererseits Tempel des Heiligen Geistes und das „Selbst" des Menschen der Vorläufer Jesu Christi ist, vertraut A. Höfer darauf, daß im Menschen eine „Tendenz zur guten Gestalt" grundgelegt ist. Der Mensch wird allerdings als „offenes System" im Rahmen der Heilswirklichkeit gesehen. Gegenüber einem idealistischen Menschenbild kennt die GK sehr wohl die „erbsündliche Befangenheit des Menschen" und die Möglichkeit einer *persönlichen Schuld.*[47] So kann Moral als Selbstverwirklichung[48] und andererseits der Mensch aus *christlicher Anthropologie* als der Erlösung bedürftig verstanden werden.

Zusammenfassend ist zu sagen, daß A. Höfer den *konkreten* Menschen im Blick hat, ihn als *ganzen* betrachtet und in den Unterrichtsprozeß miteinbezieht. Der Mensch hat Anteil an der *Heilswirklichkeit* und ist nur in *Beziehung* mit Gott zu verstehen. Weil der Heilige Geist in der Innerlichkeit des Menschen seinen Ort hat, werden alle *inneren Kräfte* und auch die Dimension des *Leibes* besonders beachtet. Damit sind im Unterrichtsprozeß aber auch besonders die emotionalen und psychomotorischen Kräfte angesprochen. Im Lernprozeß soll und kann der Schüler über *Selbstentfaltung* zur *Gotteserfahrung* gelangen.

5.4. Kritische Würdigung

Nach der Darstellung des Gottes- und Menschenbildes in der GK wird auf theologischer Seite die trinitarische Gestalt (5.4.2.) und auf anthropologischer Seite die Selbsterfahrung (5.4.4.) näher zu untersuchen sein. Dabei ist die Frage zu stellen, ob der anthropologische Ansatz nicht „mystagogisch" (5.4.5.) zu verstehen ist. Die Frage der „Sakramentalität" (5.4.6.) und das Verständnis von Korrelation (5.4.3.) ist näher zu untersuchen. Zunächst soll aber der gestaltpädagogische Ansatz mit christlicher Orientierung (5.4.1.) kritisch gewürdigt werden.

5.4.1. Ein „gestalttheoretischer" Ansatz mit „christlicher Orientierung"

A. Höfer versucht in der GK die Heilswirklichkeit Gottes, den Menschen und den ganzen katechetischen Prozeß unter gestalttheoretischem Blickwinkel zu betrachten. Dadurch kommt er zu einer Beschreibung der Katechese, die sich als GP unter christlicher Orientierung oder als GK definieren läßt. Grundsätzlich sind *gestalttheoretische* Ansätze wertneutral. Erst der ideologische Hintergrund, das Symbolmaterial und die entsprechenden Werte setzen die gestalttheoretische Sicht in einen größeren Zusammenhang.[49] Die *christliche* Orientierung ist dabei *keinesfalls* als *Eingrenzung* zu verstehen. Das Evangelium will ja das Heil der Menschen und der ganzen Welt.[50] Aus christlicher Orientierung kann sogar allem Inhumanen der Kampf angesagt werden. Die Suche nach dem Humanen ist ständige Aufgabe des Christentums.[51]

Es fällt A. Höfer nicht schwer, den Menschen als konkrete Gestalt im Werdeprozeß hervorzuheben, wobei allerdings das polare Spannungsfeld im Menschen kaum zur Sprache kommt.[52] Der *Mensch* wird als Geist-Seele-Leib-Einheit vor jeder Aufspaltung in einzelne Bereiche[53] in dem ihn konkret umgebenden Kontext – vor allem im Hier-und-Jetzt – ernstgenommen. Die unreflektiert vorhandenen größeren Strukturen verschiedenster Art werden wie die geschichtlichen Bedingungen der Vergangenheit praktisch nie kritisch-hermeneutisch erhoben.

Wenn A. Höfer von der *trinitarischen* „Gestalt" Gottes spricht, so wird dies nur mit Vorsicht zu rezipieren sein.[54] Die Darstellung Jesu als „Gestalt" aus der Selbstoffenbarung des Schöpfergottes[55] und als Mittelpunkt/Gestalt aller Katechese ist aber möglich, wenn auch nicht unbedingt notwendig.

Aus ganzheitlicher Sicht zeigt sich eine besondere *Qualität* im Aufeinandertreffen von Gott und Mensch. Sie kann nur als Begegnung, als intersubjektive Liebesbewegung und als Heilsgeschehen beschrieben werden. Diese Qualität prägt die GK und das Lernen wird zu einem „persönlich bedeutsamen Lernen".

5.4.2. Zur trinitarischen Gestalt der Verkündigung

A. Höfer will die Verkündigung vom zentralen Geheimnis des Glaubens begründen. Jesus ist die konkrete Selbstoffenbarung Gottes für uns Menschen, und der Geist Gottes wirkt in uns selbst. *Jesus* wird in seiner konkreten und historischen Gestalt zum *Symbol der Transzendenz.* Er ist gestaltpädagogisch „die" Gestalt der Katechese und eigentliche Grundlage einer symboldidaktischen Arbeit. Da die Gestalt zur Transzendenz offen ist, wird das *Mysterium* Gottes, das Geheimnis des Vaters, gewahrt. Angemerkt sei allerdings auch, daß in der GK die *Schöpfung* als Symbol der Transzendenz wenig reflektiert ist,[56] wenn auch in der Praxis der Weg über die „naturale Meditation" (Ph. Dessauer) bekannt ist.

Wenn A. Höfer den *Heiligen Geist* in der *„Innerlichkeit"* des Menschen ansiedelt und ihn als *„Realsymbol"* Gottes bezeichnet, so ist dies differenziert zu betrachten. Sicher kennt auch K. Rahner die Tatsache, daß „das Innerste des Menschen in der konkreten einen und allein wirklichen Ordnung des menschlichen Daseins" aus der „Selbstmitteilung Gottes" erwächst. Er spricht aber vom „übernatürlichen Existential", das ontologisch verstanden sein will. Diese transzendentale Erfahrung bedarf der theologischen und dogmatischen *Interpretation,* damit sie „auch reflexiv" zur Eigenerfahrung des Menschen wird.[57] Eine ontologische Tatsache muß noch lange nicht katechetisch erfahrbare Wirklichkeit sein. In einer *pluralen Schulsituation* wird das „bloß apriorisch" Gegebene sicher nicht allen Schülern zum *faktisch Gegebenen* werden.[58]

Weiters ist kritisch zu erwähnen, daß die Deutung jedes katechetischen Tuns als „Realsymbol Gottes" Ansätze eines total *positivistischen* Menschenbildes zeigt. Inwieweit auch *Bosheit* und *Sünde* aus der Innerlichkeit des Menschen kommen können, müßte theologisch und auch anthropologisch klar hervorgehoben werden. Außerdem ist bei einem trinitarischen Ansatz der Katechese auch nach der *sozialen* Dimension zu fragen. Die Kirche als „Sakrament des Geistes"[59] und die Wirkung des Heiligen Geistes im intersubjektiven und gesellschaftlichen Bereich ist in der GK ebenfalls zu wenig hervorgehoben. Die angeführten Schwachstellen sind nirgends Streitobjekt. Es bedürfte aber einer weiteren Klärung und Reflexion. Solche Arbeit würde sich allerdings auch in entsprechenden Schwerpunkten und Aspekten der konkreten Praxis niederschlagen müssen.

5.4.3. Die Frage nach der Korrelation

Wenn hier der Frage nachgegangen wird, ob A. Höfer in der GK korrelative Ansätze kennt, so muß weiter ausgeholt werden, da der vielgebrauchte Begriff *Korrelation* verschiedene Dimensionen enthält. Ursprünglich kommt der Begriff aus der *Systematischen* Theologie und wird von der Religionspädagogik rezipiert.[60] Im apostolischen Schreiben „Catechesi Tradendae" schlägt sich die Korrelation als fundamentaler Grundsatz der *doppelten Treue*, der „Treue zu Gott und der Treue zum Menschen", nieder.[61]

Anschaulich wird Korrelation bisweilen mit einer Ellipse dargestellt. Die *beiden Brennpunkte*, Theologie und Anthropologie, stehen in gegenseitiger Beziehung[62] und sind verschieden definiert.[63] F.-J. Nocke definiert die Beziehung der beiden Brennpunkte als *„kritische, produktive Wechselbeziehung"*.[64] In der Katechese will die Korrelation dem traditionsorientierten und problemorientierten Unterricht entgegenwirken und in einer „produktiven" Art beide vereinen, indem „die Glaubensüberlieferung neue Lebenserfahrung provoziert" und im Aufwind neuer Erfahrungen „mit einem Fortschritt der Glaubensgeschichte" und „mit der Wiederentdeckung von vergessenen Glaubenswahrheiten" zu rechnen ist.[65]

Während nun einerseits von einer kritisch-produktiven Wechselbeziehung zwischen Glaubensüberlieferung und neuer Erfahrung gesprochen wird, wollen andere Ansätze die kritisch-produktive Wechselbeziehung eher „zwischen dem *Geschehen,* dem sich der überlieferte

Glaube verdankt, und dem *Geschehen,* in dem Menschen heute . . .
ihre Erfahrungen machen", angesiedelt wissen. Damit erweist sich allerdings die „doppelte Verschränkung" eher als *„Prozeß* des Unterrichtsgeschehens" denn als *„Produkt* fester Vorgaben eines Lehrplans".[66] Und damit taucht die Frage auf, ob nicht Korrelation eher ein *„praktisches" Anliegen*[67] des Unterrichtsprozesses[68] ist als ein Prinzip für den Lehrplan. Daß es zusätzlich noch möglich ist, die Themen durch korrelative Aufbereitung[69] im Sinne von „,Personalisieren' der Stoffgebiete"[70] entsprechend zu gestalten, hat M. Scharer hervorgehoben.

Geht man davon aus, daß Korrelation „nicht *objektiv* dargestellt (,bewiesen', ,abgeleitet' usw.)" werden kann, sondern jeweils *„subjektiv,* vom jeweiligen Schüler auf seine Weise" gefunden und zum Ausdruck gebracht werden muß,[71] so darf man behaupten, daß A. Höfer in der GK korrelativ im Unterrichtsprozeß arbeitet. Wenn jeder Schüler *„seine* ,disclosure' (Ramsey)", wenn jeder seine „je eigene (mehr oder minder starke) Enthüllungserfahrung" hat, dann muß allerdings darauf hingewiesen werden, daß die *„intersubjektive Vergewisserung",*[72] der Austausch und die gegenseitige Abklärung der Erfahrungen in einer sozialen Phase des Unterrichtsprozesses von großer Bedeutung ist. Ansätze zu solchem intersubjektiven Austausch sind bei A. Höfer vorhanden,[73] wenn man den von den Arbeitsanregungen ausgelösten Unterrichtsprozeß mitbedenkt. A. Höfer wendet sich mit großer Vehemenz gegen Lehrpläne, die Lebenserfahrung und Glaubenserfahrung – seiner Meinung nach – analytisch getrennt auflisten und auf diese Art die „doppelte Treue" beweisen wollen.[74]

Lehrpläne, an denen er selbst vor dem Jahr 1968 mitgearbeitet hat,[75] dürfte man allerdings wegen des großen Zeitunterschiedes nicht mit korrelativem Maßstab messen. Die Inhalte/Themen, die sich in seinen „Glaubensbüchern" durch 20 Jahre kaum ändern, zeigen in der 5. und 6. Stufe ein fast ausschließlich biblisches Stoffgut, während in der 7. und 8. Schulstufe auch anthropologische und einige gesellschaftliche Themen auftauchen. In manchen Themen zeigen sich schon korrelative Formulierungsversuche.[76]

Vor allem aber ist in der GK – wie schon erwähnt – die Korrelation (oder wie A. Höfer sagt: die Begegnung) im Unterrichtsprozeß als *„didaktische Korrelation"*[77] zu finden. Vor allem ist es die *Identifikation* und die damit verbundene *kreative* Ausdrucksarbeit, die Glaubenserfahrung und persönliche Erfahrung im Prozeß ineinander übergehen läßt.

5.4.4. Selbstentfaltung und trinitarischer Gott

Wenn A. Höfer in der GK auf Selbsterfahrung und Selbstentfaltung hinweist und entsprechende Übungen anbietet, dann schließt er an die Tradition der Theologie nach der „anthropologischen Wende" an. Im wesentlichen zeichnet K. Rahner durch sein Konstrukt vom „übernatürlichen Existential" eine neue Sicht des Menschen. Aus Gottes freier Selbstmitteilung ist in jedem Seienden die transzendentale Verwiesenheit auf das absolute Sein und das Geheimnis Gottes gegeben.[78] In der „Annahme seiner selbst" nimmt der Mensch zugleich „Christus als absolute Vollendung und Garant seiner eigenen anonymen Bewegung auf Gott hin durch die Gnade" an.[79]

Mit K. Rahner kann somit jede *Selbsterfahrung* als *Bewegung auf Gott hin* – wenn auch noch unthematisch und der Interpretation bedürfend[80] – gedeutet werden. Das heißt, daß *Individuation*[81] nicht nur ein Weg zur Selbstentfaltung, sondern auch ein Weg zur Gottes- und Glaubenserfahrung sein kann, allerdings nur, wenn sie Interpretation und Deutung aus dem übergreifenden Kontext des Glaubens erfährt. *Christlicher Glaube* vermittelt einerseits dem Selbst das Vertrauen auf Unbegrenztheit der Entfaltung und andererseits das Wissen um die Überwindung der Gebrochenheit des Menschen. Das Selbst kann zum „Medium des Göttlichen in der Gebrochenheit der menschlichen Psyche" werden.[82] Indem Individuation Glaubenserfahrung vorbereitet und der Glaube der Selbstentfaltung und -verwirklichung Mut und Richtung zuspricht, *ergänzen sich* Individuation und christlicher Glaube.

Wenn also A. Höfer das *Selbst* als „Rufer in der Wüste" mit Verweisfunktion auf Christus bezeichnet und wenn er zur Selbstentfaltung anregt,[83] so rezipiert er die Theologie nach der „anthropologischen Wende" für seine katechetischen Anliegen. Damit begibt er sich auf den Weg in Richtung „mystagogische" Katechese.

5.4.5. Der mystagogische Weg

R. Bleistein greift 1971 K. Rahners Wechsel in den Bekenntnisformeln von „Wesensaussagen zu existentiellen Positionen"[84] auf. Diese Bekenntnisformeln wissen von der transzendentalen Verwiesenheit des Menschen. Weil allerdings Menschen heutiger Tage *kaum mehr* die *transzendentalen Erfahrungen* von „Freiheit, Freude, Liebe, Verantwortung, Schuld, Staunen, Ehrfurcht usw." machen, muß in dieser Zeit eine Einführung in den Glauben „mit der Mystagogie in das Mysterium des Menschen" beginnen.[85] R. Bleistein fordert eine *neue Mystagogie*, die in die *menschlichen Grunderfahrungen* einübt.[86] Diese Mystagogie setzt beim *Geheimnis* des *Menschen* an, will die *transzendentalen Erfahrungen* wecken und ermöglichen und dadurch zum letzten Geheimnis, zu *Gott* weiterführen.[87] A. Höfer hat wahrscheinlich die praktische Seite dieses Weges über K. Graf Dürckheim kennengelernt.[88] Dieser zeigt, wie ein Schüler unter Leitung eines *Meisters*[89] durch ständige *Übung* ganzheitlicher Art – durch „Exerzitium"[90] – sich auf den *Weg* machen kann, um sein Wesen und gleichfalls die Transzendenz, das Leben und Gott in der eigenen Tiefe zu erfahren. Der Mensch soll dabei das werden, was er *im Grunde* seines Wesens *bereits ist.*[91]

Wenn bei A. Höfer eine ganze Reihe von *Sensibilisierungsübungen* vorkommen, so sind sie aus dieser mystagogischen Sicht zu beurteilen. Oft betont er, daß der Mensch *zuerst sich selbst zurückgegeben* werden muß, damit er „gleichsam zur Stufe geworden, von dorther sich aufmache und aufgehoben werde zu Gott".[92] Bisweilen scheint es allerdings, daß zu solchen Übungen den christlichen Glaubenshorizont einzig und allein der Religionslehrer als Zeuge des Glaubens zu vermitteln habe.

Die angebotenen Übungen[93] fordern einen Lehrer, der selbst genug sensibilisiert ist, da gerade in solchen Prozessen *nicht alles geregelt* sein kann. Das Ziel des Lernweges ist weitgehend offen[94], und damit ist ein ungeschulter Lehrer leicht überfordert. Hilfestellung soll deshalb ein „Lehrertraining"[95] mit Glaubensvertiefung und Selbsterfahrung bieten.

5.4.6. Zur „Sakramentalität" der Katechese

Es wurde bereits erwähnt, daß A. Höfer der Katechese grundsätzlich eine „sakramentale" Dimension zuspricht, da sie „Gnadenmittel" ist, Aufladung durch den „Heiligen Geist" erhält und den Katecheten vor „getauften" Kindern stehen läßt. Wenn sich A. Höfer auf K. Rahner stützt, so muß betont werden, daß dieser seinen Ansatz transzendental-ontologisch versteht. Das „übernatürliche Existential" ist ontologisch-theologische Rede und bedarf erst der *Interpretation*. K. Rahner spricht aus theologischer Sicht vom „anonymen Christen". Der „anonyme Christ" ist sich seines Christseins *existentiell* nicht bewußt.[96]

Es hat den Anschein, daß A. Höfer – aus kerygmatischer Katechese kommend – eine *theologisch-kerygmatische* Argumentation beibehält. Der Katechese in der Gemeinde und speziell der Liturgie würde solche

Argumentation entsprechen. Hier wird wohl bisweilen die Gemeindesituation und die Situation des liturgischen Vollzugs mit der schulischen Situation vermengt. Wenn eine plurale Ausgangssituation und eine differente Bereitschaft zu religiösen Lernprozessen vorhanden ist, dann ist gerade aus fehlendem Glaubenshintergrund der *existentielle Vollzug* des Glaubens oft nicht gegeben. Wird dann noch von Katechese als „Gnadenmittel" und von „sakramentaler" Dimension gesprochen, so kommt das einer *Überforderung* aller am Unterrichtsprozeß Beteiligten gleich.

Positiv ist zwar hervorzuheben, daß in der GK das *Kirchenjahr* als Unterrichtsprinzip durchgehalten wird und daß liturgische Symbole und traditionelle Glaubenssymbole zur *Begegnung* angeboten werden. Es ist allerdings die Frage zu stellen, ob manche Schüler mit diesen Symbolen und Bibeltexten nicht zu abrupt konfrontiert werden. Wieder ist es dem einzelnen Katecheten anheimgestellt, wie er den Lernprozeß strukturiert und wie *behutsam* er in die religiöse und in die Glaubens-Dimension einführt.

Der Ausdruck „sakramental" erweist sich als in heutiger Schulsituation bisweilen vorschnell und deshalb nicht sachgerecht verwendet.

5.5. Zusammenfassung

In diesem Kapitel wurden Ausagen zum Gottes- und Menschenbild der GK erhoben und reflektiert. Der trinitarische Gott wird als verströmendes Geheimnis gesehen, das den Menschen in eine dauernde Liebesbewegung und in das Heilsgeschehen hineinnimmt. In *Jesus* als *Symbol* der *Transzendenz* zeigt sich Gott in konkreter historischer Gestalt und läßt die Jünger seine Liebe und das Heil spüren. Er will Beziehung zu den Menschen aufnehmen und ist in jeder einzelnen Begegnung „pars-pro-toto" in ganzer Fülle anwesender Gott. Der *Heilige Geist* ist Gott als „*Innerlichkeit*" des Menschen. Gott ist nicht nur *über* mir, sondern als Begegnender *vor* mir und zuinnerst *in* mir. Damit zeigt sich in Gott selbst eine *trinitarische Struktur* der *Verkündigung*.

Da Gott aus Selbstmitteilung dem Menschen *begegnen* will, eröffnet sich dem Menschen gleichzeitig die Freiheit und die Möglichkeit zur *Entfaltung* und *Identitätsbildung*. Die *christliche Orientierung,* die „personale Anthropologie", der „biblische Humanismus" und das „biblische Menschenbild" vermitteln über entsprechende Gestalten/Symbole Richtung und Mut zur Selbst-Entfaltung. Es werden Möglichkeiten geboten, den Gestalten/Symbolen zu begegnen und sie sich kreativ anzueignen in einer „wechselseitigen kritisch-produktiven *Korrelation*" im „*Prozeß*".

Der Mensch wird – *gestalttheoretisch* – als *Ganzheit* in all seinen Dimensionen angesprochen, gefördert und gefordert. Die *emotionale* Seite und die Dimension des *Körpers* ist durch die Deutung der Innerlichkeit als Ort des Heiligen Geistes besonders betont, während (rein) *kognitive* Prozesse weniger geachtet werden. Grundsätzlich geht es A. Höfer um den *konkreten* Menschen im konkreten Augenblick. Seine Entfaltung, die Tendenz zu seiner „guten Gestalt", die *Selbstverwirklichung* des Menschen ist „Stufe" zur *Gottesbegegnung*. Die Selbsterfahrung soll Glaubenserfahrung eröffnen, und die Glaubenserfahrung interpretiert und gibt der Selbsterfahrung die Richtung. Selbsterfahrung soll in einer neuen *Mystagogie* in das Mysterium des Menschen einführen, damit er über transzendentale Erfahrung zum letzten Geheimnis, zu Gott vordringt.

Es läßt sich also festhalten, daß nach A. Höfer Gott sich in seiner freien Selbstmitteilung dem Menschen zuwenden will, und der Mensch aus der Begegnung und in der Begegnung mit Gott seine wahre Menschlichkeit und Verwirklichung erfährt. Das heißt, daß A. Höfer eine Korrelation im Prozeß der Begegnung praktiziert. Diesem Prozeß spricht er „sakramentale" Dimension zu und läßt dadurch als Tendenz offenkundig werden, daß die anthropologische Seite, die plurale Schulsituation nicht genug beachtet wird. Die personale, existentielle und ganzheitliche Dimension des Unterrichtsprozesses und die Betonung des Wissens aus der Begegnung und aus der Beziehung ist zu würdigen. Kritisch ist allerdings anzumerken, daß kognitive Elemente zu wenig zur Geltung kommen. Hervorzuheben ist, daß die emotionale Seite und die körperliche Dimension im Lernprozeß großes Gewicht haben, während soziale und geschichtliche Bedingtheiten kaum als Verstehenshorizont hermeneutisch bearbeitet werden.

Die Begegnungsstruktur zwischen Gott und Mensch schlägt sich natürlich auch in der Zielsetzung der GK nieder. Deshalb soll nun ein Blick auf die „Ziele" der GK geworfen werden.

6. „ZIELE" DER GESTALTKATECHESE

Wenn hier von „Zielen" der GK gesprochen wird, so ist dies nicht im Sinne einer strengen Lernzielorientierung[1] zu verstehen.[2] Die angeführten „Ziele" sind am ehesten mit Grundanliegen oder Grundintentionen zu umschreiben oder durch die Ausdrücke „allgemeine Ziele"[3] oder „Bildungsziele"[4] zu erklären. Gundanliegen der GK ist, daß zwischen konkretem Schüler und Gott selbst eine personale Begegnung (6.1.) möglich wird und „Realisation" des Glaubens (6.2.) in je eigener existentieller und persönlicher Art vollzogen werden kann. Die Schüler sollen die Möglichkeit haben, wie Jesus zu handeln, und sich einüben im „Glauben–Hoffen–Lieben" (6.3.). Dadurch kann sich der Schüler als Mensch entfalten und im Rahmen des christlichen Kontextes verwirklichen (6.4.).

6.1. Die Begegnung zwischen Gott und Mensch

Nach Ansicht A. Höfers sollte sich die *besondere Qualität* einer Katechese darin zeigen, daß der konkrete Schüler und der sich verströmende Gott einander begegnen können. Zeit seines Wirkens beschäftigt ihn die Frage, wie „der lebendige Schüler und der lebendige Gott" in Beziehung kommen. Vor allen Dingen hebt er immer wieder engagiert hervor, daß nicht nur „Stoffe", „Lehrinhalte" oder „Lernziele" aufeinander treffen, sondern „zwei lebendige *Personen*".[5] In den Ausführungen über „christus- und schülerzentrierte" Katechese[6] stellt er die Lebensgemeinschaft von Jesus und seinen Jüngern als Modell der katechetischen Begegnung dar.[7] Weil A. Höfer diese bestimmte Qualität der Begegnung bewahren will, spricht er „lieber von ‚*Begegnung*' als von ‚Korrelation', weil hier das Personale des Vorgangs deutlicher" ausgedrückt ist.[8] Unschwer sind auch „Abläufe eines Korrelationsprozesses" zu erkennen. Wesentlich ist ihm aber die Pädagogik der „Begegnung", wo Wirklichkeit auf Wirklichkeit und Existenz auf Existenz trifft.[9] Die besondere Qualität der Begegnung, aus der ein Mensch „verwandelt hervorgeht", läßt sich unter verschiedenen Aspekten beschreiben. Diese Begegnung beginnt nach A. Höfer mit „der ganzheitlichen Wahrnehmung (Ch. v. Ehrenfels), führt zur gegenseitigen Annäherung (R. Guardini), ermöglicht eine wechselseitige Erschließung (J. W. v. Goethe) und kann zu existentieller Betroffenheit (O. F. Bollnow), zum persönlich bedeutsamen Lernen (J. Bürmann)" werden und ereignet sich „am elementarsten als Intersubjektivität (F. Ebner, M. Buber, G. Marcel)".[10]

Weil die Begegnung unmittelbar auf das *letzte Ziel* der Katechese, auf *Gott selbst* zielt und nicht bei irgendwelchen Themen, auch nicht bei Symbolen oder Sakramenten allein verweilen soll, wird alles in der Katechese zum „Fenster" für die Transzendenz.[11] Darin liegt wesentlich der *sakramentale Charakter* der Katechese. Andererseits ist aber wieder nicht das Sakrament selbst, sondern die durch das Sakrament „*geheiligte Existenz*" Mittelpunkt des katechetischen Interesses. Die ganze Heilsgeschichte wird nicht als Sache, sondern als „*persönliche* Heilsgeschichte des einzelnen" mit Gott gesehen.[12] Für A. Höfer sind also dogmatische oder liturgische Themen aus der besonderen Qualität der Begegnungsstruktur von vornherein schon immer mit der Existenz des konkreten Menschen verbunden.

6.2. Die Realisation des Glaubens

Wenn *göttliche und menschliche Person einander begegnen*, ist *konkrete Verwirklichung* des Glaubens in je eigener, existentieller und personaler Art und Weise, ist „Realisation des Glaubens"[13] möglich. In Anlehnung an Kardinal Newman will A. Höfer in Abgrenzung von nur „begrifflicher Zustimmung" die „reale Zustimmung" ermöglichen, in der jeder „in *seiner* Weise und im Rahmen seiner Plausibilität" die ihm passende Art der Verwirklichung des Glaubens setzen kann.[14]

Aus diesem Grund fordert A. Höfer, daß die „Inhalte" konkret und anschaulich – *symbolisch/gestalthaft* – repräsentiert sein müssen.[15] Diesen ist es nämlich eigen, existentiell zur Reifung und Entfaltung der Persönlichkeit einen großen Beitrag zu leisten, weil sie den *ganzen Menschen* ansprechen und der Mensch „im symbolischen Prozeß mit seiner Ganzheit" beteiligt ist. Sie wecken den Seelengrund, entfalten die transzendierenden Kräfte und bieten die Möglichkeit, „sich schauend in sie zu versenken, um sie *gestalterisch* zu ergreifen und in die *eigene Erfahrung* einzuverleiben oder *sich* ethisch an sie zu *verschenken*".[16]

In der GK wird deshalb die Möglichkeit geboten, daß sich die Schüler kreativ mit den Glaubensinhalten auseinandersetzen. So werden die *Glaubensinhalte* der Kirche (fides quae creditur) zur „Glaubenskraft der Menschen (fides qua creditur)".[17] *Jeder* Schüler realisiert „*für sich*" die Glaubenswirklichkeit und den Glaubensinhalt.[18] Durch *intersubjektiven* Austausch ist Korrektur, Weiterführung und Entfaltung möglich.

6.3. „Wie Jesus handeln lernen" – „Glauben–Hoffen–Lieben lernen"

In der GK soll der Schüler zur Begegnung mit Jesus gelangen. In dieser Begegnung wird das *Handeln Jesu* zum *Grundmodell* aller Handlung des Schülers. „Wie Jesus handeln lernen" ist ein konkretes Lernziel der GK.[19] Es ist „hier und jetzt in der Klasse in die Tat umzusetzen",[20] was Jesus modellhaft vorgelebt hat.[21]

Didaktisch operiert A. Höfer mit den Ausdrücken „*Verhaltensänderung*",[22] „*Einstellung*"[23] und „*Einstellungsänderung*". Da für A. Höfer auch die *Tugend* eine „innere Einstellung" ist, „eine zielgerichtete Tendenz zu denken und zu handeln, eine Grundentscheidung, Grundhaltung und Kraft zur Lebensgestaltung",[24] kann er die *theologischen Tugenden* des Glaubens, der Hoffnung und der Liebe als unbestrittene *Lernziele* der GK vorstellen. Er versucht, dies noch mit einem weiteren Schritt „schulpädagogisch" zu untermauern, indem er die Tugenden als „Vertiefung der religiösen *Einstellung* (Glaube)", als „*Sinnfindung* für das Leben (Hoffnung)" und als „*Wertbildung* und Entscheidungshilfe für das sittliche Handeln (Liebe)" darstellt.[25] Dieses sehr weit gefaßte „Lernziel" der GK fordert natürlich wiederum einen *ganzheitlich-personalen Lernprozeß*, wobei die Tendenz besteht, von der *Hand* über das *Herz* zum *Hirn* voranzuschreiten.[26]

Auch der *Lehrer* soll „von Jesus *pädagogisch* lernen". A. Höfer glaubt, ein „Konzept Jesu" zu erkennen, das sich „in ein regelrecht pädagogisches Konzept" umsetzen läßt. So ist der Primat des Menschen, das bedingungslose Akzeptieren des Menschen und Jesu Drängen auf Echtheit und Innerlichkeit bei der Gottes- und Nächstenliebe eine gute Richtschnur.[27]

6.4. Die Entfaltung des Menschen

Grundsätzlich baut die GK auf einem theologisch-trinitarischen Verkündigungskonzept auf. Gerade in diesem Konzept ist aber enthalten, daß sich Gott in Jesus liebevoll, heilsam und verändernd dem Menschen zuwendet.[28] Der Schüler wird automatisch zum „Stoff" der Katechese, weil er als der „von Gott geliebte Mensch in das Evangelium" gehört.[29] Seine Nöte, Probleme und Anliegen dürfen im konkreten Unterrichtsprozeß zur Sprache kommen. Aus *theologischer Orientierung* ist die Schülerwirklichkeit wesentlich Inhalt der GK, und die Entfaltung des Schülers und seine Selbstverwirklichung sind die Konsequenz aus einer entsprechenden Theologie. Damit die Schüler *mystagogisch* zum Mysterium geführt werden können, sind alle positiven Anlagen[30] und die „kreatürlichen" und „transzendierenden" Seelen-

kräfte[31] zu *fördern* und zu *entfalten*. Im „aktiven Symbolisieren" zeigt A. Höfer einen Weg auf, der Kreativität, persönliche Entfaltung und Glaubensvertiefung ermöglicht.[32]
Die Entfaltung und Selbstverwirklichung des Menschen bedarf aber noch der *Interpretation* aus dem Glauben,[33] damit der Mensch neben der anthropologischen Dimension auch die theologische Dimension erahnt.

6.5. *Kritische Würdigung*

Die Lernziele der GK sind nicht im Sinne einer strengen Lernzieltheorie zu verstehen. Einerseits zeigt sich bei A. Höfer in der Verwendung von Lernzielen eine gewisse Unschärfe,[34] andererseits aber auch ein großer Vorbehalt gegenüber festgeschriebenen Lernzielen,[35] weil diese seiner Ansicht nach ein „geschlossenes" Curriculum[36] zur Folge haben. Was hier als *Ziel* angegeben ist, läßt sich eher als *Intention*[37] übergreifender Art beschreiben. Es sind dies Zielsetzungen, die die Richtung weisen und zugleich das Miteinander-auf-dem-„*Weg*"-Sein[38] und den *Prozeß* im Auge haben.

Eine dieser hohen Intentionen/Ziele ist die *personale Begegnung*. A. Höfer will einen Religionsunterricht, der „eine lebendige, persönliche Beziehung des Schülers zu Jesus Christus" initiieren will.[39] In dieser Begegnung und Beziehung ist Wachstum des Schülers am und durch das Du Gottes möglich.[40] Alle theologischen Inhalte verstehen sich in der GK als Verkündigung „für" die Schüler und als Begegnungsmomente mit Gott. Anschauliche konkrete Inhalte werden deshalb abstrakten vorgezogen und vor allem in Glaubensrollen, in Wert- und Sinn-Rollen vorgestellt, um Begegnung und Realisation des Glaubens zu ermöglichen.[41]
Diese hohe Zielsetzung ist aber menschlicher Planung entzogen und „überrational".[42] A. Höfer hat recht, wenn er aus diesem Grunde auch kein geschlossenes Curriculum will. Umso mehr wird der *Katechet* als Zeuge des Glaubens in seiner Kongruenz, Sensibilität und Flexibilität im Unterrichtsprozeß der GK immer bedeutsamer.[43] Damit ist aber *schuldidaktisch* die kritische Frage zu stellen, ob eine so hohe Zielsetzung nicht einer Überforderung von Schüler und Lehrer gleichkommt.

In der Begegnung will A. Höfer aus ganzheitlicher Sicht nicht ein bloßes *Inhaltslernen*. Ihm geht es um *Einstellungsänderung* und *Verhaltensänderung*, um *Realisation des Glaubens*. Der Schüler soll ganzheitliche Zustimmung geben können. Mit seiner ganzen Existenz, seiner ganzen Biographie, seiner Identität und *Lebenserfahrung* muß jeder selbst in die Begegnung einsteigen, sie *subjektiv vollziehen* und dadurch bewußt gewandelt und verändert hervorgehen.[44] Wie schon erwähnt, ist dies in der Begegnung mit *konkreten* und *anschaulichen* Inhalten am besten möglich, weil sie das „Bild Christi" lebendig werden lassen und dadurch emotional-existentielle Zustimmungsmöglichkeit eröffnen.[45]

In der „Realisation des Glaubens" ist der Mensch *aktiv, kreativ* mit all seinen menschlichen Möglichkeiten und *kreatorisch* mit all den geschenkten Möglichkeiten des göttlichen Geistes in Freiheit beteiligt.[46] Mit dem Ausdruck *„aktives Symbolisieren"* zeigt A. Höfer Möglichkeiten der „Realisation des Glaubens" auf. Eigene Erfahrung/Existenz und Glaubenswirklichkeit gehen in kreativer Verarbeitung ineinander über.[47] Durch das neu Symbolisierte ist es dem Menschen möglich, sich selbst als Mensch und Glaubender zu *verstehen* und zugleich seine Existenz zu *verwirklichen*,[48] da im Symbol nicht nur Glaubenswirklichkeit, sondern auch Anteile der eigenen Existenz aufscheinen.

Wiederum muß der Lehrer den Unterrichtsprozeß selbst gestalten. Eine letzte Strukturierung ist nicht möglich. Es wird also bei den „Methoden" zu fragen sein, ob es Strukturen gibt, die dem Lehrer helfen, zur „Realisation des Glaubens" führen und die am Unterricht Beteiligten nicht überfordern.[49]

Ähnliche Fragen wird man bei *„Glauben–Hoffen–Lieben lernen"* und *„Wie Jesus handeln lernen"* stellen müssen. Die hohe Intention ist zu würdigen. Es gibt auch eine ganze Reihe von Anweisungen zur praktischen Identifikation mit Gestalten der Bibel. Natürlich kann die ganze Lebenserfahrung und Lebensgeschichte der Schüler in die Begegnung mit dem *„Modell"* Jesu einfließen. Eine thematische Auseinandersetzung mit den Problemen der komplexen Weltwirklichkeit von heute und mit analogen Situationen aus dem „Modell" Jesu fehlt allerdings. Außerdem findet sich bei A. Höfer keine Unterscheidung von *Modell* und *Vorbild*.[50] Damit könnte die GK allerdings der bloßen Imitation einer Gestalt aus der Geschichte anheimfallen ohne eine Anregung, selbst zu formen und neu zu entscheiden.

In der GK zeigt A. Höfer eine ganze Reihe von Anstößen und Impulsen zum *identitätsfördernden* Lernen und zur *Selbstverwirklichung* auf. Daß die konkrete *Situation* des Schülers in den Unterrichtsprozeß einfließen darf, wird oft erwähnt. Wie dies allerdings zu geschehen hat, bleibt weitgehend wieder dem Lehrer überlassen. Detailliert strukturierte Ansätze[51] würden nach A. Höfer zu einschränkend und lenkend sein. Die kreative Offenheit fordert allerdings den Lehrer in seiner Intuition, Kreativität und Persönlichkeit so sehr, daß eine ganze Reihe von Lehrern diesbezügliche Unterrichtsprozesse eher vermeiden. Speziell im Bereich des ethischen Lernens muß die konkrete Situation einfließen und der Prozeß einer Suche nach Lösungen offengehalten werden.[52] Wenn dann allerdings in entsprechenden Unterrichtsvorlagen der *Glaubenskontext* ohne weitere Strukturierung durch einen Konzilstext oder dergleichen repräsentiert wird, dann ist für den Religionslehrer zu wenig Vorarbeit geleistet.

Zusammenfassend ist festzuhalten, daß A. Höfer eine *sehr hohe Zielsetzung* verfolgt. Seine Zielsetzung/Intention ist *höher* angesetzt als dies in *offiziellen kirchlichen* Verlautbarungen der Fall ist.[53] A. Höfer geht sehr wohl auf eine differenzierte Ausgangslage der heutigen Schüler ein[54] und weiß auch, daß die „Ziele" nicht immer erreicht werden und der Religionslehrer sich nicht überfordern darf. Eine Differenzierung der Ziele liegt aber in expliziter Auflistung als *Entlastung* für Lehrer und Schüler nicht vor. Bei aller Würdigung des ganzheitlichen Ansatzes und des zentralen Anliegens muß der Redlichkeit und der besseren Argumentationsmöglichkeiten wegen und um aller Überforderung bei der pluralen Ausgangssituation der Schüler und Lehrer entgegenzuwirken, ein entsprechender Zielkatalog gefordert werden. Solche Differenzierungen finden wir in allen offiziellen Äußerungen.[55]

Da aus ganzheitlicher Sicht bereits oben immer wieder von den „Inhalten" und deren besonderer Qualität in der GK die Rede war, soll nun ein Blick auf die Haupt-Inhalte der GK geworfen werden.

7. „INHALTE" UND „MEDIEN" DER GESTALT-KATECHESE

Um der hohen Zielsetzung der GK – personale Begegnung zwischen Gott und Mensch – gerecht zu werden, müssen die Inhalte von besonderer *Qualität* sein. A. Höfer vermeidet aus diesem Grund den seiner Meinung nach abstrakten Begriff der „Themen". Er spricht ganz bewußt von *„Inhalten"* und will damit zum Ausdruck bringen, daß es sich um konkrete Wirklichkeiten handeln soll. Ab etwa 1983 verwendet er auch den Ausdruck *„Gestalten".* Bevorzugte Inhalte/Gestalten sind konkrete Glaubens-„Rollen" (7.5.) und Theologie in der Gestalt von anschaulichem Bild und gesungenem Lied (7.4.).
Andererseits werden die Inhalte/Gestalten niemals verstanden als ‚Themen, die zu lernen sind', sondern als „Begegnungsorte" und „Knotenpunkte" zwischen Gott und Mensch. Der Inhalt hat deshalb auch die Qualität eines *Mediums,* da er Mittel der Begegnung und – wie die ganze Katechese – „Gnadenmittel" wird.[1] Das Christuskerygma in seiner dreifachen Entfaltung (7.2.) und die großen „Symbola" der christlichen Tradition (7.3.) haben deshalb „sakramentalen" Charakter[2], und letztlich kann sogar die „Methode" (7.6.) zum Medium/Inhalt der Glaubensbegegnung werden.
In allen Inhalten/Gestalten ist der konkrete Schüler (7.7.) mitgemeint und mitbedacht, ob er nun selbst im Mittelpunkt des Unterrichtsprozesses steht oder in einem der anderen Inhalte/Gestalten mitschwingt. Zentrale Gestalt und zentraler Inhalt der GK ist allerdings *Jesus Christus* (7.1.) selbst, weil alle Inhalte/Gestalten „pars pro toto" *die „Urgestalt"* durchscheinen lassen und spiegeln.[3]

7.1. Jesus Christus ist „die" Gestalt der Gestaltkatechese

Wenn A. Höfer in der GK von Jesus Christus spricht, so tut er dies aus kerygmatischer Orientierung im Bewußtsein, daß Jesus Christus konkret wirkend und konkrete Wirklichkeit ist. Er ist der „Gott mit menschlichem Antlitz",[4] in dem die „Transzendenz zur rückhaltlosen Immanenz", Gott zur historisch greifbaren Form, zur konkreten Gestalt wird[5] und bis heute jede Entfaltung des Glaubens aus ihm und durch ihn gewirkt wird. Er ist nicht nur Objekt der Verkündigung, sondern als auferstandener Herr zugleich *Subjekt* und in jedem Verkündigungsgeschehen *gegenwärtig*[6]; *Jesus Christus* ist die „Urgestalt"[7] der GK. Er hat als Inhalt/Gestalt nicht nur die Qualität einer konkreten und anschaulichen Wirklichkeit, sondern ist *„pars pro toto"* in allen Dimensionen und Teilen der Katechese wie das Glitzern des „tausendfach funkelnden Edelsteines"[8] oder wie die Spiegelung des ganzen Himmels in einem kleinen Teich.[9] Gestalttheoretisch gesehen greift A. Höfer damit auf, daß jeder Teil des Ganzen das Ganze verkörpert. Die gestalttheoretische Sicht ist allerdings nur eine Neuformulierung des früher verwendeten Ausdruckes der „Konzentration"[10] und des „Elementaren" oder „Exemplarischen".[11]

Mit W. Klafki, der im „Elementaren" das „doppelseitig Erschließende"[12] sieht, hebt A. Höfer an den konkreten Gestalten hervor, daß sie nicht nur *Inhalt* vermitteln, sondern auch Selbsterkenntnis und *Identitätsbildung* ermöglichen.[13] Und damit ist es gerade die „Ur-Gestalt" Jesu Christi, die in konkreter Begegnung nicht nur nicht vom Schüler ablenkt, sondern sein persönliches Wachstum und seine Entfaltung ermöglicht und grundlegt.

7.2. Das eine Kerygma in dreifacher Entfaltung

In seiner Habilitationsschrift „Biblische Katechese" weist A. Höfer auf die dreifache Entfaltung des einen Kerygmas hin. Der Form nach entfaltet sich die eine Botschaft in drei verschiedenen Strängen. Aus den Bekenntnisformeln entsteht das *Credo,* aus dem Christuskerygma und der Jesustradition in erzählender Form die *Heilige Schrift* und aus der Feier des Christuskerygmas das *Kirchenjahr.*[14] Da nun die Heilige Schrift den theologischen Inhalt in *anschaulicher* und *konkreter* Weise *narrativ* darstellt, bevorzugt A. Höfer biblische Texte. Das Dogma ist allerdings *Norm* der Verkündigung[15] und das Kirchenjahr *Unterrichtsprinzip* für jede Lehrstoffgliederung.[16]

Die drei Entfaltungen des einen Kerygmas sind in ihrer speziellen *Qualität* zu sehen. Sie sind zugleich „Inhalt" und *„Medium"* Jesu Christi und haben die Qualität von *„religiösen Symbolen",* die wie das metaphysische Symbol auf Transzendenz verweisen.[17] Dogma, Heilige Schrift und Kirchenjahr sind für A. Höfer nicht selbständige Lernziele, sondern *Begegnungspunkte* zwischen Jesus Christus und den Schülern. Wie erwähnt wird der Heiligen Schrift der Vorzug gegeben, weil in ihr Personen vorgestellt werden, die Beziehung zu Jesus Christus aufnehmen lassen und „ganze" Begegnung ermöglichen.[18]

7.3. Die „Symbola" der christlichen Tradition

Die „Symbola" der christlichen Tradition werden in der GK sehr hervorgehoben. Wie es bereits bei den Kirchenvätern Tradition war, will A. Höfer „das *depositum fidei* als eiserne Ration"[19] in Gestalt von *Symbola,* also in Gestalt von geprägten Glaubensformeln, weitergeben. Er zählt das Vaterunser, das Taufcredo, das Hauptgebot der Liebe und den Dekalog auf. Darüber hinaus führt er aus der Tradition auch die Sieben Hauptsünden, die Sieben Sakramente und mitunter die Acht Seligkeiten an. Die Kirche hat „ihren erwachsenen (!) Gläubigen" diese Symbola als „zu lernende und zu beherzigende" Summe mitgegeben. Nicht „Sätze" wurden, so führt A. Höfer aus, übergeben, sondern ein Wissen, das *Beziehung* zu Gott aufnehmen ließ. Der feierlichen Übergabe der Symbola ging die „Auslegung durch die Heilige Schrift" *voraus,* sodaß die Symbola als *„Zusammenfassung und Verdichtung* der Bibelkatechese" gesehen werden können. Mit den „Symbola" als Inhalt der GK gehen Glaubenswissen und Gottesbeziehung ineinander über.[20] Zugleich erlangt der Schüler durch die Symbola Erhellung seiner christlichen *Existenz.* A. Höfer betont, daß etwa im zweiten Teil des Vaterunsers die Not des menschlichen Daseins „zur Sprache kommt" und damit die Probleme „im Licht der Hoffnung" durchzuarbeiten sind. Die Sakramente wiederum sind „persönliche Heilsgeschichte des einzelnen mit Jesus". Mit ihnen kann die christliche Existenz des Menschen – ebenso wie im Zusammenhang mit dem Hauptgebot der Gottes- und Nächstenliebe – zur Sprache gebracht werden.[21] Das „propter homines" ist noch viel zu wenig bedacht, meint A. Höfer.[22]

Damit zeigt sich neuerlich, daß in der GK von den Inhalten eine bestimmte Qualität verlangt wird. Sie sollen Beziehung/Begegnung ermöglichen und die ganze Existenz des Menschen zur Sprache bringen.

7.4. Die Theologie in Bild und Lied

Bild/Architektur und Lied sind in der GK bedeutsam, weil *„pars-pro-toto"* in einer *anschaulichen konkreten Gestalt* göttliche Wirklichkeit eingefangen ist, die im Schauen/Begehen und Mitsingen zum Mitvollzug einlädt.[23] Bild und Lied ermöglichen ganzheitliches Lernen und speziell „learning by heart". Die *existentielle Situation* des Schülers kann *mitschwingen* und aus dialogischer Beziehung ist *personale Entfaltung* und Glaubensvertiefung möglich. Bild und Lied vermögen – gleich dem Symbol – *Eigendynamik* und evozierende Wirkung auszuüben und andererseits die Dimension des Mysteriums zu eröffnen.

7.5. Die „Rolle" in Bibel und Profanliteratur

Anschauliche Konkretheit und *evozierender* Charakter mit eigener *Dynamik* zeigen sich für A. Höfer besonders deutlich in dem erzählend vorgestellten Menschenbild. Mit H. Sunden[24] spricht er von der

„Rolle", die ein *„personales Ganzheitserlebnis"* vermittelt.[25] Durch die Glaubens-„Rolle" wird in menschlicher Gestalt sowohl Glaube als auch Wert vermittelt. Es werden „Wahrnehmungsfelder" angeboten, die „Verhaltensmuster" anregen und dadurch die „Handlungsbereitschaft" ändern können.[26] Beziehung zu Gott und Erschließung der eigenen Existenz eröffnen sich durch die besondere Qualität dieses Inhaltes.

Im Bereich des moralischen Lernens und der Werterziehung[27] setzt A. Höfer *profane* Lebensgestalten ein. Außerdem bedient er sich im Bereich der Identitätsbildung der Märchen.[28]

7.6. Die Methode als „Weg"

Während bisher betont wurde, daß der Inhalt der GK eine besondere Qualität der *Vermittlung*/Begegnung und der Erschließungsfunktion für die *Existenz* des Schülers haben muß, wird hier die Vermittlung selbst, also die *Methode,* als *Handlungs-Medium*[29] näher betrachtet. Die Methode selbst vermittelt inhaltliche Aspekte. In der Begegnung/ Beziehung ist nicht nur das „Was", sondern auch die Qualität, das *„Wie",* von entscheidender Bedeutung.[30] Zwischen Inhalt und Methode besteht aus ganzheitlicher Sicht „kein Wesensunterschied". Beide können in der GK fließend ineinander übergehen.

In Anspielung an das bekannte östliche Wort führt A. Höfer aus, daß der *Weg* / die Methode das *Ziel* sei und betont, daß Christus selbst *„der Weg – methodos"* ist. Das Ziel der GK ist, daß sich der Schüler zu Christus auf den Weg macht, wie Christus selbst bereits auf dem Weg zu ihm ist.[31] Damit wird aber das „Auf-dem-Weg-Sein" selbst zum *Inhalt.* Letzte Deutlichkeit erhält für A. Höfer dies, wenn die Liebe in der Katechese zugleich Ziel, Inhalt und auch „Methode" ist. Nicht nur Üben, Handeln und Tun, sondern die entsprechende *Qualität* dieses Handelns, Übens und Tuns ist „Inhalt" der GK.[32]

7.7. Der Schüler in seiner Entfaltung und in seiner Not

Der Schüler ist aus kerygmatischer Orientierung bei A. Höfer schon immer als *Adressat* des Kerygmas im entsprechenden Inhalt und im Stoff mitbedacht. Es wurde schon aufgezeigt, daß praktisch in allen Inhalten der GK die *existentielle* Seite des Schülers mitgedacht und mitgemeint ist. So ist es möglich, daß die Entfaltung und Identitätsbildung – ohne extra thematisiert zu werden – zum Inhalt der GK wird. Und weil für A. Höfer die *„Innerlichkeit"* des Menschen Ort des Heiligen Geistes[33] ist, hat er die transzendierenden Seelenkräfte zur Entfaltung zu bringen und das persönliche Wachstum des Schülers in den Mittelpunkt zu stellen, wenn auch eine Analyse der Schülersituation[34] und der gesellschaftlichen Bedingungen fehlt.

Beginnend etwa mit dem Jahre 1973 kommt mit den neuen Schülerübungen ein im Jahre 1979 auch ausführlich erörterter neuer Blickwinkel in die Katechese. In dieser Zeit spricht A. Höfer von Jesus, dem „Heiland", und von seinem Eingehen auf die *Probleme* und *Nöte* der Schüler. Damit taucht die *therapeutische Orientierung* der GK auf.[35] A. Höfer argumentiert theologisch und biblisch und spricht vom „Verkündigen und Heilen"[36] als ganzheitlichem Vorgang. In den Folgejahren scheint er allerdings die spezielle Betonung der Notsituation der Schüler etwas in den Hintergrund zu stellen.[37]

7.8. Kritische Würdigung

Es ist bestechend, mit welch einfacher Gliederung die wesentlichen Inhalte der GK beschrieben werden können. Alle Inhalte lassen sich praktisch auf die „Ur-Gestalt" *Jesus Christus* zurückführen, wobei die *Existenz* des Menschen/Schülers schon immer mitgedacht und mitgesehen wird. Der *Qualität* nach müssen die Inhalte anschaulich und konkret sein und den Menschen/Schüler zur Gottesbegegnung einladen.

Der Struktur nach baut A. Höfer den Lehrstoff so auf, daß er die entsprechenden Inhalte christozentrisch konzentriert. Das führt zu einer *Reduktion* der Inhalte, weil er im Sinne der *Christozentrik* eine entsprechende Auswahl und Strukturierung vornimmt.[38] Andererseits ergibt sich eine Reduktion der Inhalte, weil nur solche verwendet werden, die *originäre Begegnung* ermöglichen. Damit hat er eine einfache Strukturierung und Gestalt des Lehrstoffes (Konzentration) und der Inhalte, die für Begegnung/Beziehung und Erschließung der Existenz dienlich sind.

Das Bemühen um derartige Inhalte ist hervorzuheben und zu würdigen. Es darf allerdings nicht übersehen werden, daß noch keine umfassende *Begründung* der *Inhalte* gegeben ist. A. Höfer legt eine sehr ausführliche Begründung vor, warum er seine Katechese christozentrisch versteht.[39] Er erklärt auch, wie in der Begegnungsstruktur der Inhalte die existentielle Seite der Schüler bei entsprechendem Unterrichtsprozeß mitschwingt. Man wird ihn aber fragen müssen, ob einerseits die

Altersstruktur und andererseits die komplexe Lebenssituation der Schüler berücksichtigt ist.

1966 hat er nach Untersuchungen der Verstehensmöglichkeiten der Schüler[40] eine Strukturierung der Inhalte vorgelegt, die seither fast nicht verändert wurde.[41] War der Entwurf von 1966 praktikabel und gut gelungen, so muß mit heutigen Maßstäben festgestellt werden, daß nach zwanzig Jahren die „Auswahl und Strukturierung" der Inhalte theologisch und existentiell einer differenzierten Begründung unterworfen[42] und eine „Elementarisierung" der Inhalte[43] vorgelegt werden muß. Von Seite einer eher „einfach" strukturierten GK wird aber auch auf die Grenzen der Elementarisierung und der curricularen Begründung hinzuweisen sein,[44] da bisweilen die Inhalte einzelner Jahresstufen aus anderen Entwürfen trotz curricularer Begründung weitgehend austauschbar sind.[45]

Wenn A. Höfer auf die *Symbola* der christlichen Tradition zurückgreift, dann will er damit – wie in der ganzen christlichen Tradition – nicht nur katechetisches Wissen vermitteln, sondern existentielle/personale Auseinandersetzung und Begegnung ermöglichen.[46] Nicht der Inhalt ist wesentlich, sondern die *Begegnungsmöglichkeit,* die durch den Inhalt erschlossen wird. Der „*Weg"*, die „*Methode"* der GK, nicht nur das „Was", sondern auch das „Wie" des Lernprozesses ist für die Begegnung und die Realisation des Glaubens bedeutsam.[47]
Für A. Höfer ergibt sich daraus, daß vor allem das *Beziehungs-Wissen* behandelt und das Sach-Wissen eher zurückgestellt wird. Zwar hat er in der Neuauflage der Glaubensbücher (1977/78) eine Reihe von „Merksätzen" und „Zusammenfassungen" aufgenommen, diese aber weder didaktisch erschlossen noch in seinen Ausführungen berücksichtigt.[48] Gerade bei subjektiver Erschließung werden die Phase der kritischen Reflexion, die Bedeutung des religiösen Wissens und die Norm des Dogmas hervorzuheben sein.[49]
Diese kritische Anmerkung kann nun wiederum nicht so gelesen werden, als ob Sachwissen entscheidend wäre. Es ist die Eigenart der *Symbole* – analog zu A. Höfers besonderer Qualität der Inhalte –, daß in ihnen das Ganze der Überlieferung repräsentiert sein kann und mit dem konkreten Leben des gegenwärtigen Menschen in Beziehung zu bringen ist. Dies ist in einer „wesentlich originären und ‚volleren' Weise" ein Umgang mit der Überlieferung, als dies die „wissenschaftliche Theologie" tun könnte.[50] Zu fragen ist allerdings, ob in einer pluralen Lernsituation den Schülern verschiedenster Herkunft die Symbola des Glaubens oder die Worte der Heiligen Schrift bereits „als

Sinn- und Lebensfiguren"[51] begegnen können oder fremd sind und den christlichen Horizont nicht mitaufnehmen lassen. Es entsteht der Eindruck, daß A. Höfer mit seinen Inhalten so sehr von einem liturgischen oder kerygmatischen Hintergrund ausgeht, daß die *konkrete Schulsituation* zu wenig mitbedacht wird.

Grundsätzlich wird also festzuhalten sein, daß A. Höfer eine einfache Strukturierung der Inhalte findet. Die intendierte Qualität (Begegnungscharakter) zeichnet sich durch die doppelte Treue, die „Treue zu Gott" und die „Treue zum Menschen",[52] aus. Im ebenfalls intendierten Weg/Prozeß will A. Höfer *Beziehung/Begegnung* mit der Ur-Gestalt der Katechese eröffnen. Dies ist zu würdigen. Es ist allerdings auch kritisch die Frage zu stellen, ob nicht die aufgezählten Inhalte zu sehr den Atem kerygmatischer Orientierung erkennen lassen. Die plurale Ausgangslage der Schüler ruft nach einem mehrdimensionalen Zugang zur Heiligen Schrift.[53] Die Identifikation mit Glaubens-Rollen ist zu würdigen. Gerade bei sehr persönlicher und existentieller Auseinandersetzung müßte aber kritische und hermeneutische Arbeit und auch Reflexion am Ende des katechetischen Prozesses extra thematisiert sein.[54]

Es wurde sichtbar, daß Inhalte mit besonderer Qualität nach Methoden mit besonderer Qualität rufen. In der GK sind Inhalt und Methode, wie bereits ausgeführt, ganz eng verknüpft. Deshalb soll an dieser Stelle die Methode der GK näher ins Auge gefaßt bzw. gefragt werden, ob die Methoden den Inhalten, der Schulsituation und vor allem der hohen Intention A. Höfers entsprechen.

8. DIE „METHODEN" DER GESTALTKATECHESE

Fragt man nach den „Methoden" der GK, so wird man eine geraume Anzahl von „Übungen" und „Arbeitsanregungen" finden, von denen es verschiedentlich katalogartige Aufzählungen gibt (8.5.). Meint man allerdings, damit die „Methode" der GK ausgelotet zu haben, so wird übergangen, daß A. Höfer die „Methode" grundlegender sieht. Die „Methode" ist das Auf-dem-„Weg"-Sein des Christen.[1] Wie viele andere Autoren[2] betont A. Höfer, daß jeder Mensch in seinem Leben und Glauben auf dem „Weg" ist, der letztlich zur Begegnung und aus der Begegnung mit Gott in die Entfaltung und in die Ganzheit des Menschen führt.

„Methode" darf bei A. Höfer deshalb nie als „reine Technik"[3] oder als bloße „lernorganisatorische Maßnahme"[4] verstanden werden. Mit H. Petzold ist die „Methode" der GK gestaltpädagogisch zu klassifizieren als „in sich *konsistente Strategie* des Handelns, die durch ein theoretisches Konzept abgesichert ist, zusammenhängt und über ein Repertoire von Handlungstechniken und spezifischen Medien verfügt".[5] Wie in der GP kann demnach die „Methode"[6] zum Träger des Inhalts und damit zum „Medium", letztlich zum Inhalt selbst werden. Für A. Höfer ist der Unterschied zwischen Inhalt und Methode aufgehoben, weil das Ziel der GK darin besteht, daß sich die Schüler zu Christus auf den Weg machen und – theologisch gesehen – *Christus* vor dem Aufbruch der Schüler bereits unterwegs ist zu ihnen. Christus selbst ist *„der Weg – methodos"*.[7] Damit hat die „Wegkunde" aufgehört, nur reine „Methode" zu sein. Sie hat Anteil an dem, der sagt: „Ich bin der Weg".[8]

Die grundsätzliche und theologische Sicht jeder „Methode" bedingt, daß das *Lernziel offen* bleiben muß.[9] Der Weg des Christseins ist nie abgeschlossen. Der Schüler ist Zeit seines Lebens nie am Ziel, und die Begegnung zwischen Gott und Mensch kann niemals festgeschrieben werden. Jeder Schüler ist auf seine Art auf dem Weg. Letztlich ist der Weg das „Ziel".[10] Dies ist eine gewaltige Herausforderung an den *Katecheten*, der ein „Meister" seines Faches[11] und Zeuge des Glaubens mit seiner ganzen Person sein muß.

An gestaltkatechetischen Methoden im Sinne von „Strategien des Handelns" sind hier die „Gestalt-Wahrnehmung" (8.1.) und das „aktive Symbolisieren" (8.2.) zu nennen. Weiters ist auf das katechetische Bemühen der Integration von traditionellen Glaubensinhalten und persönlichem Glauben der Schüler hinzuweisen (8.3.). Mit einem Blick auf Jesu Wirken stellt A. Höfer einen jesuanischen Weg der Katechese dar – ausgehend von menschlicher Erfahrung bis hin zur Transzendenzerfahrung (8.4.2.). In dieser Arbeit wird auch noch, aufbauend auf die entsprechenden Übungen und Arbeitsanregungen, eine typische Strategie der GK im Unterrichtsgeschehen dargelegt (8.4.1.).

8.1. Die Gestalt-Wahrnehmung

Als erste „Strategie des Handelns" der GK sei die Gestalt-Wahrnehmung erwähnt. A. Höfer gibt keine praktischen und theoretischen Anweisungen dazu. Der Sache nach und intentional fordert er sie allerdings: Jedes Lernen soll zur Begegnung und zum Transzendieren führen. Alle Inhalte der GK sollen als „Gestalten/Symbole" die Urgestalt repräsentieren.[12] Jede Begegnung mit einer Gestalt hat für A. Höfer *doppelte Erschließung* zum Ziel: Erschließung der Transzendenz und der eigenen Person. Damit strebt A. Höfer sinngemäß das an, was unter „Gestalt/Wahrnehmung" oben bereits dargestellt wurde.[13]

* Kritische Würdigung

Es ist zu würdigen, daß A. Höfer grundsätzlich zu einer „meditativen Lebenseinstellung"[14] führt, die noch die *Geheimnisse* des Daseins und die Wirklichkeit als *Schöpfung* Gottes erahnen läßt und der wahrnehmenden Person übergreifende Sinn- und Transzendenzerfahrung ermöglicht.[15] Die Wirklichkeit setzt sich aus mehr als nur aus Problemen, die bewältigt werden müssen, zusammen.[16] In einer Art „Transzendierungs- oder ‚Disclosure'-Wahrnehmung"[17] macht jeder seine persönliche Erfahrung, daß hinter dem Vordergründigen noch Tieferes liegt.

Kritisch ist allerdings anzumerken, daß sich bei A. Höfer *kein vorstrukturiertes* Konzept von Schritten des Transzendierens findet. Man hat den Eindruck, daß die Arbeitsanregungen und Übungen von der Grundannahme ausgehen, ein großes Maß an *Bereitwilligkeit* und *Freiwilligkeit* der Schüler sei vorhanden. Hier erhebt sich die Frage, ob mit Übernahme der Übungen aus einem anderen Zusammenhang und *Setting* die Voraussetzungen der pluralen Schule zu wenig beachtet wurden.

Außerdem ist kritisch zu fragen, ob die vielfältigen Symbole der Massenkultur[18] und die *herrschende Plausibilität* genügend beachtet werden. Wenn die Schüler etwa nur mehr „Natur" und nicht mehr „Schöpfung" sehen und erahnen können,[19] so muß es wohl neben Transzendierungsmöglichkeiten konkrete pädagogische Schrittfolgen zum

Überwinden der herrschenden Plausibilitäten geben, sonst baut sich der Schüler neben seiner eigenen Welt eine religiöse Sonderwelt auf und seine Persönlichkeit ist in größter Gefahr.[20]

8.2. Das „aktive Symbolisieren"[21]

A. Höfer ist von seiner kerygmatischen Position her ständig bemüht, daß die Botschaft beim Menschen ankommt und der Mensch persönliche Glaubenserfahrung machen kann. Schon sehr früh versucht er, durch Förderung der *Eigenaktivität* und der *Kreativität* der Schüler nicht nur den Weg der Versenkung, sondern auch den Weg der aktiven Aneignung der Glaubensgeheimnisse zu gehen. Er nennt die Impulse in dieser Hinsicht „aktives Meditieren".[22] 1973 beschreibt er diesen „Weg", in dem die „objektiven Glaubenssymbole zugleich Ausdruck subjektiver Gläubigkeit" durch aktive Aneignung werden können,[23] mit dem Ausdruck „aktives Symbolisieren". Ganz bewußt möchte er dabei den „Prozeß des Symbol*bildens* von seinem Produkt, dem gewordenen und oft liegengelassenen Symbol" unterscheiden. Er will ein religiöses Symbolisieren „noch in seinem *lebendigen* und gleichsam *„flüssigen* Zustand" pflegen.[24] Dem Schüler soll der Inhalt als Gestalt/Symbol und nicht ein für allemal festgeschrieben vermittelt werden. „Wie Bienenwaben" tausend Einflüge von Bienen erlauben und jeden „mit köstlichem Honig" bereichern,[25] so sollen auch die Inhalte des Glaubens – nach einem anderen Bild A. Höfers – nicht „tote Korallenbänke" bleiben, sondern „lebendige Zeichen" für die Schüler werden.[26]

A. Höfers Überlegungen 1973 sind *psychologischer* Art. Er geht davon aus, daß *jeder* Ausdruck des Menschen, jede Geste und jedes Wort „eine Symbolbildung der Seele" ist. Im Symbolisierten äußert sich das Leben der Seele selbst. Die inneren Kräfte drängen den Menschen. Diesen seelischen Kräften will A. Höfer ein *„neues Haus"* anbieten und die Kräfte dadurch *kanalisieren*. Gleichzeitig wird der an der Symbolbildung aktiv beteiligte Mensch eine *Erfahrung* machen, die immer *konkret, subjektiv* und auch *evident* ist.[27] Damit das religiöse Symbol, so betont A. Höfer, auch als solches erkannt wird, bedarf es auf seiten des Menschen einer *„religiösen Einstellung"*. Im Menschen muß eine Sehnsucht nach dem Religiösen vorhanden sein, damit in einem „Akt der Intuition" die Wirklichkeit des symbolisierten *Göttlichen* in Erscheinung tritt. So ist der Mensch in seiner Ganzheit angesprochen, und das religiöse Symbol gewinnt *„existentielle* Bedeutung".[28]

A. Höfer will in einem Dreischritt zum aktiven Symbolisieren führen. Zunächst ist das *Gefäß* zu bereiten. Damit meint er, daß der Mensch sich zunächst seiner selbst bewußt werden muß. In einem zweiten Schritt hat er *alle Kräfte* zu *aktivieren,* die transzendieren, und in einem letzten Schritt muß den „Transzendierungsversuchen des Menschen" ein *Ziel* angeboten werden, das der Mensch in *aktiver* Gestaltung verarbeiten kann.[29] „Aktives Symbolisieren" kann fast wie ein übergreifendes Thema oder Ziel der GK gedacht werden. Wenn A. Höfer als Verarbeitungsformen zu den Erzählungen[30] und zu den Konfiktgeschichten[31] hauptsächlich Identifikationsübungen angibt, so will er, daß der Schüler durch kreative und aktive Arbeit in und an den vorgegebenen „Rollen" einerseits Glaubenserfahrung macht und andererseits sich Werte und Haltungen aneignet.[32] Entscheidend ist, daß der Schüler aktiv und kreativ am Prozeß des Symbolbildens beteiligt ist. Unter anderem zählt A. Höfer das Feiern, das Werken und Gestalten, die Arbeiten rund um das Kirchenjahr, die schöpferische Sprache, das dramatische Spiel und die Bildbetrachtung unter den Möglichkeiten des „aktiven Symbolisierens" auf.[33]

In jedem Lernprozeß ereignet sich durch kreative Anpassung und Veränderung bereits persönliche Entfaltung und Wachstum der Person. A. Höfer hebt aber speziell und gesondert noch hervor, daß das *größte Symbol,* das ein Mensch bilden kann, *er selbst* ist. Der Mensch kann nicht nur auf dem langen „Weg der Selbstverwirklichung" seine „verborgene Gestalt" herausarbeiten, es ist dies sogar sein ethisch-moralischer Auftrag, weil er *Ebenbild Gottes* ist. Ein „*sinnvoll* verwirklichtes Leben" kann die „Herrlichkeit Gottes" zum Aufleuchten bringen. A. Höfer zitiert gern das Augustinus-Wort: „Zuerst muß der Mensch selber sich zurückgegeben werden, damit er, gleichsam zur Stufe geworden, von dorther sich aufmache und aufgehoben werde zu Gott." In diesem Zusammenhang verweist A. Höfer auf Autoren, die davon sprechen, daß das *Selbst* des Menschen bisweilen „Vorläufer Christi" genannt wird. Wer in diesem Sinne sein Selbst recht verwirklicht, gibt Christus Raum in sich.[34]

Im Bereich der Selbstverwirklichung zeigt A. Höfer wiederum drei Schritte eines Weges auf. Zunächst ist die *Imagination* zu entwickeln. Die Weckung von Ahnungsvermögen und die „projektive Phantasie" können dabei helfen.[35] An anderer Stelle spricht er analog dazu von der „Schulung der *inneren* Wahrnehmung".[36] In einem nächsten Schritt soll die „*Aktivierung* des Seelengrundes" durch die projektive Phantasie in Angriff genommen werden. Dabei können bereits erste

Verbindungen mit dem Symbol angebahnt werden. Der dritte und wesentliche Schritt ist sodann die *„Rezeption Christi"*. Der Mensch eignet sich die Motivationen und Handlungsmuster Jesu an und versucht, in der Welt entsprechend zu handeln.[37]

* Kritische Würdigung

A. Höfer kommt vom *praktischen* Anliegen und von der Frage, wie menschliche Erfahrung und Glaubenserfahrung ineinandergehen können. Dieser *sehr frühe* Ansatz (1973) in der Praxis wurde von ihm erst allmählich in der Theorie eingeholt. Vier Jahre später etwa bemerkt E. Feifel, daß dem „Vorgang des Symbolisierens" noch zu wenig Beachtung geschenkt wurde. Gerade dieser Vorgang könnte aber nach E. Feifel „religiöse Erfahrung" zeitigen.[38] 1984 greift G. Baudler die Ausführungen E. Feifels auf und stellt fest, daß dieser Ansatz für die Korrelationsdidaktik noch zu wenig aufgegriffen wurde, weil er „zu wenig ausdrücklich auf die Korrelationsproblematik" bezogen war.[39] A. Höfer setzt sehr früh bereits mit einer Praxis des „aktiven Meditierens" an und führt 1973 durch psychologische und religionspädagogische Überlegungen diese Praxis als „aktives Symbolisieren" weiter. Er geht dadurch den Weg einer intensiven dialogischen Verflechtung[40] von *traditionellem Symbol* und *persönlicher Lebensgeschichte* und kommt zu einer Symbiose ursprünglichster Art von genormten Wert-, Sinn- und Glaubens-Gestalten und dem gestaltenden Schüler, also zu einer „Korrelation im Unterrichtsprozeß",[41] ohne dies ausdrücklich zu thematisieren und zu definieren.

Kritisch muß allerdings angemerkt werden, daß die von A. Höfer selbst geforderte *„religiöse Einstellung"* in einer *pluralen Schulsituation* oft nicht vorhanden ist. Damit könnte aktives Symbolisieren zur *Selbstdarstellung* des Schülers ohne Transzendenzerfahrung werden. Wenn A. Höfer in diesem Zusammenhang darauf verweist, daß die „Innerlichkeit des Menschen" Ort des Heiligen Geistes ist und jedes „aktives Symbolisieren" zum „Realsymbol" Gottes wird,[42] so dürfte das für den *liturgischen Vollzug* stimmen, nicht aber ohne weiteres für den Religionsunterricht.

Zudem wird davon ausgegangen, daß die Schüler *freiwillig* und mit Begeisterung mitmachen, denn es ist wohl festzuhalten, daß Symbole sich „nicht bewußt produzieren" lassen.[43] Sind die Schüler mit Freude und Aktivität bei der Sache, so kann es zu großen und tiefen Erfahrungen kommen. Allerdings ist auch dann noch die Frage zu stellen, ob der

„garstige Graben" überwunden wurde, ob genügend *hermeneutische Arbeit* an den Symbolen der Tradition geleistet wurde. Grundsätzlich wird also der sehr frühe Ansatz einer *integrativen* Art der *Sinnerschließung*[44] zu würdigen sein. Der Weg des „aktiven Symbolisierens" ist in Zukunft sicher noch weiter zu bedenken und in der Praxis hervorzuheben. Man wird noch auf die religiöse Einstellung der Schüler und auf die ergänzende argumentative und reflexive Auseinandersetzung mit den Symbolen der Tradition und in ihren bisweilen polaren Inhalten mehr zu achten haben.

Wie im „aktiven Symbolisieren" sucht A. Höfer auf verschiedensten „Wegen" die dialogische Verflechtung von traditionellem Glauben der Kirche und persönlichem Glauben der Schüler. Eine etwas breiter entfaltete „Strategie des Handelns" nach A. Höfer wird im folgenden Abschnitt aufgezeigt.

8.3. Die ‚Integration' und ‚Kreation' des Glaubens der Kirche und des Glaubens der Schüler

A. Höfer versucht mit der GK nichts anderes als einen Weg zu finden, der zwischen dem Glauben der Kirche und dem Glauben der Schüler

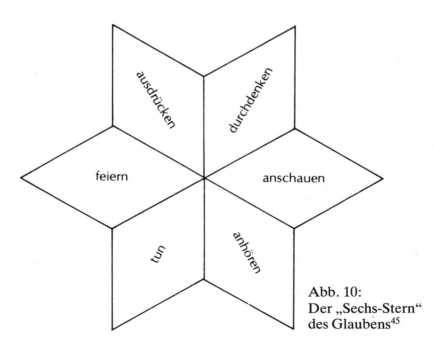

ausdrücken
durchdenken
feiern
anschauen
tun
anhören

Abb. 10:
Der „Sechs-Stern"
des Glaubens[45]

123

gegenseitige Erschließung ermöglicht.[46] Das gottmenschliche Prinzip von F. X. Arnold scheint für A. Höfer zuwenig in allen Konsequenzen ausgeschöpft zu sein. Er möchte eine Art von „mystagogischem Weg", der den ganzen Menschen mit all seinen Dimensionen in das Heilsmysterium hineinnimmt, für die GK aufzeigen.[47] Er legt dabei keine durchstrukturierte Methodologie, aber viele konkrete und praktische Impulse vor, die möglichst alle Fähigkeiten, Möglichkeiten, inneren Kräfte[48] und Energien des Menschen entfalten und beteiligen sollen. A. Höfer legt in seinem „Sechs-Stern" des Glaubens einen Raster vor, der gegenseitige Erschließung zwischen Glaubensinhalt und Mensch ermöglicht und nach folgenden Tätigkeiten gegliedert ist: Anhören, Anschauen, Durchdenken, Ausdrücken, Feiern und Tun. In der Erläuterung der einzelnen Segmente des „Sechs-Sterns" zeigen sich typische Methoden/Wege/Strategien der GK.

8.3.1. „Der Glaube kommt aus dem Hören!"[49]

Da der Glaube vom Hören kommt, gibt A. Höfer als ersten Weg der Erschließung das *Erzählen* an. Die Kraft von einst ist über Generationen im Wort lebendig und kann wie in einer heiligen Handlung wieder wachgerufen werden. Man kann dabei nach A. Höfer von *Jesus* selbst lernen, der einen *profanen* Stoff zum Inhalt seiner Erzählungen machte und die Erzählung jeweils auf die Zuhörer zuschnitt.[50] Jesus traute den Hörern zu, daß sich der verborgene religiöse Gehalt mit der Zeit schon selbst erschließen werde. Zum einen fordert A. Höfer daraus, daß die Jesuserzählungen des NT und die Beispiele und Modelle der Gottesbeziehung im AT den Schülern *anschaulich* vermittelt werden. Es sind dies Geschichten von *Beziehungen,* die durch bestimmte *Rollen* vorgestellt werden. Schlüpft der Schüler in eine dieser erzählten Rollen, so kann er die vermittelten Beziehungen aufnehmen. Zum andern aber will A. Höfer neben den Erzählungen aus der *Schrift* auch den Erzählungen aus dem *Leben der Schüler* breiten Raum bieten. Wie beim heiligen Apostel Paulus die Nöte und die Schwierigkeiten zu Wort kommen, so sollen durch Profanerzählungen und durch Erzählungen der Schüler aus *ihrem Leben* die konkreten Anliegen und Probleme laut werden.

Unter den verschiedensten Verarbeitungsformen hebt A. Höfer die *Identifikation* mit den Personen oder mit Gegenständen der Handlung hervor. Im Identifizieren vermischt sich das Erzählgut mit der eigenen Phantasie, und die Schüler eignen sich den Inhalt an, indem sie verändern und gestalten, was ihnen wichtig ist. Durch *Mithandeln* an der Erzählung ereignet sich gegenseitige Erschließung. Das kann in so einfachen Formen geschehen, wie etwa in der Wiederholung eines vorgegebenen Textes in Ich-Form bis hin zum integrativen Drama, das Raum schafft, um eigene Anteile der Lebensgeschichte spielerisch einzubringen und neu zu sehen.

8.3.2 „Selig die Augen, die sehen, was ihr seht."[51]

Wenn A. Höfer vom Schauen und der Bedeutsamkeit des Bildes spricht – das Bild hat für ihn den stärksten Reiz auf die Kinder –, dann geht es ihm um ein *tieferes Schauen.* Theologisch begründet er dieses Schauen mit dem Einüben in das Schauen Gottes in der Vollendung. Im Mittelpunkt des katechetischen Bemühens steht daher die Schulung des *inneren Auges.* Wie Gott jedem einzelnen auf persönliche Weise sagen will, was er allen sagt, so soll sich der Schüler mit seinem inneren Auge aus dem dargebotenen Glaubensgut in je eigener Glaubensfähigkeit sein Bild machen. Durch *Phantasieren und Träumen* kann die Grundfähigkeit erweitert werden, von der *äußeren zur inneren Wahrnehmung* zu kommen. Wie Gott sich durch alle Zeiten in Träumen geoffenbart hat, so mag auch der Schüler seine subjektiven Träume in Farben und Bildern, in Worten und Stimmungen wiedergeben dürfen. Die GK kennt den Weg von Innen nach Außen und von Außen nach Innen.[52]

Der Schüler soll, vom Lehrer begleitet, den *einsetzenden Prozeß* beobachten und wahrnehmen, was *er selbst* durch äußeren Reiz ausgelöst wahrnimmt. Wenn der Lehrer genügend sensibilisiert ist, wird er *prozeßorientiert* arbeiten und im Schüler die aufkeimenden *Veränderungswünsche,* die ihn zur *guten Gestalt drängen,* stützen. Die Begleitung des Lehrers hilft dem Schüler, das Geschaute in seiner inneren Tiefe zu erschließen und dadurch Geschautes/Glauben und sich selbst neu zu erfahren.

8.3.3. Ein Wissen, das zu Gott führt[53]

Wenn A. Höfer von „Wissen" spricht, so will er damit nicht Objekt-Wissen, sondern das Wissen um eine *aktuelle Beziehung* anregen. Es ist dies ein Wissen um den *Weg,* der zur Wahrheit und zu Gott führt und von Gott in einer *inneren Erleuchtung* als Licht des Glaubens geschenkt wird. Wenn der Schüler um die Wirkgeschichte Christi im Hier und Jetzt weiß, so kann er *sich selbst* neu begreifen. „Spricht der Schüler über Gott, dann darf er immer schon über sich sprechen", und gerade die Gotteserfahrung bedingt die *Selbsterfahrung* des Schülers. Durch Erzählungen, durch bildhafte Vermittlung, durch Identifikation und dramatische Verarbeitung von Gestalten der Bibel und der kirchlichen Tradition will A. Höfer in die aktuelle Gottesbeziehung und in die verändernde Kraft dieser Beziehung eintreten lassen. Inhaltslernen und Beziehungslernen sollen ineinandergehen.[54] Besonders weist A. Höfer auf die Art des *Fragens* hin und zeigt den Unterschied zwischen Objekt-Fragen und Beziehungs-Fragen auf.[55]

8.3.4. Leiblichkeit, Spontaneität und kreative Gestalt[56]

Mit dem Hinweis auf das ganzheitliche Menschenbild und auf die Zeichenhandlungen in der Schrift sowie auf die leibhaftige Zuwendung Jesu Christi mit „Handauflegung und Umarmung, Mahl und Gespräch, Heilung und Zärtlichkeit, Selbstübereignung und Bekundung einer vorbehaltlosen Liebe" fordert A. Höfer, daß sich die Schüler *spontan* und *leibhaftig* Ausdruck verschaffen dürfen. Was er anderweitig über das „aktive Symbolisieren" ausdrückt, nennt er hier spontane und kreative Gestalt in lebendigen Vorgängen. Einerseits soll der Mensch seiner *selbst bewußt* werden, weil die spontanen Äußerungen der Tiefe des Menschen „Offenbarungscharakter" haben. Andererseits will er, daß die religiösen Symbole nicht „tote Korallenbänke" bleiben. Die Schüler sollen im „Prozeß des Symbol*bildens*" das religiöse Symbol in seinem lebendigen und gleichsam flüssigen Zustand mit der eigenen Tiefe füllen können und so in einem persönlichen Ausdruck mit dem durch die Tradition vorgelegten Symbol verschmelzen. Weil die *körperlich*-gestalthafte Äußerung einen großen Echtheitsgrad aufweist, sollen die Schüler wirklich das sagen, schreiben, zeichnen und darstellen dürfen, *„was sie wollen"*. Wiederum begleitet der Lehrer den offenen Prozeß, in dem gegenseitige Erschließung geschehen kann.

8.3.5. Katechetisches Feiern und sakramentales Prinzip[57]

Kult und Feier, Sakrament und Symbol sind für A. Höfer spezielle „Begegnungsorte und Knotenpunkte", ohne die eine GK nicht leben könnte. L. Boff folgend hat die ganze Wirklichkeit Verweischarakter und *sakramentale* Dimension. Höhepunkt dieser Dimension ist dort, wo die aktuelle *Begegnung* und das „propter homines" *gefeiert* werden. In den Sakramenten werden die Mysterien des Glaubens *gegenwärtig* und die Schüler in den Mitvollzug hineingenommen. So ist die

Feier „die höchste Form des Wissens". Die Beziehung und Begegnung wird aktualisiert.

Daher ist die *Feier* des Glaubens in der traditionellen und in der spontanen Form ein wesentlicher Bestandteil der GK. Das *Kirchenjahr* ist der „geheime, nein, der offenkundige Lehrplan" von A. Höfer. Mit besonderer Liebe kümmert er sich um das *Lied,* in dem einerseits die Großtaten Gottes gepriesen werden und andererseits der Singende seiner eigenen Ergriffenheit Ausdruck verschaffen kann. Gerade in einer Feier ist also ein wesentlicher Weg der gegenseitigen Erschließung von aktueller Heilsgegenwart und konkretem Mitvollzug des sich neu verstehenden Schülers gegeben.

8.3.6. Geplante Übungen und gezieltes Tun[58]

In seiner bildhaften Sprache sagt A. Höfer, daß sich der „vergebliche Liebesmüh" macht und „eine Edelrose auf eine Kaktusstaude" aufpfropfen will, der sich lediglich um katechetisches Wissen bemüht. Gottesbegegnung ist das Ziel der GK, und zu diesem Zweck muß zunächst der *„Gefühlsacker"* bearbeitet werden. Dies geschieht nach A. Höfer wesentlich durch Handeln und Tun. Er verweist auf das *Einstellungs*-Lernen, das wesentlich von der *operativen* Ebene beeinflußt wird.

Daher sind für ihn die „Verarbeitungsformen" und „Arbeitsanregungen" nicht einfach „ein Anhängsel", sondern durchgehendes Prinzip. Damit will er nur die Tradition aufgreifen, in der die Tugend des Glaubens „nur durch *Üben* und *Handeln* erworben" wurde. Was im Griechischen *„askesis"* und im Lateinischen *„exercitium"* benannt wurde, das heißt heute *„Training",* sagt A. Höfer. Die so verstandene Übung ist natürlich nicht nur eine Sache des Schülers, sondern auch des Lehrers.

8.3.7. Kritische Würdigung

A. Höfer hat durch den „Sechs-Stern" des Glaubens aufgezeigt, wie über verschiedene Kanäle des Menschen *Glaubens-* und *Lebenserfahrung ineinandergehen* können. Der Ansatzpunkt ist zunächst dort, wo er den Inhalt der GK symbolhaft/gestalthaft repräsentiert haben will, damit die Diastase zwischen fides quae und fides qua überwunden[59] und der Schüler zu einer unmittelbaren Begegnung geführt werden kann. Der Glaube des Schülers und der Glaube der Tradition werden in eine kreativ verändernde Symbiose geführt.

Gleichzeitig versucht A. Höfer die Erfahrung in den Vordergrund zu stellen und das von ihm als „abstrakt" bezeichnete Wissen als ein Moment einer aktuellen Beziehung zu betrachten. So bleiben einerseits dogmatische Aussagen und andererseits begriffliche Reflexion und kritische Argumentation weitgehend unbeachtet. Damit erhebt sich aber die Frage, ob der *ganzheitliche* Charakter der GK gewahrt ist. Zu würdigen ist, daß A. Höfer *originäre Begegnung* ermöglicht. Kritisch zu fragen ist aber, ob ein *dialogisches Verhältnis* von Vertrauensakt und intellektueller Reflexion,[60] von Lebensrelevanz und Fachrepräsentanz,[61] von Glaubensvollzug und Glaubensinhalt – beide auch reflektiert[62] – gewahrt ist. Wenn auch heute wiederum unmittelbare Begegnung gesucht wird, so sicher nicht in einer ursprünglichen Naivität, sondern im Sinne einer „zweiten Primitivität"[63]. Ohne begleitende kritische Reflexion und Hermeneutik, ohne argumentative Begründungszusammenhänge,[64] ohne Beachtung des pluralen Kontextes der Schule und der Schüler ist gegenseitige Erschließung in Frage zu stellen. Wohl besteht bei A. Höfer durch die wiederholte Betonung des Beziehungs-Wissens und durch das Einbringen der Erfahrung die Tendenz, die kognitive Ebene zu beachten. Diese Tendenz ist aber sicher zu schwach.

Weiters ist kritisch darauf hinzuweisen, daß bei subjektiver Glaubenserfahrung die *Je-Meinigkeit* des Glaubens zu sehr betont werden könnte, wenn es nicht gelingt, den Bogen zum Glauben der Kirche, zur fides quae creditur zurückzuschlagen.[65] A. Höfer versucht dies speziell gegen Ende des Unterrichtsprozesses. Man wird aber anmerken müssen, daß die *intersubjektive Vergewisserung* noch mehr hervorgehoben werden sollte.

Außerdem wird man bei vielen sehr konkreten Impulsen doch die Strukturierung des Unterrichtprozesses vermissen. Da die GK einen weitgehend offenen Unterrichtprozeß verlangt, ist auch vom *Katecheten* sehr viel *Flexibilität* verlangt. Sollte ein Katechet kein „Lehrertraining" mitgemacht haben, so wird er sich sehr schnell überfordert fühlen und für seine konkrete Praxis in den Anleitungen kaum Hilfen finden. Zu fragen ist, ob eine entsprechende Schulung für alle Lehrer gefordert werden kann.

Hilfen zu einer Strukturierung des Unterrichtprozesses könnte vielleicht der folgende Abschnitt bringen.

8.4. Grund-„Strategien" (H. Petzold) / Grundmethoden der Gestaltkatechese

In diesem Absatz soll der Versuch unternommen werden, aus der

Fülle von Übungen und Arbeitsanregungen bei A. Höfer einen *typischen Weg* der *gegenseitigen Erschließung* aufzuzeigen. Es finden sich bei ihm zwar sehr viele Impulse, aber wenig konkrete Strukturierung. An einer Stelle[66] versucht er, den anthropologischen Ansatz unter kerygmatischen Vorzeichen am Weg Jesu und seiner Katechese aufzuzeigen (8.4.2.). In seiner anschaulichen Sprache gibt er zwar wieder eher Anregungen und Impulse. Es zeigt sich aber eine Art Grundmethode/ Grundstrategie des katechetischen Handelns. Mit dem Blick auf das Unterrichtsgeschehen wurde in diesem Abschnitt eine weitere Grundmethode/Grundstrukur aus den vielen Ansätzen bei A. Höfer und aus Kenntnis der konkreten Praxis herausgefiltert (8.4.1.). Diese Strukturierung ist sicher eine Vereinfachung, sie kann aber einen Einblick in das Unterrichtsgeschehen der GK ermöglichen.

8.4.1. Eine typische „Strategie/Methode" der Gestaltkatechese im Unterrichtsgeschehen

Sucht man nach einer *typischen* „Strategie/Methode", so zeigen sich im Prozeß des Unterrichtsgeschehens *vier Schritte,* die *weder* in Reihenfolge *noch* in Anzahl zwingend so gesetzt werden müssen. Eine ganz entscheidende Rolle spielt ja – wie in der GP auch hier – der *Lehrer.* Er soll möglichst kreativ und kongruent auf die Schüler und deren Äußerungen eingehen und reagieren.

Bei aller Differenz zeigen sich folgende typische Schritte einer Strategie/Methode:

1. Schritt: Äußere Wahrnehmung
2. Schritt: Innere(s) Wahrnehmen/Erleben
3. Schritt: Ausdrücken
4. Schritt: Ganzheitliche Reflexion

* Äußere Wahrnehmung

In der GK soll zunächst eine *erste Begegnung* zwischen dem Schüler und dem *Inhalt* erfolgen. Das erste Aufeinandertreffen ist bei A. Höfer *eher kurz* angedeutet und ausgeführt. Wenn Impulse vorhanden sind, so ist der rasche und nahtlose Übergang zum zweiten hier angeführten Schritt – „Innere Wahrnehmung" – sehr schnell vollzogen. Daß A. Höfer eine *vertiefte* Wahrnehmung ansteuert, ist zu würdigen. Es erhebt sich in diesem Zusammenhang aber die Frage, ob nicht Impulse zum „Äußeren Wahrnehmen" des Inhalts detaillierter dargestellt werden sollten. So gehört etwa der Impuls von seiten des Katecheten: „Wie geht's dir?" oder „Wer willst du im Spiel sein?" doch etwas differenzierter entfaltet. Auf seiten des Inhalts kommen in der ersten Begegnung Textvergleiche, Herausarbeiten von Strukturen, „Rollen"-beschreibungen, erste Begegnungen mit Bildern und ein Aufmerksammachen auf Symbole vor. Wenn die erste Begegnung zu kurz gerät, dann ist nicht nur die Struktur der Vorgabe zu wenig repräsentiert, sondern auch in der Auseinandersetzung zu wenig präsent. Die *objetive Ebene*[67] muß erarbeitet werden, da sonst nur interpretiert wird und gegenseitige Erschließung nicht stattfinden kann, weil der subjektive Anteil überwiegt. Ansätze zu einer detaillierten Auseinandersetzung mit dem Inhalt sind vorhanden,[68] sie könnten aber noch intensiver ausgeführt werden. So gibt A. Höfer etwa zum wahrnehmenden Schauen unter zwölf Punkten nur zwei für die äußere Wahrnehmung an.[69]

Gestaltpädagogisch läßt sich diese Phase als erste „*Kontakt*"-nahme deuten. Sicher kann dieser erste „Kontakt" nicht nur im Kognitiven stattfinden. Entscheidend ist aber, daß der einzelne mit dem Inhalt an die „Kontaktgrenze" geht. Das heißt etwa bei der Kontaktnahme mit einer Perikope, daß man sich sorgfältig mit der Handlung, der Struktur des Geschehens und wohl auch kritisch hermeneutisch auseinandersetzt.

* Innere(s) Wahrnehmen/Erleben

A. Höfer geht es in der GK in Abgrenzung von einem bloßen Wissens-Lernen um eine tiefe und intensive *Begegnung* mit den Inhalten der Katechese. Wahrnehmen und Erleben gehen ineinander über, wenn etwa im Bereich der Wertbegegnung und Wertbildung der Schüler durch *Identifikation* so sehr in eine entsprechende Erzählung eintritt, daß er evoziert wird, dem Wert gemäß zu handeln.[70] In meditativer und aktiver Form geschieht Begegnung mit Gestalten und Symbolen des Glaubens auf ähnlich tiefe Art, wenn der Schüler seine eigenen Gefühle „in die Figurationen" einfließen läßt und eine ganz persönliche Aneignung vornimmt.[71] Gestaltpädagogisch betrachtet ist festzustellen, daß dieser zweite Schritt nicht nur den *Inhalt,* sondern zugleich die *Beziehung* zum Inhalt betrifft. Der Schüler soll nicht nur detailliert erkennen lernen, sondern eine „innere Geneigtheit und emotionale Zu- oder Abneigung" erleben und dadurch vielleicht schon den Weg bereiten zu einer neuen „Einstellung".[72]

Andererseis will A. Höfer den Schüler zum *Inneren Schauen,* zum *Aufsteigenlassen von Bildern,* zum *Phantasieren* und *Träumen* führen.

Wenn „das Selbst im Menschen das Abbild Christi" ist, so ist „durch die Befähigung zu Intuition und Bilderschau, durch die Weckung von Ahnungsvermögen" und durch die „projektive Phantasie" das Gefäß für das Abbild Christi zu dehnen und aufnahmefähig zu machen. A. Höfer führt aus, daß ohne Phantasie die Welt nicht auf Gottes Heilsherrschaft transparent werden kann.[73] Jede Kreativität und aktive Phantasie zeigt theologisch die Dimension der Hoffnung und zeitigt außerdem dem Schüler Freude.[74] Träumt ein Schüler, so ist er nicht abwesend, sondern „bei der Sache". Wenn Gott durch all die Zeiten zum Menschen in Träumen spricht,[75] so sind nach A. Höfer auch in der Katechese Imaginationsübungen angebracht. In gleichem Sinne will er die „transzendierenden Seelenkräfte" wecken und entfalten[76] und bietet zu diesem Zwecke Vertrauensübungen und Transzendierungsmöglichkeiten an.

Gestaltpädagogisch kann dieser Schritt des intensiven Wahrnehmens und Erlebens, der Beziehunsaufnahme und Betroffenheit, des Phantasierens und Transzendierens als *Wahrnehmung* und *Erweiterung* der *Kontaktgrenze* gesehen werden. Indem der Schüler an seine Grenze geht und Kontakt aufnimmt, wird er des Inhalts und was ihm persönlich daran bedeutsam ist, gewahr.[77] Weiters wird versucht, das „bewußte In-Kontakt-Sein" mit der inneren und äußeren Realität im „Hier und Jetzt"[78] – awareness – zu erreichen. Darin liegt bereits die Wurzel eines möglichen weiteren Schrittes. Die GP zeigt ja, daß im bewußten Wahrnehmen das *Paradox* eintreten kann, daß im Menschen Energie und Kräfte zur Umstrukturierung frei werden.[79]

Der Schüler ist wesentlich am Lernprozeß beteiligt. Er nimmt nicht nur auf, sondern ist an Integration und Kreation *persönlich beteiligt,* wobei die Phantasie und transzendierende Kräfte eine große Rolle spielen.

* Ausdrücken

Dieser dritte Schritt ist mit dem oben beschriebenen *„aktiven Symbolisieren"*[80] ident. Bei A. Höfer fallen die ersten drei Schritte oft in einen einzigen undifferenziert zusammen. Wenn der Lernprozeß ganzheitlich sein soll, so wird man auch oft einzelne Schritte nicht unterscheiden können. Grundsätzlich ist aber eine Differenzierung von Vorteil, weil in einem Lernprozeß mit persönlichem Wachstum und Identitätsförderung die Inhaltsebene leicht verlorengeht, wenn nicht durch äußere und innere Wahrnehmung die äußere Struktur und die Tiefenstruktur des Inhalts einen äußeren Rahmen der *Symbolbildung* schaffen.

Dieser dritte Schritt ist geprägt von *Aktivität* und Kreativität in Sprache, Schreiben, musischer und künstlerischer Gestaltung bis hin zum körperlichen Ausdruck. A. Höfer geht es um den *Prozeß* der *Neugestaltung* und *Veränderung* des Schülers und des Inhalts. Es treten natürlich Unschärfen auf, da im „Ausdrücken" innere(s) „Wahrnehmen/ Erleben" stattfindet. Wenn der Lehrer entsprechend flexibel und geschult ist, dann läßt er dem Schüler Zeit zur persönlichen Beziehungsaufnahme und zur persönlichen Aneignung des Inhalts. So wird der Prozeß für den Schüler *persönlich bedeutsam.*

Nach dem Prozeß des „aktiven Symbolisierens" liegt das Symbolisierte als Produkt in gewisser Weise *objektiviert* vor. Wird eine Handlung gespielt, so ist die Objektivation wenigstens im Moment vorhanden, außer man hilft sich mit audiovisuellen Medien. Das objektivierte Produkt kann neuerlich Ausgangspunkt einer äußeren und inneren Wahrnehmung sein. In einer Art Reflexion ist zu erheben, inwieweit man den äußeren und inneren Strukturen des vorgegebenen Inhalts treu geblieben ist bzw. wo Veränderungen vorgenommen wurden. Es kann neuerlich ein Blick auf den Inhalt und auf personale und existentielle Prozesse angesichts dieses Inhaltes geworfen werden.

Gestaltpädagogisch ereignet sich in dieser aktiven Phase nach Kontaktnahme und awareness sowohl *Inhaltslernen* als auch *persönliches Wachstum.* Der entscheidende Lerneffekt liegt im *Prozeß* des *Symbolbildens.* Integration und Kreation von persönlichen Anteilen des Inhalts können durch flüchtige oder dauerhafte Objektivation zum Ausgangspunkt einer „ganzheitlichen Reflexion" werden.

A. Höfer geht meist davon aus, daß der aktive Prozeß des Symbolbildens in der Katechese zur „Realisation des Glaubens" führt. Diese Behauptung muß allerdings sehr hinterfragt werden. Die Praxis zeigt, daß Aktivität und Ausagieren besondere Freude und Interesse mit sich bringen.[81] Damit ist noch keinesfalls ein Glaubensakt tangiert. Der entsprechende Interpretationshintergrund ist also genauso bedeutsam wie die Dimension der Wahrnehmung im zweiten Schritt.

* Ganzheitliche Reflexion[82]

A. Höfer tendiert bei allen Unterrichtsprozessen auf eine *Abrundung* und auf einen *Abschluß* der Einheit. Die Gestalt soll sich abrunden und ein Unterrichtsertrag gesichert werden. Darüber hinaus gibt es *bisweilen Andeutungen,* daß in diesen Abrundungsphasen auch *ganz-*

heitliche Reflexion und „*Intersubjektive Vergewisserung*"[83] stattfinden soll. In einfachster Form wird am Ende einer Unterrichtseinheit ein Merksatz als *Zusammenfassung* gestaltet.[84] Ein andermal wird eine Zeichnung, ein Zeichen, ein Gegenstand oder das Produkt des Symbolbildens als markante Objektivation des Prozesses *erneut* zum *Ausgangspunkt* einer Schrittfolge und einer ganzheitlichen Reflexion gemacht.

Wie bereits oben erwähnt, scheint es allerdings A. Höfer eher um ein Abrunden[85] als um eine neuerliche Reflexion zu gehen. Die Reflexion wäre aber schon deshalb notwendig, weil durch den kreativen und persönlichen Aneignungsvorgang die Ergebnisse sehr *subjektiven* Charakter zeigen. Das Bemühen A. Höfers richtet sich ja darauf, einen subjektiven Glaubensakt zu ermöglichen. Wie die *Rückbindung* der persönlichen Erfahrung in das *kirchliche* Begriffs- und Sprachsystem stattfinden soll und wie eventuell *Korrekturen* und kritische Auseinandersetzung stattfinden können, darüber gibt es keine Hinweise. Dem Katecheten und seiner eigenen flexiblen Handlungsweise ist es anheimgestellt, eigene Strukturierung zu setzen.

* Kritische Würdigung

In der GK finden wir sehr viele konkrete Impulse, Übungen und Arbeitsanregungen, die *originäre Begegnung* ermöglichen. Es gelingt A. Höfer, Prozesse anzuregen, die Lebenswirklichkeit und Glaubenswirklichkeit *ineinander*fließen lassen. Die Intention geht sehr zentral in Richtung Bekenntnis und Realisation des Glaubens. Die existentielle und persönlich bedeutsame Ebene wird mitbedacht und keineswegs ausgeklammert.

Diese zielgerichtete und ganzheitlich-integrierende Arbeit geschieht bei A. Höfer aber auf einem *wenig ausdifferenzierten* und *wenig strukturierten* Weg. Der *Katechet* steht vor einer schier unlösbaren Aufgabe. Einerseits kann er, wenn er genug sensibel, flexibel und geschult ist, *humanes Lernen* ermöglichen. Andererseits sieht er sich mit großer Zielsetzung und relativ wenig konkreten Strukturierungshilfen konfrontiert. Eine typische Strategie/Methode der GK im Unterrichtsgeschehen wurde bisher nie erhoben. Eine Differenzierung könnte – mit typischen Beispielen versehen – noch weiter vorangetrieben werden.

In der Abfolge der angeführten Schritte ist vor allem darauf hinzuweisen, daß der *äußeren Wahrnehmung* noch *mehr Gewicht* beizumessen ist. Sonst besteht die Gefahr, daß im Prozeß der Inhalt außer acht gelassen und zuviel Gewicht der Persönlichkeitsentwicklung entgegengebracht wird.[86] Außerdem ist bei Texten/Symbolen der Tradition auch eine schrittweise kritische Auseinandersetzung zu fordern, weil eine Identifikation im Hier und Jetzt meist die Dimension der Geschichte und des entsprechenden Kontextes außer acht läßt. Bemerkenswert ist, daß manche Autoren vor der Verschränkung von Lebens- und Glaubenswirklichkeit eine Thematisierung der Lebenssituation fordern.[87] A. Höfer gibt wohl Anregungen und Impulse, um die Lebenssituation zu erheben, allerdings nicht vor dem aktiven Symbolisieren, da seiner Meinung nach bei kreativem Umgang mit den Symbolen die Lebenssituation einfließt. Dieses integrative Vorgehen bringt Vorteile. Die Erhebung der Lebenssituation würde aber sonst verborgene bedeutsame biographische Aspekte für die Korrelation im Prozeß aufzeigen.

Im dritten Schritt müßte klar gesagt werden, daß Schüler ohne religiösen Hintergrund lediglich zu einem Ausagieren gelangen können. Die aktive, kreative und oft auch begeisternde Situation der Katechese in der Schule ist beizubehalten. Das Ergebnis ist aber realistisch zu betrachten. Gleichfalls müßte das Ziel der Katechese differenzierter und der pluralen Schulsituation entsprechend aufgelistet werden.

Die ganzheitliche Reflexion ist wohl noch auszubauen, damit Inhaltsebene und personales Wachstum im ganzheitlichen Lernprozeß in Balance bleiben. Weiters muß der Frage nachgegangen werden, wie *„intersubjektive Vergewisserung"* innerhalb der Klasse und über die Schule hinaus stattfinden kann. Durch das aktive Symbolisieren bleibt die Glaubenserfahrung zunächst in einem subjektiven und privaten Symbolsystem. Soll Identität mit der Tradition und der Glaubensgemeinschaft gewahrt bleiben, so muß die Erfahrung aus originärer Begegnung mit intersubjektiv verständlichen Begriffen und Sprachmustern ausgedrückt werden können.

Nun soll aber gezeigt werden, wie A. Höfer auf die Tradition zurückgreift und dem katechetischen Weg Jesu folgend einen Entwurf für die GK ableitet.

8.4.2. Der jesuanische Weg der Katechese als „übergreifende Strategie"/Methode[88]

An die GK wird bisweilen die Frage gerichtet, wie bei so massiver biblischer Vorgabe die anthropologische Ebene im Prozeß der Korrelation gewahrt bleibt. In seinen Überlegungen zu „christus- und schülerzentriertem" Unterricht will A. Höfer mit einem Blick auf die Praxis

Jesu Antwort geben. Er beschreibt den Weg der Jünger zum Glauben und zieht Parallelen zum Weg der Schüler.

Den *Jüngern* fiel bei Jesus zunächst seine „Menschenfreundlichkeit" auf. Dann erlebten sie Jesus als „Meister oder Lehrer", der seine „Schüler versammelte", mit ihnen umherzog und ihnen die „rechte Führung des Lebens" vermittelte. Erst allmählich erlebten sie ihn als Propheten, der aus dieser Welt die „religiöse Dimension" erschloß. Das Bekenntnis der Jünger zum Gottessohn stand ganz am Ende des Weges. Bis nach der Auferstehung wächst der Glaube der Jünger von „innen her, reift wie die Blüte aus Wurzel und Stamm". Nicht aber erst am Schluß – bereits am Anfang des Weges – sind die Jünger „nicht nur" einem Menschen, sondern der *Menschwerdung Gottes* begegnet.

Parallel zum Weg der Jünger formuliert A. Höfer den Weg der *Schüler:* „Die Kinder brauchen die Menschlichkeit Jesu"; „die Schüler suchen den Meister"; „der Prophet eröffnet religiöse Erfahrung" und „die Jünger bekennen die Gottheit Jesu". In diesen Ausführungen spricht A. Höfer sehr bilderreich und gibt eine Reihe von Anregungen. Es fehlen aber wieder Strukturierungen für den Lernprozeß. Grundsätzlich aber zeigt er auf, daß der *Ansatz* beim Schüler und *Menschen* nicht nur möglich, sondern aus *jesuanischer Tradition* gefordert ist.

A. Höfer folgend und beim Ausdruck „Weg" und „Begegnung" verweilend, können die *vier Schritte* des jesuanischen Weges der Katechese so formuliert und dargestellt werden:

1. Schritt: Menschliche Begegnung
2. Schritt: Begleitendes Unter-wegs-Sein
3. Schritt: Gewahrwerden des transzendierenden Weges
4. Schritt: Gottbegegnung/Weg des Gläubigen

* Menschliche Begegnung

In der siebten und achten Schulstufe wird thematisch sehr oft von der *Lebenserfahrung* der Schüler *ausgegangen.* Speziell im Rahmen des ethischen Lernens (7. Stufe) kommt die konkrete Situation und Problematik der Schüler zu Wort.[89] In der achten Schulstufe gibt es dem Jahresthema „Gott schafft und vollendet mein Leben" entsprechend viele Ansatzpunkte beim konkreten Schüler und in der konkreten Klassensituation.[90]

Wo aber von *biblischen* Perikopen ausgegangen wird, dort ist durch *Arbeitsanregungen* und durch die Funktion des *Katecheten* der Schüler mit seiner Lebenserfahrung im Unterrichtsprozeß vertreten. Die Gewichtung zwischen Inhaltsebene und anthropologischer Ebene liegt aber weitgehend in der Hand des Katecheten.

* Begleitendes Unter-wegs-Sein

Die entscheidende Funktion des *Katecheten* zeigt sich auch im zweiten Schritt. Er soll nicht nur persönlicher Zeuge des Glaubens sein. Die Art, wie er auf *Probleme* und *Nöte* im Unterricht eingeht, ist ganz entscheidend. Dabei soll er mit seinen Schülern *gemeinsam* unterwegs sein und wie ein *Meister* mit seinen Lehrlingen im *Handeln* und im *Tun* zusammensein. Eine Fülle von Übungen und Arbeitsanregungen unterstützen den *Katecheten,* lassen ihn aber in der Strukturierung selbständig tätig sein und fordern ihn auf, mit den Schülern in gemeinsame Lebensprozesse einzusteigen.

* Gewahrwerden des transzendierenden Weges

Jesus hat als Prophet für die Seinen die Welt und die Wirklichkeit der Welt für Gottes Gegenwart *durchscheinend* gemacht. Der Weg im Unterrichtsprozeß von der äußeren zur inneren Wahrnehmung der Wirklichkeit und des Menschen ist nicht nur unterrichtstechnische Strategie, sondern ein Weg der Tradition. An dieser Stelle betont A. Höfer, daß der Mensch sich selbst kennenlernen soll, einen „mystagogischen" Weg zu beschreiten habe, damit in ihm selbst und in seiner Wahrnehmung die eigentliche Gestalt aufleuchten kann. So wird in der Welt Tieferes entdeckt. A. Höfer will – wie Jesus – auf die Spur dieser Entdeckung hinführen.

* Gottbegegnung/Weg des Gläubigen

A. Höfer zeigt auf, daß den Jüngern *erst nach der Auferstehung* das volle Bekenntnis zu Jesus Christus möglich war. Deshalb dürfen auch in der GK die Realisation des Glaubens und die Übernahme von Handlungsmustern Jesu als Ziel des Tuns nicht am Anfang, sondern erst am *Ende* eines langen Prozesses stehen. Damit befreit A. Höfer die GK grundsätzlich vom Leistungsdenken.

* Kritische Würdigung

Die vorgelegten Anregungen halten fest, daß der Schüler mit seinen *Nöten* und seinen *Problemen* zu Wort kommen darf. Der aufgezeigte Weg ist allerdings eine *große Herausforderung* für den *Katecheten.*

Man hat bisweilen den Eindruck, daß der schulische Kontext zu wenig berücksichtigt wird und eher Hinweise für die christliche Familie, für Kinder- und Jugendgruppen, für Besinnungstage usw. gegeben werden. Der Katechet kann sicher Zeuge des Glaubens sein. Ob er aber für eine ganze Klasse auch ein „Meister"[91] sein kann, ist bei etwa elf Klassen zu je zwei Stunden in einer Woche äußerst fraglich. Grundsätzlich ist allerdings die Tendenz zur „horizontalen Beziehung" sehr zu begrüßen.

Zu würdigen ist auch, daß an einem humanen und flexiblen Arbeiten auf Inhalts- und Beziehungsebene festgehalten wird. Dies könnte für die Zukunft nicht unwesentliche Impulse liefern, wenn etwa übergreifende Strategien/Methoden, Lerntheorien und Lernsequenzen,[92] vielleicht versehen mit konkreten Beispielen,[93] vorliegen, die Aufschluß über typische Wege der GK geben. Dann würde auch die Frage beantwortet, wie der Übergang von der anthropologischen Ebene zur Glaubensebene möglich ist, ohne aufgesetzt und aufgepfropft zu wirken.[94]

8.5. Ein Katalog von Übungen der Gestaltkatechese

In diesem Abschnitt sollen *beispielhaft* eine Reihe von Übungen und Arbeitsanregungen *ohne detaillierte Beschreibung* aufgelistet werden, damit ein Einblick in die Arbeitsweise der GK möglich wird. Diese Anregungen und Übungen werden aber erst durch die *konkrete Situation* in der Klasse und durch die entscheidenden Impulse des *Katecheten* an *Lebendigkeit* gewinnen. Die Aufzählung darf nicht mit einem „Methoden-Katalog" verwechselt werden. Erst wenn sich der Katechet seiner Sache und des Weges sicher ist, soll er solche Wege einschlagen.

* Übungen zur Verarbeitung von Erzählungen[95]

A. Höfer vertritt eine *dramatische* Art des Erzählens und gibt in einigen *Regeln zum Erzählen* Anleitungen, wie jede Erzählung als *Theaterstück* zu verstehen ist. Der Katechet soll die Schauplätze, die handelnden Personen, die Beziehungen der Personen zueinander und die Handlungsfolgen kennen. Zur Vorbereitung soll er das Geschehen wie in einem inneren Film *schauen*. Dann ist einfach das, was der Katechet selbst innerlich schaut, zu erzählen. Auch der *Schüler* soll über das Hören hinaus zum *inneren Schauen* geführt werden, und bei geschulten Erzählern darf er sogar durch Bewegungen und Geräusche und auch durch neue Ideen an der Erzählung mitgestalten.

Ist die Erzählung beendet, so läuft der Film in jedem Schüler in seiner persönlichen Art ab und kann „insgeheim vielleicht sogar einen anderen Verlauf" nehmen, als dies durch den Erzähler angeregt wurde. Daher ist die Nacharbeit und die folgende Verarbeitung von großer Bedeutung. A. Höfer führt summarisch folgende Beispiele mit einigen Bemerkungen an:

Die Nacherzählung
Die Gliederung in Szenen
Die Ablaufskizze (gezeichnete Szenen der Erzählung)
Die Ablaufskizze durch Zeichnung der „Dinge" (Symbole)
Die Kritzelzeichnung (eine einfache Art der Ausdruckszeichnung)
Das Malen dessen, was mir wichtig ist
Der Steckbrief (Beschreibung einer handelnden Person und deren Charakter)
Das Interview
Die Personbeschreibung in Ichform (Identifikation)
Das Tagebuch (Identifikation über längere Zeit)
Der Brief an eine Person (Auseinandersetzen mit einer „fremden" Person)
Die Litanei an eine Person (tadelnd oder lobend usw.)
Die Verhaltensskizze (Ablaufskizze auf Beziehungsebene)
Brief und Wechselbrief (Identifikation und Rollenwechsel)
Der Dialog (Identifikation und Rollenwechsel im Gespräch) – mit zwei Stühlen (aus der Gesprächstherapie)
Das Szenen- oder Rollenspiel (Identifikation und Spielen einer Rolle)
Das Hörspiel (mit oder ohne technischen Aufwand)
Die Gerichtsszene (Urteilsfindung und Bewertung einer Szene durch Richter, Ankläger, Verteidiger, Schöffen und wichtige vorkommende Personen als Zeugen)
Mimische oder musikalische Darstellung (Soziodrama)
Phantasiearbeit: Was täte ich (Alternativen suchen; Phantasie und Kreativität in der Moral)
Die Geschichte umschreiben (Alternativen suchen)
Plakate und Kollagen mit Stichwörtern (aus der Erzählung Wörter suchen, die den Ablauf bzw. verschiedene Haltungen spiegeln)
Das Problem erheben (das wesentliche Problem finden und darstellen)
Sprichwörter und Sentenzen zur Erzählung (Merksätze sammen)
Metaphermeditation
Beispiele aus Zeitung, Rundfunk und Fernsehen sammeln
Aus meinem Leben (eine ähnliche Erzählung aus meinem Leben berichten oder schreiben)

Gebete („Weil Erzählungen ergreifen, soll man nicht vergessen, dann und wann aus ihnen heraus zu beten. Mündlich oder schriftlich kann man aus der Rolle einer der handelnden Personen ein Bitt- oder Dankgebet schreiben, sein eigenes Leben ins Gebet heben oder die durch die Erzählung aufgeworfenen Weltprobleme vor Gott tragen.")

* Übungen zur Verarbeitung von Konfliktgeschichten[96]

Konfliktgeschichten dienen A. Höfer speziell zur Wert- und Moral-erziehung. Ausgangspunkt ist immer ein vorgegebener typischer Kon-flikt. Im Verlauf der Verarbeitung darf und soll aber der persönliche Konflikt zu diesem Thema einfließen.[97] A. Höfer gibt folgende Mög-lichkeiten der Verarbeitung an:
Fragekatalog[98]
Fertigschreiben
Hineindenken in eine Lösung (Identifikation)
Der halbe Apfel (für jede Hälfte eine gute Lösung suchen)
Rollenspiel
Hörspiel
Selbstgemachte Konfliktgeschichte
Der anonyme Fall (ein Problem ohne Namensnennung).

* Übungen zur Verarbeitung von Merksätzen[99]

Folgende Verarbeitungsformen werden angeführt:
Beispiele aus dem Leben (zum Merksatz Beispiele suchen)
Aufsatz (den Merksatz in einen Aufsatz umwandeln)
Phantasieren (Wenn alle Menschen so . . .)
Was haben wir davon? (Ähnlich wie oben)
Zeitungsberichte (zum Merksatz aus Zeitungen Berichte suchen und eine Wandzeitung machen)
Prüfung (aus einer Reihe von Zetteln mit Merksätzen einen ziehen und dazu sprechen)
Das verstehe ich nicht (Der Banknachbar sagt immer: Das verstehe ich nicht, und der erste muß argumentieren)
Aufrufe (an verschiedene Berufsgruppen usw., die Merksätze umfor-mulieren)
Plakate (Aufrufe, Schlagworte, Kritiken graphisch gestalten und öf-fentlich aufhängen)
Gebete (aus den Merksätzen formulieren).

* Übungen zum Thema: Ich und die Gemeinschaft der Klasse[100]

A. Höfer und seine Mitarbeiter stellten 1977 eine Reihe von Übungen zum angegebenen Thema zusammen. Außerdem gaben sie eine Reihe von Grundhaltungen für den Lehrer bei solchen Übungen an:

● Der *einzelne* in der Klasse

Ich als Baum (sich selbst als Baum zeichnen und Auswertung durch andere Schüler im Plenum)

Wir als Wald (gemeinsame Zeichnung an der Tafel mit anschließender Auswertung)

Frag mich, wie ich bin (selbst Fragen aufschreiben und ein anderer stellt die selbstformulierten Fragen an mich)

So bin ich – Wer bin ich? (Alle geben ein Blatt mit drei Bezeichnungen oder Eigenschaften ab, dann wird geraten, wer ist wer)

Mein Lied (jeder singt ein Lied – kann ich es durchhalten?)

Mein Name (Vorstellungen, die ich mit meinem Namen verbinde, auf ein Blatt bringen)

Mein Weg (jeder geht in der Klasse seinen Weg – stumme Begegnung usw.)

● Gemeinschaft in der *Klasse* erfahren

Ich im Klassenring (Soziogramm mit konzentrischen Kreisen und Symbolen)

Die Klasse als Familie (als Vater, Mutter usw. wähle ich; ich hoffe von . . . als . . . gewählt zu werden)

Die Klasse in der Karikatur (als Orchester, Zoo, Badeanstalt usw. mit Auswertung)

Das Klassennetz (Wollknäuelspiel)

Gehsoziogramm (ohne Sprechen dauerndes Platzwechseln, bis es allen paßt)

Stellsoziogramm 1 (ein Schüler stellt die Klasse so zusammen, wie er glaubt, daß die Klasse zusammenpaßt)

Blinzeln (Übung mit Festhalten und Anwerben)

● *Gemeinschaft* in der *Gruppe* üben

Wunschliste (Soziogramm)

Freie Gruppenbildung

Der Gruppe ein Geheimnis mitteilen (zum Kennenlernen)

Ich möchte in die Gruppe hineinkommen (in den dichten Kreis eindringen)

Der neue Mann (zwei Expeditionsgruppen brauchen noch einen Mann und bewerben sich um den einen)

Stellsoziogramm 2 (jedes Gruppenmitglied macht ein Stellsozio-
gramm der Gruppe)
Das Gleichgewicht in der Gruppe (beobachten, inwieweit die ein-
zelnen gleichmäßig zu Wort kommen)
Die Gruppe stellt sich der Klasse vor (als Maschine usw.)
Tier-Ratespiel (in der Mitte sitzt eine Gruppe, die sich für jedes ih-
rer Mitglieder auf einen Tiernamen einigen muß, der äußere
Kreis beobachtet das Verhalten der Gruppe in der Mitte)
- *Grundhaltungen* für das „Eingreifen des Lehrers"
Jeder Schüler gehört immer zur Klasse
Nähe und Akzeptanz kommen von Offenlegung
Jeder Lernprozeß setzt beim Lernenden eine gewisse Spannung und
Neugier voraus
Geplantes Lernziel und erreichtes Ergebnis verhalten sich zueinan-
der wie vorgegebenes Ideal und menschliche Realität
Alle Teilnehmer sprechen per Ich
Widerstände und Störungen der Schüler und auch des Lehrers sind
ernst zu nehmen
Der Lehrer kommuniziert, auch bei Störungen, mit seinen echten
Gefühlen
Jeder Schüler darf „nein" sagen
Die angebotenen Übungen sind Werkzeuge
Das Ziel aller Kommunikationsübungen ist es, im Sinne Jesu besser
lieben zu lernen
Sieht man sich die geforderten „Grundhaltungen" des Lehrers an, so
fällt auf, daß wahrscheinlich C. Rogers und seine klientenzentrierte
Gesprächstherapie[101] im Hintergrund dieser Ausführungen steht. Außerdem ist bei diesen Grundhaltungen und auch bei den Übungen zu
bemerken, daß „nur jener Lehrer in der Klasse" diese Übungen durch-
führen darf, der „sie selbst schon einmal als Glied einer Gruppe am
eigenen Leib erlebt hat". A. Höfer weist darauf hin, daß bei manchen
Schülern die Prozesse „sehr tiefgehen und Schmerz und Konflikte aus-
lösen" können. Der Lehrer braucht „eine gewisse pädagogische Schulung, um den einzelnen Schüler zu schützen".

* „Typologie der Übungen für den Religionsunterricht"
nach F. Feiner[102]

F. Feiner, ein Mitarbeiter von A. Höfer, legt 1976 eine Typologie der
Übungen für den Religionsunterricht vor und gliedert in Übungen zur
Selbsterfahrung, zu sozialer Erfahrung und zu Gotteserfahrung:

- Übungen zur *Selbsterfahrung*
  Sensibilisierungsübungen (Leib- und Körpererfahrung)
  Übungen zur Ich-Erfahrung (durch kreativen Ausdruck sich selbst erfahren)
  Märchen als Weg der Ich-Erfahrung (Märchen als Projektion tiefenpsychologischer Zustände, die zu intensiver Selbsterkenntnis und Selbstfindung verhelfen. Feiner gibt dazu eine ganze Reihe von Verarbeitungsformen und Hinweisen auf Urbilder und Archetypen an)
  Inneres Bilderleben (Katathymes Bilderleben, wobei die Wachheitskontrolle nicht ganz verloren wird)
- Einübung zu *sozialen* Erfahrungen
  Kommunikationsübungen (Gefühle zeigen und ausdrücken können, Feed-back usw.)
  Gruppenübungen (Gruppenverhalten trainieren und reflektieren)
  Konfliktspiel (siehe Konfliktgeschichte)
  Planspiel (ein Problem aus dem gesellschaftlichen Bereich wird mit verschiedenen Gruppen durchgespielt)
  Psychodrama (dramatisches Ausagieren von eigenen Konflikten durch zwei Stühle, Rollentausch und Ich-Verdoppelung)
- Übungen zur *Gotteserfahrung*
  Einübung einer meditativen Haltung
  Biblisches Bilderleben (nach der Erzählung werden Bilder, Symbole, Personen usw. innerlich erlebt und dann erzählt oder kreativ ausgedrückt)
  Biblisches Szenenspiel (eine Szene wird in Gegenwartsform gespielt)
  Biblisches Rollenspiel (eine Haupt- oder Nebenfigur wird herausgegriffen und aus der Sicht *einer* Rolle wird eine ganze Geschichte gespielt)
  „Ich in der Bibel" (Identifikation mit verschiedenen Ausdrucksmöglichkeiten)
  Bibliodrama (Identifikation mit einer biblischen Rolle und dramatisches Durchspielen in Form von Psychodrama – anstelle mitmenschlicher Probleme werden religiöse behandelt)
  Bibliodrama (ein Psychodrama unter Identifizierung mit einer biblischen Person) und
  Bibliodrama nach Art der transaktionsanalytischen Methode (ein und derselbe Schüler spielt alle Personen, wobei persönliche Problematik ins Spiel hineinkommen kann)

Biblisches Erlebnisspiel (Darstellung durch Mimik oder Gestik, Ausdruckstanz oder mit Orff-Instrumenten usw.)
Übungen zum Gottesdienst (alle diese Übungen sind zum Gottesdienst möglich)

8.6. Zur Problematik der gestaltkatechetischen Übungen

Es ist zu würdigen, daß der Katechet in seiner Beziehung zu den Schülern und zum Inhalt im Unterrichtsprozeß flexibel und kongruent reagieren kann und darf. Die Übungen und Arbeitsanregungen sind von A. Höfer wenig vorstrukturiert und in einer *evozierenden* und *impulsgebenden* Sprache verfaßt. Man hat den Eindruck, daß er selbst einladen, auffordern und mitreißen will. Das bedarf aber auf der anderen Seite eines in Theorie und Selbsterfahrung *geschulten Katecheten*, der selbst am eigenen Leib und am eigenen Herzen erfahren hat, wie es den Teilnehmern bei solchen Übungen ergeht und wie ihnen zumute ist. Solange der Lehrer die Übungen als „Technik" oder „Gag" einsetzen will, ist die Methode nicht situationsgerecht, subjektentsprechend und kongruent angewendet. Es können durch ungeschulten Einsatz sogar unkontrollierbare Gruppenprozesse aufbrechen und echte Kriseninterventionen notwendig werden.[103]
Wenn in der GK unbedingt ein *geschulter* Lehrer *gefordert* ist, so kann ein gestaltkatechetischer Ansatz im Religionsunterricht keinesfalls als *einzig mögliche* religionspädagogische *Richtung* des Unterrichts oder der Schulbuchreihe vertreten werden. Insofern ist eher an einen Unterricht zu denken, der in einzelnen Elementen gestaltkatechetische Dimensionen trägt.[104]
Gleichzeitig wird aber ein in der Lehrplandiskussion noch zu wenig beachtetes Problem angesprochen. Der Lehrer vertritt durch seine Person weitgehend ein „verstecktes Curriculum", indem er gewollt oder ungewollt aus seiner Lebenserfahrung Aspekte setzt, Strukturierungen vornimmt und Stoffbereiche auswählt. Dieser „versteckte" Einfluß auf alle Teile kann nur durch Arbeit des Lehrers an seiner eigenen Persönlichkeit ins Bewußtsein gebracht werden.[105] A. Höfer bietet deshalb das „Lehrertraining" an. Diese Übungen gelten nicht nur den Schülern, sondern auch den Lehrern/Katecheten.
Die Problematik der gestaltkatechetischen Übungen ist aber vor allem in der Tatsache begründet, daß eine Reihe der Übungen aus dem *therapeutischen* Kontext stammen. Ungefähr 1973/74 hat A. Höfer viele solcher Übungen für den pädagogischen Bereich aufbereitet. Etwa ab 1985 hat er in einigen Ansätzen das Verhältnis von Pädagogik und

Therapie deutlicher hervorgehoben[106] und damit einige Übungen nicht mehr erwähnt, die sich im pädagogischen Bereich als unbrauchbar erwiesen haben. Wer allerdings für die Übungen und Arbeitsanregungen begleitend logische Argumentation und gezielte didaktische Klärung sucht, wird nicht unbedingt entsprechendes finden.[107] Es werden wohl „Lehrertrainings" angeboten, zusätzlich fehlen aber begleitende *Lehrerhandbücher* der GK.[108] Das zeigt aber die Problematik zwischen einer Schulung durch Übungen im „Lehrertraining" und der Möglichkeit, sich durch Lesen Kenntnis und Können selbst anzueignen. Die GP und auch die GK gehen davon aus, daß das Wesentliche selbst erfahren werden muß. Trotzdem ist die kritische Anfrage nach Lehrerhandbüchern berechtigt.

Immer neu taucht die Bemerkung auf, daß die GK einen geschulten Lehrer benötigt, der entsprechende Übungen vorgibt und Interventionen setzt. Durch diese Schulung und dieses Training wird die GK oft in Verbindung mit „Therapie in der Schule" gebracht. Deshalb ist gerade im Anschluß an die Grundstrategien/Methoden und auch im Anschluß an die Übungen und Arbeitsanregungen aufzuzeigen, wie A. Höfer die Verknüpfung von „Verkündigen und Heilen" versteht.

9. „VERKÜNDIGEN UND HEILEN" –
FRAGEN ZUM „THERAPEUTISCH-ORIENTIERTEN" RELIGIONSUNTERRICHT

Beginnend mit dem Jahr 1973 spricht A. Höfer immer häufiger von den *Nöten* und *Problemen* der Schüler. Gleichzeitig fordert er mit Verweis auf den *Heiland* Jesu Christi eine *heilsame Katechese*. Der Anstoß für diese neue Blickrichtung dürfte wohl in der persönlichen Lebensgeschichte A. Höfers zu suchen sein. Er hat um diese Zeit erste Therapieerfahrungen hinter sich und versucht, das in der Therapie Erfahrene in die Katechese zu integrieren. Unter der neuen Blickrichtung spricht er von einer „integrativen Religionspädagogik"[1] und fordert sogar einen „therapeutisch-orientierten" Religionsunterricht. Die Grenzlinien zwischen *Therapie* und *Pädagogik* (9.2.) wurden in dieser Zeit nicht immer deutlich genug gezogen.

A. Höfer will allerdings nachweisen, daß der heilsame Aspekt durchaus nicht neu ist und in der andauernden *Kreativität Gottes,* im heilenden Tun Jesu und in der Aussendung zum „*Verkündigen* und *Heilen*" (9.1.) wurzelt. Natürlich ist dann der Begriff des Heilens „zu klären". Wenn darunter eine *Pädagogik der Liebe* (9.3.) gemeint ist, dann ist dies unproblematisch. Gleichzeitig versucht A. Höfer, anhand des *Klagepsalmes* und der *Heilungswunder* (9.4.) aufzuzeigen, daß bereits die Tradition Symbole kennt, die zum Heil verhelfen. Dabei stellt er Parallelen zwischen dem Klagepsalm und dem Therapieverlauf her. Dies läßt allerdings neuerlich kritische Fragen stellen.
Sehen wir uns zunächst an, wie A. Höfer die Verknüpfung von „Verkündigen und Heilen" sieht.

9.1. *Kreativität Gottes – Jesus der Heiland – der Aussendungsbefehl „Verkündigen und Heilen"*

A. Höfer geht in der „Einführung zur Integrativen Katechese"[2] von einer Studie aus, die aufzeigt, daß ein Großteil der heutigen Schüler bereits mit Persönlichkeitsstörungen in die Schule kommt. Auf diese Situation, so meint A. Höfer, müßte der Religionsunterricht reagieren. Er rückt einerseits die *Nöte* und *Probleme* der Schüler in den Mittelpunkt der Aufmerksamkeit und verweist auf die *kirchliche Tradition,* die schon immer die „*Heilandsaufgaben*" dort ausgeführt hat, wo die Not am größten war. In einer intuitiven Zusammenschau von Theologie und Therapie will A. Höfer aufzeigen, daß in der Tradition die Theologie und die Therapie nur zwei Aspekte des einen Heilshandelns Gottes und der Kirche behandelt haben.[3]

9.1.1. Jesus und die Not der Menschen

Zunächst verweist A. Höfer auf die Menschen, die Jesus umgaben. Sie waren „arm und ungebildet, behindert und leidgeprüft, irrend und suchend, ausgestoßen und hartherzig, liebeshungrig und verzweifelt". In den Evangelien kommen „nicht Idealmenschen, sondern Menschen voll Gefährdetheit und Gebrechlichkeit" vor. Sie zeigen den *„kranken Menschen"*, der – dogmatisch gesprochen – „an den Folgen der Erbsünde" leidet. Weil dieser Jesus von Nazareth ihnen als *„Heiland"* begegnet, ist seine Botschaft eine frohe.[4] Jesus folgend befaßt sich A. Höfer 1979 besonders mit den Problemen und Nöten der Schüler und speziell mit schwierigen Schülern.[5]

Nach A. Höfer muß die Katechese neben dem Auftrag zur *Verkündigung* auch den Auftrag zum *Heilen* ernstnehmen. Zum einen leitet er diesen Auftrag aus der „fortdauernden Zuwendung" Gottes und seiner nie abgeschlossenen Schöpfertätigkeit im „kreativen Dialog" mit der Welt ab. Der *Schöpfer*/Gott formt wie ein „Töpfer" immer wieder neu und entfaltet stets die *Kreativität* der Menschen. Im *heilenden Tun Jesu* hat sich diese Kreativität Gottes „in gebrochener Kreatur" fortgesetzt. So liegt der zweite Grund für eine heilende und verkündende Katechese im Tun Jesu selbst und ein dritter Grund liegt im Verkündigungsauftrag, durch den die Kreativität Gottes als Gabe der „Heilung in der Kreativität der *Gemeinde*" fortgeführt werden soll.[6]

Da Jesus neben der Verkündigung auch aufträgt, „die Hände aufzulegen, zu heilen und Dämonen auszutreiben (Mk 6,13; Lk 10,9)", geht der *Auftrag* zum *Heilen* auf die *Jünger* über. Weil die Frohbotschaft selbst „zu jener Hoffnung" ermutigt, die „heilend" wirkt, fordert A. Höfer einen *„therapeutisch orientierten* Religionsunterricht". Die Katechese soll „pädagogisch wirksam und religionspädagogisch heilsam" sein.[7] A. Höfer ist der Meinung, daß er das „Konzept Jesu in ein regelrecht pädagogisches Konzept"[8] umsetzen und aus dem biblischen Menschenbild und aus der Art, wie Jesus mit den Menschen umgegangen ist, eine *Pädagogik* ableiten kann, die heilsam, befreiend und konfliktlösend ist.

9.1.2. Jesus als Leitbild

Diese Pädagogik kann dem Katecheten zeigen, daß er so wie Jesus nicht nur Inhalte zu vermitteln hat, sondern „mit neuer Hoffnung an die Schüler" glauben kann und mit ihren „von Gott gegebenen Möglichkeiten" noch rechnen darf.[9] Da *Jesus Leitbild* und Leitfigur für das Verhalten des Katecheten ist, wählt A. Höfer seine Formulierungen und Beschreibungen so, daß sie *zugleich* für den *Katecheten* und *Jesus* passen können:

„1. Er (Jesus oder der Katechet – Kl.) nimmt die Menschen an wie sie sind, ohne sie zu richten oder abzuurteilen. Er wendet sich allen Schichten zu, besonders aber den Hilflosen, Konfliktbeladenen, Unterdrückten und Außenseitern. Er kann sich in die Lage dieser Menschen besonders hineinfühlen und sie stützend begleiten.
2. Er weicht den menschlichen Schwierigkeiten nicht aus, sondern spricht sie an. Die Kinder können ihre Not äußern, die Klassen ihre Konflikte darlegen – sie finden in ihm einen Meister, der ihnen hilft, auch ihre dunklen Seiten zu bewältigen und in positive Kräfte zu verwandeln.
3. Er baut Brücken des Vertrauens, welche die schöpferischen Kräfte für das Miteinanderleben und -lieben wecken. Toleranz und Zusammenarbeit gedeihen nur auf dem Boden einer praktizierten ‚Ich-Du-Beziehung‘.
4. Er sieht im Menschen das, was aus ihm noch werden soll und hält ihm so eine Zukunft (das Reich Gottes) offen, die ihm hilft, an sich selber zu glauben. Befreit von der Last der Vergangenheit und von der Angst vor der Zukunft, kann sich jeder als Person (Ebenbild Gottes) gestalten.
5. Er sieht hinter jedem Fach den Menschen und den fachlichen Beitrag zu dessen Menschwerdung: Etwa in Deutsch, Musik und Kunsterziehung die Kreativitätsförderung der Schüler; in Turnen und im Klassenalltag das Miteinanderleben nach Regeln; in den Naturfächern und in der Mathematik das grundsätzliche Bestaunen einer Ordnung usw. Das Fach – ‚der Sabbat‘ – ist für den Menschen da und nicht umgekehrt."[10]

9.1.3. Lernziele einer heilsamen Katechese

In einer ähnlichen Zusammenschau von Therapie und Theologie gibt A. Höfer eine Reihe von Lernzielen der GK an:
„Wie Jesus handeln lernen! Es geht also nicht nur darum, über die

Weisheitslehre Jesu zu reden, sondern darum, sie hier und jetzt in der Klasse in die Tat umzusetzen. Schüler und Lehrer sollen übereinander nicht richten, sondern sich akzeptieren. Sie sollen im Umgang miteinander Echtheit lernen; Projektionen zurücknehmen, Tricks unterlassen, Kontakte auch auf das wirkliche Ziel lenken, die Bedürfnisse des anderen erfragen und seinen guten Anteil verstärken. Sie sollen wahrnehmen, was in der Jüngerschar bzw. Schülergruppe läuft, und immer wieder Mut zu neuer Kontaktaufnahme finden. Denn nicht die Vollkommenheit der Schüler garantiert den Frieden in der Gruppe oder Klasse, sondern die unbegrenzte Bereitschaft zu vergeben und neu anzufangen. Wer Jesus als Meister ernst nimmt, spürt, daß es nicht beim Reden bleibt, sondern daß hier und jetzt in der Klasse gehandelt wird."[11]

9.1.4. Ein „pädagogisches Konzept" für den Lehrer

Ohne C. Rogers zu erwähnen, bedient sich A. Höfer der drei Verhaltensformen des Therapeuten der personenzentrierten (klientenzentrierten) Psychotherapie: Wertschätzung, Echtheit und emotionale Wärme[12] und betont für die „(Heils-)Pädagogik Jesu" den Primat des Menschen, ein bedingungsloses Akzeptieren der Menschen, ein Drängen auf Echtheit und Innerlichkeit und die Verwirklichung von Gottes-/Nächstenliebe:
A. Höfer zeigt, wie Jesus in seinem Einsatz für Behinderte und Gebrochene die „Menschlichkeit" spüren ließ. Wie in den Psalmen konnten diese Menschen „vor ihm Freud oder Leid, ihr Herz ausschütten" und sie erlebten, daß die „Menschenfreundlichkeit Gottes" in diesem „Menschen voller Menschlichkeit erschienen ist". Demonstrativ stellt er den Menschen vor das Gesetz und heilt am Sabbat.
Der zweite Schwerpunkt liegt im bedingungslosen Akzeptieren des Menschen. Jesus zeigt seine Großherzigkeit, verbietet „das Werten und Richten", lädt sich demonstrativ bei dem „von den Strenggläubigen ausgestoßenen Zachäus" ein und verurteilt die Ehebrecherin nicht.
Jesus drängt auf Echtheit und Innerlichkeit und verlangt Echtheit „der Gesinnung ohne Seitenblicke und Nebenabsichten". Ethische Entscheidungen sind aus dem Inneren des „Herzens" zu treffen. „Die ‚Spiele' und Machenschaften" jener läßt er nicht gelten, die ihn „mit ihren Tricks" hereinlegen wollen. Er läßt nicht zu, daß „auf den andern" projiziert wird und ruft im Ausspruch von Balken und Splitter zur Echtheit zurück. Im religiösen Bereich heißt Echtheit, daß sich der

Mensch „wirklich auf Gott" richtet und daß die Ausrichtung nicht „zu einem Scheinkontakt" mit Menschen degeneriert. Der *Höhepunkt* der Kreativität des Wirkens Jesu Christi zeigt sich nach Höfer in der *Feindesliebe,* die eine Konkretisierung und Radikalisierung der Gottes- und Nächstenliebe ist. In der Feindesliebe zeigt sich, daß „einer lieben soll, weil er lieben *will.* Diese Liebe ist von sich aus kreativ und nicht eine Reaktion. Sie wartet nicht auf Rückvergütung und kann darum ‚überschwenglich' sein."[13]

9.1.5. Erste Anfragen

Wenn A. Höfer die Tätigkeit des Lehrers mit der Tätigkeit Jesu vergleicht, so ist bei vielen Katecheten die Überforderung vorprogrammiert. Andererseits ist anzufragen, ob die heilende Tätigkeit Jesu in ihrem „zeichenhaften" Charakter klar genug hervortritt. Es könnte unter Umständen sein, daß im Bemühen, eine Parallelität zwischen Jesu Tun und einem Therapieverlauf zu finden, bisweilen die kerygmatische Dimension der biblischen Perikopen außer acht gelassen wird. Aus dem Kontext aller Veröffentlichungen ist dies nicht anzunehmen. Es ist aber doch auf die Gefahr hinzuweisen, daß der größere Sinnhorizont verlorengehen könnte.

9.2. Grenze/Ähnlichkeit zwischen Therapie und Pädagogik in der Gestaltkatechese

Nach A. Höfer haben Therapie und Pädagogik zwar das gleiche Ziel, aber nicht die gleiche Art des Handelns. A. Höfer stützt sich bei seinem integrativen Vorgehen theologisch auf die Tatsache, daß der Mensch Ebenbild Gottes ist, und auf eine lange Tradition des integrativen Weges in der Kirche. Die Grenzziehungen zwischen Therapie und Pädagogik sind allerdings fließend. Es ist auch auf bestimmte Unschärfen hinzuweisen. In letzter Zeit versuchte er, sich klarer von der Therapie abzugrenzen.

9.2.1. Therapie und Pädagogik mit gleicher Zielsetzung

A. Höfer geht von der oft gestörten Persönlichkeit des Schülers aus und sieht im heilenden Handeln Jesu an den Menschen ein Modell für den Religionsunterricht.[14] *Pädagogik* und *Therapie* können für diese Aufgabe *einander helfen,* weil sie das *„gleiche Ziel"* haben: „den freien, zu sich gekommenen Menschen, der recht leben und arbeiten kann". Zwar muß der Katechet – und auch der Priester – die Grenzen seines Tuns kennen und diese Grenzen auch einhalten. Sie dürfen aber auf dem Boden der „*christlich mystagogischen Tradition*" stehend aus dem „psychagogischen, therapeutischen Bereich" dazulernen. Der Zusammenhang von Selbsterfahrung, religiöser Erfahrung und Gruppenerfahrung ist in einer integrierenden Art für A. Höfer nicht nur möglich, sondern sogar sehr wichtig. Allerdings muß sich zunächst einmal der Lehrer selbst in diesbezügliche Prozesse einlassen.[15]

Zur *Verbindung* von Pädagogik und Therapie ist A. Höfer nach eigenen Angaben gekommen, als er auf der *Suche* nach Unterrichtsmethoden war, die dieses gemeinsame Ziel im Auge haben. Über Profanliteratur und Identifikation stieß er auf Konfliktgeschichten und Rollenspiele. Damit ergaben sich in seiner Katechese „gruppenpädagogische, sozial- und tiefenpsychologische Prozesse", die bereits die „Nachbarschaft der Psychagogik und Therapie" zeigen. Nach einigen Jahren des Experimentes war die Überzeugung gereift, daß die schulische Pädagogik „viel gewinnen kann", wenn die Lehrer „psychagogisch geschult" sind und „therapeutische Selbsterfahrung" erwerben.[16]

9.2.2. Der Mensch als Ebenbild Gottes

Theologisch leitet A. Höfer den „therapeutisch-orientierten Religionsunterricht" wie oben erwähnt aus der Kreativität Gottes, aus dem Heilandsdienst und aus dem Aussendungsbefehl Jesu ab. Weiters weist er aber darauf hin, daß der Mensch *Ebenbild Gottes* ist. Der Mensch ist „ein Spiegel, in dem Gott aufleuchtet, oder ein Fenster, durch das Gotteslicht scheint". In der *Selbst*erfahrung kann also Gotteserfahrung möglich werden. Die Bibel spricht von Gottbegegnung im „Herzen" und die deutsche Mystik von Gottbegegnung im „Seelengrund". Die Psychologie, so führt A. Höfer aus, nennt dies Begegnung „in den Tiefenschichten, im Unbewußten, die Philosophie im Überbewußten, die Personalphilosophie im Personkern". Daraus ist zu folgern, daß die „*mystagogischen* Wege" durch die „*psychagogischen*" vorbereitet werden. Die „Psychagogik hilft zur Selbstfindung, Mystagogik hilft zur Gottesfindung", und beide Wege gehören zusammen.[17]

9.2.3. Ein Weg der Tradition

A. Höfer versucht, die „psychagogischen Wege" als Wege der *Tradition* aufzuzeigen. Er führt den Begriff der „*Übung*" auf das griechische „*askesis*", auf das lateinische „*exercitium*" und auf das englische „*training*" zurück. Es wurden schon immer Praktiken, die ursprünglich nicht christlich geprägt waren, „mit christlichen Inhalten" versehen, führt A. Höfer aus. Er glaubt auch, Parallelen zwischen traditionellen christlichen Übungen und heutigen therapeutischen Übungen zu finden. Das Anliegen der Gewissenserforschung und Gewissensbildung und auch die Unterscheidung der Geister findet er heute in der Selbsterfahrung. Die „‚Meditation der inneren Sinne' (Origenes, Ignatius) lebt in den Tagtraumtechniken wieder auf. Statt ‚brüderliche Zurechtweisung' sagt man heute ‚Feed back', statt guter Meinung ‚positive Motivation' usw. Selbst die Sensibilisierung erbat man immer schon vom Heiligen Geist: ‚accende lumen sensibus' – erleuchte die Sinne, vertiefe die Wahrnehmung!"[18] Mit solchen Vergleichen versucht A. Höfer, einem heilsamen Religionsunterricht eine Brücke zu schlagen.

9.2.4. Unterschiede zwischen Therapie und Pädagogik

Wenn Therapie und Pädagogik für A. Höfer auch das gleiche Ziel haben, so sind sie doch nicht ident. „In der *Therapie* soll *nachreifen,* was im pädagogischen Wachstum steckengeblieben ist."[19]
Therapie und Pädagogik befassen sich gemeinsam mit dem Entwicklungs- und Reifegeschehen. Die Therapie hat aber über dem *Wachsen* und *Reifen* der Pädagogik auch noch *reparative* Aufgaben. A. Höfer versucht, das *Verhältnis* von Therapie und Pädagogik in einem anschaulichen *Beispiel* darzustellen:

„Ich vergleiche die Pädagogik gern mit einer Fahrschule, wo man das Autofahren lernen kann; die Therapie hingegen mit einer Autowerkstatt, wo man sein kaputtgefahrenes Auto reparieren läßt. Mit anderen Worten: Die Pädagogik weckt die gegebenen Möglichkeiten des Menschen und arbeitet mit ihnen auf ein Ziel hin. Die Therapie achtet darauf, wo die Möglichkeiten verkümmert, verunstaltet oder zerstört sind, und versucht sie in einem Nachreifeprozeß zu wecken und zu heilen." A. Höfer fährt dann aber fort und betont, daß „diese theoretische Unterscheidung in der Praxis nicht mehr so leicht durchführbar (ist), denn für ein leidgeprüftes Kind ist es wichtig, *daß* ihm geholfen wird und daß ihm *gut* geholfen wird. Das ‚daß' der Hilfe ist ein Appell an die Moral des Erziehers, das ‚gut' ein Appell an seine pädagogischen oder therapeutischen Qualifikationen".[20]

Damit zeigt A. Höfer Parallelen zu H. Petzold, der in der integrativen Agogik Integrität *sichern* und *fördern* und in der Therapie *Integrität wiederherstellen* will.[21] Ähnlich unterscheidet auch A. Höfler zwischen reparativem, rehabilitierendem Charakter der GTh und dem vorbeugenden, konservierenden, stabilisierenden und dynamischen Charakter der GP. Dem *Labilisieren* in der Therapie stellt A. Höfler das *Mobilisieren* in der GP gegenüber. Die Aufgabe der GP liegt deshalb in der „Förderung von Selbstverwirklichung mit Kreativität, Entfaltung, Kontakt, Begegnung, Eigeninitiative, Bewußtsein, Wertschätzung, Grenzziehung, Zuwendung, Komplexreduktion, Wahrnehmung, Wir-erleben u. ä."[22]

9.2.5. Fließende Grenzziehung – Unschärfen

A. Höfer spricht nie von einem *„therapeutischen* Religionsunterricht", sondern lediglich von einem „therapeutisch *orientierten* Religionsunterricht". Der Katechet ist auch kein ausgebildeter Therapeut.[23] Bei aller Wachsamkeit gegenüber „therapeutischem Dilettantismus" vertraut aber A. Höfer auf die *natürlichen Kräfte* des „Helfens und Heilens" und meint, daß der *Mutter* im Umgang mit ihren Kindern intuitiv das aufgeht, was der *Pädagoge* bewußt lernen muß.[24]

Es zeigen sich durch solche Aussagen aber gewisse *Unschärfen* zwischen Therapie und Pädagogik. A. Höfer formuliert bisweilen so, daß man den Eindruck gewinnen kann, der Katechet müsse *reparative* Arbeit leisten:

So spricht Höfer etwa vom Wissen jedes Katecheten, „wie *verschüttet* bereits viele Kinder sind, wie ihre *Lebenskraft gelähmt* und ihre spontane Freude in Traurigkeit erstickt ist", und „nicht selten" ist auch der Lehrer in der gleichen Lage. Hier wird man wohl an reparative Arbeit denken müssen, genauso wie bei dem Beispiel vom „Töpfergleichnis bei Jeremia", das A. Höfer anführt um zu zeigen, wie Gott „gestaltend und formend" auf den Menschen einwirkt: „Mißriet das Gefäß, das er in Arbeit hatte, wie es beim Ton in der Hand des Töpfers vorkommen kann, so machte der Töpfer daraus wieder ein anderes Gefäß, ganz wie es ihm gefiel. Da erging an mich das Wort des Herrn: Kann ich nicht mit euch verfahren, wie dieser Töpfer, Haus Israel? – Wort des Herrn" (Jer 18,4–6). Und dann schwenkt A. Höfer auf den Pädagogen über: „Gott als ‚Töpfer' – das ermutigt den Erzieher, ebenso geduldig und unermüdlich sich und die Anvertrauten immer von neuem *zu formen, zu verwandeln* und sich durch kein Mißlingen irreleiten zu lassen, an der Gestaltwerdung des Menschen mitzuarbeiten."[25] Die im letzten Satz hervorgehobenen Ausdrücke sind in Verbindung mit dem biblischen Beispiel sicher „auch" reparativ zu deuten.

Wenn A. Höfer an anderer Stelle Besessenheit beschreibt und davon spricht, daß Geist und Willen des Menschen „geschwächt, sein Gemüt verdüstert, seine Lebenskraft und seine Kontaktfähigkeit zu den anderen vermindert und gebunden" sind und sich *Jesus* „diesen verstörten Menschen" zuwendet, so ist dagegen nichts einzuwenden. Wenn er aber weiter ausführt, daß der Katechet *ebenso* „helfend und heilend eingreifen" kann, so ist diese Aussage wohl nur therapeutisch zu verstehen.

In folgender Darstellung ist ebenfalls klar therapeutische *Labilisierung* zu erkennen: Die Menschen „schreien in seiner (Jesu) Nähe auf, sie können und dürfen bei ihm (Jesus) ihrer Qual einen gequälten Ausdruck verleihen. Er redet diese unreinen Geister der Angst, des Hasses, der Enttäuschung und Wut, der Verlogenheit und Gier betont an. Indem er sie bei ihrem Namen nennt, zieht er sie aus dem Schattenreich der Verstecke und Verdrängungen ans Licht seiner milden, aber eindeutigen Wahrheit. Der gequälte Mensch kann bei Jesus diese unreinen Geister herausschreien, sie ausspeien und kraft der Heilandsliebe sich von ihnen befreien. Jesus ist frei, ohne Angst und Panik, und kann sich so helfend an die von Angst Gepeinigten wenden. Ihre Heilung besteht darin, daß auch sie mit ihrer Not ernst genommen werden und daß ihre Qual körperlich und sprachlich heraus darf. Seine Zuwendung strömt jene Kraft aus, aus der sich die gehemmten und geschlagenen Menschenkinder festhalten und neu orientieren können".[26] A. Höfer zieht anschließend wiederum eine *Parallele* zwischen dem Handeln *Jesu* und dem Handeln des *Katecheten*. Und damit ist wohl der Bogen für den schulischen Kontext überspannt.

9.2.6. Die Identifikation und der Katechet als Zeuge

In folgender These dürfte zu finden sein, was A. Höfer unter GK und Pädagogik versteht: „Der Katechet nimmt den schicksalhaften Hintergrund und die oft verunstaltete Persönlichkeit aller Schüler ernst und bietet ihnen in den *Figuren* der *Bibel* und in der Kirchengeschichte *Rollen* des *Glaubens* an, mit denen sich der Schüler identifizieren kann. Der Lernende reiht sich so in die lange Prozession der Glaubenden ein."[27] Das heißt, daß nicht der Katechet als Therapeut mit den Schülern arbeitet, sondern die *Heilsworte, Heilsbilder* und *Heilsgeschichten* vermittelt, die ihrerseits *heilsame Begegnung* ermöglichen. Damit würden die Symbole des Glaubens das Heil vermitteln. Allerdings ist der Katechet als Zeuge des Glaubens sehr hervorgehoben. Er ist selbst „sein bestes Werkzeug" und nicht seine Ausrüstung (Methode), sondern seine „heilbringende Wirkkraft (Shalom) ist es, was auf die Schüler übergeht und sie verändert".[28] Bedenkt man wiederum, daß A. Höfer die Tätigkeit des Katecheten mit der Tätigkeit Jesu vergleicht, so treten sicher gewisse Unschärfen auf.

9.2.7. Abgrenzung zwischen Therapie und Pädagogik

1985 sagt A. Höfer klärend, daß die GP „im Aufwind der Gestalttherapie" entstanden ist. Die GTh – aus welchen Wurzeln auch immer – hat den Akzent „auf das Wahrnehmen, das Wachstum und die Veränderung der menschlichen Person" gelegt und ursprünglich „im pädagogischen Feld" befindliche Mittel und Wege aufgezeigt. Während, so differenziert A. Höfer, die Methoden *therapeutisch* zum *Heilen* genützt werden, orientiert sich die *Pädagogik* am *„Kinderspiel,* am *progressiven Reifen* und an den Werten und Themen des *menschlichen Bildungsgutes".* Kurz und bündig rundet A. Höfer ab: „Es verriete nur Unkenntnis und Kurzsichtigkeit, wolle man die GP nur mit ihrer (teilweise historisch bedingten) Nähe zur GT gleichsetzen."[29] Damit hat sich A. Höfer klar von der GTh abgesetzt, allerdings auch keine weiteren Argumente geliefert und keine möglichen Anfragen abgewiesen.

Festzuhalten ist, daß A. Höfer in einigen Passagen eine Differenzierung zwischen Therapie und Pädagogik versucht. Diese Differenzierung hält er allerdings nicht an allen Stellen durch.

9.3. Eine Pädagogik der „Liebe"

Die fortdauernde *Kreativität* Gottes zeigt sich im Personalbereich als fortdauernde Zuwendung und als kreativer Dialog, als *Begegnung* und als *Liebe.* Der Mensch ist eingeladen, die Zuwendung aufzugreifen, anzunehmen und weiterzugeben. „Der Schöpfungsimpuls Gottes" läßt den Menschen „in seiner Liebe kreativ" werden, und durch die „akzeptierende Zuwendung" Gottes kann sich der Mensch entfalten, führt A. Höfer aus. Diese Liebe ist so kreativ, daß sie den Menschen nicht nur akzeptiert, sondern auch mit seinen *„noch ausstehenden Möglichkeiten"* rechnet und damit die Möglichkeit einer Entfaltung und Entwicklung bietet.[30]
Die Liebe übergeht den Menschen nicht, sie manipuliert ihn nicht, sondern weckt seine *eigenen Kräfte.* Gerade aus den Wundern Jesu will A. Höfer aufzeigen, daß Heilung den Menschen nicht übergeht, sondern sein Urvertrauen weckt.[31] Die Heilung beginnt „mit der Beziehung Jesu zum Menschen, bricht im Menschen als Vertrauen auf und zeitigt ihre heilbringende Kraft bis in die psychische und körperli-

che Dimension hinein". So folgt auf die *Zuwendung* die *Wandlung* aus *eigener Kraft.* Diese Kreativität sollte der Katechet auch den Schülern als „einmaliger Lieblingsgedanke Gottes" erfahrbar machen, damit sie ihre eigene Gestalt gewinnen. Dabei ist *„die Botschaft* selbst *genug kreativ",* um ein Klima zu ermöglichen, in dem *die Liebe* wirksam werden kann, führt A. Höfer aus.[32]

Zu solcher Arbeit muß der *Katechet* wohl geschult und ein *Könner* sein. Er muß die Kunst besitzen, mit der „der Arzt mit dem Kranken, der Lehrmeister mit dem Lehrling und der Freund mit dem Hilfesuchenden so umgeht, daß daraus Heilsames entsteht". Grundsätzlich muß nach A. Höfer der Katechet also nicht *„nur verstehen",* sondern auch „heilsam fördern, eingreifen und therapeutisch intervenieren".[33]

Diese Kunst will gelernt sein, wenngleich auch dies nichts anderes ist als die Tätigkeit einer *Mutter.* „Wieviele Mütter gehen mit ihren Kindern heilsam um, ohne eine Therapeutenschule durchlaufen zu haben?", fragt A. Höfer und meint, daß „therapeutische Kunst *nicht von außen her* in die menschliche Gesellschaft hineingetragen wird, sondern zu ihren eigenen kostbarsten Quellen gehört. Der Liebende ist auch ein Verstehender und ein Verstehender weiß auch recht zu helfen".[34]

Damit subsummiert A. Höfer alles, was über Therapie und Pädagogik gesagt wurde, unter der Haltung eines *liebevollen* und *heilsamen* Umgangs des Katecheten mit den Schülern. Indem A. Höfer von einer „Pädagogik der Liebe" spricht,[35] relativiert er manche therapeutische Aussage, läßt aber gleichzeitig vieles offen. Die Ausführungen weisen auf eine beziehungsreiche, vertrauensbildende und identitätsstärkende Katechese hin. Dies ist positiv hervorzuheben.

9.4. Klagepsalm und Heilung

Auf Klagepsalm und biblischen Heilungsbericht muß an dieser Stelle gesondert hingewiesen werden, da A. Höfer im Klagepsalm eine Struktur findet, die einen grundlegenden *Existenzvollzug* des gläubigen Menschen und andererseits *therapeutische Orientierung* aufweist. Die Strukturen von Klagepsalm und Heilungswunder zeigen Parallelität mit dem Verlauf der Therapie. Deshalb sollen hier der Struktur des Klagepsalms folgend (9.4.1.) Klage, Zuspruch, Existenzumschwung – parallel dazu die Wunderheilung – sowie Zuversicht und Lob dargestellt werden. Neben der von A. Höfer festgestellten Parallelität zur Therapie (9.4.2.) ist wahrscheinlich durch den Klagepsalm und durch die Heilungswunder ein Schlüssel zum Verständnis und zur

Deutung der „therapeutischen Orientierung" der GK (9.4.3.) gegeben.

9.4.1. Die Struktur des Klagepsalms

Im Anschluß an C. Westermann[36] hat sich A. Höfer 1969[37] – und 1983 neuerlich – mit der Struktur des Klagepsalms[38] auseinandergesetzt. Der Klagepsalm hat die „Struktur eines lebendigen Vorgangs". Das *existentielle Geschehen* läßt sich anhand der Erzählung 1 Sam 1,1–20 beispielhaft darstellen. In 1 Sam klagt Hanna ihr Leid über die Kinderlosigkeit im Tempel und drückt diese Klage so laut aus, daß sie zunächst vom Priester Eli den Vorwurf „der Trunkenheit" hinnehmen muß. Eli spricht ihr aber schließlich doch den „Frieden" zu, und sie kehrt aufgerichtet nach Hause und hatte „nicht mehr ein so trauriges Gesicht".

Die Erzählung besteht aus drei Teilen: „Die *Klage der Frau, der Zuspruch* des Priesters und die *frohe* Heimkehr Hannas." Diesen drei Szenen der Erzählung entsprechen „drei existentielle Gestimmtheiten, drei *Seelenhaltungen:* Die Not der Frau, das aus dem Glauben kommende Wort des Priesters und die Erfahrung des Trostes". Für jede dieser Seelenhaltungen gibt es eine eigene *„Sprachgestalt".* Zunächst *klagt* Hanna. Eli spricht ihr aus der Erfahrung seines Glaubens ein *Verkündigungswort* zu, und ihre Klage wird in *Lobgesang* verwandelt.

Der existentielle Vorgang zeigt sich nach A. Höfer auch im *Klagepsalm,* wo ein „Wandel von der Klage zum Lob, von der Verzweiflung zur Hoffnung, ja vom praktischen Unglauben oder Nicht-mehr-glauben-Können zum getrosten Glauben" eintritt. Nach der *sprachlichen* Form kann der *existentielle* Vorgang in *fünf* Schritten typisiert werden: Anrede, Klage, Zuversicht, Bitte und Lobgelübde. Weil die „dahinter stehende Glaubensgeschichte mit ihrem tatsächlichen Schicksal und *Wandel"* wahrnehmbar ist, wird die Struktur für A. Höfer katechetisch interessant.[39]

* Die Klage

Nach einer kurzen *Anrede* – sie kommt nicht in allen Klagepsalmen vor – kommt ganz massiv die *Klage,* die eine „ursprüngliche Weise menschlichen Existierens" darstellt. A. Höfer sagt, jeder Mensch will sein Leid entweder wegschieben oder klagend herausschreien und damit nicht nur das Schicksal brechen, sondern auch seine *„Einsamkeit"* durchdringen. Im Gegensatz zum Bittenden wendet sich der Klagende

„immer an *einen Zuhörer:* Ich klage *jemandem* mein Leid". Der Klagende will einen *Menschen* haben, der „ihn anhört und ihn annimmt und gerade dadurch aus seiner *Not* und *Einsamkeit*" befreit. A. Höfer betont, daß der Klagende letztlich in seinen *Beziehungen* gestört ist. Die ganze Umwelt wird ihm zum *„Feind"*, und die zwei Ausdrücke Feind und Einsamkeit sind austauschbar. Alles türmt sich gegen einen auf. In dieser Situation ist die letzte Tiefe der Einsamkeit und Feindschaft beim Klagenden dann erreicht, wenn er sich „auch von Gott" verlassen glaubt und die *Beziehung zu Gott gestört* ist. In diesem Fall gehen „Lebensnot und Glaubensnot" ineinander über.[40]
Weil nach A. Höfer auch die *Schüler* heute schon solche Einsamkeit erleben können, ist es entscheidend, daß sie zunächst einmal „Mensch sein dürfen" und mit ihren „Anliegen zu Wort" kommen.[41] In den Klassen der Zehn- bis Vierzehnjährigen liegen die Probleme in der *„Beziehung* der Schüler untereinander", in „Unterdrückung von Angst, Spott und Verletzlichkeit, Führungskämpfen und Sexualität, Schulversagen und Flucht in die Gruppenaggression, Sündenbockmechanismus" und in vielen Enttäuschungen usw.
Wenn sich der Schüler über seine Angst, Wut und Gier freie Luft machen darf und der *„Sektpropfen"* heraus kann, wendet sich die Aggression oft allerdings gegen den Katecheten und gegen die Katechese selbst. Bleibt aber der „Pfropfen" in der Flasche stecken, dann kann die Kreativität nicht zum Vorschein kommen. Mit Bezug auf R. C. Cohn stellt A. Höfer fest, daß Konflikte Vorrang haben und „(wenn auch oft mit Knall) herauskommen und auseitern dürfen. Alles was den Schüler drückt, was ihm im Magen liegt, müßte er ausspeien dürfen: Das nennt man den ‚*kathartischen*‘ (reinigenden) Effekt des therapeutisch orientierten Religionsunterrichtes".[42]
A. Höfer will die Klage *konkret* und *existentiell* verstanden wissen. Allerdings soll auf dem „Glaubens-Weg" nicht bei der Klage stehengeblieben werden. Zur Klage tritt nämlich jetzt ein Wort aus dem Glauben.

* Das Wort aus dem Glauben – der Zuspruch

Nach der Klage folgt der Struktur nach das *Heilswort*. Im existentiellen Geschehen von 1 Sam hat der Priester Eli ein solches Wort als Zuspruch über Hanna ausgesprochen. Es ist meist ein aus der Bibel vertrautes Wort und lautet etwa: „Der Friede sei mit dir! Fürchte dich nicht! Sei getrost! Der Herr hat dein Gebet erhört! Gott wendet sich dir zu! Der Herr wird dir gewähren, was du von ihm erbittest!" o. ä.[43]

Ähnliche Heilszusagen finden sich bis heute in Grußformeln und im Vollzug der Sakramente. Da dem Wort des Glaubens/dem Zuspruch der existentielle Umschwung des Menschen folgt, könnte gerade von diesem Wort aus die *therapeutische Orientierung* der Katechese *differenzierter* gesehen werden. Das Heilswort bringt die Wandlung, und nicht der Katechet selbst durch seine Intervention. Je mehr also in der GK die *Heilsworte, Heilsbilder, Heilsfiguren, Heilsgeschichten, Heilslieder* usw. zur Geltung kommen, umso mehr kann durch Identifikation mit diesen Heilssymbolen der schicksalhafte Hintergrund und die oft verunstaltete Persönlichkeit der Schüler[44] aufgebrochen werden. Natürlich muß der Katechet für die Begleitung solcher Prozesse geschult sein. Außerdem wird er als Zeuge des Glaubens selbst *„Heilswort"* für den Schüler sein. Er müßte allerdings nicht Therapeut – von A. Höfer auch nie so behauptet – sein, sondern *existentieller Vermittler* des „Heilswortes". Offen muß aber dabei die Frage bleiben, ob in einer pluralen Schulsituation der Glaubenshintergrund von „Heilsworten" auch existentiell mitvollziehbar ist und mitvollzogen wird.

* Wandlungsprozeß/Heilungswunder

C. Westermann folgend sieht A. Höfer den Umschwung der existentiellen Stimmung des Betenden darin, daß sich der Betende nun an die *Zusage* und das *Heilswort* klammert. Das, was den Beter „zutiefst verwandelt, ist also die Erfahrung der Nähe Gottes. Er weiß sich nicht mehr allein, sondern getragen und geborgen". Die Situation hat sich inzwischen nicht gewandelt, aber durch die Nähe Gottes aus dem Heilswort ist eine neue Situation entstanden. Die Wende ereignet sich, *„während* der Grund der Klage scheinbar noch gegeben ist". Die Änderung baut nicht auf der Ebene „der Fakten" auf, sondern auf der Ebene des „inneren Einvernehmens mit Gott". Das heißt, daß kein mirakulöses Wunder geschieht, sondern daß ein *existentieller Umschwung* aus einer tiefen *Begegnung* zuwächst.[45]

Ein ähnlicher existentieller Umschwung zeigt sich auch in der biblischen *Wunderheilung*. Klagepsalm und Wunderheilung zeigen sowohl *stilistische* Parallelen als auch Ähnlichkeit in der *Struktur*. Die Wunderheilung kennt den *Dreischritt:* 1. Schilderung des Kranken und seine Bitte, 2. Heilungswort/geschehen und 3. Chorschluß und Lob des Geheilten und des Volkes.[46]
1974 beschreibt A. Höfer den Wandlungsprozeß der Wunderheilun-

gen als *Identifizierungsvorgang* und *Erwachen des Urvertrauens*. Jesus selbst hatte, so A. Höfer, „kraft seines Verhältnisses zum Vater" tiefes Urvertrauen und hat „in einer Art Übertragung" dieses den Menschen vermittelt. Das Wunder kann als neu erwachtes Urvertrauen verstanden werden, das den Kern der Person von innen her verwandelt und den Menschen in eine *„neue Existenz"* versetzt. *Heilung* ist damit eine *Wandlung* durch *Begegnung*. Sie erfaßt zunächst den innersten Personenkern und kann sich bis in die biologische Sphäre fortsetzen.[47]

1985 zieht A. Höfer den *Heiligen Geist* als „Gott im Menschen" in seine Überlegungen mit ein und spricht am Beispiel der Pfingstsequenz von einer „‚therapeutischen' Wandlung", die auf die „Anwesenheit Gottes in uns zurückgeführt, aber an der Veränderung des Menschen wahrgenommen wird".[48] Der Geist Gottes wäscht, was befleckt; heilt, was verwundet. Neben der Heilung aus dem neuerwachten Urvertrauen kennt also A. Höfer auch die Deutung der inneren Wandlung aus dem Heiligen Geist.

Die Wandlung beginnt im Inneren des Menschen.

* Zuversicht und Lob

Die Wende zum Lob drückt sich in den Klagepsalmen oft durch das Wort „aber" aus. Während sich das *Klagen* in *Lob* verwandelt, kann das Leid durchaus noch fortbestehen. Nicht die äußere Wirklichkeit muß verändert sein. Im Innern des Menschen hat sich Neues getan, und das ist entscheidend. Über den Realismus der Welt hinaus ist aus dem „noch größeren Realismus der Erfahrung Gottes" der Mensch bereits im Loben, weil er einen existentiellen Umschwung mitgemacht hat.[49] Lob und Danksagung haben deshalb einen entscheidenden Stellenwert nach Wandlungsprozessen.[50]

9.4.2. Klage und Therapie

Nachdem A. Höfer die Struktur des Klagepsalmes und der Heilungswunder aufgezeigt hat, zieht er Parallelen zum *Therapieverlauf* und auch bereits aus der *Glaubenstradition*. Noch „bevor die Psychotherapie die Angelegenheit der Psychologie" war, hatte sie „innerhalb der Religionen" immer schon ihren Platz, weil die Religionen auf vielfache Weise den Menschen „Heil und Heilung" vermitteln,[51] führt A. Höfer aus.

Die Anrede im Klagepsalm vergleicht A. Höfer mit der Bitte des Klienten, wenn er in die Therapie kommt: „Bitte helfen Sie mir!" Wie im Klagepsalm, so beginnt auch in der Therapie die *Klage allmählich*

159

zu fließen. Zunächst fängt der Klagende und der Betende „bei seinen ,Feinden'" an, sagt A. Höfer. Erst allmählich nimmt er seine *Projektionen* zurück.

Der „*Therapeut*" hat eine ähnliche Stellung wie der zuhörende *Priester* beim Klagegebet. In der Gesprächstherapie – so A. Höfer – wird der Klient vorbehaltlos bejaht, verstanden, mit Wärme umgeben, in der analytischen Therapie ist der Therapeut zuhörender Partner und nimmt alle Projektionen auf sich, und in der GTh nimmt der Therapeut alle Äußerungen des Klienten als nicht zufällig und bedeutsam an. Alles ist Offenbarung der einmaligen Seelentiefe des Menschen. Und in dieser geborgenen Atmosphäre kann der Klient selbst sehen lernen, an sich arbeiten und sich verändern.

Wenn aber „der Patient geheilt die Therapie verläßt, dann hat nicht der Therapeut sein Leben verändert, sondern dieser hat ihm geholfen, es *selbst* zu *verändern*". Der Therapeut gibt nur die Gewißheit, daß der Klient in seinem Leiden „*nicht allein*" ist. Dieses „Heilswort" kann der Therapeut dem Klienten „sprechend oder schweigend zu verstehen" geben, und er drückt sich dabei ungefähr aus: „Fürchte dich nicht, ich bin bei dir!" Die Veränderung geschieht dann „im Menschen" selbst. A. Höfer geht noch einen Schritt im Vergleich zwischen Therapie und Klagepsalm weiter und behauptet, wenn der Therapeut „*ein gläubiger Mensch*" ist, so verkörpert er schon „durch seinen Glauben die Gewißheit, daß nicht nur er, sondern gerade Gott den Klagenden bedingungslos akzeptiert". A. Höfer meint, von da aus sei es „nur ein Schritt, diese Heilsgewißheit auch durch Worte, Gebärden und gemeinsames Gebet" auszudrücken.[52]

Man wird diesen Vergleich zwischen Klagepsalm und Therapieverlauf bei A. Höfer sehr kritisch lesen müssen. Einerseits zeigen sich interessante *Ähnlichkeiten,* andererseits liegt aber auch eine große *Vereinfachung* vor, wenn Gebets- und Therapie-Situation einfach parallel gesetzt werden. Hier hat sowohl das Heil als auch das Vertrauen jeweils verschiedene Dimensionen. Besonders wenn A. Höfer sagt, daß der *gläubige Therapeut* die bedingungslose Annahme des Klagenden durch Gott vermittelt und spiegelt, so darf doch die interpretierende Deutung des Sinn- und Glaubenshorizontes, wie von A. Höfer an anderer Stelle gefordert,[53] nicht vergessen werden. Man hat den Eindruck, daß A. Höfer allzu schnell – in seiner integrierenden Art – einen religiösen Rahmen sucht.

Außerdem dürfte gerade dort der Unterschied zwischen existentiellem Vollzug von Klagepsalm und Therapieverlauf sein, wo der Therapeut durch *Intervention,* Verstärkung und Spiegelung eingreift, der Priester in einem existentiellen Glaubensvollzug aber das *„Heilswort"* vermittelt. Die Ausführungen A. Höfers sind äußerst interessant und anregend. Sie müssen aber sehr kritisch gelesen werden.

9.4.3. Klage und Heilung in der Gestaltkatechese

Durch das ganze Werk A. Höfers zieht sich die Beschäftigung mit dem Klagegebet. Bereits in der Erstauflage der Glaubensbücher (1969) wird in der Katechese „Nach Regen kommt Sonne" das Klagegebet vorgestellt und empfohlen. A. Höfer führt dort aus: „Diese Gebete haben zwei Teile: a) die Klage: Jeder kann sein Herz ausschütten, klagen und jammern, wie es ihm zumute ist. Nichts braucht verschwiegen werden. b) Im zweiten Teil denken die Beter an Gott; sie danken ihm, daß er da ist und bitten ihn um seine Hilfe (also: denken, danken, bitten)." Anschließend werden Anregungen gegeben, wie der Schüler durch Identifikation mit anderen Menschen – in ‚verdeckter' Darstellung – und direkt aus seiner Situation klagen kann.[54]
Hier fällt natürlich sofort auf, daß das *Heilswort noch nicht* vorkommt. Später ist es A. Höfer umso wichtiger, weil in ihm gleichsam „das Kerygma der ganzen Bibel" eingefangen ist.[55]
Manchmal hat man den Eindruck, daß A. Höfer so sehr vom „Sektpfropfen" und vom *Klagen* der Schüler spricht, daß *nicht mehr die Struktur* des Klagepsalms wichtig ist, sondern das Klagen *allein.* Natürlich kann diese Verkürzung in der konkreten Schulsituation und im Unterrichtsverlauf eintreten. Wenn A. Höfer 1975 aber im Zusammenhang mit der „Gotteserfahrung in den Klagepsalmen" meint, der Mensch müsse wieder zu sagen lernen, „wie es ihm geht und auch, daß es ihm schlecht geht" und dabei kein Wort vom Heilswort und vom Lob verliert, so entsteht der Eindruck, daß er zu dieser Zeit eher an die Klage als an den Klagepsalm dachte.[56]
An anderer Stelle hebt A. Höfer allerdings deutlich hervor, daß im Beten des Klagepsalms, im Um- und Neuformulieren der Psalmen und in der Beschäftigung und dem Erlernen der Struktur der Klagepsalmen eine handfeste Möglichkeit geboten ist, um in die „Bewegung von der Not zum Heil" einzutreten. Durch Klagepsalm und Heilungswunder kann „durch den ‚Stoff' Heilung vermittelt werden, wenn die biblischen Zeugnisse von der hilfreichen Nähe Gottes erlebnisgerecht und lebensgesättigt" durchgenommen werden, führt A. Höfer aus.[57]
Besonders wenn, wie von A. Höfer empfohlen, offene oder verdeckte – in „stellvertretender Formulierung" – Klagegebete zu gestalten

sind,[58] dann ist neben dem sprachlichen Klagefluß und neben dem befreienden Erleben das Gewicht auf das *Heilswort* zu legen. Denn in ihm ist das Kerygma ganz eingefangen.[59] Grundsätzlich können die Schüler in der GK ihr Leid aussprechen und dieses auch, angeleitet durch den Katecheten, „vor Gott tragen" und mit einem Lob abschließen.[60] Wenn der Katechet auch nicht immer bis zur Erfüllung der Grundstruktur kommt, so muß es doch seine Intention sein, in Richtung der vollen Struktur weiterzugehen.

9.5. *Kritische Würdigung*

Um die Jahre 1973/74 weist A. Höfer besonders auf die Probleme und Nöte der Schüler hin. Im Hintergrund steht wahrscheinlich sein persönlicher Kontakt mit der Therapie. Von der kerygmatischen Katechese kommend, beruft er sich auf die andauernde Kreativität Gottes, auf den Heilandsdienst Jesu und auf den Aussendungsbefehl zum *„Verkündigen und Heilen"* und fordert einen *therapeutisch orientierten* Religionsunterricht. Seine Ideen manifestieren sich bis in den Hauptschullehrplan von 1985. Dort steht, daß der Religionsunterricht „nicht nur seinen Verkündigungsauftrag" im Auge haben soll. Er nimmt auch „den *Heilsauftrag* wahr (A. Höfer)", ist dort ausgeführt.[61]

Durch den Einsatz von vielen neuen „Übungen", die A. Höfer aus der GTh übernimmt und aus der kirchlichen Tradition begründet, wird die Grenzziehung zwischen *Therapie* und *Pädagogik* unscharf.

Einerseits liegt die *Unschärfe* in der bildhaften Sprache. Andererseits kann sowohl Distanzierung vom reparativen Auftrag der GK als auch Nähe zur Therapie festgestellt werden. Letztlich beruft sich A. Höfer auf das heilsame Tun der Katecheten, auf das Können „gleich einer Mutter" und auf die christliche Forderung zur „Liebe".

In der Pädagogik der *Liebe* zeigt A. Höfer wieder auf, daß nicht so sehr das Inhaltslernen, sondern die konkrete Heilserfahrung im Hier und Jetzt wichtig ist, wie es Jesus in seinem Handeln modellhaft gezeigt hat. Speziell durch den Hinweis auf Klagepsalm und Heilungswunder dürfen die Schüler Probleme und Nöte im Rahmen des Unterrichts äußern.

Mit *Klagepsalm* und *Heilungswunder* sind auch Strukturen gegeben, die didaktisch in der GK Anwendung finden können. Ähnliche Strukturen weist er in der Glaubenstradition, in der Pädagogik und im Therapieverlauf nach. Durch die erneute Betonung des *Heilswortes* kann ein Schlüssel gegeben sein, um die GK in ihrer therapeutischen Orientierung klarzustellen und sie von einer reinen Therapieform abzugrenzen.

Kritisch ist festzuhalten, daß A. Höfer bei dem Versuch, eine Analogie zwischen Therapieverlauf und Glaubensstruktur darzustellen, bisweilen *nicht* mit *notwendiger Konsequenz* vorgegangen ist. Besonders wenn er Parallelen aus der christlichen Tradition sucht und heutige „Übungen" mit „exercitium", „askesis" und mit dem modernen „training" parallel setzt, dann kann die Parallelität nur im *äußeren Handeln* und in der *heilsamen Erfahrung* liegen. Der *Horizont* der *Transzendenz* und der übergreifende Sinnhorizont sind wohl nicht einfach in Parallelität und Analogie zu sehen.

Religion und Glaube in ihrer therapeutischen und heilenden Kraft zu sehen, ist nicht neu.[62] Immer aber wird – wenn auch von verschiedensten Seiten ausgegangen – der *Unterschied* zwischen *Therapie* und *Theologie* festgehalten. So gibt es etwa die Unterscheidung zwischen Therapie, die den vollständigen Menschen, und der Seelenführung, die den vollkommenen Menschen zum Ziel hat. Wohl kann das „psychotherapeutische Ziel seelischer Integration und Vollständigkeit nicht selten als Teilziel der Seelenführung" gesehen werden. Eine Annäherung der beiden Bereiche wird als wünschenswert angesehen. Und doch muß eine klare Unterscheidung vorgenommen werden.[63] Wenn J. Scharfenberg/H. Kaempfer darauf hinweisen, daß Sprache und Symbolwelt der Bibel für Kranke konfliktlösend sein können,[64] so stimmt H. Halbfas dieser Aussage zu. Er hat aber den beiden Autoren gegenüber den entscheidenden Vorbehalt, daß „ein genuin *religiöser Sinn*" völlig abhanden kommen könnte.[65] Es könnte passieren, daß begeisterte Schüler aktiv symbolisieren, dabei aber nur bei einem äußeren Agieren bleiben. „Handlungskompetenz" würde dann vorhanden sein, die transzendente Sinnkonstitution könnte allerdings fehlen.[66]

G. Griesl setzt sich mit dem Verhältnis von „kirchlicher Pastoral und weltlicher Psychotherapie"[67] auseinander. Er hebt hervor, daß die *pastorale Praxis* die „*vertikale Dimension*" braucht,[68] immer aber in *Einheit* mit der „*horizontalen Dimension*". Der Mensch ist als ganzer mit all seinen individuellen, sozialen und kosmischen Lebensbezügen erlösungsbedürftig und als „Heilssubjekt" *ungeteilt*,[69] denn im Menschen treffen die „horizontale" und die „vertikale Dimension" aufeinander.[70] Im Auftrag zum Verkündigen und Heilen hat Jesus für beide Dimensionen gesorgt. Die Vernachlässigung eines Bereiches wäre gegen den Auftrag und die Heilswirklichkeit in Jesus Christus. Therapie und Seelsorge sind aber nach G. Griesl *nicht einfach gleichzusetzen*. Die „vertikale Dimension" in der Verkündigung Jesu zielt auf „die Vermittlung des übernatürlichen, nur aus dem Glauben faßbaren Heiles" und vollzieht sich in „Verkündigung, Kult und Sakrament". Diese Aufgaben „sind der Kirche allein übertragen; keine andere Instanz in der Welt kann ihr diese Aufgabe abnehmen oder streitig machen".[71] Für die „horizontale" Aufgabe werden die Seelsorge und auch die Katechese aus den Humanwissenschaften Erkenntnisse und Praktiken aufnehmen,[72] gleichzeitig aber auch wissen, daß *Seelsorge niemals nur* mit *horizontalen Begrifflichkeiten* zu umschreiben ist. Seelsorge versteht sich in ihrer ganzheitlichen Funktion wesentlich vom transzendenten Bezug, vom Heilsbezug, von der Vertikale.

Einerseits gewinnt man bei A. Höfer den *Eindruck,* daß es ihm *eher um therapeutisches Handeln* als um transzendenten Sinn geht. Andererseits ist aus dem *Gesamtzusammenhang* seines Werkes *keineswegs Transzendenzverlust* zu unterstellen. Es könnte allerdings sein, daß er so sehr von Jesu Heilandsdienst gesprochen hat, daß die *christologische Dimension* bisweilen zuwenig zu Worte kommt.
Weiters wird man festhalten müssen, daß der Einsatz von *biblischen Texten* und *Symbolen des Glaubens* im schulischen Kontext allzu schnell erfolgt. Wo in pluraler Schulsituation *religiöse Erfahrung* und der *transzendente Sinnhorizont* fehlen, könnte innerhalb des Religionsunterrichts eine eigene Welt, ein *partieller Sinnhorizont* aufgebaut werden, der dann mit der *alltäglichen Plausibilität* weitgehend nicht in Verbindung stünde. Sicher haben die Symbole des Glaubens therapeutische Funktion[73] und ist Konfliktbearbeitung mit Hilfe dieser Symbole möglich, aber in tiefstem Sinne nur, wenn die „Öffnung zur Alltagswelt und die Rückbindung auf das Glaubensfundament" gewährleistet sind. Gerade in einer pluralen Schulsituation muß man nach der besonderen Qualität biblischer Texte fragen. Wenn sich natürlich ein Mensch bereits als Christ versteht, dann ist für ihn die ganze Symbolwelt in ihrem transzendenten Bezug und von ihrem Mittelpunkt her zu verstehen.[74] Diese Voraussetzung ist allerdings in der Schule nicht immer vorhanden. Deshalb wird man die Ausführungen A. Höfers auch eher für eine *seelsorgliche Praxis*[75] zu deuten haben. In der Schule scheint differenziertere Arbeit notwendig zu sein.
In einer Weiterentwicklung der GK müßte gerade aus Überlegungen zum biblischen Ansatz und zu therapeutisch orientierten Prozessen eine *differenzierte Strategie des Handelns* für die plurale Ausgangslage gefunden werden, sonst läuft man Gefahr, daß die Symbole des Glaubens in ihrer religiösen Dimension klischeehaft verwendet werden. Zu würdigen ist die *ursprüngliche Begegnung* mit und durch die Symbole.

Zu würdigen ist die Intention, den Schüler auch in seiner *Klage* und *Not* ernst zu nehmen. Wo allerdings therapeutische Interventionen gesetzt werden, dort ist die Grenze der Pädagogik erreicht. Die GK hat die Möglichkeit, das *Heilswort* anzubieten. Der *Katechet* wird dabei eine große Aufgabe zu erfüllen haben. Er übernimmt mit Intuition und Echtheit die Strukturierung und versucht, Beziehungen aufzubauen. Deshalb sei an dieser Stelle ein Blick auf die Person des Lehrers geworfen.

10. DER KATECHET (IN DER GESTALTKATECHESE)

Wie in der GP neben der fachlichen Kompetenz die entfaltete Persönlichkeit und das kongruente/echte Auftreten des Lehrers entscheidenden Einfluß auf die Qualität des Unterrichts haben, so geht auch vom Katecheten der GK ein ganz entscheidender Einfluß auf den Unterrichtsprozeß aus. Von der GTh her, wo der Therapeut „mehr als nur ein Katalysator"[1] ist, sieht man den Lehrer in der GP als „personales Medium", das durch seine „natürliche Ladung"[2] oft entscheidender auf den Schüler wirkt, als es der Inhalt selbst vermag.

Darum ist für A. Höfer wie in der GP – und in jeder humanistischen Pädagogik – das „Lehrertraining" (10.3.) von großer Bedeutung. Der Katechet ist durch seine ganze Person und in seiner ganzen Ausstrahlungskraft Zeuge des Glaubens (10.1.) und beeinflußt mit seiner fachlichen Kenntnis und durch seine Persönlichkeit ganz entscheidend die GK (10.2.). Zum Schluß wird in einem Exkurs mit der Darstellung des äußeren Ablaufs ein Einblick in das „Christlich orientierte Lehrerverhaltenstraining (Grazer Modell) – exerzitienähnliche Katechetenschulung" (10.4.) gegeben.

10.1. Der Katechet als Person und Zeuge

Nicht so ausführlich wie in manchen psychotherapeutischen Ansätzen[3] und wie in gestaltpädagogischen Ausführungen[4] betont A. Höfer für die GK die Bedeutung der *„persönlichen Kompetenz"* des Katecheten.[5] Er soll *persönlich entfaltet* sein und durch *persönliche Glaubenserfahrung* erkennen, daß er selbst „das beste und letztlich einzige Instrument" ist, das ihm zur Verfügung steht. Der Katechet braucht sich nicht hinter Spezialkenntnissen und Lehrertricks zu verstecken und soll sich einfach selbst ins Spiel bringen.[6]

Die Qualität des Unterrichts hängt ganz entscheidend von der persönlichen Entwicklung des Katecheten ab. Wenn er *selbst lebendig* ist, so ist er kreativ in der Wahl der Methoden, und die *Beziehung* zu den Schülern gestaltet sich in neuer Art.[7] Die persönliche Entfaltung bedarf aber der Entfaltung *im Glauben*. Auch hier führt der Weg für A. Höfer über die persönliche Erfahrung. Durch personale Entfaltung und existentielle Auseinandersetzung ist es dem *Katecheten* möglich, die *Kompetenz* eines *Zeugen* im *Glauben* zu gewinnen.[8] Der Katechet soll ein kongruentes/echtes Verhalten haben.

A. Höfer will sein pädagogisches Modell direkt *von Jesus ableiten* und in ein konkretes *„pädagogisches Konzept"* umsetzen. Damit setzt er de facto das Tun Jesu mit dem Tun des Katecheten auf die gleiche

Ebene.[9] Sieht man sich die Ausführungen näher an, so ist auffällig, daß sie nicht den fachlichen Bereich, sondern die *personale Kompetenz* und das konkrete Wirksamwerden der *Heilszusage* ausdrücken. Zum einen fordert A. Höfer in einer *„Pädagogik der Liebe"* bedingungsloses Akzeptieren bis hin zur Feindesliebe, zum andern soll der Katechet die *Nöte* und *Probleme* der Schüler in den Unterrichtsprozeß einfließen lassen. Zwar ist der Katechet „nicht der Heiland in Person und auch kein ausgebildeter Therapeut", aber doch „gesendet, zu heilen und Dämonen auszutreiben", betont A. Höfer. Der Katechet soll nicht über den Heiland reden, sondern *Heil erfahrbar* machen. Und darunter führt A. Höfer auch an, daß der Katechet als Könner seiner Sache nicht *„nur verstehen"*, sondern auch *„heilsam fördern, eingreifen* und *therapeutisch intervenieren"* soll. Wie eine Mutter dies aus „Liebe" kann, wird es auch er können, wenn er bereit ist, sein Leben lang *selbst* ein *Übender* zu sein.[10] Das „Lehrertraining" kann ihm dabei eine bedeutsame Hilfe bieten.

10.2. Die Stellung des Katecheten (in der Gestaltkatechese)[11]

Der Katechet hat in der GK eine sehr *zentrale Stellung,* da er für die Strukturierung des Unterrichtsprozesses als Zeuge des Glaubens, in

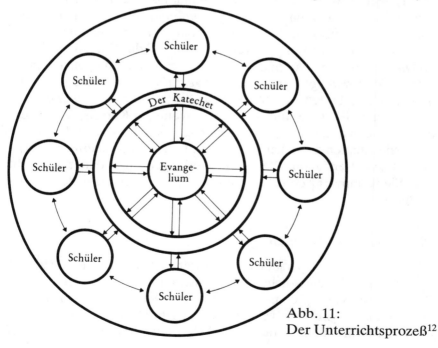

Abb. 11:
Der Unterrichtsprozeß[12]

seiner personalen Kompetenz und in seiner „pädagogischen oder therapeutischen Qualitifikation" gefragt ist. Sucht man bei A. Höfer nach einem *Modell*, das die Stellung des Katecheten verdeutlicht, so findet man eine Skizze zum *Unterrichtsprozeß*.

Wie der Fußball in eine Bubenschar hineingeworfen wird, so soll der Stoff durch den Katecheten in die Klasse eingebracht werden. Alles hat dann „den Charakter der Aufforderung und Herausforderung". Kritisch ist anzumerken, daß dieses Modell für den Katecheten eine eigenartige *Position zwischen* Schüler und Evangelium aufweist. Das „Spiel" oder auch das „Drama" soll ja zwischen den Schülern und Gott in Gang kommen. Vielleicht zeigt sich hier, wie verfänglich es sein kann, *Jesus* und den *Katecheten* praktisch auf die gleiche Ebene zu stellen. An anderer Stelle wird dem Katecheten die „Tätigkeit eines Regisseurs"[13] zugesprochen.
Andererseits aber zeigt sich aus der „Pädagogik der Liebe", die von Jesus und seinem bedingungslosen Akzeptieren der Menschen ausgeht, daß die *Beziehung zwischen Katechet* und *Schüler* gestaltpädagogisch „horizontal" und „intersubjektiv" genannt werden kann. A. Höfer will ein *partnerschaftliches* Verhältnis mit seinen Schülern pflegen. Der Katechet soll die Kinder „in Verständnis, Aufmerksamkeit und Zuwendung aufnehmen" *wie eine Kommunion*. Weiters soll der Katechet nicht Lasten aufbürden, sondern helfen, sie abzunehmen, wie Jesus es versprochen hat. A. Höfer erwartet, daß der Katechet *liebevoll* und *heilsam* mit den Nöten und Ängsten der Schüler umgehen kann.
Das *„Lehrertraining"* wird wärmstens *empfohlen*. Gerade durch geübte und „geschulte" Katecheten kann die *personale* und *humane* Dimension der GK zur Geltung kommen. Wenn der Katechet in existentielle Auseinandersetzung mit seiner eigenen Person und mit den Glaubensinhalten tritt, kann er das entscheidende *„hermeneutische Mittel"* zum Verständnis der Schüler erlangen[14] und damit vielleicht auch die Kompetenz und die Qualifikation erhalten, die in der GK gefordert ist.

10.3. Das ‚Katechetentraining'[15]

A. Höfer stellt ein „persönlichkeits-orientiertes Trainingskonzept"[16] auf der Basis der christlichen Glaubenstradition vor. Es gelingt ihm, Begriffe und Konzepte aus der *Selbsterfahrung* mit *christlichen Ausdrücken* zu belegen.[17] So versieht er sein „christlich-orientiertes Lehrerverhaltenstraining (Grazer Modell)" auch mit dem Untertitel

„exerzitienähnliche Katechetenschulung" und läßt damit die Nähe zur *katholischen Tradition* anklingen.

Im Jahr 1976 bietet er das Lehrertraining an.[18] In der äußeren Organisation und in verschiedenen Techniken zeigen sich Ähnlichkeiten mit gestaltpädagogischen Lehrertrainings.[19] In Gruppen zu je fünfzehn Lehrern gibt es pro Jahr drei bis vier Treffen zu je drei Tagen. Meist werden zwei Gruppen parallel geführt. Die Zeiten können unter Umständen auch geblockt werden. Es wird von Glaubensinhalten, persönlichen Situationen, Unterrichtsverfahren und pädagogischen Situationen der Lehrer, Erzieher und Seelsorger ausgegangen. Ursprünglich wurde das Training so konzipiert, daß die Teilnehmer die Rolle von Schülern übernehmen und so „ihr eigenes Lehrerverhalten neu sehen und kritisch überdenken" können. Der Zusammenhang zwischen personalem Bereich und Glaubensbereich ist genauso gegeben wie der Einbezug des pädagogischen Umfeldes. Neben personaler Kompetenz und neuer Glaubenserfahrung wird somit auch die *Kompetenz als Lehrer* erweitert.[20]

Die Leitung des „Lehrertrainings" übernehmen Katecheten, die die „große gestalttherapeutische Ausbildung" durchlaufen haben. Das „Pastoraltheologische Institut der Universität Graz und das Fritz-Perls-Institut für Gestaltpsychotherapie in Düsseldorf" führen einen Ausbildungskurs in „Pastoralberatung, Pastoralpsychotherapie und Gestaltpädagogik" durch. Nach A. Höfer bietet dieser Kurs eine Therapie, die „einerseits dem Niveau und dem Standard einer international anerkannten, psychotherapeutischen Ausbildung entspricht", andererseits aber bewußt das therapeutische Tun „in die Aufgabe *der Seelsorge* übernimmt und um die Ziele der Seelsorge erweitert". Ziel des Kurses ist nicht nur, daß der Mensch gesünder, arbeits- und liebesfähiger wird, sondern daß er „den Zugang zu Gott aus innerster Tiefe" findet. Als Gesamtumfang dieses Fortbildungsprogrammes werden achthundert Einzelstunden aufgelistet.[21]

Im Jahr 1982 schließt sich A. Höfer mit „Lehrern, Religionslehrern, Pädagogen, Sozialarbeitern und Medizinern, die eine gemeinsame Geschichte von pädagogischer Arbeit, therapeutischer Selbsterfahrung und christlich-anthropologischer Zielsetzung" verbindet, zusammen und *gründet* mit ihnen das *„Institut für integrative Gestaltpädagogik und Seelsorge"*. Dieses Institut will auf dem Hintergrund „einer personalen Anthropologie und eines biblischen Humanismus" die Pädagogik als umfassendes Arbeitsgebiet sehen, das „der Förderung menschlichen Lebens zur personalen Reife und Verantwortung" dient. Da menschliches Leben „verwundet, geschädigt und oft verschüttet (‚erbsündlich‘)" ist, muß der Erzieher die „Aufarbeitung und Heilung der Vergangenheit" bewältigen und dazu qualifiziert sein, „therapeutisch-heilsam" zu wirken. In diesem Institut sollen sich einerseits alle Teilnehmer von dreijährigen Kursen des „Lehrertrainings" zusammenschließen und regional weiterarbeiten können, und andererseits sollen auch aus den Reihen der entsprechend geschulten Teilnehmer neue „Lehrertrainings" angeboten werden.

A. Höfer bietet also seinen Mitarbeitern und vielen Katecheten die Möglichkeit an, umfassende Kompetenz zu gewinnen. Mit dem „Institut für integrative Gestaltpädagogik und Seelsorge" (IIGS) erreicht die Arbeit auch in gewisser Weise politische Relevanz, da sich eine Plattform zur Theoriebildung, zur Weiterführung und Neuentstehung von Gruppen und zum Praxisaustausch findet.

10.4. EXKURS: Aufzeichnung über den äußeren Verlauf eines „Christlich orientierten Lehrerverhaltenstrainings (Grazer Modell) – exerzitienähnliche Katechetenschulung"[22]

Beginnend mit November 1979 machte der Autor im Rahmen der Fort- und Weiterbildung des Religionspädagogischen Instituts der Erzdiözese Salzburg ein „Christlich orientiertes Lehrerverhaltenstraining" bei A. Höfer und M. Glettler mit. Das Lehrertraining war auf drei Jahre angesetzt und lief jeweils in zwei parallelen Gruppen (eine Gruppe hatte bereits ein Jahr vorher begonnen) mit je fünfzehn Teilnehmern. Die Treffen waren geblockt zu Einheiten von je zweieinhalb Tagen. Nach dem zweiten Jahr einigte man sich – da die erste Gruppe bereits drei Jahre Lehrerverhaltenstraining mitgemacht hatte – auf einen Abschluß mit einem Gesamtblock zu zwei Wochen mit Selbstverpflegung in einem für diese Zeit gemieteten Haus („Kibbuz").
Da jeweils zwei Gruppen parallel liefen, konnten die „Trainer" zur Halbzeit des Blocks die Gruppen wechseln. Das wurde zum Teil störend, zum Teil aber auch für den Gruppenprozeß förderlich empfunden. Einen Wechsel innerhalb der Gruppen gab es nicht. Wenn jemand auf Dauer wegblieb, konnten neue Katecheten einsteigen. Sie waren relativ schnell integriert. Sehr anstrengend war innerhalb des ganzen Lehrertrainings das Treffen, das eine Woche dauerte, und der vierzehntägige „Kibbuz". Diese Wochen waren eine ideale Verbindung von Arbeit und Urlaub.
Speziell zu erwähnen ist, daß im Mittelpunkt der Treffen jeweils eine

Eucharistiefeier stand. Meist getragen von Gesängen aus der ostkirchlichen Liturgie, brachten diese Stunden das Leben in allen Schichten ins Schwingen. Freuden und Probleme, Klage, Schuld und Vergebung kamen im Rahmen des Heilsgeschehens zu Wort. Heilsbilder, Heilsfiguren, Texte, die Begegnung mit dem Heiland ermöglichten, und eigenes Leben gingen in die große Danksagung und Kommunion ein. So wurde die Eucharistie zum Höhepunkt und Fest der Begegnung und zur Wandlung.

Hier kann natürlich nicht der innere Prozeß einer Gruppe beschrieben werden. Es wird lediglich eine Darstellung des *äußeren* Verlaufs gegeben. Ein Kenner einer ähnlichen Gruppe kann sich aus den Aufzeichnungen sicher ein Bild der (inneren) Prozesse machen. Die Aufzeichnungen sind anfangs ausführlicher, da noch mehr „Vorgaben" geboten wurden. Im späteren Verlauf nahm die persönliche Arbeit – anstehende Probleme und Konflikte – zu. Dies soll und kann in einer Darstellung des äußeren Verlaufes nicht extra aufgelistet werden.

* 1. Treffen: 2.–4. 11. 1979

1. Tag
Allgemeine Einführung
Eutonieübung in Gruppen
Erarbeiten von Erzählregeln anhand eines Beispiels
Theorie zum katechetischen Erzählen
Dramatisierungsübungen zu Erzählungen
Identifikationsübungen zu Erzählungen
Verschiedenste Verarbeitungsformen von Erzählungen
Erstes Ansprechen von persönlicher Betroffenheit
Reflexion zum Tagesgeschehen
Theorie der Wertbildung in der Moralpädagogik

2. Tag
Kurzes Morgenlob
Phantasiereise durch den gestrigen Tag
Gesprächsrunde
Theorie des Traumes
persönlicher Rückblick auf 1½ Tage
Theorie nach Graf Dürckheim: Der innere und äußere Meister
Baum-Malen
„Mir fällt auf" – Aussage zu Gemälden von anderen

3. Tag: Sonntag
Runde „Wie geht's"
Plakate weiterarbeiten
Eucharistiefeier

*2. Treffen: 4.–6. 1. 1980

1. Tag
Erwartungen und Widerstände zur Zusammenkunft
Vorzeigen von Schülerarbeiten zum Thema Baum (wie letztes Mal geübt)
freies Spiel „Hund und Katz"
Gesprächsrunde
freies Spiel „Jahrmarkt – Schiff – Insel"[23]

2. Tag
Weiteres Aufarbeiten zum Jahrmarktspiel
„gelenktes Rollenspiel"[24] auf Video anschauen
Aufarbeiten vom Jahrmarkt
Theoriegespräch zum Kurs und zum Unterricht
Eucharistiefeier zum Vorabend von Epiphanie

3. Tag
Runde „Was steht im Raum?"
Zeichnen in Gruppen
Rundengespräch

* 3. Treffen: 28.–31. 3. 1980

Abends
Im Kreis sitzen um eine Kerze
Eutonie
Katathymes Bilderleben

1. Tag
Theorie: Identifikation und Rollentheorie; die Bibel als Rollenbuch
Mk 5,1–20: Der Besessene von Gerasa – Identifikationsübung (aber nicht mit der
    Negativrolle)
Geschriebenes vorlesen und Gespräch in der Runde
Den wichtigsten Satz vorlesen
Einen Psalm aus diesen Worten entstehen lassen
Gesprächsrunde – Aufarbeiten

2. Tag
Theorie: Die vier Stufen der Tiefung (Reflexion, Ebene der Phantasie, Involvierung und
    autonome Körperaktion)
Münzsoziogramm (ein Trainer arbeitet mit einem Teilnehmer)
Gesprächsrunde und Reflexion
Münzsoziogramm in kleinen Gruppen (ein Teilnehmer ist Leiter, ein Teilnehmer
    arbeitet, der dritte beobachtet)
Eucharistiefeier mit *Taufe*[25]; anschließend Taufschmaus

3. Tag
Münzsoziogramm (die Rollenverteilung ist jetzt anders)
Kritischer Rückblick auf Arbeit und Gesprächsrunde
Verabschieden mit Blickkontakt

172

* 4. Treffen (eine Woche): 14.–21. 7. 1980 (Vorau)

Abends: Eintreffen
Kreis zum letzten Treffen schließen („Wo bin ich?")

1. Tag
Theorie; Lebenspanorama bis Skriptpanorama
Ich bin Abraham (ein Gebet)
Lebensweg zeichnen
Arbeit mit meinem Lebensweg (Einzelarbeit und anschließend jeweils Rundengespräch.
Wenn nötig auch theoretische Reflexion. Zwischendurch einmal Kritzelzeichnung,
sonst aber 1½ Tage Beschäftigung mit dem Lebensweg)

2. Tag
Übung: Eine nicht beliebte Person geht bei der Tür herein; schon hat sie die Klinke in
der Hand (welche Gefühle steigen auf . . .)
Arbeit mit dieser Erfahrung und auch mit dem Lebensweg

3. Tag
Modellieren mit Ton
Gesprächsrunde – Aufarbeiten

4. Tag
Weiterarbeiten
Identifikationsschreiben zu meinem Tonmodell
Eucharistiefeier (mit Abrahamgebet und weiteren Gebeten und Erfahrungen aus der
ganzen Woche)
Gemeinsames ausgedehntes Essen und Feiern

6. Tag
Theorie: Unsere Arbeitsweise (Lehrertraining und Arbeit in der Schule)

* 5. Treffen: 1.–2. 9. 1980 (im Zusammenhang mit einer Katechetentagung in Salzburg)

1. Tag
Theorie: K. Zisler: Das Bild Gottes in Symbolen
Aufarbeitung der Glaubensziehharmonika

2. Tag
Theorie: K. Zisler: Das Christusbild
Weiterarbeit mit der Glaubensziehharmonika und mit dem persönlichen Glaubens-
bekenntnis

* 6. Treffen: 5.–8. 12. 1980

Katathymes Bilderleben (Rosenstrauch)
Bibliodrama über alle drei Tage: Der ganze Raum ist für das Bibelspiel herzurichten.
Eine Bühne ist abzugrenzen usw. Die gesamte Gruppe wird in drei Kleingruppen auf-
geteilt, und jede dieser Kleingruppen spielt ihren eigenen biblischen Stoff. Der Stoff
wird selbst ausgewählt. Anschließend gibt es ausgedehnte Rundengespräche
Zwischendurch Identifikationsübungen in geschriebener Form
Eucharistiefeier mit Bibliodrama zum Abschluß

* 7. Treffen: 11.–14. 4. 1981

Eutonie
Ikone betrachten und Identifikation
Aufarbeiten
Eucharistiefeier zum Palmsonntag mit *Palmprozession*
Soziogramm aus einer frei gewählten Situation erstellen (mit Farbe und zeichnerischen
  Symbolen)
Theorie zum Psychodrama
Aus den gezeichneten Soziogrammen wird eines von einem Teilnehmer vorgestellt und
  als Psychodrama gespielt
Ständige Rundengespräche mit vielen Einzelarbeiten
Übung: Freie Gruppenwahl
Traumpsychodrama (wer jetzt noch will, kann nun sein Soziogramm vorstellen und wie
  im Traum die einzelnen Rollen verteilen)
Aufeinander zugehen – auseinandergehen
Rundengespräch und Rückblick

* 8. Treffen (Zwei-Wochen-Block): 17. 8.–29. 8. 1981 (Mondseeberg)

1. Abend
Sehr viel Organisatorisches (Selbstversorgung)
Kurzes Innehalten – was ist mir wichtig – einige intensive Gespräche

2. Tag
Große Runde
Zwei Kleingruppen müssen aus der Großgruppe gebildet werden – gruppendynamischer
  Prozeß
  mit Namenskarten
  mit zwei Sesselreihen
Aufarbeiten mit Videoband (der ganze Gruppenprozeß wurde aufgezeichnet)

3. Tag (die folgenden Einheiten begleiteten durch die Tage)
Theorie: Körpersprache
„Dreier-Radl": Einfühlendes und begleitendes Sprechen und Zuhören (Klient, Beob-
  achter und Berater üben im „Dreier-Radl"). Es wird in Gruppen zu je drei Teilnehmern jeweils einen Halbtag geübt, dann werden die Rollen getauscht. Der Beob-
  achter hat genau Notiz zu führen. Der Klient kann sich aussprechen, wenn er will.
  Der Berater hat die Aufgabe der Intervention (Entspannungsübung; einfühlen; begleiten; verstärken; . . . hören und viel Zeit gewähren). – Zur Einstimmung wird der
  Videofilm „Jahrmarkt – Schiff – Insel" (Aufzeichnung der Gruppe vom 4. 1. 1980)
  gezeigt
Dazwischen immer wieder Phasen mit Theorie von A. Höfer zum beratenden Gespräch
Da in den Dreiergruppen sehr viel offen geblieben ist, kann jetzt in der Fünfzehner-
  gruppe einiges aufgearbeitet werden, indem man sich einen „Begleiter" aus den Teilnehmern sucht. Der Trainer hat begleitende „Supervision".
Arbeit mit Klagepsalmen

„Marathonsitzung" von Samstag 20 Uhr auf Sonntag 8 Uhr früh. Beginnend mit einem
  Bibliodrama in jeder der beiden Fünfzehnergruppen; anschließend heißer Stuhl
  (große Gruppenkonflikte, viele Aggressionen)

Eucharistiefeier zum Abschluß in den erwachenden Tag hinein. Zum Wortgottesdienst greifen wir die Klagepsalmen auf
Sonntag, am späten Nachmittag: Theorie: Neurosenlehre
Modellieren mit Ton (anschließend an die Theorie)

Arbeit mit den Tonfiguren während der nächsten Tage
Theorie: Praxis der Einzelarbeit (verschiedene Übungen zur GTh)
Theorie: Schülerberatung und Familientherapie
Arbeit mit zwei Stühlen
Arbeit mit Psalmen

Abschlußreferat: Gestalt und Glaube; Gestalt und Religionsunterricht; das ganzheitliche Prinzip

Eucharistiefeier außer am Sonntagmorgen noch in der Kirche von Irrsdorf und an einem Abend in der Kirche von Mondsee.
Die Arbeitszeiten waren so angesetzt, daß am Nachmittag viel Zeit und Möglichkeit zum Baden im Mondsee gegeben war. Das gemeinsame Kochen und Essen, das gemeinsame Singen und Feiern und viel freie Zeit ergaben einen großartigen Rahmen für eine tiefe Glaubens- und Lebenserfahrung.

10.5. Kritische Würdigung

In der GK soll der Katechet erstes Medium und Zeuge des Glaubens, ein nach dem Modell Jesu „heilsamer" Mensch und ein echt und flexibel strukturierender Pädagoge sein. Um dies erfüllen zu können, bietet A. Höfer Möglichkeiten an *zu persönlichen Glaubenserfahrungen, zur personalen Kompetenz und zur Lehrerkompetenz*[26] *zu kommen.* Es mehren sich im Bereich der Religionspädagogik die Stimmen, die im Religionslehrer den *entscheidenden Faktor* der *Glaubensvermittlung* sehen und das personale Angebot des Glaubens als *Zeuge* seiner *persönlichen Glaubenserfahrung* hervorheben.[27] Gerade im Bereich der Gewissensbildung und des moralischen Lernens ist der Katechet als „bedeutsamer Anderer"[28] der, der durch sein Auftreten schon wertvermittelnd ist. Und im Bereich der mystagogischen und spirituellen Bildung wird oft vom „Meister" gesprochen, der speziell durch die Art und Weise seiner Führung und seines Zuspruches auf den Weg zur inneren Tiefe begleitet.[29] Allerdings wird festzuhalten sein, daß auch die *fachliche Kompetenz* des Katecheten bei subjektiver und situativer Arbeit äußerst notwendig ist.[30]
Die personale Kompetenz des Katecheten bringt in der Katecheten-Schüler-*Beziehung* ein partnerschaftliches Verhältnis, eine *horizontale Beziehung*. Für A. Höfer ist der Katechet der, der den Fußball ins Feld wirft, damit die Schüler zu spielen beginnen. Er soll nicht infiltrieren und manipulieren, sondern Grundlagen schaffen, damit die Schü-

ler mit dem vorgegebenen Inhalt in Berührung kommen. Wahrscheinlich hat er auch dafür zu sorgen, daß sie im Äußern der Probleme und der Nöte beim vorgegebenen Thema bleiben.[31] Vor allem möchte A. Höfer, daß der Katechet wie ein *„Meister"* die persönlichen und geistigen Kräfte des Schülers weckt, damit der Schüler zu seiner Gestalt kommt.[32]

Wenn allerdings vom Katecheten *„therapeutische* Intervention" und „karthartische" Arbeit verlangt wird, dann wird für viele die Grenze der Überforderung erreicht sein. Grundsätzlich will A. Höfer das *„heilsame Tun"* mit der Tätigkeit einer Mutter vergleichen. Es wurde aber schon festgestellt, daß immer wieder andere Formulierungen vorkommen. Das würde allerdings die Frage erheben, ob die aus der GTh übernommenen Übungen für den schulischen Bereich verwendbar sind. Auf alle Fälle muß sehr sorgsam darauf geachtet werden, daß *grundsätzlich die Freiwilligkeit*[33] gewahrt ist und die Zustimmung des Schülers eingeholt wird. In diesem Bereich liegt sehr große Last der Verantwortung auf den Katecheten.

Außerdem ist der Lehrer an der Grenze der Überforderung, weil für die Detailarbeit ein entsprechendes Handbuch fehlt. Die Impulse und Anregungen von A. Höfer zeigen kaum Strukturierung, und vor allem fehlt ein *fundierter Theoriehintergrund*. Wie der Katechet mit der pluralen Ausgangssituation zurechtkommt, ist auch noch zu wenig didaktisch aufgearbeitet.[34] Da sehr viel offen ist, haben flexible Katecheten große Möglichkeiten. Anderseits wartet auf den Katecheten in der GK einiges an Entscheidung, Auswahl und Planung, Strukturierung und Kreativität, Einfühlung und Begleitung. Mit dem „Lehrertraining" ist A. Höfer ein ganz entscheidender Beitrag zur Humanisierung des heutigen Unterrichts gelungen.[35] Der „geschulte" Lehrer und Katechet kann für die konkrete Unterrichtspraxis viel gewinnen. Es wird aber festzuhalten sein, daß die „heilsame Tätigkeit" des Katecheten noch einer klareren Definierung bedarf.

11. ZUM LEHRPLAN UND ZUM SCHULBUCH

Während in der GP lediglich Ansätze und erste Unterrichtseinheiten vorliegen,[1] gibt es bei A. Höfer eine konkrete Schulbuchreihe und Anmerkungen zur Erstellung eines Schulbuches (11.2.) und Ausführungen zum Lehrplan (11.1).

11.1 Zum Lehrplan

Wenn von einem „gestaltkatechetischen" Lehrplan gesprochen wird, so meint man den Lehrplan für die 5. bis 8. Stufe der Pflichtschule in Österreich (Hauptschule). Dieser Lehrplan ist aus dem Erstentwurf der „Glaubensbücher 5–8" (1968/69) erwachsen und daher mit dem Inhalt dieser Schulbücher ident. Durch die Einführung der „Glaubensbücher 5–8" wurde 1971 de facto das Grundkonzept der „Biblischen Katechese" zum Lehrplan erhoben und 1977 durch Neu- und Wiederverlautbarung weiterhin bestätigt.[2] (Im Jahre 1985 wurde dieser Lehrplan durch einen neuen ersetzt.)

Da A. Höfer erst ab etwa 1973/74 neue „Übungen" und „Arbeitsanregungen" vorstellt und Überlegungen zu einer „integrativen Religionspädagogik" erst ab 1979 vorliegen, wird man *nicht direkt* von einem Lehrplan der *„Gestaltkatechese"* sprechen können. *Gestalthafte Ansätze* kann man allerdings im Lehrplan mit Sicherheit feststellen, da der Entwurf der *„Biblischen Katechese"* nicht – wie damals üblich – nach schultheologischen Fächern gegliedert ist. Einteilungsprinzip ist für A. Höfer das „Kerygma", und zwar jedes Jahr unter einem neuen Aspekt.[3] Damit hat er schon damals mit dem Mittelpunkt, um den sich alles gliedert, *gestalthafte Strukturierung* gefunden und durch sein Insistieren auf anschauliche, lebensnahe und konkrete Vermittlung *ganzheitliche Begegnung* im Auge gehabt.

1982 legt A. Höfer ein Bekenntnis zur *gestalthaften Strukturierung* des Lehrplans ab und meint, daß die Auseinandersetzung um die „Gesamtgestalt" und die „Einzelheiten" analog zu den Fragen rund um eine *„Kurzformel des Glaubens"* zu verstehen sind.[4] A. Höfer betont, daß der Lehrplan „von der Ganzheit und Einfachheit der christlichen Gestalt" ausgehen soll, wie das Buch des Jahres eine „einheitliche Gestalt" aufzuweisen habe und „die Teile als organische Teile eines Ganzen" darzustellen sind. Sonst ist die Katechese „ein atomisiertes Vielerlei von Stunden, Kapitel, Gedanken und Impulsen". Er sagt sogar, daß es einen Widerspruch ergäbe, wenn nicht „von einem Gesamtbild" ausgegangen wird, wo die Teile „in ihrer Beziehung zur Gesamtkomposition" stehen. Das Mysterium des Glaubens ist ja nicht „eine

Summe von Einzelwahrheiten, sondern eine Einheit in sich selbst".
Jede einzelne Aussage über das Mysterium ist „nicht nur als eine *Teil-
wahrheit*" zu verstehen. Jede Einzelheit „gleicht einem Teich, in dem
sich der ganze Himmel spiegelt". Jede Einzelaussage hat „pars-pro-
toto-Funktion".

Aus diesem Grund kann man einen Lehrplan „nicht *analytisch* erstellen", sodaß man „zunächst einmal die Summe der nötigen Themen"
sammelt und dann diese Themen „nach gewissen Gesichtspunkten"
ordnet. Ein analytisch erstellter Lehrplan erscheint A. Höfer „wie das
Sammeln von Mosaiksteinchen, die dann je nach Willkür und Laune
zusammengefügt werden, ohne daß die Intuition eines heilswirkenden
Bildes entstünde". Erst wenn ein Gesamtbild vorhanden ist, sind auch
die Mosaiksteinchen unbekümmert einzufügen.[5] Aus diesem Grund
äußert er sich auch *gegen* eine *Strukturgitter*-Konzeption des Lehrplans.[6]

Auch wenn es berechtigte Anfragen zu der eben erwähnten Konzeption gibt,[7] so sind die Äußerungen A. Höfers in dieser Art der Formulierung wenig dienlich. Außerdem ist kritisch zu fragen, ob es nicht in
seinem ganzheitlichen Konzept eine weitere Differenzierung im Sinne
einer *optimalen Strukturierung* der vorgegebenen Ganzheiten geben
müßte.

Daß der Lehrplan der *personalen Begegnung* dienen soll, beschreibt
A. Höfer in bildhafter Sprache:

„Wir lehnen es darum ab", sagt A. Höfer, „das Katechetische zuerst in
ein Vielerlei von Zielen, Feldern und Plänen zu zerstückeln, um es hin-
terher durch ein Strukturgitter wieder in eine gekünstelte Einheit zu
zwingen. Hinter diesen ‚Gittern', sagte einer, ‚möchte ich nicht sitzen'. Es hat also durchaus praktische Konsequenzen, ob von einer ein-
heitlichen Gestaltkonzeption oder von einem curricularen Modell ausgegangen wird. Wenn dem Schüler von vornherein das ‚Persönliche'
und das ‚Religiöse' als zwei getrennte Sachbereiche vorgelegt werden,
dann liegt hier jene Kontraindikation, die später verhindert, daß das
Persönliche religiös und das Religiöse persönlich wird. Nur wenn von
einer Gesamtschau ausgegangen wird, gelangt man zu einem Gesamt-
ziel."[8]

Die Intention, eine *konkrete Begegnung* in *konkreter Situation* zu erreichen, geht wohl klar hervor. Es ist aber fraglich, ob solche Anregungen evozierender Art im Lehrplan der Sache dienlich sind. W. Langer
erinnert A. Höfer, daß die Lehrpläne „nüchterne Ordnungsinstru-
mente der Unterrichtsorganisation" sind und meint, daß A. Höfer
hier „ins Träumen geraten ist".[9] A. Höfer wiederum glaubt sich nicht

recht verstanden,[10] liefert allerdings keine konkreten Vorschläge zur Erstellung eines Lehrplans.[11]

Zusammenfassend ist festzuhalten, daß der aus kerygmatischer Intention erstellte Lehrplan sehr wohl gestalthafte Ansätze zeigt. Er kann aber nicht als Lehrplan der GK gelten. Dies wird allerdings von A. Höfer auch nirgends behauptet.

Die Anregungen und Impulse, die A. Höfer gibt, gehen in die Richtung der gestalthaften Strukturierung und in Richtung eines Lehrplans, der ganzheitliche Begegnung im Unterrichtsprozeß bereits von seinem Grundkonzept her in die Wege leitet. Darin ist A. Höfers ständiges Anliegen und seine hohe Zielsetzung zu erkennen. Es fehlen allerdings konkrete Entwürfe zum Lehrplan.

11.2. Zur Buchkonzeption

Bei A. Höfer ist interessant, daß zum Lehrplan, zur Buchkonzeption und zum Unterrichtsprozeß praktisch *gleichlautende Äußerungen* vorliegen und aus ganzheitlicher Sicht alle Impulse und Anregungen für alle Bereiche gelten. So wurde bereits oben darauf hingewiesen, daß der Lehrplan aus der Schulbuchkonzeption entstanden ist und damit ein „totaler Zusammenhang"[12] vorliegt.

Alle Ausführungen zur GK sind wohl nach A. Höfer analog auf das Schulbuch anzuwenden: Es muß anschaulich-konkrete Inhalte – Gestalten/Symbole – enthalten. Infolgedessen ist der Bibel der Vorrang zu geben, und das Kirchenjahr ist Unterrichtsprinzip für jedes Schuljahr. Theologie soll vor allem auch in Bild und Lied vermittelt werden. Eine Fülle von „Übungen" und „Arbeitsanregungen" bietet die Möglichkeit zum „aktiven Symbolisieren". Das Buch hat *persönliche Glaubenserfahrung* zu ermöglichen und *personale Entfaltung* anzuregen. Außerdem muß es dem Aufarbeiten von Konflikten und Problemen dienlich sein.

Neben diesen Anregungen, die eine *ganzheitliche Begegnung* ermöglichen sollen, fordert A. Höfer vor allem aber auch, daß das Buchkonzept eine *organische Einheit* des Ganzen und der Teile aufweisen soll. Zur Strukturierung einer jeden Einheit gibt er an:

„Jede Einheit (ob Einzelstunde, Buchkapitel oder ein Fest des Kirchenjahres) hat eine grundsätzliche und gleichbleibende Struktur aufzuweisen:

1. Jedes ist nur *Teil* eines größeren Ganzen und auf dieses hin offen.

2. In jedem Teil muß sich aber das Ganze als das Christusgeheimnis oder das ‚gottmenschliche Prinzip' abprägen und widerspiegeln.

3. Diese Begegnung von Göttlichem und Menschlichem muß das Miteinander – Leben und Handeln – bestimmen.

4. Es muß auch als Thema genannt werden, wobei von jeder Seite, Gott oder Mensch, ausgegangen und auf die andere zugegangen werden kann."[13]

Ganz im Sinne der ganzheitlichen Begegnung will A. Höfer das Schülerbuch als „Partitur" verstehen. Die Partitur „drängt zur Aufführung" und will eine Anleitung zur „Verwirklichung" sein. Deshalb sind die „Arbeitsanregungen" ein „wesentlicher Bestandteil" des Buches. Je nach didaktischem Können des Lehrers sollen sie „reiche Auswahl" bieten, damit in der konkreten Situation das Spiel zwischen Gott und Mensch beginnen kann. Wieder in Abgrenzung von Lernen als reinem Wissenserwerb will er konkrete „Hinführung" zum Glauben und „Einübung in die Religion" ermöglichen. Nach altem Sprachgebrauch, so sagt A. Höfer, ist das mit „Einübung in die Tugenden" zu benennen.[14] Gestaltpädagogisch würde man sagen, ein ganzheitlicher Lernprozeß wird in Gang gesetzt.

Alle erwähnten Punkte lassen sich unschwer im „Glaubensbuch 5–8" (1977/78 ff.)[15] nachweisen. In der fünften und sechsten Schulstufe kommen die Bibelorientierung und das Kirchenjahr als Unterrichtsprinzip noch sehr deutlich zur Geltung, während in der siebten und achten Schulstufe beide Aspekte deutlich zurücktreten. Das Jahresthema gibt gestalttheoretisch die innere Strukturierung des Inhalts an. Die einzelnen Kapitel sind der inhaltlichen Thematik entsprechend geordnet und verstehen sich als inhaltlich-aufbauende Abfolge.

1982 erschien das bis jetzt letzte Schulbuch, an dem A. Höfer mitgearbeitet hat: „Tore zum Glück".[16] In Gesprächen und Vorträgen hebt A. Höfer hervor, daß dies ein gelungenes Schulbuch der GK und eine Weiterentwicklung der Konzeption des „Glaubensbuches" ist. Er hat an diesem Schulbuch das Grundkonzept erarbeitet, ist aber nur einer unter neun Autoren, von denen nur ein Teil mit „Gestalt" Kontakt hatte. Schon aus diesem Grund wird man „Tore zum Glück" nur bedingt als Schulbuchkonzeption der GK anführen können. Im Vergleich zum „Glaubensbuch" enthält „Tore zum Glück" viel mehr profane Texte. Bibelstellen sind aber noch zentral postiert. Kerygmatische Sätze werden herausgehoben und in das Konzept bewußt eingebracht. Von einer Bibelorientierung kann aber nicht mehr die Rede sein. Das Kirchenjahr wurde am Ende auf drei Seiten zusammenfassend dargestellt. Jedes einzelne Kapitel ist im Rahmen des Jahresthemas für sich konzipiert und trägt auch deutlich die Handschrift des entsprechenden Autors.[17]

Auf der Suche nach einem Schulbuch der GK muß auf eine grundsätzliche *Problematik* hingewiesen werden. Es ist nämlich berechtigt, die Frage zu stellen, ob es überhaupt ein Schulbuch „der Gestaltkatechese" gibt. Zum Zeitpunkt, da das „Glaubensbuch" 1977/78 in Neuauflage erscheint, gibt es von A. Höfer noch keinen Hinweis expliziter Art auf „Gestalt". Rückblickend kann natürlich vieles unter dem Ausdruck Gestalt subsummiert werden. 1979 finden sich noch eher die Worte „integrativ" und „ganzheitlich"[18] an denselben Stellen, wo später „gestaltorientiert" stehen könnte. Die Theoriebildung zur GK war zur Zeit der Neuauflage des „Glaubensbuches" sicher noch nicht abgeschlossen. Der Lehrplan geht letztlich auf 1966/67, auf den Entwurf zur „Biblischen Katechese" zurück. Wahrscheinlich hat A. Höfer bei der Herausgabe des „Glaubensbuch 5–8" (1977/78) durch die Verwendung von neuen „Übungen" und „Arbeitsanregungen" auch eher an *ganzheitliches Lernen* im Sinne einer *integrativen Einbeziehung* aller Möglichkeiten gedacht.[19] Außerdem hat A. Höfer eine Reihe von Mitautoren[20] zur Seite gehabt, die nur zum Teil Kontakt mit GTh oder GP hatten. Ähnlich verhält es sich beim Schulbuch „Tore zum Glück", wo sicher nicht alle Autoren die Intention hatten, ein Schulbuch der Gestalt vorzulegen.[21]

Es zeigen sich also sehr wohl *gestalthafte Züge* in der Strukturierung. Die Intention des Buches zielt auf ganzheitliche Lernprozesse. Trotz alledem kann nur *sehr bedingt* von einem *Schulbuchkonzept der Gestaltkatechese* gesprochen werden.

12. KRITISCHE WÜRDIGUNG DER „GESTALT-KATECHESE" (A. HÖFER)[1]

Wer sich mit „Gestaltkatechese" bei A. Höfer auseinandersetzt, wird mit einer Vielzahl von Impulsen, evozierenden Aussagen und metaphorisch-narrativen Darstellungsweisen konfrontiert sein, die kein abgeschlossenes System und kein begrifflich klar definiertes Konzept ergeben. Theoretische Unschärfen kommen vor.

In den folgenden Thesen wird versucht, die Intention A. Höfers zusammenzufassen und einer kritischen Würdigung zu unterziehen, um sie für die weitere religionspädagogische Diskussion fruchtbar zu machen.

> *1. A. Höfer versteht Religionsunterricht als „Katechese" im Sinne „kirchlicher Verkündigung" in der Schule. In Abgrenzung gegenüber einer „reinen" Wissensvermittlung strebt er Glaubens-„Begegnung" und „Realisation des Glaubens" an.*

A. Höfer versteht Religionsunterricht als „Verkündigung" in der Schule. Deshalb will er in bisweilen polemischer Abgrenzung gegen eine von ihm vermutete „reine" Information und Wissensvermittlung im Religionsunterricht „Glaubenshilfe" und Glaubens-„Begegnung" und „Realisation des Glaubens" ermöglichen. Bei aller Rezeption verschiedenster Ansätze bleibt dies seine Hauptintention: Schüler und Gott sollen einander im konkreten Unterrichtsprozeß „begegnen" können.

A. Höfer geht davon aus, daß die Schüler im Alter von zehn bis vierzehn Jahren in ihrem Glaubensvollzug noch auf das „Mitglauben" mit den Erwachsenen angewiesen sind. Katechetisch ist es ihm deshalb wichtig, den Schüler durch „Einübung" und „Hinführung" zur Erwachsenengemeinde in einem ihrer Altersstufe entsprechenden „existentiellen Mitvollzug" den Glauben verwirklichen zu lassen. Bereits in der „Biblischen Katechese" ist A. Höfer die „Eigenaktivität", die „Übung" und „Arbeitsanregung" als Möglichkeit der „Realisation des Glaubens" von Bedeutung. Vom „Mitglauben" soll der Schüler immer mehr zum Selbstvollzug kommen.

Kritisch ist anzumerken, daß A. Höfer einer Differenzierung der „Verkündigung" nach verschiedenen Lernorten mit dem Hinweis auf die Unteilbarkeit des Glaubensaktes entgegentritt. Dies bringt der „kerygmatischen Katechese" von A. Höfer ein Festhalten an der „Katechese" als „Verkündigung" am Lernort Schule. Er tritt damit nicht grundsätzlich gegen eine „Katechese" an anderem Ort auf, unterläßt es aber auch, die Bedingungen schulischen Lernens empirisch zu erheben. Aus seinem Schaffen liegt keine Analyse der Schülersituation in der sich wandelnden österreichischen Schule vor. Damit bleiben auch trotz Veränderungen in der gesellschaftlichen und schulischen Situation die Grundlegung der „kerygmatischen Katechese" und ihre Stoffgliederung gleich.

A. Höfer versucht allerdings, durch „Übungen" und „Arbeitsanregungen" der Schulbücher und auch durch entsprechende Strukturierung des Unterrichtsprozesses die „konkrete" Situation des „konkreten" Schülers und der „konkreten" Klasse durch den Katecheten in den Unterrichtsprozeß hineinzunehmen.

2. In der „kerygmatischen Grundlegung" (1966) führt A. Höfer aus, daß sich das eine „Kerygma" aus einer Wurzel in Bibel, Bekenntnis und Liturgie so entfaltet, daß im jeweiligen Teil der Entfaltung (Perikope, einzelner Bekenntnissatz oder einzelne Festfeier) das „ganze Kerygma" enthalten ist. Wenn A. Höfer seine „Biblische Katechese" „christozentrisch" orientiert, so ist in den einzelnen Teil-Stoffbereichen bereits das vorhanden, was er später „gestaltorientiert" bezeichnen kann. „Gestalt" ist also der „Katechese" und der „kerygmatischen Tradition" implizit mitgegeben, da Jesus Christus „mehr" ist als die „Summe" aller Glaubensaussagen und andererseits in jedem Glaubensakt Jesus Christus „ganz" – und nicht nur ein „Teil" von ihm – begegnet. In der „Begegnung" zeigt sich allerdings auch ein „Mehr", da Jesus Christus sich selbst mitteilt und das Heil wirken will. Deshalb sucht A. Höfer schon relativ früh nach Möglichkeiten und „Wegen", um existentielle und personale „Begegnung" und „Realisation des Glaubens" zu ermöglichen. In der „Gestaltpädagogik" findet er nun „Übungen", die ‚persönlich bedeutsames Lernen' (J. Bürmann), ‚Beziehungslernen' (F. Oser), „Selbstentfaltung" und „Verhaltensänderung" ermöglichen. Es zeigt sich, daß A. Höfer Erkenntnisse aus empirischen Wissenschaften relativ rasch in sein Konzept einer „kerygmatischen Katechese" integriert. Nicht immer ist dies so gut gelungen wie bei der Rezeption von „Gestalt" für die „kerygmatische Katechese". Allerdings ist diese letzte Rezeption eher ein Aufdecken bereits vorhandener Strukturen und Intentionen.

Zunächst scheint „Gestalt" implizit durch die „kerygmatische Katechese" bei A. Höfer mitgegeben und mitbedacht zu sein. Expliziert
wurde diese Struktur in mehreren Phasen:
* Wie auch andere Gestaltpädagogen, so stieß A. Höfer über die Gestalttherapie auf gestaltorientierte „Übungen", die eine „Konfluenz"
von kognitiven, affektiven und operativen Lernprozessen zuließen
und den Menschen in seiner konkreten existentiellen und personalen
Situation betreffen. Einige dieser „Übungen" erwiesen sich auch im
religionspädagogischen Kontext brauchbar zur Bereitung ‚persönlich
bedeutsamer' Lernsituationen, um den Schülern die „Gestalt" Jesu
Christi und ihre eigene „Gestalt" zu erschließen.
* Etwa zur gleichen Zeit stellt A. Höfer die Entfaltung des „Selbst" als
„Herausbildung der eigenen Gestalt" dar. Da das „Selbst" Abbild
Christi ist, ist seine Entfaltung erste Stufe zur „Gottesbegegnung", die
wiederum der Entfaltung die Richtung gibt. Dadurch wurden die „inneren Kräfte", die „Kreativität" und „Phantasie" und die „transzendierenden Seelenkräfte" besonders beachtet. Der Schüler in seiner
„Selbstverwirklichung und Selbstentfaltung" trat immer mehr in den
Blickpunkt katechetischen Interesses.
* Durch konkrete Erfahrungen aus der Therapie aufmerksam geworden, wies A. Höfer verstärkt auf den Zusammenhang von „Verkündigen" und „Heilen" hin. Er spricht von einer „therapeutischen Orientierung" im Sinne des heilsamen Tuns Jesu und will dadurch hinweisen, daß „Verkündigung" nach der Bibel „mehr" sein muß als Weitergabe von Glaubenssätzen. A. Höfer will „heilsame" Begegnung ermöglichen.
* In der Reflexion weiterschreitend konnte er nun den Jahresstoff als
„Gestalt"-Konzeption erkennen. Für den theologischen Begriff der
„Konzentration" und für die didaktischen Begriffe des „Elementaren"
und des „Exemplarischen" werden nun auch die Begriffe des „Ganzen" und der „Teil" im Sinne des „pars-pro-toto-Prinzips" verwendet.
* Noch einen Schritt weitergehend identifiziert er die Forderung nach
„Konkretheit" und „Anschaulichkeit" seiner „Biblischen Katechese"
mit der „Gestalt". Auf J. H. Newmann und seine „Zustimmungslehre"
zurückgreifend, fordert er im Sinne einer „Realisation des Glaubens",
daß die „Inhalte" der „Gestaltkatechese" als Gestalt/„Symbol" – „anschaulich" und „konkret", „inhaltsvoll" und „offen zum Sein" – vorliegen sollen.

A. Höfer erweist sich in der Rezeption von „Gestalt" als Praktiker,
der mit einem Kreis von Freunden Neues aufgreift und katechetisch

erprobt. Der zunächst eher intuitiven und praktischen Rezeption folgt später ansatzweise der Versuch einer Theoriebildung und einer theologischen Absicherung aus der Bibel und der Tradition. Bezeichnend ist, daß zunächst der Ausdruck „integrativ" lediglich im Sinne der Integration verschiedener Ansätze vorherrscht. Der Ausdruck „Gestalt" ist für eine „katechetische" Richtung, die sich vom „Kerygma" herleitet, stimmig, erweist sich aber für die konkrete Unterrichtsgestaltung als wenig präzis. So wird „Gestaltkatechese" in einer verkürzten Darstellung bisweilen mit Therapie in der Schule gleichgesetzt und die „gestaltorientierte" Struktur aller Theologie und Heilswirklichkeit als genuin theologisches Anliegen überdeckt. Dies ist nicht allein das Problem A. Höfers, sondern auch das seiner Kritiker, die zwischen Gestaltpädagogik und Gestalttherapie zu wenig unterscheiden und den tiefer gründenden theologischen Ansatz übersehen.

3. Jesus Christus ist die ‚Ur-Gestalt'. Er ist konkrete, anschauliche „Gestalt" Gottes unter den Menschen. In seinem Leben, in seinem Tod und in seiner Auferstehung erwirkt er den Menschen Heil, erschließt er die Beziehung zu Gott und ermöglicht dem Menschen ein neues Verhältnis zu sich selbst. Er ist Subjekt und Objekt der „Verkündigung" und er ist in der „Verkündigung" „gegenwärtig".

Jesus Christus ist Mittelpunkt der „Katechese" bei A. Höfer. Da er der ‚Ur-Inhalt' der „Katechese" ist, folgert A. Höfer, daß das „Darüber-Reden" diesem „Inhalt" nicht gerecht wird. Existentielle und personale „Begegnung" ist die diesem Inhalt entsprechende Vermittlungsform, und deshalb fordert A. Höfer auf der Inhalts-Ebene die „gestalthafte"/„symbolische" Repräsentation des „Inhalts".
A. Höfer will nicht von einem „Thema" der „Katechese" sprechen, weil mit dem Ausdruck „Thema" seiner Meinung nach „abstrakte" und „inhaltsleere" Begrifflichkeit angesprochen und vermittelt wird. Im Gegensatz zum „Thema" will er in der „Gestaltkatechese" vom „Inhalt" sprechen. Er will damit betonen, daß der „Stoff" der „Katechese" als „Gestalt"/„Symbol", also „inhaltsvoll, konkret-einmalig, real-wirklich, wirkend, unausschöpfbar und zum Sein offen" vorliegen soll. Das heißt für A. Höfer, daß der narrativen und in der Feier vollzogenen Entfaltung des Kerygmas (Bibel und Kirchenjahr) auf inhaltlicher Ebene mehr Gewicht beigemessen wird als dogmatischer Begrifflichkeit. Die „kerygmatische Katechese" ist „bibelorientiert", das Kirchenjahr ist „Unterrichtsprinzip" der jährlichen Lehrstoffgliederung

und die Dogmatik ist inneres Strukturprinzip. Damit kann A. Höfer Bibel und Katechismus zu einem Schulbuch zusammenfassen und den „Inhalt" „anschaulich-konkret" darbieten.

Kritisch ist festzuhalten, daß dieser Entwurf davon ausgeht, daß Kirchenjahr und Bibel für den Schüler „anschauliche" und „konkrete" „Gestalten" sind. Das Kirchenjahr kann aber heute durch die plurale Ausgangslage der Schüler im religiösen Bereich nicht mehr als allgemein „anschauliche" und „konkrete" „Gestalt" herangezogen werden. Wohl wird, wie neue Ansätze zeigen (A. Halbfas), die Einübung ins Kirchenjahr und die Hinführung zu den liturgischen Vollzügen der Gemeinde Zielpunkt des Religionsunterrichts bleiben. Was aber heute als Zielpunkt des religionspädagogischen Prozesses gesehen wird, ist bei A. Höfer Ausgangspunkt der Katechese.

Andererseits wird zu fragen sein, ob Schüler ohne entsprechende Glaubenseinstellung in den „Gestalten"/„Symbolen" der Bibel auch „Gestalten"/„Symbole" des Glaubens entdecken können. Dies wird in einem dauernden Prozeß erst zu erschließen sein, indem in weiterführenden und aufbauenden Unterrichtsprozessen über die religiöse Dimension zur Glaubensdimension Wege eröffnet werden. Wenn aber A. Höfer wegen des besonderen „Inhalts" in der „Katechese" von einer „sakramentalen" Situation spricht, so ist die konkrete Ausgangslage der Schüler und ihre existentielle Möglichkeit erheblich übergangen. Weiters ist der Begriff „Sakrament" für religionsunterrichtliche Lernprozesse überspannt.

Die Strukturierung des Jahresstoffes ist mit einer „christozentrischen" Konzentration begründet. Damit ist aber noch nicht in genügendem Ausmaß eine ‚Elementarisierung' (G. Biemer/A. Biesinger) des Lehrstoffes vorgelegt. Da mit den Glaubens-„Gestalten"/„Symbolen" weitgehend durch „Identifikation" im Unterrichtsprozeß in einer Art gearbeitet wird, die die „Gestalten"/„Symbole" in ihrer archetypischen Dynamik wirken läßt, müßte wohl auch noch expliziter auf die ‚polaren' Wirkmöglichkeiten der „Gestalt"/des „Symbols" im Lehrerhandbuch hingewiesen werden. Außerdem sind dogmatische Fragen im Sinne eines Gesamtzusammenhanges des Glaubens kaum berücksichtigt; dem Aufbau eines argumentationsfähigen Sprach- und Begriffsystems wird zuwenig Beachtung geschenkt.

4. Die „Gestaltkatechese" will ähnlich wie die ‚Gestaltpädagogik' den „ganzen" Menschen in der konkreten Situation des „Hier und Jetzt" betrachten. Zum „ganzen" Menschen gehört bei A. Höfer neben der kognitiven, affektiven und operativen Dimension des Menschen vor allem auch, daß er in biblischer Sicht durch das Kerygma bestimmt ist. Die „Selbstmitteilung Gottes" in Jesus Christus ermöglicht die Freisetzung des Menschen. Das „Selbst" des Menschen ist „Abbild Christi" und die Entfaltung des „Selbst" läßt das „Ebenbild Gottes" im Menschen klarer erscheinen. Insofern ermöglicht das Kerygma für A. Höfer die „Selbstentfaltung und Selbstverwirklichung" des Menschen. Der konkrete Schüler im „Hier und Jetzt" ist damit nicht nur „Adressat" der Verkündigung, sondern mit all seinen Dimensionen, Problemen und Entfaltungsmöglichkeiten „Inhalt" der „Gestaltkatechese".

Da es A. Höfers Intention ist, zu einer existentiellen und personalen „Begegnung" zu führen, wird der Schüler/Mensch wie in der Gestaltpädagogik aus „ganzheitlicher" Sicht betrachtet. Der Lernprozeß beachtet grundsätzlich die kognitive, affektive und operative Dimension, wobei affektive und operative Lernprozesse – auch im Zusammenhang mit sozialem Lernen – im Vordergrund stehen. Indem der Schüler in seiner „konkreten" Situation im „Hier und Jetzt" – im kerygmatischen Kontext – ernstgenommen wird, geht die „Gestaltkatechese" wie die Gestaltpädagogik von der Meinung aus, daß gerade das aus dem biographischen, sozialen und gesellschaftlichen ‚Kontext' und ‚Kontinuum' existentiell wichtig und entscheidend ist, was im „Hier und Jetzt" ‚bewußt' ist und wird. Insofern wird man auch sagen müssen, daß der Schüler in seinem ‚Kontext' und ‚Kontinuum' „ganzheitlich" gesehen wird.

Der Schüler ist aber bei A. Höfer nach dem Ansatz der „Gestaltkatechese" wesentlich mitbestimmt durch das Kerygma. Das ist der letztlich „ganzheitliche" Aspekt, der A. Höfer über eine ‚Gestaltpädagogik' hinausgehen läßt und zu einer „biblischen Anthropologie" führt. Aus dieser „kerygmatischen" Bestimmung des Schülers/Menschen gibt es bei A. Höfer drei Ansätze zur Klärung des „kerygmatischen" Menschenbildes:

* A. Höfer geht davon aus, daß der Schüler ein „Getaufter" ist und gibt damit dem Katecheten zu erkennen, daß „Katechese" „mehr" ist als nur Unterricht, daß „Katechese" „sakramentale" Dimensionen besitzt.
* Da sich „Verkündigung" grundsätzlich an „Adressaten" richtet und sowohl bei Jesus wie auch in den Paulusbriefen die Not und Problematik der „Adressaten" zu Wort kommen darf, ist der Schüler – vor allem mit seiner Not und Problematik – „Inhalt"/„Stoff" der „Katechese".

Es werden bei A. Höfer aber nicht thematisch und problemorientiert Situationen aufgelistet. Dem Katecheten ist es anheimgestellt, den Schüler in seiner „konkreten" Situation im Unterrichtsprozeß zu Wort kommen zu lassen. Die „Übungen" ab 1975 zeigen „Wege" zum Aufgreifen der Situation. Sie bedürfen eines ‚geschulten' Katecheten.

* Durch das „Kerygma" wird der Schüler/Mensch bei A. Höfer aber auch in seinem „Selbst" freigesetzt. Das „Selbst" ist „Abbild Christi", die „Innerlichkeit des Menschen" Ort des Heiligen Geistes und der Mensch selbst ein „Ebenbild Gottes". „Selbstverwirklichung und Selbstentfaltung" – im Sinne einer biblischen Anthropologie – kann deshalb zur „Stufe" auf dem Weg zur „Gottesbegegnung" werden. „Psychagogik" bereitet die „Mystagogik" vor, und im „mystagogischen Weg" weist A. Höfer auf die „Selbsterfahrung" als „Weg" zur „Gotteserfahrung" hin. Er zeigt eine Reihe von „Wegen"/„Übungen", die den Menschen in seiner Entfaltung pädagogisch stützen und begleiten.

Es ist festzuhalten, daß die Bestimmung des Schülers/Menschen durch das Kerygma unterschiedlich ausfällt. Wenn bei der Betonung des Schülers als „Getauften" die reale Situation der Schule aus „sakramentaler" Deutung überblendet wird, so ist die Interpretation A. Höfers sakramententheologisch und religionspädagogisch zu hinterfragen. Allerdings zeugt der Schüler als „Adressat" und als in seiner „Selbstverwirklichung" freigesetzter Mensch von einer Weite des biblischen Menschenbildes, die zu neuer Weite der „katechetischen" Arbeit führt.

‚Geschulte' Katecheten sollen bei vorgegebenem theologischen „Inhalt" aus „persönlicher Kompetenz" den Schüler in „konkreter" Situation zu Wort kommen lassen. Es könnte allerdings sein, daß theologische (biblische) „Inhalte" lediglich zum Ausgangspunkt der Aufarbeitung einer persönlichen Situation genommen werden. Damit wären die Inhalte austauschbar. Dem Katecheten sind viele Möglichkeiten in die Hand gegeben. Es lastet aber auch ein großer Anspruch auf ihm. Kritisch ist weiterhin festzustellen, daß A. Höfer aus „ganzheitlicher" Sicht von einer ‚Konfluenz' von „kognitiven und affektiven Lernprozessen" ausgeht und den kognitiven Lernprozessen kaum gesondert Beachtung schenkt. ‚Kontext' und ‚Kontinuum' sind im „Hier und Jetzt" wohl enthalten, bedürfen aber ergänzend der reflexiven Erhebung. Die „Gestaltkatechese" wird – im Sinne der Weiterentwicklung des offenen Systems gerade auch ihres „ganzheitlichen" Menschenbildes und ihres „integrativen" Ansatzes wegen – in Zukunft kognitive

Lernprozesse, reflexive Auseinandersetzung, argumentative Begründung und Integration in ein Sinn- und Wert-Ganzes, in die „Ganzheit" des Lebens, ernster nehmen müssen.

5. A. *Höfer zeigt mit seinem religionspädagogischen Konzept der „Gestaltkatechese" „Wege" der „Identifikation" auf, die eine hochgradige Beziehung zwischen Subjekt und „Inhalt" ermöglichen. Solche Zugänge übersteigen die Trennung von Kognition und Emotion und schaffen die Möglichkeit einer personalen „Begegnung" mit dem, was im Kerygma dem Menschen zugesagt ist. Diese „Begegnung" trifft den Menschen in seiner personalen Existenz und bringt Veränderung in der ‚Selbst-Beziehung' (A. Höfler), in der ‚intersubjektiven Beziehung' (Th. Besems) und in der ‚Jesus-Beziehung' (F. Oser). „Begegnung" dieser Art ist als ein erster und wesentlicher Ansatz zur „Realisation des Glaubens" (J. H. Newman) zu verstehen.*

A. Höfers Interesse gilt auf inhaltlicher Ebene lediglich der „gestalthaften"/„symbolischen" Repräsentation des jeweiligen „Stoffes". Im Gegensatz etwa zu G. Biemer/A. Biesinger lehnt er „didaktische Strukturgitter" zur Inhaltsbegründung wegen des von ihm kritisierten analytischen Ansatzes ab. Die defizitäre Inhaltsbegründung birgt die Gefahr beliebiger Schwerpunkte und eines fehlenden Überblicks über die Ganzheit des Glaubens. Fragen der ‚Thematisierung' bzw. der ‚Personalisierung' des ‚Themas' werden bei ihm explizit nicht aufgegriffen. „Begegnung" liegt eindeutig im Unterrichtsgeschehen, im Prozeß, im Bereich der „Übungen" und „Arbeitsanregungen". Deshalb ist bei A. Höfer nur bedingt von „Korrelation" zu sprechen, da „Korrelation" im Sinne einer ‚kritischen, produktiven Wechselbeziehung' (F. J. Nocke) von Lebenserfahrung und Glaubenserfahrung kaum auf inhaltlicher Seite, sondern wesentlich erst im Lehr-/Lernprozeß als ‚didaktische Korrelation' (W. Langer) vorliegt. A. Höfer betont auch, daß er anstelle des Begriffes „Korrelation" lieber „Begegnung" verwenden will, weil nicht Themen, sondern „zwei lebendige Personen" aufeinandertreffen.

Ein zentrales Anliegen A. Höfers ist es, daß das traditionelle Glaubensgut der Kirche („fides quae creditur") vom einzelnen Schüler in seinem persönlichen Glauben („fides qua creditur") „realisiert" werden kann. Mit seinen Ausführungen zum ‚Sechs-Stern' des Glaubens zeigt er „Wege" und „Möglichkeiten" auf, wie unter Einbezug aller Sinne des Menschen, hauptsächlich über aktivierendes und kreatives

„Üben" und „Tun" ‚Beziehung' zu den Glaubenssymbolen aufgebaut werden kann und wie durch sie „Begegnung" möglich wird. A. Höfer nähert sich „phänomenologisch" den „Gestalten"/„Symbolen", bietet sie oder einzelne Teil-„Gestalten" zur „Identifikation" an und zeigt im „aktiven Symbolisieren" „Wege" zu einem kreativen Verarbeiten auf. Da „Gestalt"/„Symbol" einerseits „wirkend" und andererseits „offen zum Sein" ist, will A. Höfer „phänomenologisch" an die „Dinge dieser Welt" herangehen und durch entsprechende „Wahrnehmungs-Übungen" und durch ‚Awareness-Übungen' Zugänge zur transzendenten Dimension eröffnen. Durch „schöpferische Phantasie" und „Intuition" kann die „Gestalt"/das „Symbol" zum „Fenster zur Transzendenz" werden und andererseits die ‚Selbstbeziehung' neu bestimmen.

Mit dem Hinweis auf „Einstellungs-Lernen" und der Hervorhebung der „Rolle" als „Summe von Verhaltensweisen" sieht A. Höfer eine Möglichkeit, mittels „Identifikation" aus der Tradition geprägte Glaubenshaltungen oder Glaubenseinstellungen zu übernehmen. Besonders durch dramatische Aufbereitung von biblischen Perikopen ist ein „ganzheitliches" Einsteigen in eine Glaubens-Geschichte möglich. Persönliche Beteiligung, kreative Gestaltung der entsprechenden „Rolle" und „Identifikation" im dramatischen Spiel bringt existentielle und personale „Begegnung" noch vor jeder Trennung von Kognition und Emotion. Gleichzeitig ist durch das identifikative Spiel auch ein Einüben der gläubigen Haltung und ein erster Anstoß zur „Realisation des Glaubens" gegeben.

Besonders hervorzuheben sind die Hinweise auf das „aktive Symbolisieren" und die Beispiele desselben. Indem A. Höfer auf die aktive und kreative Arbeit mit und an Symbolen im Unterricht hinweist, indem er einen „Weg" zum kreativen „Symbolbilden" aufzeigt, bietet er ein religionspädagogisch relevantes Modell der Integration von existentieller Beteiligung und vorgegebener Symbol-Struktur an. Er will die inneren Kräfte und Energien des Menschen wecken und ihnen die Möglichkeit geben, in vorgegebenen Symbolen ein „neues Haus" zu bekommen. In aktiver und kreativer Gestaltung von vorgegebenen Glaubens-„Gestalten"/„Symbolen" begegnen und erschließen sich wechselseitig persönliche Lebenserfahrung und vorgeformte Glaubenserfahrung. Aus dem „aktiven Symbolisieren" wächst neue ‚Selbstbeziehung' und ‚Gottesbeziehung' bzw. ‚Inhalts-Beziehung'. Dieser Vorgang bringt „subjektive Evidenz", die aber in ‚intersubjektiver Vergewisserung' einer kritischen Prüfung unterzogen werden muß. Zur intersubjektiven Prüfung der „subjektiven Evidenz" liegen zwar bei A. Höfer Ansätze vor. Diese sind aber nicht befriedigend strukturiert. Die Rückführung existentieller Zugänge auf die Kognition ist ernsthaft weiterzuentwickeln.

A. Höfer sieht diese „Wege" als ‚konsistente Strategien' (H. Petzold) nicht nur im Sinne einer Unterrichts-‚Technik' und einer allgemeinen ‚Methode'. Er weist vielmehr darauf hin, daß der Christ grundsätzlich auf dem „Wege" ist. Wer auf dem „Weg" ist, ist in Christus, dem „Weg", von dem auch letztlich die Orientierung kommt. Die „Wege"/ Methoden der „Gestaltkatechese" sind „mehr" als die „Summe" der einzelnen Schritte. Die „Gestaltkatechese" muß grundsätzlich „Wege", „Übungen" anbieten, weil nur in diesem „Unterwegs-Sein" „Begegnung" und „Glauben-Hoffen-Lieben-Lernen" möglich ist. Auch der Katechet muß in „Übung", in „askesis", im „exercitium" bleiben. A. Höfer bietet zu diesem Zweck unter anderem sein „Katechetentraining" an.

A. Höfer zeigt im ‚jesuanischen Weg der Katechese', daß am Anfang noch nicht die volle „Realisation des Glaubens" stand. Über menschliche „Begegnung", über Lebensgemeinschaft mit dem „Meister" und dem Eröffnen der transzendenten Welt wurden die Jünger erst nach der Auferstehung zum vollen Bekenntnis fähig. Da die Schüler in all ihrer Existenz im Lehr-/Lernprozeß berücksichtigt werden, nennt A. Höfer dieses Modell eine „christus- und schülerzentrierte" „Katechese" und zeigt, daß selbst bei vorgegebenen Glaubens-„Inhalten" auf anthropologischer Ebene und im intersubjektiven Bereich – in der „konkreten" Situation – anzusetzen ist. „Gestaltkatechese" geht davon aus, daß zunächst die menschliche ‚Beziehung' stimmen muß, bevor Transzendierungsmöglichkeiten gegeben sind. Die Strukturierung dieses weiterführenden Lernens ist aber über weite Strecken dem Katecheten überlassen.

Kritisch ist anzumerken, daß die „phänomenologischen" und identifikativen Zugänge – auch das aktive „Symbolisieren" – die Schüler zu einer „Begegnung" führen, die die komplexe Wirklichkeit der heutigen Situation vereinfacht erscheinen läßt. Es wird davon ausgegangen, daß biblische Texte, liturgische Symbole/Vollzüge und Glaubenssymbola „anschaulich" und „konkret" sind. Durch die plurale Situation im religiösen Bereich ist aber bei einer „Katechese" in der Schule die „Konkretheit" und die „Anschaulichkeit" der entsprechenden Glaubens-„Gestalten"/„Symbole" sehr fraglich. Es könnte bei archetypischer Symbolstruktur „heilsame" „Begegnung" möglich sein, ohne daß die Dimension des Glaubens und die „Realisation" des Glaubens erreicht wird. Das heißt, es müßte auch explizit dargestellt werden, daß ein Arbeiten mit und an „Gestalten"/„Symbolen" des Glaubens nicht immer schon Glaubens-„Begegnung" sein muß. Der implizierte „sakramentale Charakter" der „Katechese" könnte falsche Hoffnungen wecken. Eine Deutung im Sinne eines sukzessiven Glaubenszuganges ist bei A. Höfer analog zum oben erwähnten ‚jesuanischen Weg der Katechese' möglich, aber für den Katecheten zu wenig klar ausgeführt. Hier fehlen aufbauende und weiterführende Strukturen, etwa im Sinne einer ‚vertikalen Konsekutivität' (H. Halbfas).

Andererseits fragt man sich, ob der Schüler als „Gestalt" zur „Begegnung" bereit ist; ob er bei aller „Konkretheit" im „Hier und Jetzt" die notwendige „Transparenz" für seine eigenen ganzheitlichen Lebenszusammenhänge mitbringt. Es ist also zu fragen, ob die komplexen Zusammenhänge der Wirklichkeit nicht einer klaren und reflexiven ‚Thematisierung' bedürfen, der die Schüler zustimmen können oder die sie ablehnen können; erst im Kontext einer kritischen Hinterfragung der Realität ist eine größere Chance für eine sonst nur oberflächliche „Begegnung" gegeben. Gerade die gesellschaftliche Dimension wird in der „Gestaltkatechese" bisweilen von der theologischen Orientierung überblendet, wenn etwa von einer neuen Situation in der Klasse gesprochen wird, weil die Schüler „getauft" sind.

Weiters ist die Annahme A. Höfers, man könne von einer ‚inneren' Motiviertheit der Schüler zu den „Übungen" und „Arbeitsanregungen" ausgehen, kritisch zu befragen. ‚Geschulte' Katecheten werden die „Übungen" im Unterrichtsprozeß so einsetzen und einführen, daß die Schüler großteils mit Freude bei der Sache sind. Es entsteht aber der Eindruck, daß die „Übungen" ohne weitere Motivation die Bereitwilligkeit evozieren. Das kann in einem ‚therapeutischen Setting' mit einem ‚Therapeuten-Klienten-Vertrag' vorausgesetzt werden. In einer pluralen Schulsituation ist dies äußerst fraglich. Es ist also zu fragen, ob A. Höfer die „Übungen", die er aus einem anderen Kontext übernommen hat, im neuen Kontext der Schule genügend situiert hat.

Kognitive Lernprozesse, reflexive Erhellung, kritische Hermeneutik und argumentative Begründung sind im „gestaltkatechetischen" „Begegnungs"-Vorgang zuwenig enthalten. So könnte man auch bei einer „Bibelorientierung" der „Katechese" ‚multimodale Zugänge' zur Heiligen Schrift (J. Thiele) erwarten. Die reflexive Eingliederung der einzelnen „Begegnungs"-Erfahrungen in den Sinn- und Deutungshorizont und in das Lebensganze ist explizit kaum berücksichtigt, und die „subjektive Evidenz" erfährt zuwenig ‚intersubjektive Vergewisserung', sodaß kaum ein kommunikatives Begriffs-, Sprach- und Symbolsystem erarbeitet wird, das dem Schüler hilft, seine Erfahrungen in die komplexe Situation der heutigen Zeit einzuordnen und zur Sprache bringen zu können. Dies kann zu mangelnder Sprach- und Argumentationsfähigkeit führen, obwohl der Boden für religiöse Erfahrung und für Glaubenserfahrung aufbereitet ist.

6. Durch die Therapieerfahrung setzt sich A. Höfer intensiv mit den Problemen, Nöten und Krisen auseinander. Wenn er davon spricht, daß die „Katechese" „heilende" und „heilsame" Wirkung zeigen muß, so versteht er diese „therapeutische Orientierung" nicht im Sinne einer einseitig verstandenen Problemorientierung des Religionsunterrichtes (D. Stoodt), sondern als Aspekt des kerygmatischen Geschehens. Er weist auf die andauernde „Kreativität Gottes" hin, auf das Wirken Jesu an den Seinen als „Heiland" dieser Welt und auf die Beauftragung der Jünger zum „Verkünden und Heilen". Die didaktische Vermittlung von „Klagepsalmen" und „Wunderheilungen" sind Beispiele dafür wie A. Höfer die heilende Wirkung der „Katechese" versteht.

Wenn A. Höfer von einer „therapeutischen Orientierung" der „Gestaltkatechese" spricht, so grenzt er sich grundsätzlich von einer ‚Therapie in der Schule' ab, indem er von förderndem, aufbauendem, entfaltendem und heilsamem Tun spricht. Allerdings wird auch festzuhalten sein, daß A. Höfers Abgrenzung von der Therapie nicht an allen Stellen klar genug ausgefallen ist. Wenn er aber von „therapeutischer Orientierung" und manchmal vom „Intervenieren" des Katecheten spricht, so darf nicht übersehen werden, daß er in einer „ganzheitlichen" Sicht des Glaubens und der „Verkündigung" das „Mehr" des christlichen Glaubens erheben will. Er möchte zeigen, daß der Glaube nicht nur krankmachend, sondern auch „heilsame" und „heilende" Wirkung haben kann. „Therapeutische Orientierung" der „Gestaltkatechese" läßt sich nicht aus einer ‚Technik' und einem ‚Können' des Katecheten und auch nicht aus einer bestimmten Schulsituation erklären, sondern im Zusammenhang mit der „Verkündigung" von Jesus Christus als „Heiland" und „Erlöser".
A. Höfer verweist auf die Glaubenstradition und zeigt im „Klagepsalm" und parallel dazu anhand der „Wunderheilungen" Jesu auf, daß in beiden Bereichen Parallelen zum „Therapieverlauf" vorliegen. Mit dem Hinweis auf den „Klagepsalm" legt A. Höfer auch eine mögliche Strukturierung einer „heilsamen" Arbeit mit religiösen „Gestal-

ten"/„Symbolen" des Glaubens vor. Was beim „Therapieverlauf" die einfühlsame Begleitung ist, das vergleicht A. Höfer mit dem „Zuspruch" aus dem Glauben im „Klagepsalm" und mit der „Begegnung" in „Wort und Berührung" durch den „Heiland" in den „Wunderheilungen". Der Schüler soll nach A. Höfer in der „Gestaltkatechese" die Möglichkeit haben, seine Not und seine Probleme zur Sprache zu bringen und – wenn nötig – auch aus der Tiefe die Klage laut werden zu lassen. Aufgabe des Katecheten ist es, „heilsam" zu begleiten und dem Schüler einen „Zuspruch" aus dem Glauben zu geben, eine „Gestalt"/ ein „Symbol" des Glaubens bereitzustellen, damit durch neuerwachtes „Urvertrauen" ein „existentieller Umschwung" eintreten kann. Ein ,geschulter' Katechet wird besser begleiten können und einfühlsam auch manche Not und Klage des Schülers unter vielen Worten heraushören. Hier sind die Grenzen des Unterrichts fließend. Die „personale" und die „fachliche" Kompetenz zu solchem Tun wird unterschiedlich sein. Entscheidend ist, daß der Katechet als „erster Glaubens-Zeuge" und als ,geschulter' Lehrer ,kongruent'/,echt' handelt und um die Grenzen seines Tuns weiß.

Der Schüler kann gerade in Situationen, in denen die Not und die Probleme zu Wort kommen und ausgesprochen werden dürfen, erfahren, daß Leben und Glauben miteinander zu tun haben. Andererseits wird aber doch kritisch zu fragen sein, ob bei einer pluralen Ausgangslage im religiösen Bereich der Schüler auch die Sinn- und Glaubensdimension des „Zuspruchs" erahnt und erfaßt. Die Parallelsetzung von „Therapieverlauf" und „Klagepsalm" dürfte nur möglich sein, wenn man lediglich den existentiellen Umschwung im Menschen reflektiert und betrachtet. Geht man aber davon aus, daß ein Beter des Klagepsalms sich an Gott wendet, so ist die existentielle Dimension und der Sinnhorizont viel differenzierter zu sehen.

7. Wie der Lehrer in der ,Gestaltpädagogik' ist der Katechet in der „Gestaltkatechese" der „Regisseur" des ganzen Unterrichtsgeschehens. Mit seiner „persönlichen" und „fachlichen" Kompetenz hat er dafür zu sorgen, daß in der Klasse entsprechend der Situation der Schüler und des Klassenklimas der vorgegebene „Inhalt" durch entsprechende „Übungen" strukturiert wird. Mehr als durch sein „Können" wirkt er durch seine „Person" als „Zeuge des Glaubens" und als erstes „Medium" der „Gestaltkatechese". „Persönliche" und „fachliche" Kompetenz sind nicht voneinander zu trennen. Er ist herausgefordert, sich in der jewei-

ligen Situation ,kongruent'/,echt' zu verhalten und intuitiv und kreativ entsprechende Lernsituationen zu bereiten. Das kann er nur, wenn er selbst ,lebenslang' an seiner Person arbeitet. A. Höfer bietet dazu das „Katechetentraining" an. Dieses bringt dem Katecheten direkt und indirekt den Schülern personale Entfaltung, ,intersubjektive Begegnung' und „Gottesbegegnung".

Die „Gestaltkatechese" weist relativ wenig Strukturierung des Lernprozesses auf. Umso mehr ist der Katechet „Regisseur" des ganzen Unterrichtsgeschehens. Da in einer „Begegnungs"-Struktur ein Pol der „Begegnung" der Schüler ist, zeigt sich die „Gestaltkatechese" in der „konkreten" Lernzielformulierung weit und offen. Der Schüler bringt aus seiner „konkreten" Situation wesentliche Zielperspektiven in den Unterrichtsprozeß ein. Das erfordert aber vom Katecheten große Flexibilität, einfühlsames Begleiten und intuitives Voranschreiten. Wenn Not und Problematik, Krise und Klage laut wird, so muß der Katechet „heilsam" begleiten. Dies ist, wie A. Höfer im Vergleich mit einer „liebevollen Mutter" zeigt, jedem irgendwie möglich. Der Katechet, der nicht ,geschult' ist, wird aber sehr schnell überfordert sein und deshalb wohl andere Ansätze bevorzugen.

Es ist zu würdigen, daß es A. Höfer gelungen ist, nicht nur auf Lehrplan- und Schulbuchebene zu arbeiten, sondern durch das „Katechetentraining" dem Katecheten selbst eine Schulung der „persönlichen" und „fachlichen Kompetenz" anzubieten. So hat der Katechet die Möglichkeit, sein persönliches ,hidden curriculum' kennenzulernen und an einer Veränderung und Entfaltung der eigenen Person zu arbeiten. In Selbsterfahrung und Glaubenserfahrung kann er seine Grenzen und Widerstände, Möglichkeiten und Fähigkeiten kennenlernen und deshalb zunehmend ,kongruent'/,echt' im Unterrichtsprozeß handeln. Aus neuer ,Selbstbeziehung' wird er bewußter die ,horizontale Beziehung' mit den Schülern (Th. Besems) suchen und sie als Menschen und Personen ernstnehmen.

An dieser Stelle ist aber auch kritisch anzumerken, daß „Gestaltkatechese" auch ,ungeschulte' Katecheten nicht überfordern darf. Die Übungen werden für sie schnell zu reinen ,Techniken' und ,Methoden' und bieten dann nicht Anknüpfungspunkte zur „Begegnung" und ,Beziehung'. Deshalb ist zu fragen, ob „Gestaltkatechese" ein übergreifendes katechetisches Grundkonzept sein kann oder etwa – wie A. Höfer 1985 erwähnt – nur an „gestaltkatechetische" und „gestaltpädagogische Elemente" in der „Katechese" zu denken ist.

Für manche Katecheten kann das laufend sich wandelnde Theoriekonzept A. Höfers verwirrend sein. Der Katechet, der Auskunft über „integrativ", „Ganzheit", „Gestalt" oder „Gestaltpädagogik" haben will, wird in den Ausführungen A. Höfers zuwenig finden, um die „gestaltkatechetische" Arbeitsweise sich selbst und anderen begründen zu können. In Zukunft wird eine klarere Strukturierung des Lernprozesses für die einzelnen Katecheten, der Einsatz von aufbauenden, weiterführenden Strukturen im Sinne einer ‚vertikalen Konsekutivität' (H. Halbfas) und die Dokumentation von Unterrichtsbeispielen, etwa im Lehrerhandbuch, erforderlich sein. Aus diesen Beispielen könnte dann auch mancher gegen die „Gestaltkatechese" vorgebrachter Einwand entkräftet werden.

> 8. Während in gestaltpädagogischen Ansätzen erst einzelne Einheiten und Unterrichtsbeispiele vorliegen, geht A. Höfer davon aus, daß er in der „Gestaltkatechese" bereits eine entsprechende Lehrstoffgliederung und eine „gestaltorientierte" Buchkonzeption vorweisen kann. Durch die „christozentrische Konzentration" ist in der „kerygmatischen" Theologie eine „gestaltorientierte" Strukturierung implizit vorhanden. „Übungen" und „Arbeitsanregungen" zeigen Ähnlichkeit mit „gestaltpädagogischen" Ansätzen. Da aber bei der Erstellung der Schulbücher das Therapiekonzept noch nicht sehr weit vorangeschritten war und an der Erstellung auch Autoren mitgearbeitet haben, die keine gestaltpädagogische ‚Schulung' haben, dürfte die Bezeichnung ‚Schulbücher der Gestaltkatechese' nur sehr bedingt verwendet werden.

Explizit findet sich der Ausdruck ‚Schulbuch der „Gestaltkatechese"' bei A. Höfer nicht. Der Ausdruck „Gestaltkatechese" stammt ja erst aus dem Jahr 1983. In Vorlesungen und Vorträgen hat A. Höfer aber sehr oft auf den „integrativen Ansatz", auf den „ganzheitlichen" und „gestaltorientierten" Charakter seiner „Glaubensbücher" hingewiesen. Im Gegensatz zur Gestaltpädagogik, wo weitgehend nur einzelne Unterrichtsentwürfe vorliegen, weist A. Höfer auf sein in „Gestalt" ausgeführtes Schulbuchkonzept hin. Durch eine „kerygmatische" und „christozentrische" Orientierung und durch eine Reihe von ‚gestaltpädagogischen' Übungen ist diese Behauptung im weiten Sinne für das „Glaubensbuch 5—8" nicht falsch, wenn auch für die siebte und achte Schulstufe, wo die „Christozentrik" weniger klar durchgehalten ist, die „gestalthafte" Strukturierung nicht so deutlich zutage tritt. Die Einfügung von „Merksätzen" und „Zusammenfassungen" im Jahre

1977/78 widerspricht allerdings einer klaren Gesamtgestalt des Schulbuches. Das Schulbuch „Tore zum Glück" zeigt in einzelnen Kapiteln „gestalthafte" Strukturierung. Es liegen aber von Kapitel zu Kapitel keine impliziten und expliziten Verknüpfungen vor.

Die Entstehungsgeschichte der Schulbücher zeigt, daß nur sehr bedingt von Buchkonzepten in „Gestalt" zu sprechen ist. Als 1977/78 das „Glaubensbuch 5–8" in einer Neuauflage erschien, ist die Theoriebildung noch nicht sehr weit vorangeschritten gewesen. Damals sprach A. Höfer eher von „integrativ" im Sinne der Hereinnahme verschiedener „Übungen". Diese aber als speziell ‚gestaltpädagogisch' darzustellen, wird von ihm erst später versucht. Nicht alle Mitautoren des „Glaubensbuches 5–8" sind ‚gestaltpädagogisch' ‚geschult'. Beim Schulbuch „Tore zum Glück" wurde auf diese Problematik und die unterschiedliche Bearbeitung der einzelnen Kapitel bereits hingewiesen. Die Bezeichnung ‚Schulbuch der „Gestaltkatechese"' ist eher nicht zu verwenden. Durch den „kerygmatischen" Hintergrund sind aber doch „gestalthafte" Strukturen vorhanden, und ‚gestaltpädagogische' „Übungen" ziehen sich ab 1977/78 durch alle Schulbücher, an deren Herausgabe A. Höfer beteiligt ist.

9. ZUSAMMENFASSEND ist also festzuhalten, daß A. Höfer mit der „Gestaltkatechese" ein Konzept von „Katechese" in der Schule – der kirchlichen „Verkündigung" im schulischen Kontext – vertritt. Er grenzt sich gegenüber einem von ihm vermuteten Religionsunterricht der „reinen" Information und Wissensvermittlung ab und versucht „Wege" einer „ganzheitlichen" Glaubens-„Begegnung" und der „Realisation des Glaubens" aufzuzeigen. Durch den Hinweis auf die Entfaltung des Kerygmas legt er dar, daß die einzelnen Perikopen der Heiligen Schrift, die „Teilgestalten" des Kirchenjahres und auch die einzelnen Symbole des Glaubens „mehr" sind als eine „Summe von Teilen". Jesus Christus „leuchtet" „pars-pro-toto" in jeder dieser „Gestalten" des Glaubens „auf". Jesus Christus ist gegenwärtige „Person" und erweist sich als „Selbstmitteilung der Liebe Gottes", als „begegnend" und das Heil wirkend. Deshalb muß sich das „Mehr" eines „ganzheitlichen" oder „gestaltorientierten" katechetischen Unterrichts in der Qualität des Unterrichtsprozesses zeigen. Weil in jeder „Teilgestalt" des Glaubens der „ganze" Jesus Christus entgegentritt, sucht A. Höfer nach Lernsituationen und „Wegen", die personale und existentielle Dimension aufweisen. Durch die Therapie lernt er eine

ganze Reihe von „Übungen" kennen, die „ursprünglich" im „pädagogischen Feld" beheimatet waren und personale „Begegnung" ermöglichen. ‚Gestaltpädagogisch' zeigt dieses existentielle und personale
Lernen Ähnlichkeit zum ‚Inhalts- und Beziehungslernen' (F. Oser/
A. Höfler) und zum ‚persönlich bedeutsamen Lernen' (J. Bürmann).
A. Höfer kann darauf verweisen, daß sein Lehrstoff und seine Buchkonzeption durch die „christozentrische" Konzentration bereits seit
dem Entwurf der „Biblischen Katechese" (1966) „gestalttheoretische"
Strukturierung zeigt. Dabei betont er von Anfang an, daß die „Inhalte" der „Katechese" „anschaulich" und „konkret" vorliegen sollen
und vom Schüler in „Eigenaktivität" zu erarbeiten sind. 1975 führt er
aus, daß in der „Gestaltkatechese" die „Inhalte" als „Gestalt"/„Symbol" präsent sein sollen. „Gestalt" und „Symbol" stellt er in Abgrenzung vom „inhaltsleeren und abstrakten Begriff" als „inhaltsvoll, konkret-einmalig, real-wirklich, wirkend, unausschöpfbar und zum Sein
offen" dar.
Der Schüler kann durch „Übungen" vor allem auf dem Wege der
„Identifikation" in personale Begegnungsstrukturen einsteigen und im
kreativen Umgang mit den „Gestalten"/„Symbolen" des Glaubens zu
einer Glaubens-„Begegnung" kommen. Die Glaubens-„Begegnung"
wird einerseits durch „Begegnung" im konkreten anthropologischen
Bereich vorbereitet. Andererseits kann der Mensch als „Ebenbild
Gottes" und „Abbild Christi" in seiner „Selbstverwirklichung und
Selbstgestaltung" Gott in seinem „Selbst" Raum gewähren. „Gestalt-
katechese" will nicht nur „Begegnung" zwischen dem Schüler und
Gott ermöglichen und Wege zur ‚intersubjektiven' „Begegnung" un-
ter den Schülern weisen, sondern auch die „Selbstverwirklichung" im
Sinne biblischer Anthropologie fördern.
Ein besonderes Anliegen A. Höfers ist es, daß aus „ganzheitlicher"
Sicht auch das „Mehr" der Verkündigung im Sinne von „Verkündigen
und Heilen" verwirklicht wird. Ausgehend von der andauernden
„Kreativität Gottes" und der „Heilands"-Tätigkeit Jesu, fordert
A. Höfer eine „Katechese", die sich in besonderer Weise der Nöte
und Probleme der Schüler annimmt. Die „Gestaltkatechese" soll aus
der Heilswirklichkeit des Kerygmas „therapeutisch orientiert" sein.
Die Verknüpfung von „Verkündigen und Heilen" und die Bereitung
von existentiellen und personalen Lernsituationen stellt große An-
sprüche an den Katecheten. A. Höfer bietet darum vor allem zur Förderung der „personalen Kompetenz" des Katecheten ein „Katwhe-
tentraining" an.

A. Höfer zeigt mit seinem Entwurf der „Gestaltkatechese" einen „Weg", der im Sinne eines „ganzheitlichen" Ansatzes auf das „Mehr" des Glaubensaktes zielt, auf personale und existentielle „Begegnung" zwischen Gott und Mensch, auf „reale Zustimmung" im Gegensatz zu nur „begrifflicher" (J. H. Newman) und daher auf die „ganzheitliche" Entfaltung der „Gestalt" des Schülers angesichts des in den einzelnen „Teilgestalten" gegenwärtigen und sich mitteilenden Jesus Christus.

Allerdings ergeben sich eine Reihe von KRITISCHEN ANFRAGEN an A. Höfer und sein Konzept der „Gestaltkatechese":
* Religionspädagogisch wäre zu klären, ob „Gestaltkatechese" ein „katechetisches" Grundkonzept sein kann, oder ob eher von „gestaltkatechetischen" Elementen in der „Katechese" zu sprechen ist.
* Nach einer detaillierten Situationsanalyse und einer Erhebung der Bedingungen des schulischen Lernens müßte unter anderem die religiöse Ausgangslage der Schüler im Religionsunterricht/in der Katechese erhoben werden. Nach dieser Erhebung wäre zu fragen, inwieweit biblische Perikopen, liturgische Feiern des Kirchenjahres und die Symbole des Glaubens als „konkrete", „anschauliche" und „inhaltvolle" „Gestalten"/„Symbole" verwendet werden können, damit der religiöse und transzendente Gehalt erschlossen werden kann. Aufbauende und weiterführende Strukturierungen müßten detailliert darlegen, wie der religiöse Sinnhorizont und der Glaubenshorizont bei pluraler Ausgangslage zu erschließen ist.
* Der Lehrstoff ist in der „Biblischen Katechese" nach den „Verstehensmöglichkeiten" und „Denkstrukturen" der Schüler ausgewählt und zusammengestellt. Damit fehlt aber weitgehend eine ‚curriculare Begründung' des Lehrstoffes im Sinne einer Fachrepräsentanz und Lebensrelevanz (G. Biemer/A. Biesinger). Da durch „Identifikation" die „wirkende" Dimension, die archetypische Dynamik der „Gestalten"/ „Symbole" zur Geltung kommt, müßte auch eine differenzierte Beurteilung und Auseinandersetzung mit den entscheidenden „Gestalten"/ „Symbolen" der einzelnen Einheiten des Lehrstoffes im Lehrerhandbuch vorliegen.
* Der Bereich der Kognition wird in der „Gestaltkatechese" durch A. Höfer sicherlich unterbewertet. Deshalb wäre der Zusammenhang zu kognitiven Lernstrukturen in kritischer Hermeneutik zu erheben, die argumentative Begründung stärker zu forcieren, der Aufbau von kommunikablen Begriffs-, Symbol- und Sprachsystemen zu entwik-

keln und die gesellschaftliche und geschichtliche Dimension mehr zu beachten.

* Der Katechet – besonders wenn er nicht ‚geschult' ist – kann durch die „Gestaltkatechese" überfordert sein, da an didaktischer Aufbereitung und Strukturierung des Lernprozesses wenige Vorgaben vorhanden sind. Für die Zukunft wäre es wichtig durch Beispiele, aber auch durch konkretes Aufzeigen von Strukturierungsmustern und konkreten Strukturierungshilfen bei aller Offenheit und nötigen Intuition des Katecheten seiner Überforderung entgegenzuwirken.

* Durch konkrete Beispiele und durch fachliche und sachliche Argumentation wäre der Unterschied von Therapie und Pädagogik zu definieren und zu zeigen bzw. auf die fließenden Grenzen hinzuweisen, und in einer fachlichen und sachlichen Argumentation wären diese fließenden Grenzen darzulegen.

LEBENSLAUF: ALBERT HÖFER

1932, 1. 8.	in Lamprechtshausen, Land Salzburg, geboren; Volksschule in Lamprechtshausen; Hauptschule in Oberndorf an der Salzach
1945	erste Begegnung mit einem Mitglied der Jugendbewegung Neu-Deutschland
1945	zweite Klasse Bundesgymnasium in Salzburg
1946–1952	Privatgymnasium Borromäum in Salzburg Reifeprüfung mit ausgezeichnetem Erfolg
1952–1955	Studium an der Theologischen Fakultät in Salzburg
1955–1956	Novize im Oratorium in München Gemeinsam leben und arbeiten mit Kahlefeld (Exegese), Dessauer (Anthropologie), Tilmann (Jugendarbeit), Schreibmayr (Katechese und Dogmatik) und Teves (Spiritualität); Begegnung mit Guardini
1956–1957	Studium an der Theologischen Fakultät in Wien als Laientheologe Mitarbeit in der Hochschulgemeinde
1957–1958	Studium an der Theologischen Fakultät in Wien als Laientheologe; Mitarbeit in der Hochschulgemeinde
1957–1959	Studium an der Theologischen Fakultät in Graz Eintritt in das Priesterseminar der Diözese Graz/Seckau; Begegnung mit Regens Josef Schneiber (Jugendbewegung)
1959	Absolutorium der Theologischen Fakultät der Universität Graz Priesterweihe in Graz
1959–1961	Kaplan in Feldkirchen bei Graz Betreuung einer Juristengruppe an der Universität Wöchentlicher Bibelkreis im Priesterseminar
1961–1964	Assistenz am Katechetischen Institut bei Professor Georg Hansemann gleichzeitig Hochschulseelsorger in Graz
1963, 6. 12.	Promotion zum Doktor der Theologie mit der Dissertation „Die Entwicklung von Kerygma und Paränese in den Seckauer Kirchweihsermones vom 12. bis 15. Jahrhundert" bei Karl Amon
1964–1966	Beurlaubt zum Habilitationsstudium in München bei Theodor Kampmann
1966, 15. 3.	Habilitation in Graz mit der Arbeit „Biblische Katechese, Modell einer Neuordnung des Religionsunterrichtes bei Zehn- bis Vierzehnjährigen" bei Georg Hansemann
1966–1977	Direktor des Religionspädagogischen Institutes in Graz
1966–1968	Mitarbeit in der Hochschulgemeinde

1968–1976	Mitglied des Leitungsteams des Priesterseminars Graz
1973, 18. 7.	Außerordentlicher Universitätsprofessor
1972–1977	Provisorischer Leiter der Religionspädagogischen Akademie Graz (die Ausbildung von Religionslehrern an den Pflichtschulen, die zunächst im Bereich des Religionspädagogischen Institutes mitbetreut wurde, führte zum Aufbau der Religionspädagogischen Akademie)
1976–1980	Ausbildung für integrative Gestalttherapie am Fritz-Perls-Institut und am Institut für Pastoraltheologie der Universität Graz
1977–1985	Direktor der Religionspädagogischen Akademie Graz
1983	Errichtung des Institutes für Integrative Gestaltpädagogik und Seelsorge
1985	Aufgrund seiner Erblindung (seit 1977 vollständige Erblindung) legt A. Höfer vorzeitig das Amt des Direktors der Religionspädagogischen Akademie Graz zurück und widmet sich intensiv dem „christlich-orientierten Lehrerverhaltenstraining (Grazer Modell) – exerzitienähnliche Katechetenschulung".

VERÖFFENTLICHUNGEN

A. Höfer bis Februar 1989
(Die Großbuchstaben geben die Kurzbezeichnung in dieser Arbeit an.)

1. BEVORMUNDUNG oder Hilfe? Eine kritische Betrachtung, in: Blätter 12 (1957) 8
2. Kennen wir noch den HYMNUS? in: Bibel und Liturgie 35 (1961/62) 151–163
3. STEFANUS voll Kraft und Gnade, in: Bibel und Liturgie 35 (1961/62) 221 ff.
4. Drei BIBELBETRACHTUNGEN: Und er schloß mit ihnen seinen Bund. Ihr Halsstarrigen und Unbeschnittenen an Herz und Ohren. Ich sehe den Himmel offen, in: Bibel und Liturgie 35 (1961/62) 280–287
5. LEKTIONSPLAN für den katholischen Religionsunterricht an den Pflichtschulen, Graz–Wien–Köln 1963
6. WEIHNACHTLICHES CHRISTENTUM, Das christliche Dasein nach den Kindheitsevangelien (Mt 1–2, Lk 1–2), in: Bibel und Liturgie 36 (1962/63) 78–83
7. Die Entwicklung von KERYGMA UND PARÄNESE in den Seckauer Kirchweihsermones vom 12. bis 15. Jh., Diss. theol., Graz 1963
8. Die CHRISTUSBOTSCHAFT der Kindheitsevangelien. Eine kerygmatische Besinnung, in: Bibel und Liturgie 37 (1963/64) 113–123
9. Predigt bei einer TRAUUNG, in: Bibel und Liturgie 37 (1963/64) 398 f.
10. Zwei unbekannte SERMONES des Caesarius von Arles, in: Revue Benedictine, Tome LXXIV, Nos 1–2, 1964, 44–53
11. Das TISCHGEBET. Tischgebete für Familien und Gemeinschaften zu allen Tagen, Klosterneuburg 1964
12. Die SECKAUER KIRCHWEIHPREDIGT im Mittelalter, in: Benno Roth, Geschichte und Kultur, Wien–München 1964, 309–316
13. FÜRBITTEN, Klosterneuburg 1965
14. Pastoraltheologische Überlegungen zum KIRCHENLIED, in: Musik und Altar 17 (1965) 160 ff.
15. Neue Wege der SAKRAMENTENLITURGIE und -pastoral bei Taufe und Buße, in: Lebendige Seelsorge 16 (1965) 172–177
16. PREDIGT UND ERFAHRUNG, in: Der Seelsorger 35 (1965) 410–415
17. OSTERLITURGIE. Behelf für Pfarrgemeinden (Mitherausgeber), 3. Auflage 1965
18. Das Verständnis der Kinder für die Heilige Schrift, in: CPB 79 (1966), 15–20; 78–83 (VERSTÄNDNIS FÜR DIE HEILIGE SCHRIFT)
19. STUDENTENSEELSORGE in einer relativ autonomen Gemeinde, in: 20 Jahre Katholische Hochschuljugend Graz, 1966, 22–26
20. Biblische Katechese. Modell einer Neuordnung des Religionsunterrichtes bei Zehn- bis Vierzehnjährigen (Habilitationsschrift, ausgezeichnet mit dem Kardinal-Innitzer-Preis 1967), Salzburg 1966, 296 S. (BIBL KAT 6)
21. Die Heilige Schrift in der Schule, Bd. 1, Graz–Wien–Köln 1966 (HS 1)
22. Die Heilige Schrift in der Schule, Bd. 2, Graz–Wien–Köln 1966 (HS 2)
23. Die Heilige Schrift in der Schule, Bd. 3, Graz–Wien–Köln 1966 (HS 3)
24. Biblische Katechese. Kleines Handbuch für die siebte und achte Schulstufe, Salzburg 1966, 180 S. (BIBL KAT 5)
25. Biblische Katechese. Handbuch für die siebte und achte Schulstufe, Salzburg 1967, 282 S. (BIBL KAT 7/8)

26. Das Verhältnis von BIBEL- UND KATECHISMUSUNTERRICHT, in: Der Religionslehrer 2 (1967) 1—4
27. ERLÄUTERUNGEN ZUM NEUEN LEHRPLAN des Religionsunterrichtes an den Höheren Schulen, in: CPB 80 (1967) 132—140
28. Wie macht man eine HOMILIE? in: Gottes Wort in unserer Zeit, Wien 1967, 132—141
29. ÖFFENTLICHE BEICHTEN werden in Vorschlag gebracht, in: Der Seelsorger 37 (1967) 95—102
30. 16 LIEDER, in: Kirchenlied II, Eine Auslese geistlicher Lieder, Freiburg 1967
31. Ich glaube an Gott. Glaubensbuch für die 2. Schulstufe, hrsg. v. Fischer, Franz / Höfer, Albert / Hübl, Josef, Salzburg 1967 (GLAUBENSBUCH II)
32. Die SPRACHE DER MEDITATION, in: CPB 81 (1968) 67—72
33. Zur Verkündigung der PASSION Jesu, in: Der Seelsorger 38 (1968) 127—140
34. BUSSE als Frohbotschaft (Mk 2,14—16; Lk 15,1—10). Eine Katechese im sechsten Schuljahr, in: Stachel, Günter (Hrsg.), Bibelkatechese (Reihe: Unterweisen und Verkünden), Einsiedeln 1968
35. PREDIGT UND heutige EXEGESE. Eine Handreichung für den Seelsorger, Freiburg-Basel-Wien 1968, 221 S.
36. Glaubensbuch 5, Graz–Wien–Köln 1968, 124 S. (GLAUBENSBUCH 5 [1968])
37. Glaubensbuch 6, Graz–Wien–Köln 1968, 132 S. (GLAUBENSBUCH 6 [1968])
38. Grundsätze, nach denen der LEHR- und LEKTIONSPLAN von der 1. bis 4. Volksschule aufgebaut ist, in: CPB 81 (1968) 206—227
39. Der neue BIBELKATECHISMUS, in: CPB 81 (1968) 228
40. Stimme zur BUSSERZIEHUNG, in: CPB 81 (1968) 348—351
41. ORATION oder heutiges Gebet? in: CPB 82 (1969) 50 ff.
42. Kurzeinführungen, in: LEKTIONAR für besondere Anlässe, Salzburg 1969
43. MODELLE EINER PASTORALEN LITURGIE. Vorschläge zur Reform, Graz–Wien–Köln 1969, 257 S.
44. JESUS VON NAZARETH. Zwanzig biblische Katechesen, Salzburg 1969, 101 S.
45. Glaubensbuch 7, Graz–Wien–Köln 1969, 116 S. (GLAUBENSBUCH 7 [1969])
46. Glaubensbuch 8, Graz–Wien–Köln 1969, 132 S. (GLAUBENSBUCH 8 [1969])
47. ÖSTERREICHISCHER RAHMENPLAN für den römisch-katholischen Religionsunterricht. 1. bis 4. Klasse Volksschule, hrsg. v. Religionspädagogischen Institut Graz u. v. Katechetischen Institut Wien (f. Inhalt verantwortlich: A. Höfer), Mödling 1969, 108 S.
48. PSALMENLIEDER für den Gottesdienst, Auswahl und Textgestaltung, Wien 1969, 67 S.
49. KINDER SIND ANDERS, in: CPB 82 (1969) 327—329; 83 (1970) 50—52. 105—107;
    ebenfalls in: Fink, Hans / Korherr, Edgar (Hrsg.) Neue Schwerpunkte der Katechese in der Volksschule, Wien 1970, 9—26
50. Die Bedeutung des BIBELUNTERRICHTES, in: CPB 83 (1970) 135—138
51. BIBELKATECHISMUS OHNE SYSTEMATIK, in: CPB 83 (1970) 140 ff.
52. Biblische Katechese. Handbuch für die fünfte und sechste Schulstufe, Salzburg 1970 (2. veränderte Auflage), 288 S. (BIBL KAT 5/6)
53. THESEN zum Religionsunterricht an der 7. Klasse der Höheren Schule, in: CPB 83 (1970) 218—224
54. Was heißt „ERLÖSUNG"? Theorie und 15 Katechesen, Salzburg 1970, 146 S.
55. UNIVERSALISMUS des Heils (Lk 3,1—6), in: Prediger und Katechet 110 (1970/71) 22—24

56. DIE GRÖSSE JESU, in: Prediger und Katechet 110 (1971) 126 f.
57. JESUS UNTER UNS, in: Prediger und Katechet 110 (1971) 148 ff.
58. LERNZIELE im Religionsunterricht, in: CPB 84 (1971) 65−83
59. HANDELN AUS DEM GLAUBEN. Handbuch zum Religionsunterricht für die siebte Schulstufe, Salzburg 1971, 363 S.
60. LEBENSFRAGEN − GLAUBENSFRAGEN. Handbuch und Vorlesebuch für den Religionsunterricht in der achten Schulstufe, Bd. 1, Bd. 2, Salzburg 1971 (265 S./136 S.)
61. DER NEUE RELIGIONSUNTERRICHT, Eine Einführung in die 1.−8. Schulstufe, Graz 1972, 142 S.
62. Höfer, Albert / Zisler, Kurt, KATECHETISCHES VORLESEBUCH, Bd. 1, Bd. 2, Salzburg 1972 (448 S./380 S.)
63. RELIGIONSBUCH 5, Donauwörth 1973, 120 S.
64. RELIGIONSBUCH 6, Donauwörth 1973, 112 S.
65. RELIGIONSBUCH 7, Donauwörth 1973, 134 S.
66. RELIGIONSBUCH 8, Donauwörth 1973, 144 S.
67. LEHRERHEFT zu den Religionsbüchern 5−8, erarbeitet von Höfer, Albert / Baur, Andreas, Donauwörth 1973, 47 S.
68. MEDITATION, in: Praktisches Wörterbuch der Religionspädagogik und Katechetik, hrsg. v. Korherr, Edgar / Hierzenberger, Gottfried, Wien 1973, Sp. 639−642
69. MORAL LERNEN durch die heutige Schule? in: CPB 86 (1973) 294−297
70. Albert Höfer IN EIGENER SACHE, in: Kat Bl (1973) 704 f.
71. Überlegungen zur ERSTBEICHTE, in: CPB 87 (1974) 100 f.
72. Höfer, Albert / Höfler, Alfred, DAS GLAUBEN LERNEN. Schwerpunkte der Religionspädagogik, Donauwörth 1974, 165 S.
73. Zum HEUTIGEN RELIGIONSUNTERRICHT, in: Steirische Berichte, Heft 3, 1974
74. Arbeitsbuch für FIRMHELFER. 15 Gruppenstunden, Graz−Wien−Köln 1975, 167 S.
75. PRIRUCNIK za katekizam 5 i 6, Zagreb 1975
76. Höfer, Albert / Feiner, Franz, PRACTICNE vjebbe za nove katekisme, Zagreb 1975
77. Bildmeditationen mit Ikonen, in: CPB 88 (1975) 325−331; mit Dia erschienen: Ried im Innkreis 1976 (BILDMEDITATIONEN 1)
78. VERKÜNDIGUNG − GEHORSAM UND KREATIVITÄT, in: Gruber, Winfried, Marienpredigten. 31 Ansprachen für Marienfeiern, Graz−Wien−Köln 1975, 76−81
79. WIR RÜHMEN DICH König der Herrlichkeit, in: Gotteslob, Katholisches Gebets- und Gesangbuch der deutschen Bistümer, 1975, Nr. 483, 478
80. ÜBUNG UND ERFAHRUNG im RU, in Praxis 5, (1975/4) 2−17
81. Bildmeditationen mit Ikonen, in: CPB 89 (1976) 73−77 (2. Teil); mit Dia erschienen: Ried im Innkreis 1976 (BILDMEDITATIONEN 2)
82. Höfer, Albert / Tröbinger, Gertraud / Feiner, Franz, Praktische Schülerübungen zu den Religionsbüchern 5−8. Grundlegung, Donauwörth 1976, 64 S. (SCHÜLER-ÜBUNGEN 5−8)
83. Höfer, Albert / Höfler, Alfred, Praktische Schülerübungen zu Religionsbuch 5, Donauwörth 1976, 32 S. (SCHÜLERÜBUNGEN 5)
84. Höfer, Albert / Perstling, Hans, Praktische Schülerübungen zu Religionsbuch 6, Donauwörth 1976, 38 S. (SCHÜLERÜBUNGEN 6)

85. Höfer, Albert / Feiner, Franz, Praktische Schülerübungen zu Religionsbuch 7, Donauwörth 1976, 39 S. (SCHÜLERÜBUNGEN 7)

86. Höfer, Albert / Feiner, Franz, Praktische Schülerübungen zu Religionsbuch 8, Donauwörth 1976, 29 S. (SCHÜLERÜBUNGEN 8)

87. ICH – DU – WIR, in: Schrettle, Anton, Thema: Befreiung – Erlösung, Wien, Salzburg–Basel 1976, 227 f.

88. FORUM: KATECHISMUS, in: Diakonia 8 (1977) 267 f.

89. Glaubensbuch 5, hrsg. v. Höfer, Albert zusammen mit Feiner, Franz / Höfler, Alfred / Krameritsch, Hans / Perstling, Johann / Seiler, Wolfgang, Graz–Wien–Köln 1977, 128 S. (GLAUBENSBUCH 5 [1977])

90. Höfer, Albert / Tröbinger, Gertraud / Schrettle, Anton, Lehrerhilfen zum Glaubensbuch 7, Moral: 4. bis 8. Gebot, 7. Schulstufe, Heft 2, Graz–Wien–Köln 1977, 74 S. (LEHRERHILFEN 7/2)

91. Feiner, Franz / Höfer, Albert / Krameritsch, Hans, Lehrerhilfen zum Glaubensbuch 8, Der Schüler zwischen Eltern, Gott und Klasse, 8. Schulstufe, Heft 1, Graz–Wien–Köln 1977, 44 S. (LEHRERHILFEN 8/1).

92. Glaubensbuch 6, hrsg. v. Höfer, Albert zusammen mit: Perstling, Johann / Feiner, Franz / Höfler, Alfred / Krameritsch, Hans, Graz–Wien–Köln 1978, 128 S. (GLAUBENSBUCH 6 [1978])

93. Glaubensbuch 7, hrsg. v. Höfer, Albert zusammen mit: Höfler, Alfred / Feiner, Franz / Krameritsch, Hans / Perstling, Johann, Graz–Wien–Köln 1978, 128 S. (GLAUBENSBUCH 7 [1978])

94. Glaubensbuch 8, hrsg. v. Höfer, Albert, zusammen mit: Krameritsch, Hans / Feiner, Franz / Höfler, Alfred / Perstling, Johann, Graz–Wien–Köln 1978, 128 S. (GLAUBENSBUCH 8 [1978])

95. BEICHTPRAXIS UND MORALPÄDAGOGIK, in: CPB 91 (1978) 269 f.

96. Höfer, Albert unter Mitarbeit von Feiner, Franz / Perstling, Johann / Schrettle, Anton, DIE NEUEN GLAUBENSBÜCHER, Einführung in die integrative Religionspädagogik 5.–8. Schulstufe, Graz–Wien–Köln 1979, 206 S.

97. ARBEITSHILFEN IV, hrsg. v. Autorenteam: Feiner – Höfer – Höfler – Krameritsch – Perstling, im Auftrag der ILK, Inhalt und Vorwort, RPI Kärnten, Klagenfurt o. J.

98. Die GESTALTKONZEPTION in der Katechese, in: Kat Bl 106 (1981) 42–48.51

99. Christlich-orientiertes LEHRERVERHALTENSTRAINING, Exerzitienähnliche Katechetenschulung, in: CPB 94 (1981) 271 ff.

100. MARIA als katechetische Gestalt, in: Kat Bl (1981) 623 ff.

101. Höfer, Albert /Thiele, Johann, SPUREN DER GANZHEIT, Impulse für eine ganzheitliche Religionspädagogik, München 1982, 165 S.

102. Höfer, Albert und Mitarbeiter, GESTALT DES GLAUBENS. Beispiele gestaltorientierter Katechese, Vorwort und Einleitung von Johannes Thiele. Unter Mitarbeit von Lachmayer, Elisabeth / Glettler, Manfred / Reischl, Werner / Ules, Ewald, München 1982, 164

103. TORE ZUM GLÜCK, hrsg. v. Interdiözesanen Katechetischen Fond; erarbeitet von Dedl, Wolfgang / Feiner, Franz / Glettler, Manfred / Höfer, Albert / Krameritsch, Hans / Reischl, Werner / Scharer, Matthias / Tröbinger, Gertraud / Ules, Ewald, Klagenfurt u. a. 1982 ff., 96 S.

104. HEUTE AN GOTT GLAUBEN, in: Arbeitshilfen V, Lehrerhandbuch zum Schul- und Werkbuch für den Religionsunterricht an Polytechnischen Lehrgängen und einjährigen Formen der Berufsbildenden Mittleren Schulen, hrsg. v. Autoren-

206

team: Dedl – Feiner – Glettler – Höfer – Krameritsch – Reischl – Scharer – Tröbinger – Ules. Im Auftrag der ILK. RPI Klagenfurt, o. J., 47–57

105. JESUS LEBT, in: Arbeitshilfen V, Lehrerhandbuch zum Schul- und Werkbuch für den Religionsunterricht an Polytechnischen Lehrgängen und einjährigen Formen der Berufsbildenden Mittleren Schulen, hrsg. v. Autorenteam: Dedl – Feiner – Glettler – Höfer – Krameritsch – Reischl – Scharer – Tröbinger – Ules. Im Auftrag der ILK. RPI Klagenfurt, o. J., 117–128

106. Mein SCHUTZENGEL, in: Festschrift zum Pfarrjubiläum der Schutzengelpfarre in Graz, Graz 1982, o. S.

107. SCHULANFÄNGER, in: Werkblätter der Gemeinschaft Katholischer Erzieher in der Steiermark, 4, 1982, 13 f.

108. Glaubenswissen und Glaubenstugend in der Katechese, in: Praxis, Katechetisches Arbeitsblatt 14 (1983/2) 2–17; ebenfalls erschienen in der Reihe Gedanken zu (RPI) Graz, Nr. 4, 1983 (GLAUBENSWISSEN – GLAUBENSTUGEND)

109. Das „INSTITUT für Integrative Gestaltpädagogik und Seelsorge", in: Kat Bl 109 (1984) 716 ff.

110. ZUM GESTALTWANDEL IN DER SITTLICHEN ENTWICKLUNG, in: Höfer, Albert / Glettler, Manfred / Hadolt, Karl, Religionspädagogik und Gestaltpädagogik, Reihe: Im Blickpunkt 2 (RPI) Graz 1985, 3–18

111. SELBSTVERWIRKLICHUNG UND SELBSTGESTALTUNG, in: Höfer, Albert / Glettler, Manfred / Hadolt, Karl, Religionspädagogik und Gestaltpädagogik, Reihe: Im Blickpunkt 2 (RPI) Graz 1985, 19–34

112. DIE GESTALTKATECHESE, in: Höfer, Albert / Glettler, Manfred / Hadolt, Karl, Religionspädagogik und Gestaltpädagogik, Reihe: Im Blickpunkt 2 (RPI) Graz 1985, 35–50

113. ÜBER DIE TRINITARISCHE GESTALT DER VERKÜNDUNG, in: Höfer, Albert / Glettler, Manfred / Hadolt, Karl, Religionspädagogik und Gestaltpädagogik, Reihe: Im Blickpunkt 2 (RPI) Graz 1985, 51–67

114. Wie verstehe ich die BIBEL RICHTIG? – Zur Bibelausstellung Graz-Kalvarienberg, Graz 1986 (Eigenverlag), 14 S.

115. Seinem Glauben eine GESTALT GEBEN, in Kat Bl 112 (1987), 123

116. GESTALTPÄDAGOGISCHE BIBELARBEIT, in: W. Langer (Hrsg.), Handbuch der Bibelarbeit, München 1987, 239 ff.

117. GESTALTPÄDAGOGIK und Religionspädagogik, in: Informationen für den Religionslehrer. Bistum Limburg, 2–3/88, 3 f.

118. CHRISTUSIKONEN – SINGEN, Graz 1988 (Eigenverlag), 40 S.

119. KANTORENHEFT, o. O., o. J. (Eigenverlag), 43 S.

120. LEHRER UND SCHÜLER, in: Welt in Christus, 199 (1/2 1989), 15 f.

ABKÜRZUNGEN

BK	Biblische Katechese
CPB	Christliche pädagogische Blätter. Zeitschrift für den katechetischen Dienst, Wien 1887 ff.
GB/Gb	Glaubensbuch
GK	Gestaltkatechese
GP	Gestaltpädagogik
GTh	Gestalttherapie
HS	Heilige Schrift in der Schule
IKD	Institut Kirchlicher Dienste
ILK	Interdiözesane Lehrbuchkonferenz
ITh	Integrative Therapie, Paderborn 1975 ff.
Kat Bl	Katechetische Blätter. Zeitschrift für Religionsunterricht, Gemeindekatechese, Kirchliche Jugendarbeit, München 1975 ff.
Kl	Klaushofer
LThK	Lexikon für Theologie und Kirche, Bd. 1–10, begründet von Michael Buchberger, 2., völlig neu bearbeitete Auflage, hrsg. v. Josef Höfer u. Karl Rahner, Freiburg i. Br. 1957–1965.
ÖKD	Österreichisches Katechetisches Direktorium für Kinder- und Jugendarbeit, hrsg. v. d. „Österreichischen Kommission für Bildung und Erziehung" des Sekretariates der österreichischen Bischofskonferenz mit Gutheißung der österreichischen Bischofskonferenz, Wien 1981.
PuK	Der Prediger und Katechet. Praktische katholische Zeitschrift für die Verkündigung des Glaubens, München 1950 ff.
RB	Religionsbuch
RPA	Religionspädagogische Akademie
RpB	Religionspädagogische Beiträge, Kaarst 1978 ff.
RPI	Religionspädagogisches Institut
rhs	Religionsunterricht an höheren Schulen, Düsseldorf 1978 ff.
ThQ	Theologische Quartalschrift, Tübingen 1818 ff.

ANMERKUNGEN

Zu: PERSÖNLICHE VORBEMERKUNGEN

1) Intensives Methodentraining vom 30. 5. bis 4. 6. 1976
2) Siehe unten (10. 3.)
3) An der Religionspädagogischen Akademie werden Religionslehrer für den Pflicht-schulbereich ausgebildet.
4) Vgl. INSTITUT; im folgenden werden die Veröffentlichungen von A. Höfer durch Kurzbezeichnungen mit Großbuchstaben angegeben. - (Siehe: Gesamtveröffentli-chungen von A. Höfer)
5) Johann W. Klaushofer, Verkündigung und Gestalt. Katechese (Religionsunterricht) am Beispiel Albert Höfers, Dissertation, Salzburg 1986. - Die vorliegende Arbeit ist eine Neu- und Kurzfassung des vierten Kapitels ,,Die Gestaltkatechese", Seite 398 bis 824.

Zu: EINLEITUNG

1) ,,Kerygma" und ,,Verkündigung" werden bei A. Höfer und in diesem Buch syn-onym verwendet.
2) Vgl. GLAUBENSWISSEN - GLAUBENSTUGEND, 3.
3) BIBL KAT 6, 129.
4) Bis heute wird der Religionsunterricht in Österreich als ,,Katechese in der Schule" verstanden. Vgl. Österreichisches Katechetisches Direktorium für Kinder- und Ju-gendarbeit, hrsg. v. d. Österreichischen Kommission für Bildung und Erziehung des Sekretariats der Österreichischen Bischofskonferenz, Wien 1981, 7-9.
5) BIBL KAT 6, 26.
6) Vgl. ebd., 26 ff.
7) Ebd., 19.
8) Ebd., 31.
9) Vgl. DIE GESTALTKATECHESE, 35-40.
10) BIBL KAT 6.
11) Röm 10, 9: ,,Herr ist Jesus" und ,,Gott hat ihn auferweckt!" - vgl. BIBL KAT 6, 88f.
12) Vgl. BIBL KAT 6, 87-109.
13) Vgl. ebd. 19-86.
14) Vgl. ebd. 91ff.
15) Vgl. ebd. 109-116.
16) Vgl. ebd. 113.
17) Ebd. 94.
18) Ebd. 102.
19) Ebd. 93.
20) BIBL KAT 6 ist die Habilitationsschrift. Es folgten BIBL KAT 5 und BIBL KAT 7/8. Damit waren Perikopen-Reihen und Themen für die fünfte bis achte Schul-stufe vorgelegt.
21) BIBL KAT 6, 127ff.
22) Vgl. ebd., 109-116. In Deutschland wurde der Bibelunterricht meist von Priestern, der Katechismusunterricht meist von Laien erteilt. In Österreich wurde Bibel- und Katechismusunterricht nicht von getrennten Lehrpersonen unterrichtet. De facto bestand aber doch eine deutliche Gewichtung zugunsten des Katechismusunter-richts.
23) Vgl. ebd., 113ff.
24) Johann W. Klaushofer, Verkündigung und Gestalt, 9-117.

25) A. Höfer gebraucht diesen Ausdruck für den „Prozeß des Symbolbildens" (vgl. DIE NEUEN GLAUBENSBÜCHER, 44) - siehe unten 8.2.

26) Eine detailliertere Darstellung und eine kritische Würdigung dieser Weiterentwicklung liegt bei Johann W. Klaushofer, Verkündigung und Gestalt, 118-347 vor.

27) DAS GLAUBEN LERNEN

28) Eine Darstellung und kritische Würdigung findet sich bei Johann W. Klaushofer, Verkündigung und Gestalt, 348-397. - Vgl. Franz Feiner, Lernen ethischen Handelns. Begründungskonzepte und deren Relevanz für ein Schülerbuch für die siebte Schulstufe, Dissertation, Salzburg 1986, 238-250.

29) Die Begriffe werden im folgenden einer Klärung unterzogen.

30) Vgl. BIBL KAT 6; BIBL KAT 5; BIBL KAT 7/8.

31) Vgl. HANDELN AUS DEM GLAUBEN; LEBENSFRAGEN/GLAUBENS-FRAGEN, Bd 1, Bd 2; KATECHETISCHES VORLESEBUCH, Bd 1, Bd 2.

32) Siehe unten 8.5.

33) „Im pädagogischen und religionspädagogischen Bereich halte ich ohnedies die Ausbildung wichtiger als die Belesenheit." (DIE NEUEN GLAUBENSBÜCHER, 75f.)

34) „Wir Autoren dieser Schülerübungen sind darum übergegangen, uns in Selbsterfahrung zu trainieren und die Lehrertrainings für Katecheten auszuarbeiten und anzubieten" (SCHÜLERÜBUNGEN 5,5.).

35) Vgl. LEHRERVERHALTENSTRAINING.

36) Vgl. INSTITUT.

Zu: 1. ANNÄHERUNG AN DIE GESTALTKATECHESE

1) Im folgenden wird Gestaltkatechese mit GK abgekürzt.

2) Vgl. die Skizze: DIE GESTALTKATECHESE, 39; siehe unten 2.4.

3) Im folgenden wird Gestaltpädagogik mit GP abgekürzt.

4) Hilarion G. Petzold - Johanna Sieper, Quellen und Konzepte Integrativer Agogik, in: H. G. Petzold - G. I. Brown, Gestalt-Pädagogik. Konzepte der Integrativen Erziehung, München 1977, 14.

5) Aus den oben angeführten Gründen dürfte klar sein, daß hier das Wort „Ausdruck" und nicht „Begriff" oder „Definition" verwendet werden muß.

6) Katharina Steiner, Gestalt und Gestaltkatechese (Im Blickpunkt 1), RPI Graz 1984, 28.

7) Es läßt sich nicht mehr mit Sicherheit feststellen, ob der Ausdruck „Gestaltkatechese" wirklich zu diesem Zeitpunkt geprägt wurde oder bereits vorher im Umkreis von A. Höfer in Verwendung war. A. Biesinger betont, daß seine Wortwahl zufällig war. Er hatte nicht die Absicht, eine Richtung der Katechese zu definieren.

8) Vgl. die Beschreibung des Kurses für „Pastoralberatung, Pastoralpsychotherapie und Gestaltpädagogik", in: SPUREN DER GANZHEIT, 85ff. - Eine fundierte Auseinandersetzung zu diesem Kurs liegt vor, in: Karl Heinz Ladenhauf, Integrative Therapie und Gestalttherapie in der Seelsorge. Grundfragen und Konzepte für Fortbildung und Praxis, Paderborn 1988.

9) In: DIE NEUEN GLAUBENSBÜCHER, 11-79. Integrativ versteht A. Höfer hier in Parallelität mit H. G. Petzold und seiner integrativen Therapie, wobei A. Höfer selbst nur einmal erwähnt, daß mit dem Begriff „integrativ" gemeint ist, daß alle Nachbardisziplinen der Pädagogik in der Praxis zu Hilfe genommen werden. Vgl. INSTITUT, 716f. − siehe auch unten 2.3.

10) DIE NEUEN GLAUBENSBÜCHER, 19.

11) Ebd., 11.

12) SPUREN DER GANZHEIT, 2.

13) Ebd., 66.
14) GESTALT DES GLAUBENS, 32.
15) J.Thiele, Erziehung aus dem Geheimnis von Ostern - zur Praxis gestaltorientierter Religionspädagogik, in: GESTALT DES GLAUBENS,11.
16) Vgl. SPUREN DER GANZHEIT, 17.
17) Vgl. Titel und Untertitel: Hilarion G. Petzold - George I. Brown, Gestalt-Pädagogik. Konzepte Integrativer Erziehung, a.a.O.
18) Alfred Farau - Ruth C. Cohn, Gelebte Geschichte der Psychotherapie, Stuttgart 1984, 315. (Im folgenden mit Farau/Cohn abgekürzt.)
19) Wir sehen immer schon das Gesicht des Babys und nicht Nase, Augen und Mund usw.
20) H. Rombach, Ganzheit, Ganzheitsprinzip, in: Wörterbuch der Pädagogik, Bd.1, Freiburg-Basel-Wien 1977, 339.
21) Ebd. - Hervorhebung Kl. - Rombach führt außer Platon und Aristoteles unter den Theoretikern der Ganzheit vor allem Augustinus, Thomas Cusanus, G. Bruno, B. Pascal, B. Spinoza, G. W. Leibniz, J. W. v. Goethe, G. W. Hegel, W. Schelling, W. Dilthey, E. Husserl, H. Volkelt, H. Driesch, L. v. Bertalannfy und Vertreter des Holismus an. Außerdem ist dieses Denken nicht auf Europa beschränkt: ,,Im Osten war es Lao-Tse, der von Ganzheiten sprach, die mehr sind als ein summatives Zusammenfassen von Teilen. Ebenso ist das Denken des traditionellen Afrikaners vor seiner Europäisierung von einem Welterfassen aufgrund von ,Gestaltdenken' geprägt. Er ist sich der Dinge sowie ihres Eingebettetseins in den Kosmos bewußt. Dasselbe gilt für den in Amerika lebenden Indianerstamm Hopi" (K. Steiner, a.a.O., 3f.).
22) Vgl. Wolfgang Metzger, Ganzheit - Gestalt - Struktur, in: Lexikon der Psychologie, hrsg. v. Wilhelm Arnold - Hans Jürgen Eysenck - Richard Meili, Bd. I/II, Freiburg-Basel-Wien 1976, 677.
23) Fritz Buchholtz, Die europäischen Quellen des Gestaltbegriffs. Analysen zu einer Theorie der Gestalt-Therapie (hektorgraph. Manuskript eines Referates der Gestaltpädagogiktagung), Oberwesel 1984, 25.
24) Farau/Cohn, a. a. O., 315.
25) Fritz Perls, Grundlagen der Gestalt-Therapie. Einführung und Sitzungsprotokolle, München 1976, 21 f.
26) Vgl. J. A. Jungmann, Glaubensverkündigung im Lichte der Frohbotschaft, Innsbruck 1963, 67-75.
27) Vgl. ebd., 53-58.
28) Walter Kasper, Der neue Katholische Erwachsenenkatechismus, in: Kat Bl 110 (1985), 367.
29) Vgl. DIE GESTALTKATECHESE, 36 f.
30) Vgl. Georg Hansemann, Katechese als Dienst am Glauben, Freiburg-Basel-Wien 1960.
31) Siehe unten 7.1.
32) Siehe unten 6. und 8.
33) Matthias Scharer, Thema-Symbol-Gestalt. Religionsdidaktische Begründung eines korrelativen Religionsbuchkonzeptes auf dem Hintergrund einer themen-(R. C. Cohn)/symbolzentrierten Interaktion unter Einbezug gestaltpädagogischer Elemente, Graz-Wien-Köln 1987, 193; zit. in SPUREN DER GANZHEIT, 16.
34) DIE GESTALTKATECHESE, 40 f.
35) Ebd., 47.
36) Ebd., 43-46.
37) A. Höfer zitiert Paul Watzlawick, Menschliche Kommunikation, Bern 1974,116.
38) Vgl. DIE GESTALTKATECHESE, 42.
39) Vgl. ebd., 46 f.
40) Ebd., 48.

41) Ebd., 47 - Hervorhebung Kl. - In diesem Sinn ist wohl auch das Wort Gestaltpädagogik im Titel „Institut für Integrative Gestaltpädagogik und Seelsorge" (INSTITUT, 716 ff.) zu verstehen. A. Höfer schreibt dort: „Weil wir uns einem ganzheitlichen Menschenbild in Psychologie, Anthropologie und Philosophie verpflichtet wissen, nennen wir unsere Tätigkeit Gestaltpädagogik ... Mit dem Zusatz *Integrative Gestaltpädagogik* drücken wir unsere Absicht aus, aus den verschiedenen Nachbardisziplinen das zu lernen und zu integrieren, was für die pädagogische Praxis hilfreich und wichtig ist" (ebd., 716 f.).

42) DIE GESTALTKATECHESE, 48 f.

43) Anzumerken ist, daß A. Höfer hier den Ausdruck „gestaltpädagogisch" enger verwendet als oben. Während oben der grundsätzliche existentielle Begegnungcharakter zwischen zwei Wirklichkeiten, damit auch die Begegnung zwischen konkretem Stoff und Schüler, gesehen wird, ist in diesem Abschnitt „gestaltpädagogisch" eher auf die Lehrer-Schüler-Beziehung eingegrenzt.

44) DIE GESTALTKATECHESE, 49 f.

45) Siehe unten 5.4.3.

46) Vgl. SPUREN DER GANZHEIT, 73 f.

47) Wolfgang Langer, Die Vielfalt und die Mitte, in: Kat Bl 106 (1981), 49. - In dem erwähnten Artikel ist eine Antwort und kritische Stellungnahme zur GESTALTKONZEPTION von A. Höfer gegeben.

48) Vgl. J. Thiele, Vorwort, in: GESTALT DES GLAUBENS, 10.

Zu: 2. GESTALTPÄDAGOGIK

Zu: *2.1. Ansätze der Gestaltpädagogik*

1) Vgl. INSTITUT.

2) DIE GESTALTKATECHESE, 48 - Hervorhebung Kl.

3) Vgl. Dieter Funke, Themenzentrierte Interaktion als praktisch-theologisches Handlungsmodell. Versuch einer fachspezifischen Rekonstruktion, in: Lebendig lernen. Grundfragen der Themenzentrierten Interaktion, Euro-Info, Sondernummer, Zwingenberg u. a. 1984, 115-133; hier 117.

4) H. G. Petzold - G. I. Brown, Gestalt-Pädagogik, a. a. O. (im folgenden mit Petzold/Brown abgekürzt).

5) Hilarion G. Petzold - Johanna Sieper, Quellen und Konzepte integrativer Agogik, in: Petzold/Brown, a. a. O., 14 (im folgenden mit Petzold/Sieper abgekürzt).

6) Das hat auch zur Folge, daß „Gestaltpädagogik aufgrund ihrer unterschiedlich skizzierten Ausprägungen oft zum Angelpunkt kontroverser Kritiken" wird (Wiltrud Krauß, Entstehungsgeschichte der Gestaltpädagogik, in: Annedore Prengel [Hrsg.], Gestalt-Pädagogik, Therapie, Politik und Selbsterkenntnis in der Schule, Weinheim-Basel 1983, 61). - Geradezu typisch scheint zu sein, daß in der Darstellung eines gestaltpädagogisch orientierten Unterrichtsversuches bei Burow - Scherpp als erstes Problem während des Versuchs die Frage auftaucht: „Was ist das Spezifische des gestaltpädagogischen Ansatzes? (Unklares Theoriekonzept, verschwommene Ziele)" (Olaf-Axel Burow - Karlheiz Scherpp, Lernziel: Menschlichkeit. Gestaltpädagogik - eine Chance für Schule und Erziehung, München 1981, 149 - im folgenden mit Burow/Scherpp abgekürzt).

7) W. Krauß, Entstehungsgeschichte der Gestaltpädagogik, a. a. O., 61 - Hervorhebung Kl.

8) „Gestaltpädagogik ist ein Sammelbegriff für pädagogische Konzepte, die sich weitgehend an den theoretischen und praktischen Vorstellungen der Gestalt-Therapie und der Gestaltpsychologie orientieren" (Burow/Scherpp, a. a. O., 119). - „Unter dem Begriff ‚Gestaltpädagogik' kann eine Reihe von Ansätzen zusammengefaßt werden, die auf dem Hintergrund der Humanistischen Psychologie, des Existentia-

lismus und Experientialismus entstanden sind und in wesentlichen Konzepten ihrer Theorie und Praxis auf der Gestalt-Therapie von F. S. Perls und Paul Goodman aufbauen" (H. G. Petzold, Gestaltpädagogik, in: Petzold/Brown, a. a. O., 7).

9) Diese Behauptung wird sich im folgenden noch erhärten.
10) H. Petzold, Vorwort zur deutschen Ausgabe, in: G. I. Brown - H. G. Petzold, Gefühl und Aktion. Gestaltmethoden im integrativen Unterricht, Frankfurt a. M. 1978, 11 - im folgenden mit Brown/Petzold abgekürzt.
11) Ebd., 10 - Hervorhebung Kl. - Vgl. den Buchtitel bei Burow/Scherpp.
12) David Gorton behauptet das gleiche auch von Gestalttherapeuten. Vgl. ders., Der historische Hintergrund der Gestalttherapie, in: ITh 9 (1983), 84.
13) Vgl. Wilfried Faber, Leitsätze und Verfahren in der Gestaltpädagogik, in: Kat Bl 108 (1983), 365.
14) Petzold/Sieper, a. a. O., 15-21.
15) Vgl. G. Fatzer, Humanistische Pädagogik, in: ITh 9 (1983), 267.
16) Hier steht im Text „Integrative Erziehung". In unserem Zusammenhang wird „Integrative Erziehung" mit „Confluent Education" wiedergegeben. - Vgl. auch die Übersetzung bei: H. Petzold, Vorwort, in: Brown/Petzold, a. a. O., 10.
17) G. Brown, Menschlich sein heißt integrativ sein, in: Petzold/Brown, a. a. O., 38 - Hervorhebung Kl.
18) Vgl. Albert Biesinger, Die vergessene Kategorie des Emotionalen im Religionsunterricht, in: rhs 22 (1979), 155-161; ders., Die Kategorie des Emotionalen in der religiösen Erziehung, in: Ders. - Winfried Nonhoff (Hrsg.), Religionsunterricht und Schülerpastoral, München 1982, 32-49.
19) Vgl. A. Prengel - M. Philipps, „Many students want both: To learn moreabout themselves and to learn ways of changing the system". Interview über amerikanische Erfahrungen mit „Confluent Education" in Institutionen, in: A. Prengel, Gestalt-Pädagogik, a. a. O., 67.
20) Vgl. W. Zünd, Schule und Integrative Pädagogik, in: Petzold/Brown, a. a. O., 124.
21) G.Fatzer, Humanistische Pädagogik, a. a. O., 267 - Hervorhebung Kl.
22) Zur Klärung des Begriffs „integrativ" siehe unten 2.3.
23) Hilarion G. Petzold, Gestaltpädagogik, in: Petzold/Brown, Gestaltpädagogik, a. a. O., 11.
24) Vgl. Hilarion Petzold, Moderne Methoden psychologischer Gruppenarbeit in der Erwachsenenbildung, in: Erwachsenenbildung 3 (1971), 160-178.
25) Vgl. Hilarion G. Petzold - Elisabeth Bubolz, Bildungsarbeit mit alten Menschen, Stuttgart 1976, zit. nach : Hilarion G. Petzold, Gestaltpädagogik, a. a. O., 13.
26) Vgl. Hilarion G. Petzold - Chr. Geibel, „Komplexes Kreativitätstraining" in der Vorschulerziehung durch Psychodrama, Puppenspiel und Kreativitätstechniken, in: Hilarion G. Petzold (Hrsg.), Angewandtes Psychodrama, Paderborn 1972, 1977, zit. nach: H. G. Petzold, Gestaltpädagogik, a. a. O., 13.
27) Vgl. H. G. Petzold - G. I. Brown, Gestalt-Pädagogik. Konzepte der Integrativen Erziehung, a. a. O.
28) Vgl. Jacob L. Moreno, Gruppenpsychotherapie und Psychodrama. Einleitung in die Theorie und Praxis, Stuttgart ^{2}1973.
29) Vgl. H. G. Petzold, Gestaltpädagogik, a. a. O., 11.
30) Ebd. - Vgl. zur Dimension des Leibes auch ders., Integrative Körper- und Bewegungserziehung, in: Brown/Petzold, a. a. O., 100-114.
31) H. G. Petzold, Gestaltpädagogik, a. a. O. - Hervorhebung Kl.
32) Vgl. H. G. Petzold, Das Korrespondenzmodell in der Integrativen Agogik,in: ITh 4 (1978), 54, Anm. 1.
33) Petzold/Sieper, a. a. O., 14.
34) Vgl. Th. Besems, Überlegungen zu intersubjektivem Unterricht in der Integrativen Pädagogik, in: Petzold/Brown, a. a. O., 45-75; A. Prengel (Hrsg.), Gestalt-Pädagogik, Therapie, Politik und Selbsterkenntnis in der Schule, a. a. O.

35) Vgl. Burow/Scherpp, a. a. O., 125 f.
36) Vgl. H. G. Petzold, Gestaltpädagogik, a. a. O., 11.
37) Zur Frage TZI und GP vgl. auch H. Reiser, Die themenzentrierte Interaktion als pädagogisches System im Vergleich zur Gestaltpädagogik, in: A. Prengel (Hrsg.), Gestalt-Pädagogik, a. a. O., 253-277: Für Reiser sind TZI und GP Geschwister, die „aus der gleichen Familie" kommen. - W. Krauß zieht es hingegen vor, die TZI „nicht dazu zu rechnen", da Ruth Cohn einen „separaten Ansatz" mit einigen Gestaltelementen hat, die aber ihrerseits wieder „zur Bereicherung der Gestaltpädagogik" beitragen können (W. Krauß, Entstehungsgeschichte der Gestaltpädagogik, in: A. Prengel [Hrsg.], Gestalt-Pädagogik, a. a. O., 60).
38) Vgl. Farau/Cohn, a. a. O., 352-375.
39) R. C. Cohn führt aus: „TZI ist *kein Abkömmling* der Gestalttherapie, sondern entstand aus meinem besonderen Background heraus: aus der Psychoanalyse, dem Beginn der Gruppenpsychotherapien und, konkret gesprochen, aus meinem Gegenübertragungsworkshop. Der *Irrtum*, daß TZI ein Kind der Gestalttherapie sei, erklärt sich z. T. daraus, daß ich mich selbst als *Schülerin* von *Fritz Perls* bezeichnet habe, was aber nur für die *Methodik* der Gestalttherapie selbst gilt. Ich war und blieb der *Erlebnistherapie*, die ich durch eigene Arbeit und durch den Einfluß der Atlanta Psychiatric Clinic als Grundlage der TZI und meiner therapeutischen Arbeit betrachte, am nächsten. Daß andere Einflüsse, frühere und spätere - vor allem die Erfahrung der Bankstreet Schools und die Begegnung mit Fritz -, Einfluß ausgeübt haben, widerspricht nicht meinem ‚Hauptgleis'. Daß es außerdem unbewußte und unwißbare Einflüsse gibt, die Farau als geistige Osmose und Jung als Synchronizität bezeichnet hat, ist selbstverständlich" (ebd., 585 f. - Hervorhebung Kl.).
40) Ebd., 586: R. C. Cohn führt aus, daß zwischen ihr und G. Brown insofern Beziehung besteht, da, wie sie sagt, „Absicht und Richtung unserer Methoden ... identisch sind; die verschiedene Herkunft und die verschiedenen Persönlichkeiten von George und mir führten zu Unterschieden". So arbeitete der Pädagoge G. Brown mehr individuell im Schulzimmer, während die Therapeutin eher sozialpsychologisch arbeitete. Beide Ansätze haben aber „zu pädagogisch-therapeutischen Methoden" geführt.
41) Burow/Scherpp sind der Ansicht, daß es nicht zu einer praxisrelevanten Theorie kommen konnte, weil aus „Profilierungsversuchen der Autoren" Unterschiede hervorgehoben und Verwirrung gestiftet wurde. Vgl. Burow/Scherpp, a. a. O., 121; vgl. auch Jörg Bürmann, Gestaltpädagogik und Persönlichkeitsentwicklung. Praktische Beispiele und theoretische Aspekte eines persönlich bedeutsamen Lernens, Bielefeld 1983, 31.
42) Vgl. DIE NEUEN GLAUBENSBÜCHER, 74; 3.
43) H. G. Petzold, Vorwort, in: Brown/Petzold, a. a. O., 9.

Zu: *2. 2. Die historischen Wurzeln der Gestaltpädagogik/Gestalttherapie*

1) Vgl. Petzold/Sieper, a. a. O., 14.
2) Vgl. Burow/Scherpp, a. a. O., 119.
3) Im folgenden wird Gestalt-Therapie mit GTh abgekürzt.
4) Vgl. H. G. Petzold, Gestaltpädagogik, a. a. O., 7; Burow/Scherpp, a. a. O., 119. - W. Krauß: „Die Geschichte dessen, was mittlerweile Gestaltpädagogik genannt wird, ist verhältnismäßig jung und kann nicht unabhängig von der historischen Entwicklung der Gestalttherapie gesehen werden" (W. Krauß, Entstehungsgeschichte der Gestaltpädagogik, a. a. O., 40).
5) Vgl. Lotte Hartmann-Kottek-Schroeder, Gestalttherapie, in: Handbuch der Psychotherapie, Bd.1, hrsg. v. Raymond J. Corsini, Weinheim und Basel 1983, 282 ff. - Im folgenden abgekürzt mit L. Hartmann-Kottek-Schroeder.

6) Vgl. H. G. Petzold, Die Gestalttherapie von Fritz Perls, Lore Perls und Paul Good-man, a. a. O., 5-36; L. Hartmann-Kottek-Schroeder, Gestalttherapie, a. a. O., 284-296; W. Krauß, Entstehungsgeschichte der Gestaltpädagogik, a. a. O., 40-62; Dorothea Rahm, Gestaltberatung, Paderborn 1979, 157-163. - Eine ausführliche Auseinandersetzung mit den Quellen liegt vor bei K. H. Ladenhauf, Integrative Therapie, a. a. O., 17-73.

7) Vgl. Katharina Steiner, Gestalt und Gestaltkatechese, a. a. O., 35. - Gestalt bzw. Gestaltpsychologie ist nicht immer als erste Quelle angegeben. H. Petzold versucht nachzuweisen, daß die Auswirkungen der Gestaltpsychologie auf die Gestaltthera-pie noch nicht voll geklärt sind (vgl. H. G. Petzold, Die Gestalttherapie von Fritz Perls, Lore Perls und Paul Goodman, a. a. O., 27-35). So ist auch die Wahl des Begriffs „Gestalt" für „Perls 1950/51 mehr aus dem *Augenblick* als aus einer beson-deren Affinität motiviert". F. Perls dachte nach H. Petzold eher „an *Konzentra-tions-Therapie* oder so etwas ähnliches", aber die Gestaltpsychologie hatte „durch die bedeutenden Emigranten in den USA einen guten Namen" und auf dieser Welle wollte F. Perls mitschwimmen (ebd., 32 f. - Hervorhebung Kl.).

8) GTh ist wie GP ein offenes System und entzieht sich weitgehend der Definition. H. Petzold definiert sie als ein „tiefenpsychologisch fundiertes Verfahren der Psycho-, Sozio- und Leibtherapie, das psychoanalytisches und phänomenologisches Gedan-kengut zu einem Ansatz dialogischer und ganzheitlicher Behandlung verbindet. Durch Zentrierung auf leibliches Erleben, emotionalen Ausdruck und kognitive Einsichtsprozesse soll ein integriertes Selbst erhalten, entwickelt und - wo erforder-lich - wiederhergestellt werden" (H. G. Petzold, Die Gestalttherapie von Fritz Perls, Lore Perls und Paul Goodman, in: ITh 10 [1984], 5).

9) Der Ausdruck Gestalttheorie wird von verschiedenen Autoren auf all diese Rich-tungen angewandt. So wird etwa die Berliner Richtung der Gestaltpsychologie ein-fach „Gestalttheorie" der „Berliner Schule" genannt (H. J. Walter, Gestalttheorie und Psychotherapie, Darmstadt 1977). Ein andermal heißt die Psychologie, die die „Isomorphie" zur psychophysischen Arbeitssynthese erhebt, bei W. Köhler „Ge-stalttheorie" (vgl. W. Metzger, Ganzheit - Gestalt - Struktur, in: Wilhelm Arnold u. a. (Hrsg.), Lexikon der Psychologie, Bd.1, Freiburg-Basel-Wien ²1972 [1971], 682). Gestalttheorie steht aber manchmal auch synonym für GTh (vgl. M. Philipps, Confluent Education als Integrative Pädagogik, in: Brown/Petzold, a. a. O., 14).

10) Vgl. Fritz Buchholtz, Die europäischen Quellen des Gestaltbegriffs, a. a. O.

11) W. Metzger, Ganzheit - Gestalt - Struktur, a. a. O., 675.

12) Ebd., 679.

13) Vgl. K. Steiner, Gestalt und Gestaltkatechese, a. a. O., 3.

14) Karl Heinz Ladenhauf, Gestalttheorie und Gestalttherapie, in: Gestalt-Bulletin 3 (1981), 43.

15) Vgl. Ferdinand Weinhandl, Über das aufschließende Symbol, Berlin 1929, 117-125.

16) Siehe unten: Kurt Lewin.

17) Die Hauptvertreter sind F. Krueger, F. Sander, H. Volkelt, O. Klemm. Diese Schule wird oft mit „*Ganzheitspsychologie*" in Verbindung gebracht (vgl. U. Un-deutsch, Ganzheitspsychologie, in: H. Rombach [Hrsg.], Lexikon der Pädago-gik, Bd. 2, Freiburg i. Br. 1972, 57 ff.).

18) Hauptvertreter sind W. Köhler, K. Koffka, M. Wertheimer; später K. Lewin und W. Metzger. Diese Schule wird mit dem Begriff „*Gestaltpsychologie*" in Verbin-dung gebracht (vgl. U. Undeutsch, Gestaltpsychologie, a. a. O., 57 ff.). Über die Berliner Schule gibt es eine umfassende Arbeit (vgl. H. J. Walter, Gestalttheorie und Psychotherapie, a. a. O.). - Sie ist nicht zu verwechseln mit der „Berliner Schule" von B. Heimann und der lerntheoretischen Didaktik" und deren Weiterentwicklung (vgl. Wolfgang Schulz, Unterrichtsplanung. Mit Materialien aus Unterrichtsfä-chern, München-Wien-Baltimore³ 1981).

19) K. H. Ladenhauf, Gestalttheorie, a. a. O., 42 - Hervorhebung Kl.

215

20) Vgl. ebd. 43 f.
21) Vgl. ebd. 44.
22) Vgl. F. Weinhandl, Christian von Ehrenfels. Sein philosophisches Werk, in: Ders. (Hrsg.), Gestalthaftes Sehen, Darmstadt[4] 1978 (1960), 1-10.
23) Vgl. W. Metzger, Was ist Gestalttheorie?, in: K. Guss (Hrsg.), Gestalttheorie und Erziehung, Darmstadt 1975. Ehrenfels hat herausgefunden, daß eine Gestalt dann vorhanden ist, wenn die Ähnlichkeit im Zusammensein der einzelnen Glieder erhalten bleibt, falls es eine *tonale* oder *räumliche Veränderung* der Grundlage gibt. Als Gestalt kann sie aber erst dann wahrgenommen werden, wenn sie sich von der Umgebung abhebt. So kam Ehrenfels auf die *Gestaltqualitäten,* die als „Ehrenfelskriterien" in die Literatur eingehen (vgl. K. Steiner, Gestalt und Gestaltkatechese, a. a. O., 7-11; K. H. Ladenhauf, Gestalttheorie, a. a. O., 45-48; vgl. von der Originalliteratur: Ch. v. Ehrenfels, Über „Gestaltqualitäten" (1890), in: F. Weinhandl (Hrsg.), Gestalthaftes Sehen, a. a. O., 11-43; Ch. v. Ehrenfels, Über Gestaltqualitäten (1932), in: ebd., 59 ff.
24) Ihm ist es gelungen, bei „gleichbleibenden Empfindungsreizen neue Gestalten zu sehen", wenn „mit Hilfe der Phantasie die Reize verändert werden. Da sich durch Reizveränderung die Grundlage der Gestalt ändert, ändert sich auch die Gestalt. Etwas Neues wird erlebt (Ch. v. Ehrenfels, 1890, S. 40 f.)" (K. Steiner, Gestalt und Gestaltkatechese, a. a. O. 11).
25) F. Weinhandl studierte bei Meinong in Graz und nahm das Erbe der „Grazer Schule" über München nach Kiel und Frankfurt mit. 1944 kommt er wieder nach Graz und unterrichtet bis 1965. Nach Ansicht von K. H. Ladenhauf und K. Steiner ist er noch zu wenig in seiner Bedeutung für die Gestalttherapie gewürdigt. K. H. Ladenhauf zeigt die Nähe F. Weinhandls zur Gestalttherapie auf (vgl. K. H. Ladenhauf, Gestalttheorie, a. a. O., 48-51), während K. Steiner in der „Gestaltanalyse" einen Weg gestalthaften Wahrnehmens sieht, der - ohne über die Therapie zu gehen - über das aufschließende Symbol zur GK führt. K. Steiner weist aber auch darauf hin, daß „die Methoden, die F. Perls in seiner therapeutischen Sitzung verwendete" dieselben sind, „wie sie Weinhandl in der Gestaltanalyse beschreibt: Das Wechseln von Figur und Grund, Einnehmen eines neuen Standpunktes, Zentrieren, Distanzieren, Sicheinlassen in die Dynamik unter Einbeziehung des Körpers, Phantasiearbeit (F. Perls 1979)" (K. Steiner, Gestalt und Gestaltkatechese, a. a. O., 26).
26) Vgl. F. Weinhandl, Die Gestaltanalyse, Erfurt 1927, 10.
27) Vgl. K. Steiner, Gestalt und Gestaltkatechese, a. a. O., 14.
28) K. H. Ladenhauf, Gestalttheorie, a. a. O., 48 - Hervorhebung Kl.
29) „Die gestaltanalytische Phantasie ist der Schlüssel zur gestaltanalytischen Methode überhaupt" (F. Weinhandl, Gestaltanalyse, a. a. O., 43).
30) Vgl. K. Steiner, Gestalt und Gestaltkatechese, a. a. O., 14 f.
31) Vgl. F. Weinhandl, Die Gestaltanalyse, a. a. O., 212-323; die Formulierung dieser Punkte wurde von K. Steiner, Gestalt und Gestaltanalyse, a. a. O., 15-19 übernommen.
32) K. Steiner, Gestalt und Gestaltanalyse, a. a. O., 20 ff. - F. Weinhandl hat sich in einem eigenen Buch mit dieser Frage auseinandergesetzt: Über das aufschließende Symbol, Berlin 1929. - Siehe unten 2.4.2.
33) Zeigarnik hat im anthropologischen Bereich festgestellt, daß eine Person, die bei der Erledigung einer Aufgabe unterbrochen wird, immer wieder nach der *Erledigung* dieser *Aufgabe* sucht. Die Tatsache dieser inneren Dynamik, die in der Gestalttherapie dazu führt, daß *Störungen* ernst genommen werden, wird „Zeigarnik-Effekt" genannt (vgl. Burow/Scherpp, a. a. O., 23).
34) W. Metzger, Was ist Gestalttheorie?, a.a.O., 7 f. – Hervorhebung Kl.
35) Vgl. L. Hartmann-Kottek-Schroeder, a. a. O., 290.

36) F. Perls hat 1926 bei K. Goldstein eine Assistentenstelle bekommen, vgl. Farau/Cohn, a. a. O., 315.

37) L. Hartmann-Kottek-Schroeder, a. a. O., 290. - Als Religionspädagogen müssen wir hier Vorsicht walten lassen, da eine rein innerweltliche Organismus-Theorie die Personalität und Verantwortung im christlichen Sinne gefährden würde.

38) Vgl. H. J. Walter, Gestalttheorie und Psychotherapie, a. a. O., 61-67.

39) Vgl. Farau/Cohn, a. a. O., 315; W. Krauß, Entstehungsgeschichte der Gestaltpädagogik, a. a. O., 52.

40) Vgl. Farau/Cohn, a. a. O., 316.

41) Vgl. Hartmann-Kottek-Schroeder, a. a. O., 283. Damals noch unter dem Namen Lore Posner.

42) Vgl. Farau/Cohn, 317.

43) H. G. Petzold, Die Gestalttherapie von Fritz Perls, Lore Perls und Paul Goodman, a. a. O., 28. H. Petzold betont aber, daß sich im Buch die Ausrichtung an J. Smuts zeigt (ebd., 29).

44) Vgl. W. Krauß, Entstehungsgeschichte der Gestaltpädagogik, a. a. O., 53f.

45) Fritz Perls, Gestaltwahrnehmung, Frankfurt 1981, 125.

46) Vgl. H. G. Petzold, Die Gestalt-Therapie von Fritz Perls, Lore Perls und Paul Goodman, a. a. O., 28; siehe unten 2.2.3.

47) Vgl. dazu die in letzter Zeit erhobene Forderung nach Symboldidaktik: G. Baudler, Korrelationsdidaktik: Leben durch Glauben erschließen. Theorie und Praxis der Korrelation von Glaubensüberlieferung und Lebenserfahrung auf der Grundlage von Symbolen und Sakramenten, Paderborn 1984; H. Halbfas, Das dritte Auge, Düsseldorf 1982; Joachim Scharfenberg - Horst Kämpfer, Mit Symbolen leben. Soziologische, psychologische und religiöse Konfliktbearbeitung, Olten 1980.

48) Vgl. H. Petzold, Überlegungen zum Entwurf einer gestalttheoretisch fundierten Psychotherapie von H. J. Walter, in: ITh 4 (1978), 271-277; hier 272.

49) Vgl. H. G. Petzold, Die Gestalttherapie von Fritz Perls, Lore Perls und Paul Goodman, a. a. O.,16.

50) Vgl. L. Hartmann-Kottek-Schroeder, a. a. O., 288: ,,Perls neigt Ende der Vierzigerjahre lange Zeit dazu, seine Therapie ,Existenzpsychotherapie' zu nennen. Allein die Sorge, mit dem nihilistischen Ansatz der Existentialisten in einen Topf geworfen zu werden, hält ihn davon ab, erzählt rückblickend (1950) seine Frau Lore" (ebd., 289).

51) Vgl. Petzold/Sieper, a. a. O., 23.

52) Jörg Splett, Existenz(ial)philosophie, in: Sacramentum Mundi. Theologisches Lexikon für die Praxis, Bd. 2, hrsg. v. Karl Rahner, Adolf Darlap u. a., Freiburg-Basel-Wien 1967, 1-8; hier 7.

53) Vgl. H. Petzold, Integrative Geragogik, in: Petzold/Brown, a. a. O., 222.

54) Vgl. F. Perls, Grundlagen der Gestalttherapie, a. a. O., 163. - Das Gestaltgebet findet sich manchmal in anderer Formulierung: vgl. F. Perls, Gestalt-Therapie in Aktion, Stuttgart 1976, 13; oftmals findet man noch zwei Sätze dazu: ,,Sollten wir einander begegnen, so ist es schön - wenn nicht, so ist es nicht zu ändern" (Petzold/Sieper, a. a. O., 29). Da dieser Text oft für Mißverständnisse Anlaß gibt, wird bei Petzold/Sieper interpretierend ausgeführt: ,,Dieser Text darf nicht als Plädoyer für eine hedonistische Selbstbezogenheit verstanden werden, für eine Haltung, die an den Problemen der anderen unbeteiligt vorbeigeht. Perls stellt nur mit großer Konsequenz heraus, daß wirkliche Verständigung und Begegnung nur möglich sind, wenn ich den anderen als den akzeptiere, der er ist, und ihn nicht durch meine Wünsche, Bedürfnisse und Projektionen in Zugzwang nehme. Das aber erfordert eine Klarheit in mir selbst" (ebd.). - An dieser Stelle ist noch gesondert auf die eigenartige Verwendung des Ausdrucks ,,Gestaltgebet" hinzuweisen. Wahrscheinlich verwendet F. Perls den Ausdruck ,,Gebet", um die zentrale Bedeutung dieser Sätze in vulgärer Sprechweise hervorzuheben. Aus Sitzungsprotokollen zeigt sich, daß

F. Perls die Worte auch unter Gelächter der Gruppe mit einem ,,Amen" beendete (vgl. Fritz Perls, Grundlagen der Gestalttherapie, a. a. O., 163). Gerade weil der Ausdruck ,,Gestaltgebet" zu einem zentralen Begriff der GTh geworden ist, wird die Religionspädagogik auf die unrichtige und bewußt falsch gesetzte Verwendung von ,,Gebet" hinweisen müssen. Außerdem ist bei allen Verweisen auf ungerechtfertigte Mißverständnisse (siehe oben) doch durch die Verwendung des Ausdrucks ,,Gebet" für dieses ‚quasi' Selbstgespräch eine individualistische Ausrichtung festzustellen.

55) Vgl. Martin Buber, Das dialogische Prinzip, Heidelberg 1979. 161 ff.
56) Vgl. ebd., 47 f.
57) Vgl. O. F. Bollnow, Existenzphilosophie, Stuttgart-Berlin-Köln-Mainz 1955, 132.
58) Vgl. Farau/Cohn, a. a. O., 33 f.
59) Vgl. ebd., 428-434; hier 431. Allerdings fehlen die ethischen Werte des Humanismus (vgl. ebd., 434 ff.).
60) Vgl. L. Hartmann-Kottek-Schroeder, a. a. O., 289.
61) Vgl. Petzold/Sieper, a. a. O., 26. M. Merleau-Ponty sagt: ,,Wir haben aufs neue gelernt, unseren eigenen Leib zu empfinden, wir haben dem objektiven, distanzierten Wissen vom Leib zugrundeliegend, ein anderes Wissen gefunden, das wir schon je haben, da der Leib schon immer mit uns ist und wir dieser Leib sind. In gleicher Weise werden wir eine Erfahrung der Welt zu neuem Leben zu erwecken haben, so wie sie uns erscheint, insofern wir zur Welt sind durch unseren Leib und mit ihm sie wahrnehmen. Indem wir also ein neues Verhältnis zu unserem Leib wie zur Welt finden, werden wir uns selbst wiederfinden, da der Leib, mit dem wir uns wahrnehmen, gleichsam ein natürliches Ich und selbst das Subjekt der Wahrnehmung ist" (M. Merleau-Ponty, Phenomeologie de la perception, Paris 1945, dtsch. Berlin 1966, zit. nach Petzold/Sieper, a. a. O., 26).
62) Vgl. ebd., 27 f.
63) F. Perls, Gestalt Therapy and Integration. Cowichan Lecture (unveröffentl.), 1969, zit. nach Petzold/Sieper, a. a. O., 29.
64) Vgl. Jörg Bürmann, Gestaltpädagogik und Persönlichkeitsentwicklung. Praktische Beispiele und theoretische Aspekte eines persönlich bedeutsamen Lernens, Dissertation Bielefeld 1983, 122-136.
65) M. Merleau-Ponty spricht von ,,Konsubstantionalität" und meint damit die grundsätzliche Bezogenheit allen Seins in den ,,universellen Strom des Lebens". ,,Dieses Eingebundensein in natürliche und soziale Zusammenhänge geht jeder bewußten Erfahrung voraus" (vgl. Jörg Bürmann, Gestaltpädagogik und Persönlichkeitsentwicklung, a. a. O., 123).
66) Vgl. Gary N. Yontef, Gestalttherapie als dialogische Methode, in: ITh 9 (1983), 105 f.
67) Vgl. Thijs Besems, Überlegungen zu intersubjektivem Unterricht in der integrativen Pädagogik, in: Petzold/Brown, a. a. O., 54 ff.
68) Jörg Bürmann, Gestaltpädagogik und Persönlichkeitsentwicklung, a. a. O., 125.
69) Gabriel Marcel, Die Menschenwürde und ihr existentieller Grund, Frankfurt 1965, 157.
70) Vgl. Martin Buber, Ich und Du, Heidelberg 1972, 9 ff.
71) Ebd., 22.
72) Im folgenden wird Psychoanalyse mit Psa abgekürzt.
73) Vgl. W. Krauß, Entstehungsgeschichte der Gestaltpädagogik, a. a. O., 42.
74) Das erste Buch von F. Perls ,,Ich, Hunger und Aggression" (London 1947) heißt im Untertitel der ersten Ausgabe: ,,Eine Revision der Psychoanalyse".
75) F. Perls, Gestalt-Wahrnehmung, a. a. O., 34.
76) Vgl. H. Petzold, Die Gestalttherapie von Fritz Perls, Lore Perls und Paul Goodman, a. a. O., 22 f.

77) Vgl. Burow/Scherpp, a. a. O., 26-29. Ähnliche Übersichten gibt es bei H. Petzold, Die Gestalttherapie von Fritz Perls, Lore Perls und Paul Goodman, a. a. O., 23; L. Hartmann-Kottek-Schroeder, a. a. O., 284-288; W. Krauß, Entstehungsgeschichte der Gestaltpädagogik, a. a. O., 43; D. Rahm, Gestaltberatung, Paderborn 1979, 157.

78) Vgl. Burow/Scherpp, a. a. O., 27.

79) Vgl. W. Krauß, Entstehungsgeschichte der Gestaltpädagogik, a. a. O., 44.

80) H. Petzold, Die Gestalttherapie von Fritz Perls, Lore Perls und Paul Goodman, a. a. O., 10.

81) Burow/Scherpp, a. a. O., 28.

82) Siehe unten 2.4.1.

83) Siehe unten 10.

84) Th. Kiernan, Psychotherapie - Kritischer Führer durch Theorien und Praktiken, Frankfurt 1978, zit. nach Burow/Scherpp, a. a. O., 40.

85) Vgl. W. Krauß, Entstehungsgeschichte der Gestaltpädagogik, a. a. O., 45.

86) Vgl. Leland E. Johnson, Der körperorientierte Therapieansatz bei W. Reich und F. Perls, in: ITh 3 (1977), 122. - L. Perls hebt hervor, daß es nicht um ein Entladen, sondern um Umorganisieren von Spannung geht: „Spannung ist Energie, und Energie ist ein zu kostbarer Stoff, um ihn einfach loszuwerden, Energie muß verfügbar werden für die nötigen und wünschenswerten Verhaltensänderungen. Es ist die Aufgabe der Therapie, ausreichende Stützung für die Umorganisation und Umkanalisation der Energie zu entwickeln" (L. Perls, in: H. Petzold [Hrsg.], Gestalt, Wachstum, Integration, Paderborn 1980, 256, zit. nach W. Krauß, Entstehungsgeschichte der Gestaltpädagogik, a. a. O, 46).

87) H. Petzold, Integrative Körper- und Bewegungserziehung, in: Brown/Petzold, a. a. O., 100.

88) Vgl. ebd., 101. V. N. Iljines sagt: „Habe ich meinen Körper verloren, so habe ich mich selbst verloren. Finde ich meinen Körper, so finde ich mich selbst. Bewege ich mich, so lebe ich und bewege die Welt. Ohne diesen Leib bin ich nicht, und als Leib bin ich. Nur in der Bewegung aber erfahre ich mich als mein Leib, erfährt sich mein Leib, erfahre ich mich. Mein Leib ist die Koinzidenz von Sein und Erkenntnis, von Subjekt und Objekt. Er ist der Ausgangspunkt und das Ende meiner Existenz" (V. N. Iljines, Les corps et le coeur. Vorlesungsmanuskript zum gleichlautenden Seminar am Institut St. Denis, Paris, WS 1965, zit. nach ebd.).

89) Vgl. W. Krauß, Entstehungsgeschichte der Gestaltpädagogik, a. a. O., 57. - R. C. Cohn sagt: „Ich erachte die Humanistische Psychologie nicht als Werk von einzelnen, sondern als Zeichen des Protests gegen die Zivilisation, die zur Entfremdung, Entseelung, zur Sinnen- und Sinnlosigkeit geführt hatte. So entstand der Wunsch nach Echtheit, nach authentischer Bewegung, nach Ausdruck von Gefühlen, der Wunsch, natürlich zu leben, Floskeln und Masken fallen zu lassen" (Farau/Cohn, a. a. O., 443).

90) Petzold/Sieper, a. a. O, 23.

91) Burow/Scherpp, a. a. O, 47.

92) Vgl. K. Guss, Über die gestalttheoretischen Grundlagen der Integrativen Pädagogik, in: Petzold/Brown, a. a. O., 83; vgl. Burow/Scherpp, a. a. O., 48f.

93) Vgl. H. Petzold, Die Gestalttherapie von Fritz Perls, Lore Perls und Paul Goodman, a. a. O., 36. - Die Vorstellung vom „gesunden Menschen" ist gegen das pathologische Menschenbild der Psychoanalyse formuliert.

94) Vgl. Burow/Scherpp, a. a. O., 51 f.

95) Vgl. Gerhard Fatzer, Humanistische Pädagogik, in: ITh 9 (1983), 264 f. - Zum Letzten: vgl. Farau/Cohn, a.a.O., 437-444. R. C. Cohn sagt: „Menschen können vielleicht eine Weile lang ohne den Begriff oder die Erfahrung von Gott und Göttlichkeit leben, nicht aber ohne Ethik. Aus der Not des ‚Gott ist tot' entstand die Notwendigkeit, ethische Prinzipien auch ohne religiöse Rückverbindung als unabding-

bare (lebensnotwendige) Normen verbindlich zu machen" (ebd., 439). Ein solcher ethischer Grundwert ist für sie z. B. das „Leben-zu-erhalten" (ebd., 444).

96) Vgl. Jörg Bürmann, Gestaltpädagogik und Persönlichkeitsentwicklung, a. a. O., 177.

97) Vgl. Burow/Scherpp, a. a. O., 52-55. - G. Fatzer zählt zu den wichtigsten Problemkreisen der humanistischen Pädagogik: 1. Mangelnde Berücksichtigung institutioneller Strukturen, 2. schwache Verankerung in politischen Strukturen, 3. schwache theoretische und methodische Grundlagen, 4. Ergebnisse lassen sich kaum mit quantifizierenden Forschungsmethoden messen (vgl. G. Fatzer, Humanistische Pädagogik, a. a. O., 271-279).

98) Vgl. Burow/Scherpp, a. a. O., 52-55.

99) Vgl. H. Petzold, Modelle und Konzepte zu integrativen Ansätzen der Therapie, in: ITh 6 (1980), 329 f.

100) Vgl. L. Hartmann-Kottek-Schroeder, a. a. O., 291.

101) Vgl. H. Petzold, Die Gestalttherapie von Fritz Perls, Lore Perls und Paul Goodman, a. a. O., 35.

102) H. Petzold, Integrative Dramatherapie - Überlegungen und Konzepte zu einem integrativen Ansatz erlebnisaktivierender Therapie, in: ITh 7 (1981), 46.

103) Vgl. Petzold/Sieper, a. a. O., 23.

104) Vgl. L. Hartmann-Kottek-Schroeder, a. a. O., 293.

105) Ebd.

106) In der GTh ist der Satz bekannt geworden: „Don't push the river, it flows by itself."

107) Vgl. W. Krauß, Entstehungsgeschichte der Gestalttherapie, a. a. O., 55. Dieses Paradox kennt der Zen-Buddhismus im „Koan", einem logisch nicht zu lösenden Rätsel. F. Perls versteht seine frustrierende Therapeutenintervention als Verstärkung dieses Paradox. Dadurch beginnt kreative Energie zu fließen.

108) Es dürfte zwar eine Analogie zwischen christlicher Mystik und Religion „ohne Gottesvorstellung" bestehen, da Mystik innere Erfahrung und auch oft bild- und gestaltlos ist. Trotzdem bleibt christliche Mystik immer „inhaltlich" bestimmt als Christuserfahrung. Es besteht ein „Vorrang des Gehaltes vor der Gestalt" (vgl. Dietmar Mieth, in: Neues Handbuch theologischer Grundbegriffe, Bd.3, a. a. O., 151-163, hier 153. - Vgl. Peter L. Berger, Der Zwang zur Häresie. Religion in der pluralistischen Gesellschaft, Frankfurt a.M. 1980, 171-203.

Zu: *2.3. Aspekte eines Menschenbildes der Gestaltpädagogik*

1) Vgl. Petzold/Sieper, a. a. O., 14-36.

2) Vgl. H. Petzold, Modelle und Konzepte zu integrativen Ansätzen in der Therapie, in: ITh 6 (1980), 323-350.

3) Ebd., 331 ff.

4) Petzold/Sieper, a. a. O., 25.

5) Im folgenden wird GP und Integrative Agogik undifferenziert wie bei entsprechenden Autoren mit GP wiedergegeben.

6) Vgl. M. Philipps, Confluent Education als Integrative Pädagogik, in: Petzold/Brown, a. a. O., 14.

7) Vgl. F. Perls, Der Aberglaube von „Körper und Seele", in: Psychologie heute 5 (1978), 6, 60, zit. nach Sabine Bürgermann/Gerd-Bodo Reinert, Einführung in die pädagogische Therapie. Anleitung zur Selbstverwirklichung und Identitätsfindung - ein integratives erziehungswissenschaftliches Konzept, Düsseldorf 1984, 135. (Im folgenden mit Bürgermann/Reinert abgekürzt.)

8) Vgl. H. Petzold, Integrative Geragogik - die Gestaltmethode in der Bildungsarbeit mit alten Menschen, in: Petzold/Brown, a. a. O., 218.

9) Vgl. Petzold/Sieper, a. a. O., 31. Vgl. W. Metzger, Was ist Gestalttheorie?, in: K. Guss (Hrsg.), Gestalttheorie und Erziehung, Darmstadt 1975, 6.
10) Burow/Scherpp, a. a. O, 64.
11) Vgl. H. Petzold, Integrative Körper- und Bewegungserziehung, in: Brown/Petzold, a. a. O., 100-114.
12) Thijs Besems, Überlegungen zu intersubjektivem Unterricht in der integrativen Pädagogik, in: Petzold/Brown, a. a. O., 52.
13) Vgl. H. Petzold, Integrative Geragogik, a. a. O., 218 f.
14) Vgl. Th. Besems, Überlegungen zu intersubjektivem Unterricht, a. a. O.,45-75; - Vgl. A. Prengel, Gestaltpädagogik, Politik und Selbsterkenntnis im Schulsystem, a. a. O., 20.
15) Vgl. ebd.; vgl. Burow/Scherpp, a. a. O., 64.
16) Vgl. F. S. Perls, Gestalt-Therapie in Aktion, Stuttgart 1976, 14 f.
17) H. Petzold, Vorüberlegungen und Konzepte zu einer Integrativen Persönlichkeitstheorie, ITh 10 (1984), 78.
18) Vgl. H. Petzold, Gestaltpädagogik, a. a. O., 12.
19) Vgl. H. Petzold, Das Ko-respondenzmodell, a. a. O., 23.
20) Gary M. Yontef, Gestalttherapie als dialogische Methode, in: ITh 9 (1983), 110.
21) Vgl. L. Hartmann-Kottek-Schroeder, a. a. O., 300.
22) Vgl. Hans-Jürgen Walter, Gestalttheorie und Psychotherapie, Darmstadt 1977, 23-38. - Vgl. D. Rahm, Gestaltberatung, a. a. O., 161.
23) Vgl. Burow/Scherpp, a. a. O., 22.
24) Burow/Scherpp, a. a. O., 105 - Hervorhebung Kl. - Die Tatsache des unerledigten Geschäfts, das nach Erledigung strebt, wird an anderer Stelle ,,Zeigarnik-Effekt'' genannt (vgl. H. J. Walter, Gestalttheorie und Gestalttherapie, a. a. O., 51 f.).
25) F. Perls, Grundlagen der Gestalt-Therapie, a. a. O., 26.
26) Laura Perls, Begriffe und Fehlbegriffe der Gestalttherapie, in: ITh 4 (1978), 211.
27) H. J. Walter, Gestattheorie und Psychotherapie, a. a. O., 117 - Hervorhebung Kl.
28) Vgl. H. G. Petzold, Integrative Geragogik, a. a. O., 223.
29) Vgl. ebd., 218; L. Hartmann-Kottek-Schroeder, a. a. O., 299; Petzold/Sieper, a. a. O., 26.
30) Vgl. H. Petzold, Ko-respondenzmodell, a. a. O., 22.
31) W. Metzger, Was ist Gestalttherapie?, a. a. O., 15 f. - Hervorhebung Kl.
32) Vgl. Th. Besems, Überlegungen zu intersubjektivem Unterricht, a. a. O.,49.
33) Petzold/Sieper, a. a. O., 19. - Hervorhebung Kl. Diese Aussage macht H. Petzold im Zusammenhang mit J. H. Pestalozzi, der 1797 von einem positiven Menschenbild zur ,,tierischen Verdorbenheit'' des Menschen eine ,,pessimistische Wende'' vollzog (vgl. ebd.). Ähnlich könnte man F. Perls auslegen, wenn er ,,von der grundlegenden Voraussetzung ausgeht, daß es dem Menschen an ,Selbst-Support mangelt''' (vgl. F. Perls, Grundlagen der Gestalttherapie, a. a. O., 131).
34) So ist daran zu denken, daß sich ein kleiner Ladendieb perfektionieren kann zum Ganoven großen Stils, daß er zu seiner ,,guten Gestalt'' und seiner ,,Prägnanz" findet.
35) Vgl. Romano Guardini, Theologische Briefe an einen Freund. Einsichten an der Grenze des Lebens, München-Paderborn-Wien ³1982 (1976), 51 - Hervorhebung Kl.
36) Vgl. H. Petzold, Vorüberlegungen und Konzepte, a. a. O., 77 ff.; vgl. Petzold/Sieper, a. a. O., 26 f.
37) Vgl. Perls/Hefferline/Goodman, Gestalt Therapy, a. a. O., 229, zit. nach: H. Petzold, Integrative Geragogik, a. a. O., 222.
38) Erving u. Miriam Polster, Gestalttherapie, Regensburg ² 1977 (1975), 101 ff. - Im folgenden abgekürzt mit Polster/Polster.
39) Vgl. Bürgermann/Reinert, a. a. O., 141 f.

40) Vgl. Kathy Larson, Verhaltensprobleme in der Schule aus der Sicht einiger Gestaltprinzipien, in: A. Prengel (Hrsg.), Gestalt-Pädagogik, a. a. O., 221: Gerade schwierige Schüler mit begrenztem Selbstvertrauen sind oft in diesem „Teufelskreis von kein Kontakt - keine Veränderung - Mißerfolg" gefangen.
41) H. Petzold, Integrative Geragogik, a. a. O., 222. - Hervorhebung Kl.
42) Helmut Quitmann, Humanistische Psychologie. Zentrale Konzepte und philosophischer Hintergrund, Göttingen u. a. 1985, 110, zit. nach: M. Scharer, Thema, Symbol, Gestalt, a. a. O., 198.
43) Vgl. Burow/Scherpp, a. a. O., 98.
44) Vgl. ebd. - Vgl. Polster/Polster, a. a. O., 196.
45) Vgl. G. I. Brown, Bewußtheitstraining und Kreativität, in: Brown/Petzold, a. a. O., 41 f.
46) Vgl. A. Prengel, Gestaltpädagogik, in: Dies. (Hrsg.), Gestalt-Pädagogik, a. a. O., 20.
47) Vgl. Violet Oaklaender, Gestalttherapie mit Kindern und Jugendlichen, Stuttgart 1981; John O. Stevens, Die Kunst der Wahrnehmung, München [7] 1983 (1975).
48) Vgl. Polster/Polster, a. a. O., 26 f.
49) Petzold/Sieper, a. a. O., 27.
50) Vgl. H. Petzold, Das Ko-respondenzmodell, a. a. O., 35.
51) Vgl. Petzold/Sieper, a. a. O., 28.
52) Vgl. Th. Besems, Überlegungen zu intersubjektivem Unterricht, a. a. O., 56 f.
53) Vgl. ebd., 61 ff.
54) Vgl. H. Petzold, Vorüberlegungen und Konzepte, a. a. O., 79.
55) Ebd., 78 ff.
56) Vgl. ebd., 87.
57) Petzold/Sieper, a. a. O., 33.
58) Vgl. A. Höfler, Theorie und Praxis eines gestaltpädagogischen Religionsunterrichts bei Dreizehn- bis Fünfzehnjährigen, Dissertation, Wien 1982, 62 f.
59) Vgl. J. Bürmann, Gestaltpädagogik - Ein Weg zu humanerem Lernen, in: Friedrich Ch. Sauter (Hrsg.), Psychotherapie in der Schule, München 1983, 134 f.
60) Vgl. Bürgermann/Reinert, a. a. O., 128.
61) Vgl. K. Steiner und Gestaltkatechese, a. a. O., 11; vgl. F. Weinhandl, Gestaltanalyse, Erfurt 1927, 43.
62) Vgl. Alfred Höfler, Theorie und Praxis, a. a. O., 78-83, hier 80 f.
63) Vgl. J. Bürmann, Gestaltpädagogik, a. a. O., 130 f.
64) Ebd., 134 f.
65) Vgl. Petzold/Sieper, a. a. O., 32 ff.
66) W. Metzger, Schöpferische Freiheit, 2., umgearb. Aufl., Frankfurt a. M. 1962, 75.
67) Vgl. H. Petzold, Ko-respondenzmodell, a. a. O., 24 f.
68) Vgl. Petzold/Sieper, a. a. O., 31.

Zu: 2.4. Verschiedene Ableitungen der Gestaltpädagogik

1) Burow/Scherpp, a.a.O., 8.
2) So z. B. H. Petzold, Gestaltpädagogik, a.a.O., 7: „Unter dem Begriff ‚Gestaltpädagogik' kann eine Reihe von Ansätzen zusammengefaßt werden, die auf dem Hintergrund der Humanistischen Psychologie, des Existentialismus und Experimentalismus entstanden sind und in wesentlichen Konzepten ihre Theorie und Praxis auf der Gestalttherapie von F. S. Perls und Paul Goodman aufbauen."
3) Vgl. Marc Phillips, Confluent Education als Integrative Pädagogik, in: Brown/Petzold, a.a.O., 13.
4) Jörg Bürmann, Gestaltpädagogik, in: F. Ch. Sauter (Hrsg.), Psychotherapie in der Schule, a.a.O., 134.

5) Vgl. Friedrich Ch. Sauter (Hrsg.), Psychotherapie in der Schule, München 1983; Annedore Prengel (Hrsg.), Gestalt-Pädagogik. Therapie, Politik und Selbsterkenntnis in der Schule. Weinheim–Basel 1983; Sabine Bürgermann – Gerd-Bodo Reinert, Einführung in die pädagogische Therapie, Düsseldorf 1984.
6) F. S. Perls, Cowichan Lecture on Gestalt Therapy and Integration, Tape Rec. Cowichan, 1969 (ohne Seitenzahl), zit. nach: H. Petzold, Modelle und Konzepte, a.a.O., 329.
7) Siehe unten 2. 8. und 10.
8) Vgl. J. Bürmann, Gestaltpädagogik, a.a.O., 129.
9) Vgl. M. Phillips, Confluent Education, a.a.O., 13–41, hier 14–17.
10) Vgl. K. Larson, Verhaltensprobleme in der Schule aus der Sicht einiger Gestaltprinzipien, in: A. Prengel (Hrsg.), Gestaltberatung, a.a.O., 227.
11) Vgl. H. Petzold, Das Ko-respondenzmodell, a.a.O., 22: „Ko-respondenz ist eine Form intersubjektiver Begegnung und Auseinandersetzung, durch die im gesellschaftlichen Zusammenhang Integrität gesichert, im agogischen Kontext Integrität gefördert und im therapeutischen Setting Integrität restituiert wird."
12) A. Höfler, Theorie und Praxis, a.a.O., 20 – Hervorhebung Kl.
13) Ebd., 23.
14) Vgl. F. Weinhandl, Die Gestaltanalyse, a.a.O.
15) Vgl. K. Steiner, Gestalt und Gestaltkatechese, a.a.O., 21 f.
16) Vgl. ebd., 14–20.
17) F. Weinhandl, Über das aufschließende Symbol, a.a.O., 59.
18) F. Weinhandl lehnt sich an J. W. v. Goethe an, der mit seiner Forderung „mach ‚ein Organ aus dir'" die Erkenntnis und Selbsterkenntnis erweitern will (vgl. F. Weinhandl, Über das aufschließende Symbol, a.a.O., 94).
19) Vgl. K. Steiner, Gestalt und Gestaltkatechese, a.a.O., 15–22.
20) K. H. Ladenhauf, Gestalttheorie und Gestalttherapie, in: Gestalt-Bulletin. Mitteilungsblatt der Deutschen Gesellschaft für Gestalttherapie und Kreativitätsförderung e. V. 3 (1981), 48 f.
21) Vgl. A. Höfler, Theorie und Praxis, a.a.O., 79–83.
22) Hans Urs von Balthasar, Herrlichkeit. Eine theologische Ästhetik. Bd. 3/2: Theologie, Tl. 2: Neuer Bund, Einsiedeln 1969, 363.
23) Vgl. A. Höfler, Theorie und Praxis, a.a.O., 80.
24) Romano Guardini, Die Sinne und die religiöse Erkenntnis, Würzburg 1958, 18 ff.
25) Ebd., 15 – Hervorhebung Kl.
26) Vgl. ebd., 22–35.
27) „Jedes Symbol verweist über sich hinaus und auf eine Wirklichkeit hin, die es vertritt . . . Symbole – obwohl sie selbst nicht dasselbe sind, was sie symbolisieren – partipizieren an Sinn und Macht dessen, was sie symbolisieren" (Paul Tillich, Das Wesen der religiösen Sprache, in: M. Kaempfert (Hrsg.), Probleme der religiösen Sprache, Darmstadt 1983, 83).
28) Vgl. Paul Tillich, Symbol und Wirklichkeit, Göttingen o. J., 4.
29) Vgl. Kurt Zisler, Das personerschließende Symbol und die religiöse Erfahrung, in: CPB 86 (1973), 311.
30) Vgl. K. H. Ladenhauf, Gestalttheorie und Gestalttherapie, a.a.O., 48.
31) Vgl. F. Weinhandl, Charakterdeutung auf gestaltanalytischer Grundlage, Langensalza 1931.
32) K. H. Ladenhauf, Gestalttheorie und Gestalttherapie, a.a.O., 49 ff.
33) Vgl. K. Steiner, Gestalt und Gestaltkatechese, a.a.O. – Siehe oben 2.4.2.
34) Vgl. ZUM GESTALTWANDEL IN DER SITTLICHEN ENTWICKLUNG; SELBSTVERWIRKLICHUNG UND SELBSTGESTALTUNG; DIE GESTALTKATECHESE; ÜBER DIE TRINITARISCHE GESTALT DER VERKÜNDIGUNG, erschienen in: A. Höfer – M. Glettler – K. Hadolt, Religionspädagogik und Gestaltpädagogik (Im Blickpunkt 2 – RPI Graz), Graz 1985.

35) DIE GESTALTKATECHESE, 48.
36) Ebd., 46. Ähnlich definiert A. Höfer an anderer Stelle Gestalt als „eine existierende Wirklichkeit (konkrete Existenz) von bestimmter Wesenheit (Essenz) mit ihren einmaligen konkreten Erscheinungsformen (Akzidentien)" (ZUM GESTALTWANDEL IN DER SITTLICHEN ENTWICKLUNG, 3).
37) DIE GESTALTKATECHESE, 39 f.
38) Ebd., 38 ff.
39) A. Höfer will in der Katechese eher nicht von „Inhalten" und „Themen", sondern von „Gestalten" sprechen, und meint damit diese *realen* und *konkreten* Gestalten.
40) DIE GESTALTKATECHESE, 38.
41) Ebd., 41. A. Höfer verweist auf Eugen Biser, Theologische Sprachtheorie und Hermeneutik, München 1970.
42) F. Weinhandl, Über das aufschließende Symbol, a.a.O., 59.
43) DIE GESTALTKATECHESE, 47 – Hervorhebung Kl.
44) ÜBER DIE TRINITARISCHE GESTALT DER VERKÜNDIGUNG, 65.
45) Vgl. DIE GESTALTKATECHESE, 40.
46) Ebd., 49
47) Vgl. ebd., 35.
48) Ebd., 48.

Zu: 2.5. Ziel(e) der Gestaltpädagogik

1) Vgl. D. Braun – A. Buckenmaier – W. Kalbreyer, Lernzielorientierter Unterricht, Planung und Kontrolle (rpi – diskussion 1), hrsg. v. Gerrit Hoberg, Heidelberg 1978, 19 ff.
2) Siehe oben 2.3.2. und 2.3.3.
3) J. Bürmann, Gestaltpädagogik, a.a.O., 32.
4) Vgl. A. Höfler, Theorie und Praxis, a.a.O., 232.
5) Der Buchtitel von Burow/Scherpp lautet: „Lernziel: Menschlichkeit. Gestaltpädagogik eine Chance für Schule und Erziehung" (München 1981).
6) Vgl. M. Phillips, Confluent Education, a.a.O., 13.
7) Vgl. J. Bürmann, Gestaltpädagogik, a.a.O., 32.
8) Burow/Scherpp, a.a.O., 123 f.
9) M. Phillips, Confluent Education, a.a.O., 16 f.
10) Burow/Scherpp, a.a.O., 24.
11) Wahrscheinlich vermeiden es Burow und Scherpp, in diesem Zusammenhang von Grobzielen zu sprechen.
12) Burow/Scherpp, a.a.O., 124 f.
13) Th. Besems, Überlegungen zu intersubjektivem Unterricht, a.a.O., 60.
14) Ebd.
15) Wilfried Faber, Leitsätze und Verfahren in der Gestaltpädagogik. Ein erster Orientierungsversuch für Religionslehrer, in: Kat Bl 108 (1983), 365–369.
16) A. Höfler, Theorie und Praxis, a.a.O., 208.
17) Vgl. ebd., 208–259.
18) Vgl. ebd., 212.
19) Vgl. ebd., 215 ff.
20) Ebd., 217 f.
21) Ebd., 224 f. – Hervorhebung Kl. A. – Höfler zitiert in diesem Text H. Petzold, Das Ko-respondenzmodell, a.a.O., 35.
22) Vgl. ebd., 227 f.
23) Ebd., 228 ff.
24) Vgl. ebd., 255 f.

Zu: 2.6.   Inhalte / Themen der Gestaltpädagogik

1) Vgl. J. Bürmann, Gestaltpädagogik, a.a.O., 139.
2) Es besteht eine große Abneigung gegenüber bloßem „Darüberreden" (vgl. P. Kurz, Anders lehren mit Gestalt, in: A. Prengel [Hrsg.], Gestalt-Pädagogik, a.a.O., 230 f.).
3) H. Petzold, Das Ko-respondenzmodell, a.a.O., 40 ff.

Zu: 2.7.   Die Methoden / Medien der Gestaltpädagogik

1) H. Petzold, Die Medien in der Integrativen Pädagogik, in: Petzold/Brown, a.a.O., 101.
2) H. Petzold führt folgende *Handlungsmedien* exemplarisch an: Psychodramatisches Rollenspiel, Pantomime, Theaterspiel, Bewegung, Puppenspiel und Imaginationstechniken (vgl. ebd., 112–115).
3) Vgl. ebd., 105–110.
4) Vgl. ebd., 109 f.
5) Vgl. J. Bürmann, Gestaltpädagogik, a.a.O., 142–146.
6) Vgl. W. Faber, Leitsätze und Verfahren, a.a.O., 369 f.
7) Vgl. A. Höfler, Theorie und Praxis, a.a.O., 63 ff. „Eine ,Hauptmotivation' ist gestaltpädagogisch die *Echtheit* des Lehrerverhaltens, das für Schüler keine ,Gags' einsetzt, um ihre Mitarbeit zu gewinnen. Ist es für die Schüler einmal einsichtig, . . . (so) bedarf es kaum künstlicher Motivation und Gags", sagt A. Höfler.

Zu: 2.8.   Der Lehrer der Gestaltpädagogik

1) Vgl. G. Fatzer, Humanistische Pädagogik, a.a.O., 262–283.
2) F. Ch. Sauter, Gemeinsamkeit in den psychotherapeutischen Sichtweisen von Schule und Unterricht, in: Ders. (Hrsg.), Psychotherapie der Schule, München 1983, 187.
3) Vgl. M. Phillips, Confluent Education, a.a.O., 18 f.; W. Faber, Leitsätze und Verfahren, a.a.O., 366.
4) Vgl. J. Bürmann, Gestaltpädagogik und Persönlichkeitsentwicklung, a.a.O., 220–228.
5) Vgl. G. I. Brown, Ein warnendes Schlußwort, in: Brown/Petzold, a.a.O., 244.
6) A. Höfler stellt in einer Übersicht den Lehrer der Lerntheorie (Lt) dem der Gestaltpädagogik (Gp) gegenüber. Diese Gegenüberstellung zeigt wesentliche Dimensionen des gestaltpädagogischen Lehrerverhaltens und soll deshalb in verkürzter Weise wiedergegeben werden:
   – Lt: Lerntheorie sagt, *was* der Lehrer tun soll.
   – Gp: Gestaltpädagogik kümmert sich mehr, *wie* jemand Lehrer *sein kann* ohne Verleugnung der Persönlichkeit.
   – Lt: *Wunschbild* eines Lehrers
   – Gp: *Die Realität*, wie er sich erlebt und andere ihn erleben.
   – Lt: *Emotionen* unterdrücken.
   – Gp: *Leib-Seele-Geist-Einheit.*
   – Lt: *Vermeidung* von Konflikten.
   – Gp: *Gestaltung* von Konflikten.
   – Lt: Der Junglehrer bekommt *Ratschläge.*
   – Gp: Ratschläge nur in bezug auf *persönliche Entscheidungsfähigkeit.*
   – Lt: Lehrer ist *Objekt* und soll *funktionieren* innerhalb der Institution.

- Gp: Lehrer als *Partner* und ist offen für sachliche, fachliche und emotionale Beziehung.
- Lt: Der Lehrer soll sich *ohne Bedenken* anpassen.
- Gp: Der Lehrer soll *Verantwortung* im *Hier und Jetzt bewußt gestalten* und *krea-tive* „Anpassung" und Veränderung finden.
(Vgl. A. Höfler, Theorie und Praxis, a.a.O., 172 ff.)
7) Vgl. J. Bürmann, Gestaltpädagogik, a.a.O., 148–151.
8) Ruedi Singer, Gestalttherapie in der Lehrerbildung, in: ITH 7 (1981), 23 f.
9) M. Phillips, Confluent Education, a.a.O., 20.
10) Th. Yeomans, Gestalt, a.a.O., 79.
11) Vgl. Th. Besems, Überlegungen zu intersubjektivem Unterricht, a.a.O., 51–57; vgl. Kathy Larson, Verhaltensprobleme in der Schule aus der Sicht einiger Gestaltprin-zipien, in: A. Prengel (Hrsg.), Gestalt-Pädagogik, a.a.O., 225 f.
12) Vgl. Polster/Polster, a.a.O., 31.
13) Vgl. H. Petzold, in: ITh 2 (1976), 125, zit. nach: K. H. Ladenhauf, Curriculum: Be-ratende Seelsorge und christliche Pädagogik, in: Diakonia 8 (1077), 325.
14) K. H. Ladenhauf, Curriculum, a.a.O. 325.

Zu: 2.9. Fragen der schulischen Organisation

1) Vgl. G. Fatzer, Annäherung an Paul Goodman, in: A. Prengel (Hrsg.), Gestalt-Päd-agogik, a.a.O., 98 f.
2) Vgl. J. Bürmann, Gestaltpädagogik, a.a.O., 133.
3) Kurz zusammengefaßt lassen sich die *Kritikpunkte* der GP nach Burow und Scherpp folgendermaßen zusammenfassen:
    - Statt zentraler Massenschule – dezentralisierte „Mini-Schulen"
    - statt Selektion – Förderung
    - statt Normierung und Verplanung – selbstgesteuertes Lernen und Kreativität
    - statt Unterricht nach Fach- und Stundenprinzip – Unterricht in sinnvollen Ganz-heiten
    - statt Überbetonung des Kognitiven – Integration
    - statt Unterdrückung des Bewegungsdranges – Förderung von physischem Lernen
    - statt emotionsloser Fachwissenschaftler – Lehrer als ganze Menschen
    - statt Bevormundung – selbstbestimmtes Lernen
    - statt ausgeklügelter Motivationsstrategien – ausgehen von dem, was im Schüler liegt
    - statt Resignation – Befähigung zu aktiver Selbstbestimmung
    (Vgl. Burow/Scherpp, a.a.O., 128–136.)
4) Vgl. M. Phillips, Confluent Education, a.a.O., 24 f.
5) Vgl. A. Prengel, Gestaltpädagogik, a.a.O., 31.
6) Vgl. Th. Besems, Überlegungen zu intersubjektivem Unterricht, a.a.O., 45–75.
7) Vgl. A. Prengel, Gestaltpädagogik, a.a.O., 17–39, hier 20.

Zu: 2.10. Kritische Würdigung der Gestaltpädagogik im Hinblick auf eine kerygmatische Katechese

1) GP/GTh ist „in ihrem ganzheitlichen Verständnis menschlicher Personalität offen für die zentralen Inhalte des Evangeliums, denn ‚sie sieht religiöse Phänomene als Aus-drucksformen menschlicher Existenz, die Sinn haben und akzeptierbar sind, solange sie die Integrität von Menschen nicht gefährden' (Petzold, 1979, 123)" (K. H. Laden-hauf, Integrative Gestalttherapie in der Ausbildung von Seelsorgern und Religions-pädagogen. Das Grazer Modell: Beratende Seelsorge und christliche Pädagogik, in: Wege zum Menschen. Monatszeitschrift für Arzt, Seelsorger, Erzieher, Psychologen und soziale Berufe 33 [1981], 4).

Zu: 3. DIE WURZELN DER GESTALTKATECHESE

1) „1. Zur Theologie
Ich absolvierte ab 1952 mein Universitätsstudium in Salzburg, München, Wien und Graz. Bezüglich meiner jetzigen Tätigkeit merke ich mit Staunen und Freude, daß folgende Personen auf mich einen wegweisenden Einfluß hatten: Mit Romano *Guardini* erlebte ich viele Gespräche (sogar einen Urlaub) und natürlich mehrjährige Vorlesungen. Er führte mich in eine erfahrungsbezogene Anthropologie und Theologie ein. Ich bin glücklich, daß ich noch in meiner Münchner Zeit Vorlesungen und persönliche Begegnungen mit Martin *Buber* und Gabriel *Marcel* geschenkt bekam. In meinem eineinhalbjährigen Aufenthalt im Oratorium von Philipp Neri erschloß uns Philipp *Dessauer* wöchentlich die naturale und religiöse Meditation, die er später veröffentlichte. Aus dieser Zeit stammen auch die ersten Begegnungen mit Heinrich *Schlier,* die mehrere Jahre währten und mir den tiefen Umgang mit der Heiligen Schrift aufschlossen. 1973 traf ich mit Graf *Dürckheim* zusammen, und da ging mir die mystagogische, tief-religiöse Dimension der Psychotherapie auf. Dies wurde durch Hilarion *Petzold* verstärkt, bei dem wie aus einer unerschöpflichen Quelle die Schätze der Kirchenväter hervorsprudeln: Wenigstens hier müßte sich ein jeder Theologe überzeugen können, daß in der Frühzeit der Kirche der psychagogische und mystagogische Weg noch einer waren. In Richtung einer menschenfreundlichen Theologie brachten mich einige Vorlesungen und Gespräche mit Piet *Schoonenberg.* Seminare und Vorlesungen bei Karl *Rahner* prägten meine systematische Theologie. In jüngster Zeit waren die neuen und umfangreichen Christusbücher von *Schillebeeckx* die Quelle einer tiefreligiösen Einsicht, die mich ermutigten, die heilige Aufgabe und Kraft des Katecheten in Jesus selbst begründet und ermöglicht zu sehen.
2. Zur Katechese und Religionspädagogik
Mein mehrjähriger Aufenthalt in München brachte mich mit Klemens *Tilmann* und Franz *Schreibmayr* zusammen, die für mich die ersten fachkundigen Lehrer der Katechetik wurden. Georg *Hansemann* verdanke ich den unermüdlichen Hinweis auf eine erfahrungsorientierte Katechese. Seit 1973 verdanke ich viel der Freundschaft und der Zusammenarbeit mit Fritz *Oser.*
Meine jetzige katechetische Arbeit wäre aber nicht zu denken ohne die Zusammenarbeit mit den Mitautoren an den neuen Glaubensbüchern 5–8: Franz *Feiner,* Alfred *Höfler,* Hans *Krameritsch* und Johann *Perstling.* Das gleiche gilt von den Katecheten Manfred *Glettler* und Ewald *Ules,* die mich an ihrer praktischen Schularbeit teilhaben und mitexperimentieren ließen. Übrigens erfreuen sich fast alle genannten Katecheten einer Ausbildung in Gesprächstherapie und Gestalttherapie.
3. Zur Psychotherapie
Ich absolvierte die curriculumgemäße Ausbildung in Gestalttherapie am Fritz-Perls-Institut von Düsseldorf. Hier möchte ich folgenden Trainern besonders danken: Elisabeth *Bubolz* (Selbsterfahrungsgruppe), Barbara *Huber* (Confluent Education), Alfred *Dürkop* (Traumarbeit). Meine persönliche Analyse absolvierte ich zunächst drei Jahre lang in klassischer Psychoanalyse bei Ingrid *Krafft-Ebing* und nun in Gestalttherapie bei Albin *Hofer-Moser.*
Meine ersten Therapieerfahrungen begann ich ab 1973 zu machen. Ich lernte im Laufe der Zeit verschiedene therapeutische Richtungen kennen, in denen ich mich noch ständig weiterbilde, die aber schon lange meine pädagogische Phantasie und Tätigkeit beeinflußten: Transaktionsanalyse (Gisela *Kottwitz*), Gesprächstherapie (Wolfgang *Keil*), Bioenergetik (John *Bellis*), Animazione (Maria *Perinotto*), Katathymes Bilderleben (Brigitte *Hofer*).
Bedeutsam waren auch mehrere Begegnungen mit Marie Luise *von Franz,* einer unmittelbaren Jung-Schülerin, der ich für das Verständnis der Jungschen Psychologie viel verdanke." (DIE NEUEN GLAUBENSBÜCHER, 73 ff. – Hervorhebung Kl.)

2) Hier liegt eine spezielle Angabe von Autoren als „Erläuterung zum Gestaltverfahren" vor: „Die Gestaltverfahren liegen den ganzheitlichen Ansätzen der Gestalttheorie *(Ehrenfels* aus Graz, *Wertheimer, Köhler, Koffka, Goldstein, Lewin, Metzger)* und der Phänomenologie *(Husserl, Heidegger, Merleau-Ponty)* zugrunde. Sie basieren im einzelnen auf der Gestalttherapie, die von dem amerikanischen Psychotherapeuten Fritz Perls begründet wurde" (LEHRERVERHALTENSTRAINING 272 f. – Hervorhebung Kl.).

3) SPUREN DER GANZHEIT, 13: „Die Hauptanregung, das Gestaltdenken auch in die Katechese zu übernehmen, bekam ich von *Hans Urs von Balthasar."* A. Höfer führt aus, daß dieser auf die Gestalttheorie zurückgreift, die „in Graz durch Ehrenfels ihren Ursprung" nahm und über Amerika wieder „als Gestalttheorie und Gestaltpädagogik (übrigens der alte Pestalozzi!) wieder zurückkehrte" (ebd., 13 f.).

4) An dieser Stelle gibt A. Höfer Autoren wieder, denen sich das „Institut für Integrative Gestaltpädagogik und Seelsorge" verbunden und verpflichtet weiß und auf die man sich in der Arbeit dieses Instituts „berufen" kann: Johann Heinrich *Pestalozzi, Don Bosco,* Maria *Montessori;* Christian von *Ehrenfels,* Ferdinand *Weinhandl;* Alfred *Adler,* Erwin *Ringel;* Gabriel *Marcel* (mit seinem Rückgriff auf Augustinus, Pascal und Kierkegaard), Martin *Buber,* Ferdinand *Ebner;* Karl *Rahner,* Romano *Guardini;* August *Vetter,* Sigmund *Freud;* C. G. *Jung,* Viktor *Frankl,* Erich *Fromm.* (Vgl. INSTITUT, 716 ff.)

5) A. Höfer erwähnt, daß er bereits im Knabenseminar viel von *„Kardinal Newman"* hörte (DIE GESTALTKATECHESE, 35 – Hervorhebung Kl.) und daß er mit dem Gestaltgedanken „durch die Vorlesungen von Romano *Guardini* und durch Ferdinand *Weinhandls* Buch ‚Das aufschließende Symbol'" vertraut wurde (ebd., 37 – Hervorhebung Kl.).

6) Damit war A. Höfer in intensivem Kontakt mit den Autoren des „Katholischen Katechismus der Bistümer Deutschlands" (Freiburg i. Br.), der 1955 – also gerade zur Zeit, als A. Höfer im Oratorium war – erschien.

7) Vgl. Fridolin Wechsler, Romano Guardini als Kerygmatiker, Paderborn 1973, 11–14, hier 12.

8) Klemens Tilmann, Die Christusverkündigung in der Katechese, in: Die Christusverkündigung in der Schule (Botschaft und Lehre), Graz 1963, 64.

9) Vgl. F. Schreibmayr, Wovon der Glaube lebt, Frankfurt am Main 1973, 13–17.

10) Vgl. K. Tilmann, Die Christusverkündigung, a.a.O., 64.

11) Vgl. Günter Biemer, Menschliche Grunderfahrungen und ihre religionspädagogische Vermittlung. Heinrich Fries zum 65. Geburtstag, in: Erich Feifel (Hrsg.), Welterfahrung und christliche Hoffnung, Donauwörth 1977, 58–61 – Hervorhebung Kl.

12) Philipp Dessauer, Die naturale Meditation, München 1961.

13) Klemens Tilmann, Die Führung zur Meditation, Einsiedeln 1971.

14) Romano Guardini, Die Sinne und die religiöse Erkenntnis, Würzburg 1958, 17 ff. 30.

15) Georg Hansemann, Katechese als Dienst am Glauben. Eine katechetische Untersuchung über Kierkegaards Theorie der Glaubenserweckung, Freiburg–Basel–Wien 1960.

16) Vgl. Günter Lange, Zwischenbilanz zum Korrelationsprinzip, in: Kat Bl 105 (1980), 151–155, hier 152.

17) Romano Guardini, Die Existenz des Christen, Paderborn 1976, 320 ff.

18) H. Fischer betont dies für K. Tilmann. Vgl. Hubert Fischer, Grußwort des deutschen Katechetenvereins, in: Einübung des Glaubens (Klemens Tilmann zum 60. Geburtstag), Würzburg 1964, 9.

19) Vgl. Josef Goldbrunner, Realisation, Freiburg i. Br. 1966.

20) Vgl. R. Guardini, Der Gegensatz. Versuche zu einer Philosophie des lebendig Konkreten, Mainz 1955 (1925), 188.

21) R. Guardini, Religion und Offenbarung, Bd. 1, Würzburg 1958, 19.
22) R. Guardini, Die Annahme seiner selbst, in: Christliche Besinnung, Bd. 6, hrsg. v.
    R. G. – Heinrich Kahlefeld – Felix Messerschmid, Würzburg o. J., 29 f.
23) Siehe oben Anm. 1.
24) Vgl. SCHÜLERÜBUNGEN, 5, 6, 7, 8 und LEHRERHILFEN 7/2; LEHRER-
    HILFEN 8/1.
25) Vgl. LEHRERVERHALTENSTRAINING.
26) Vgl. DIE NEUEN GLAUBENSBÜCHER.
27) Vgl. DIE GESTALTKATECHESE, 48. – Wenn A. Höfer 1985 die „therapeuti-
    sche Orientierung" kaum erwähnt, so dürfte das auch kirchenpolitische Gründe ha-
    ben. A. Höfer wurde öfters mit „Psychologismus" in der Katechese in Verbindung
    gebracht. Gegen dieses Vorurteil hat er sich explizit nie gewehrt. Wie es scheint,
    versuchte er aber, manche Begrifflichkeit wegzulassen oder durch andere – theolo-
    gische – Begrifflichkeit zu ersetzen.
28) Vgl. DIE GESTALTKATECHESE. – Die Gastvorlesung war 1983.
29) Vgl. K. Steiner, Gestalt und Gestaltkatechese, a.a.O.

Zu: 4. EINE „THEORIE" DER GESTALT BEI A. HÖFER

1) Um die bildhafte Darstellungsweise von A. Höfer aufzuzeigen, wird dieser Ab-
   schnitt hier im Wortlaut wiedergegeben:
   „Die Blutbuche vor dem Schloß. Ich stand einmal mit Studenten um eine riesige
   Blutbuche vor einem Schloß, wir standen rundherum in einem Kreis. Wir teilten
   uns mit, was wir sahen: eine Unzahl von Blättern, Zweigen, Ästen und Wurzeln.
   Eine schier verwirrende Fülle, die wir in ihren Einzelheiten gar nicht beschreiben
   konnten. Dazu kam, daß diese Gebilde des Lebendigen ja ineinanderliefen, die
   Äste verschlangen, die Blätter freigaben und wiederum bedeckten. Und zu allem
   noch: Jeder Student sah die Buche von einer anderen Seite aus. Jener, der mir ge-
   genüberstand, sah nichts von dem, was ich wahrnahm, und doch sahen wir beide
   dieselbe Buche. Jedem von uns tat sie ja nach unserem Standpunkt ihren Reichtum
   in anderer Weise kund. Und trotz der unüberschaubaren Fülle an Teilen, an den
   Beziehungen der Teile untereinander und zum Ganzen, sprachen wir immer nur von
   der einen Buche; von ihrer Ganzheit und von ihren Teilen innerhalb des Ganzen;
   von ihrer Fülle, die einen geordneten Reichtum darstellt, von ihrer je anderen Seite
   entsprechend unseres je anderen Standpunktes; von ihrer Dynamik, die aus dem
   winzigen Kern das Wunder erwachsen ließ (du brauchst einem Buchenkern nicht
   anzuschaffen, eine Buche und nicht eine Birke zu werden!), und schließlich vom System des Lebendigen dieser Buche, die Jahreszeit für Jahreszeit immer tiefer in den
   Boden und immer höher und breiter in den Himmel wächst und sich dabei die Säfte
   der Erde und die Energie der Sonne buchstäblich einverleibt und sich selbst verwandelt." – (SPUREN DER GANZHEIT, 14 f.)
2) Ebd., 15 f.
3) Vgl. ebd., 70.
4) Vgl. ebd., 16–28.
5) Vgl. PREDIGT UND EXEGESE, 47.
6) Vgl. Wolfgang Langer, Die Vielfalt und die Mitte. Brief eines Lesers und Freundes
   an Albert Höfer, in: Kat Bl 106 (1981), 49 f.
7) Vgl. DIE GESTALTKATECHESE – veröffentlicht erst 1985. Damals hatte man
   sich eher Ausführungen über die „therapeutische Orientierung" der GK erwartet.
8) Ebd., 39.
9) Ebd., 66.

10) Vgl. ebd., 40–46; ZUM GESTALTWANDEL DER SITTLICHEN ENT-WICKLUNG, 3.; ÜBER DIE TRINITARISCHE GESTALT DER VER-KÜNDIGUNG, 54 ff., 61 f.
11) DIE GESTALTKATECHESE, 40 f.
12) Vgl. ebd., 41 ff., 46f; ÜBER DIE TRINITARISCHE GESTALT DER VER-KÜNDIGUNG, 52 ff.; 59 f.
13) Vgl. DIE GESTALTKATECHESE, 43 ff.; ÜBER DIE TRINITARISCHE GESTALT DER VERKÜNDIGUNG, 54 f.; 62 ff.
14) Vgl. ÜBER DIE TRINITARISCHE GESTALT DER VERKÜNDIGUNG, 64 f.
15) Vgl. ebd., 63.
16) Es wäre interessant, weiter zu verfolgen, ob diese „anschauliche" und „praxisge-rechte" Aufbereitung der Theorie dem Katecheten einen bestimmten Stempel auf-drückt. Es könnte nämlich aus dieser Darstellungsweise gefolgert werden, daß mit einem entsprechenden Reflexionsniveau der Katecheten nicht gerechnet wird. Da-mit ergeben sich aber Fragen rund um die Autonomie bzw. um die Abhängigkeit des Katecheten.
17) Vgl. Abb. 4–9; vgl. K. Hadolt, Symbolarbeit in der Katechese, a.a.O., 59 ff: K. Ha-dolt bezieht sich auf Vorlesungen von A. Höfer zur „Religionspädagogischen Be-deutung des religiösen Symbols für die Katechese" im Wintersemester 1983/84.

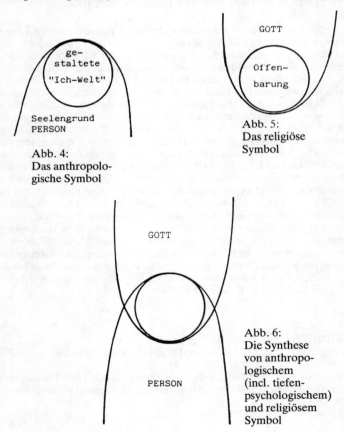

Abb. 4:
Das anthropolo-gische Symbol

Abb. 5:
Das religiöse Symbol

Abb. 6:
Die Synthese von anthropo-logischem (incl. tiefen-psychologischem) und religiösem Symbol

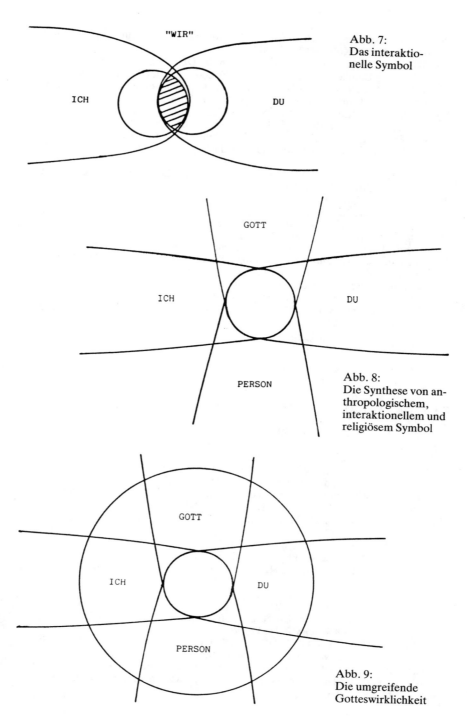

Abb. 7:
Das interaktionelle Symbol

Abb. 8:
Die Synthese von anthropologischem, interaktionellem und religiösem Symbol

Abb. 9:
Die umgreifende Gotteswirklichkeit

18) Vgl. Karl Rahner, Zur Theologie des Symbols, in: Schriften zur Theologie IV, Einsiedeln–Zürich–Köln ³1962, 275–311.
19) ÜBER DIE TRINITARISCHE GESTALT DER VERKÜNDIGUNG, 65.
20) Vgl. Georg Baudler, Korrelationsdidaktik: Leben durch Glauben erschließen, Paderborn 1984, 59–62; vgl. Klaus Porstner – Nikolaus Severinski (Hrsg.), Religionsunterricht und „offene Gesellschaft", Wien–Freiburg–Basel 1984.
21) Vgl. DIE NEUEN GLAUBENSBÜCHER, 11–18.
22) Vgl. K. Rahner, Zur Theologie des Symbols, a.a.O., 296.
23) Vgl. Franz Prammer, Text–Symbol–Erzählung, Die philosophische Hermeneutik Paul Ricoeurs in ihrer Bedeutung für eine theologische Sprachtheorie, Dissertation, Wien 1984, 28–35.
24) Vgl. SPUREN DER GANZHEIT, 49–53; ÜBER DIE TRINITARISCHE GESTALT DER VERKÜNDIGUNG, 60.
25) Paul Wehrle, Die Bedeutung des Symbols für die religiöse Erziehung (Eichstätter Hochschulreden 22), München 1980, 16.
26) Vgl. F. Prammer, Text–Symbol–Erzählung, a.a.O., 87–102, hier 95.
27) Vgl. Paul Tillich, Wesen und Wandel des Glaubens, Berlin 1961, 53 ff.; Joachim Scharfenberg – Horst Kaempfer, Mit Symbolen leben. Soziologische, psychologische und religiöse Konfliktbearbeitung, Olten u. Freiburg i. Br. 1980, 42; H. Halbfas, Das dritte Auge. Religionsdidaktische Anstöße, Düsseldorf 1982, 109; P. Wehrle, Die Bedeutung des Symbols, a.a.O., 16.
28) Vgl. Eugen Biser, Der Zeuge, Graz 1981, 391, zit. nach: 60.
29) ÜBER DIE TRINITARISCHE GESTALT DER VERKÜNDIGUNG, 63.
30) Siehe oben Anm. 17.

Zu: 5. DAS GOTTES- UND MENSCHENBILD

1) Vgl. SPUREN DER GANZHEIT, 80.
2) Vgl. INSTITUT, 716.
3) Vgl. ÜBER DIE TRINITARISCHE GESTALT DER VERKÜNDIGUNG; Zum letzten: 52 f. A. Höfer zitiert frei das Gebet von K. Tilmann: „Vater, du bist über mir; Christus, du stehst neben mir; Heiliger Geist, du lebst in mir" (Klemens Tilmann, Christusverkündigung an die Jugend der Gegenwart, München 1953, 33).
4) Vgl. GLAUBENSWISSEN UND GLAUBENSTUGEND, 5.
5) Vgl. ÜBER DIE TRINITARISCHE GESTALT DER VERKÜNDIGUNG, 61 ff.
6) Vgl. ebd., 60.
7) Vgl. DIE GESTALTKATECHESE, 46 f.
8) ÜBER DIE TRINITARISCHE GESTALT DER VERKÜNDIGUNG, 51.
9) Vgl. ebd., 54 f.
10) Ebd., 58 f.
11) Vgl. SPUREN DER GANZHEIT, 20 ff.
12) Vgl. DIE NEUEN GLAUBENSBÜCHER, 61–76.
13) Vgl. SPUREN DER GANZHEIT, 76 ff.
14) ÜBER DIE TRINITARISCHE GESTALT DER VERKÜNDIGUNG, 55.
15) Vgl. ebd., 54 – Hervorh. Kl. – A. Höfer zitiert in diesem Zusammenhang oft Thomas von Aquin: „actus credentis non terminatur ad enuntiabile, sed ad rem – der Akt des Glaubenden bezieht sich nicht auf das Aussagbare, sondern auf die Wirklichkeit selbst" (ebd.).

16) Vgl. DIE NEUEN GLAUBENSBÜCHER, 11–18, hier 18.
17) Ebd., 11 – Hervorhebung Kl.
18) Vgl. GLAUBENSWISSEN UND GLAUBENSTUGEND.
19) Vgl. DIE GESTALTKATECHESE,50.
20) Der Begriff „Identität" wird hier in sehr weitem Sinne verwendet. A. Höfer setzt sich mit der Identitätsproblematik explizit nie auseinander und legt auch keine Definition von „Identität" vor.
21) Vgl. DIE NEUEN GLAUBENSBÜCHER, 11–13.
22) Vgl. DAS GLAUBEN LERNEN, 15.
23) Diese Hinweise finden sich bei A. Höfer sehr oft: Vgl. DIE NEUEN GLAUBENSBÜCHER; 50 f.; SPUREN DER GANZHEIT, 82; GLAUBENSWISSEN UND GLAUBENSTUGEND, 2.
24) Vgl. DIE NEUEN GLAUBENSBÜCHER, 50 f. A. Höfer hebt an dieser Stelle, L. Boff folgend, „sakramental" als eine „bestimmte Art zu denken" hervor. Die ganze Wirklichkeit ist „nicht Sache", sondern Symbol (ebd.).
25) GESTALT DES GLAUBENS, 116 ff. – Hervorh. Kl.
26) GLAUBENSWISSEN UND GLAUBENSTUGEND, 17 – Hervorh. Kl.
27) SPUREN DER GANZHEIT, 73 f.
28) Diese Behauptung wurde aus Gesprächen und Vorlesungen von A. Höfer entnommen, wo er oft folgendes Beispiel brachte: Der Lehrer weiß, daß 20% der Klasse Bettnässer sind. – Nun aber steht der Lehrer vor der Klasse, und da erhebt sich die Frage: „Wer ist nun Bettnässer?" – A. Höfer will Situationsanalysen nicht abwerten, aber relativieren.
29) DIE NEUEN GLAUBENSBÜCHER, 12.
30) Ebd., 64.
31) Ebd., 65 f.
32) A. Höfer deutet auch den Prozeß der Wunderheilung so, daß durch die Zuwendung Jesu „neues Vertrauen" im Menschen erwächst, das „heilbringende Kraft" hat und bis in die „psychische und körperliche Dimension" wirkt (ebd., 67; vgl. GESTALT DES GLAUBENS, 72).
33) Vgl. GLAUBENSWISSEN UND GLAUBENSTUGEND.
34) Vgl. ÜBER DIE TRINITARISCHE GESTALT DER VERKÜNDIGUNG, 56–64.
35) „Moral" und „Sittlichkeit" werden bei A. Höfer synonym verwendet.
36) Vgl. ZUM GESTALTWANDEL IN DER SITTLICHEN ENTWICKLUNG; speziell 4 ff.
37) Vgl. DAS GLAUBEN LERNEN, 49–92; SELBSTVERWIRKLICHUNG UND SELBSTGESTALTUNG.
38) ÜBUNG UND ERFAHRUNG, 9–11.
39) Vgl. DAS GLAUBEN LERNEN, 74 f.
40) So wird die Skizze genannt, die in DIE NEUEN GLAUBENSBÜCHER, 19, abgebildet ist. – Siehe unten (8.3.) Abb. 10.
41) GLAUBENSWISSEN UND GLAUBENSTUGEND, 15.
42) Vgl. DIE NEUEN GLAUBENSBÜCHER, 39–47.
43) „Was muß ein Kind alles von seiner Mutter wissen, damit es sich ihr anvertraut? Was weiß der Freund von seiner Freundin, sodaß es zur Liebe reicht?" (ÜBER DIE TRINITARISCHE GESTALT DER VERKÜNDIGUNG, 51).
44) Vgl. DIE NEUEN GLAUBENSBÜCHER, 37.
45) Ansatzweise zeigen fünf als Skizzen vorgestellte „Zahnradsysteme" im „System- und Strukturgedanken" die Vernetzung der Katechese und des konkreten Schülers in der konkreten Stunde auf (vgl. SPUREN DER GANZHEIT, 65–69).
46) Vgl. ZUM GESTALTWANDEL IN DER SITTLICHEN ENTWICKLUNG, 11.
47) DIE NEUEN GLAUBENSBÜCHER, 69–72.

48) Vgl. Anton Schrettle, Moral als Selbstverwirklichung, in: LEHRERHILFEN 7/2, 6–9.

49) So könnte etwa die Verwendung von antiken klassischen Mythen und Symbolmaterial (S. Freud) zu einer tragischen Grundeinstellung führen (vgl. Joachim Scharfenberg–Horst Kaempfer, Mit Symbolen leben, a.a.O., 138.

50) Vgl. Walter Kasper, Die Weitergabe des Glaubens. Schwierigkeit und Notwendigkeit einer zeitgemäßen Glaubensvermittlung, in: Ders. (Hrsg.), Einführung in den Erwachsenenkatechismus 1985, 27.

51) Erfahrung aus Glauben. Edward Schillebeeckx-Lesebuch, hrsg. v. J. Schreiter, Freiburg–Basel–Wien 1984, 74.

52) Ähnlich spricht O. Betz von der gedeuteten Identität als „Gestaltwerdung auf dem Weg". Durch „viele Metamorphosen" kommt der Mensch zur „wahren Gestalt" (O. Betz, Der königliche Bettler, a.a.O., 129 f.).

53) Vgl. Karlfried Graf Dürckheim, Der Alltag als Übung. Vom Weg zur Verwandlung, Bern–Stuttgart–Wien ³1970, 66; ders., Vom doppelten Ursprung des Menschen. Als Verheißung, Erfahrung, Auftrag, Freiburg–Basel–Wien ⁸1984 (1973), 155; 169–174.

54) Mit Vorsicht deshalb, weil „Übersummativität" und „pars-pro-toto-Prinzip" der „trinitarischen Gestalt" gerecht werden kann.

55) Zur Frage der Trinität siehe unten 5.4.2.

56) Siehe oben 4.2., Abb. 3: Integrative Symbolschau.

57) Vgl. Karl Rahner, Grundkurs des Glaubens. Einführung in den Begriff des Christentums, Freiburg–Basel–Wien 1984 (Sonderausgabe), 130–137.

58) Vgl. Karl Rahner, Natur und Gnade, in: Schriften zur Theologie IV, Einsiedeln–Zürich–Köln 1965, 209–235, hier 228.

59) Vgl. Katholischer Erwachsenen-Katechismus. Das Glaubensbekenntnis der Kirche, hrsg. v. der Deutschen Bischofskonferenz, Kevelaer u. a. 1985, 256–306.

60) Vgl. zur Geschichte des Korrelationsbegriffs: Georg Baudler, Korrelationsdidaktik, a.a.O., 13–32; vgl. auch Franz Moser, Wirtschaft und Religion. Der Religionsunterricht an den kaufmännischen Schulen. Wien–Freiburg–Basel 1986, 121–124; M. Scharer, Thema–Symbol–Gestalt, a.a.O., 47 f. Anm. 84.

61) Catechesi Tradendae, Nr. 55.

62) Vgl. F. Moser, Wirtschaft und Religion, a.a.O., 123. F. Moser verweist auf Arno Schilson, Der Grundlagenplan im Prüfstand systematischer Theologie, in: Kat Bl 103 (1978), 934–941.

63) F. Moser weist auf die Korrelation von „Lebenssituation und Glaubensinhalt, von Glaubensüberzeugung und neuer Erfahrung, von Glaube und Situation, von menschlicher Existenz und christlicher Botschaft" hin (F. Moser, Wirtschaft und Religion, a.a.O., 123).

64) Franz-Josef Nocke, Korrelation. Stichwort zur Orientierung, in: Kat Bl 105 (1980), 130 f. Vgl. Grundlagenplan für den katholischen Religionsunterricht im 5. bis 10. Schuljahr, revidierter Zielfelderplan, hrsg. v. d. Zentralstelle Bildung der deutschen Bischofskonferenz, München ²1985 (1984), 242. – Dieser Korrelationsbegriff geht auf die Tagung des DKV in Brixen 1979 zurück, wo E. Schillebeeckx die „wechselseitig kritische Korrelation" vertrat (vgl. E. Schillebeeckx, Offenbarung, Glauben und Erfahrung, a.a.O., 84–95, hier 90). E. Schillebeeckx will nicht das Wort Gottes der Kritik unterziehen, sondern darauf aufmerksam machen, daß bereits am Anfang der Überlieferung eine interpretierende Erfahrung durch die Apostel vorliegt (vgl. Edward Schillebeeckx, Erfahrung und Glaube, in: Christlicher Glaube in moderner Gesellschaft, Bd. 25, hrsg. v. Franz Böckle (u. a.), Freiburg–Basel–Wien 1980, 84). Und E. Schillebeeckx fährt fort, daß das Problem der „historischen Identität des Christentums" nicht allein theoretisch-hermeneutisch gelöst werden kann, sondern wesentlich durch „eine *praktische Identifizierung*, das heißt ein Sich-identifizieren mit der Praxis Jesu, der das Reich Gottes als Zukunft für alle Menschen verkündet hat, jedoch so, daß diese Zukunft schon in seinem handelnden Auftreten präsent wurde" (ebd., 94).

65) F.-J. Nocke, Korrelation, a.a.O., 130 f. – F.-J. Nocke bezeichnet diese Beziehung nicht nur als eine „Methode der Religionspädagogik", sondern als *„Grundverständnis* von Überlieferung, Übersetzung und Aneignung des Glaubens überhaupt" (ebd., 131 – Hervorh. Kl.).

66) Grundlagenplan, a.a.O., 242 f. – Hervorh. Kl. – Auch der „Lehrplan für den katholischen Religionsunterricht an HS (Ausgabe 1985)" versteht die „Korrelationsebenen" als „Schlüsselstelle" jedes „Themenfeldes". Auf diesen vier Ebenen wird der „Erkenntnis-, Deutungs- und Orientierungs*prozeß"* vorstrukturiert. (Vgl. Lehrplan für den katholischen Religionsunterricht an HS (Ausgabe 1985), a.a.O., 13 – Hervorh. Kl.).

67) Vgl. E. Schillebeeckx oben, Anm. 64.

68) W. Langer stellt in seiner Problemliste zur derzeitigen Lehrplanarbeit fest, daß es fraglich ist, ob „(didaktische) Korrelation überhaupt in einem Lehrplan beschrieben, angedeutet, angestoßen, eröffnet werden kann, und wenn ja, in welcher Beschreibungsform das sinnvoll sein kann. Könnte man den Vollzug der Korrelation der jeweiligen Situation ‚vorort' überlassen", stellt W. Langer die Frage (Wolfgang Langer, Problemliste zum derzeitigen Stand der Lehrplanarbeit, in: Kat Bl 110 [1985], 793 f.). W. Langer unterscheidet zwischen theologischer Korrelation: „Überlieferung als göttliche Offenbarung *in* menschlicher Erfahrung", anthropologischer Korrelation: „Der Mensch auf der Suche nach Sinn begegnet immer schon gedeuteten Erfahrungen" und der *didaktischen Korrelation:* „Korrelatives Lernen im *Vollzug von Unterricht:* Dialog zwischen überlieferter und eigener Lebenserfahrung im Kontext der gesellschaftlichen Wirklichkeit" (ebd., 793 – Hervorh. Kl.). – Vgl. Werner Simon, Erste Anfragen zur Lehrplanentwicklung, in: Kat Bl 110 (1985), 795–798, hier 796.

69) Vgl. M. Scharer, Thema – Symbol – Gestalt, a.a.O., 132–180, hier: 135–138; vgl. ders., Leben/Glauben lernen – lebendig und persönlich bedeutsam. Handbuch zu „Miteinander glauben lernen", Salzburg 1988, 40–53.

70) Matthias Scharer, Existentielle Erschließung elementarer Glaubensgehalte in „lebendigen" Lernprozessen im Religionsunterricht. Gastvorlesung an der Theologischen Hochschule Linz, 8. 1. 1986 (Hektogr.), 10.

71) G. Baudler, Korrelationsdidaktik, a.a.O., 24.

72) Ebd., 25.

73) Siehe unten 8.4.1.

74) Vgl. SPUREN DER GANZHEIT, 68–75, hier 72 ff. Man hat allerdings an dieser Stelle den Eindruck, daß die Auseinandersetzung nicht sehr sachlich geschieht.

75) Lehrpläne für den katholischen Religionsunterricht, Neu- und Wiederverlautbarung 1977, Beilage zum Verordnungsblatt der Erzdiözese Salzburg, Nr. 1, Jänner 1977, 4 f. – Erstveröffentlichung 1968.

76) Zur fünften Schulstufe (1. Klasse Hauptschule): „Gott sendet den Retter. Wir lernen Rettung erwarten und Rettung bringen" (ebd., 4).

77) Vgl. W. Langer, Problemliste zum derzeitigen Stand der Lehrplanarbeit, a.a.O., 793; verstanden als korrelatives Lernen im Vollzug von Unterricht.

78) Vgl. K. Rahner, Grundkurs des Glaubens, a.a.O., 122–142.

79) K. Rahner, Die anonymen Christen, in: Schriften zur Theologie Bd. VII, Einsiedeln–Zürich–Köln 1965, 550.

80) Vgl. K. Rahner, Grundkurs des Glaubens, a.a.O., 138; ders., Natur und Gnade, a.a.O., 228.

81) „Unter Individuation versteht Jung die Bemühung, man selbst zu werden, d. h. das zu werden, was man ist, besser gesagt, sein könnte" (Farau/Cohn, a.a.O., 130).

82) Adolf Heimerl, Selbsterfahrung und Glaube. Gruppendynamik, Tiefenpsychologie und Meditation als Wege zur religiösen Praxis, München 1976, 45 ff.

83) DAS GLAUBEN LERNEN, 87–92.

84) Roman Bleistein, Kurzformeln des Glaubens, Würzburg 1971, 104.

85) Ebd., 159.
86) Ebd., 34.
87) Vgl. Roman Bleistein, Mystagogie in den Glauben, in: Kat Bl 98 (1973), 30–43, hier 30.
88) Vgl. DIE NEUEN GLAUBENSBÜCHER, 74.
89) Vgl. Karlfried Graf Dürckheim, Vom doppelten Ursprung des Menschen, 213–233.
90) Vgl. ebd., 151–211; ders., Der Alltag als Übung, Bern ³1970.
91) Vgl. K. Graf Dürckheim, Vom doppelten Ursprung des Menschen, a.a.O., 153. Sein und Wesen werden synonym verwendet für Gott im Menschen (ebd., 30).
92) DAS GLAUBEN LERNEN, 87.
93) Vgl. Franz Feiner, Typologie der Übungen für den Religionsunterricht, in: PRAKTISCHE SCHÜLERÜBUNGEN, 5–8, 33–41.
94) Vgl. Martin Moser, Das katechetische Gespräch. Eine Einschätzungsskala zur Verbalisierung von eigenen Erlebnissen und ihre Deutung aus dem christlichen Glauben, in: Kat Bl 110 (1985), 385–391, hier 386.
95) Vgl. LEHRERVERHALTENSTRAINING.
96) Vgl. K. Rahner, Natur und Gnade, a.a.O., 209–235, hier 228 f.; ders., Die anonymen Christen, a.a.O., 545–554, hier 548; ders., Grundkurs des Glaubens, a.a.O., 122–142, hier 126 ff.

Zu: 6. „ZIELE" DER GESTALTKATECHESE

1) Gudrun Edelmann – Christine Möller, Grundkurs Lehrplanung/Lernplanung. Einzel- und Gruppenübungen zu praxisorientierten Problemen der Lernzielerstellung, Weinheim u. Basel 1976, 23–25.
2) Vgl. Die Kritik A. Höfers an der Lernziel-Konzeption: SPUREN DER GANZHEIT, 72 f.
3) Vgl. Rupert Leitner, Der Religionsunterricht an der Pflichtschule, in: Themen der Religionspädagogik 2. Materialien zur Pädagogik. Studientexte zur Lehrerbildung, hrs. v. Adolf März, Wien–München 1981, 65–76, hier 69.
4) Vgl. Lehrpläne für den katholischen Religionsunterricht an AHS, kommentierte Ausgabe 1983, Verordnungsblatt der Erzdiözese Salzburg, Beilage zu Nr. 5, Mai 1983.
5) Vgl. DIE GESTALTKATECHESE, 49.
6) Vgl. DIE NEUEN GLAUBENSBÜCHER, 11–18.
7) Siehe unten 8.4.2.
8) DIE GESTALTKATECHESE, 50. A. Höfer verweist an dieser Stelle auf seine Ausführungen „ÜBER DIE TRINITARISCHE GESTALT DER VERKÜNDIGUNG".
9) Ebd., 47.
10) Ebd., 47.
11) Vgl. GLAUBENSWISSEN – GLAUBENSTUGEND, 3 f.; ÜBER DIE TRINITARISCHE GESTALT DER VERKÜNDIGUNG, 65 ff.
12) GLAUBENSWISSEN – GLAUBENSTUGEND, 8.
13) Vgl. Josef Goldbrunner, Realisation, Freiburg–Basel–Wien 1966, 5: „Realisation meint Verwirklichung des Glaubens, wie er im Menschen wirkt und verwirklicht wird. Das geschieht dort, wo Gottes Wort auf die menschliche Natur trifft, göttliche Person und menschliche Person sich begegnen und Theologie an die Anthropologie grenzt."
14) Vgl. DIE GESTALTKATECHESE, 37.
15) Vgl. ebd., 35–40, 43 ff.

16) DAS GLAUBEN LERNEN, 58–61 – Hervorh. Kl.
17) Vgl. DIE NEUEN GLAUBENSBÜCHER, 19–61, hier 19.
18) Vgl. GLAUBENSWISSEN – GLAUBENSTUGEND, 5 – Hervorh. Kl.
19) Vgl. DIE NEUEN GLAUBENSBÜCHER, 13; vgl. auch das Jahresthema im GLAUBENSBUCH 7 (1969): „Wie Jesus handeln lernen."
20) DIE NEUEN GLAUBENSBÜCHER, 14. Inhaltlich formuliert A. Höfer dieses Lernziel so: „Schüler und Lehrer sollen übereinander nicht richten, sondern sich akzeptieren. Sie sollen im Umgang miteinander Echtheit lernen; Projektionen zurücknehmen, Tricks unterlassen, Kontakte auch auf das wirkliche Ziel lenken, die Bedürfnisse des anderen erfragen und seinen guten Anteil verstärken. Sie sollen wahrnehmen, was in der Jüngerschaft bzw. Schülergruppe läuft, und immer wieder Mut zu neuer Kontaktaufnahme finden. Denn nicht die Vollkommenheit der Schüler garantiert den Frieden in der Gruppe oder Klasse, sondern die unbegrenzte Bereitschaft zu vergeben und neu anzufangen" (ebd., 14 f.).
21) Die GK orientiert sich an Jesus und will „lieben und leben lernen", wie Jesus es vorgelebt hat. „Befreit von der Last der Vergangenheit und befreit von der Angst vor der Zukunft gelassen in der Gegenwart Gottes leben. Die grundsätzliche Offenbarung des Menschen (die ihn vom instinktgebundenen Tier unterscheidet) als ständige Verheißung einer sinnvollen Vollendbarkeit alles Menschlichen erfahren. Die Verantwortung für mein eigenes Leben übernehmen und an der Veränderung der Welt zu größerer Freiheit und Hoffnung mitwirken. Sich den Anhängern Jesu anschließen und sich in ihrer Gemeinschaft von seinem Geist ergreifen lassen. Lernen, den Glauben der Kirche zur eigenen Erfahrung werden zu lassen" (ÜBUNG UND ERFAHRUNG IM RELIGIONSUNTERRICHT, 4).
22) DAS GLAUBEN LERNEN, 11; vgl. ÜBUNG UND ERFAHRUNG IM RELIGIONSUNTERRICHT, 2; vgl. GLAUBENSWISSEN – GLAUBENSTUGEND, 2; vgl. SPUREN DER GANZHEIT, 127–133.
23) Vgl. DAS GLAUBEN LERNEN, 40.
24) DIE NEUEN GLAUBENSBÜCHER, 53.
25) GLAUBENSWISSEN – GLAUBENSTUGEND, 3 – Hervorh. Kl.
26) Vgl. DIE NEUEN GLAUBENSBÜCHER, 54 f.
27) Vgl. SPUREN DER GANZHEIT, 76 f., vgl. ebenfalls „Was der Pädagoge von Jesus lernen kann" (ebd., 81 f.).
28) ÜBER DIE TRINITARISCHE GESTALT DER VERKÜNDIGUNG.
29) DIE NEUEN GLAUBENSBÜCHER, 12.
30) Vgl. DAS GLAUBEN LERNEN, 24–31.
31) Vgl. SPUREN DER GANZHEIT, 19 f.
32) Vgl. DAS GLAUBEN LERNEN, 62–72; siehe unten 8.2.
33) Vgl. PRAKTISCHE SCHÜLERÜBUNGEN, 5–8, 14 ff.
34) Vgl. J. W. Klaushofer, Verkündigung und Gestalt, a.a.O., 155–165.
35) Vgl. SPUREN DER GANZHEIT, 72 f.
36) Vgl. Günter Stachel, Theorie und Praxis des Curriculum, in: Handbuch der Religionspädagogik, Bd. 2, hrsg. v. Erich Feifel, Robert Leuenberger (u. a.), Zürich (u. a.) [2]1978, 34–72.
37) Vgl. Lehrplan für den katholischen Religionsunterricht an AHS (Ausgabe 1985), a.a.O., 12.
38) Vgl. ÜBER DIE TRINITARISCHE GESTALT DER VERKÜNDIGUNG, 55 f.
39) Wolfgang Langer, Die Vielfalt und die Mitte, in: Kat Bl 106 (1981), 49.
40) Vgl. O. Betz, Der königliche Bettler, a.a.O., bes. 7–11.
41) Vgl. John Henry Kardinal Newman, Entwurf einer Zustimmungslehre, Mainz 1961, 65: „Manch ein Mensch wird leben und sterben auf ein Dogma hin; kein Mensch will der Märtyrer einer Schlußfolgerung sein."
42) Vgl. Hugo M. Enomiya-Lassalle, Meditation als Weg zur Gotteserfahrung, Köln 1972, 9.

43) Siehe unten 10.
44) Vgl. G. Baudler, Korrelationsdidaktik, a.a.O., 24–27.
45) Vgl. Günter Biemer, Die theologische Bedeutung existentieller Glaubensvermittlung. Theologie des Volkes nach John Henry Newman, in: RpB 14/1984, 119–140, hier 126–133.
46) Vgl. Ottmar Fuchs, Persönlicher Glaube und der Glaube der Kirche in der Glaubensvermittlung, in: Kat Bl 110 (1985), 90–102, hier 92.
47) Direkt zum Symbolisieren hat E. Feifel 1977 in seinem Artikel „Symbolerfassung als Weg zur Glaubenserfahrung" herausgestrichen, daß der Vorgang des aktiven Umgangs mit einem Symbol, also der Vorgang des „Symbolisierens", religiöse Erfahrung zeitigt (E. Feifel, Symbolerfassung als Weg zur Glaubenserfahrung, in: Ders. [Hrsg.], Welterfahrung und christliche Hoffnung, Donauwörth 1977, 13).
48) Vgl. Heinrich Fries, Meditation als Realisierung von Religion, in: Albert Biesinger (Hrsg.), Meditation im Religionsunterricht. Theoretische und praktische Perspektiven, Düsseldorf 1981, 31 – H. Fries spricht allerdings von Meditation.
49) Vgl. J. Goldbrunner, Unterricht oder Verkündigung?, in: Kat Bl 88 (1963), 59–63, hier 62 f.
50) Vgl. Günter Stachel/D. Mieth, Ethisch handeln lernen, Zürich 1978, 86–116.
51) Vgl. dazu etwa die strukturierten Entwürfe: Fritz Oser, Kreatives Sprach- und Gebetsverhalten in Schule und Religionsunterricht. Mit einem Vorwort von Konrad Widmer, Olten u. Freiburg i. Br. 1972; ders., Kräfteschulung. Mit Beispielen aus der Praxis von: Karl Furrer, Flavia Giger, Vreni Merz-Widmer, Olten u. Freiburg i. Br. 1977.
52) Vgl. LEHRERHILFEN 7/2.
53) Vgl. Österreichisches Katechetisches Direktorium für Kinder- und Jugendarbeit, hrsg. v. d. „Österreichischen Kommission für Bildung und Erziehung" d. Sekretariats der Österreichischen Bischofskonferenz, Wien 1981, 23 f.
54) Siehe unten 9.
55) Vgl. Helmut Krätzl, Die Bedeutung des Religionsunterrichtes für die Schule und die Gesellschaft, in: Der Religionsunterricht in der Schule. Standort und Ausblick, Salzburger Katechetische Schriften, hrsg. v. Landesschulrat für Salzburg/Institut für Katechetik und Religionspädagogik an der Theologischen Fakultät Salzburg/Katechetisches Amt der Erzdiözese Salzburg, Salzburg 1984, 33–51, hier 45 f.

Zu: 7. „INHALTE" UND „MEDIEN" DER GESTALTKATECHESE

1) Vgl. GESTALT DES GLAUBENS, 115–118.
2) Vgl. DIE NEUEN GLAUBENSBÜCHER, 49 ff.
3) Vgl. SPUREN DER GANZHEIT, 70.
4) ÜBER DIE TRINITARISCHE GESTALT DER VERKÜNDIGUNG, 54.
5) Vgl. ebd., 61.
6) Vgl. BIBL KAT 6, 128 ff.
7) „Urgestalt" wird hier nicht im Sinne von K. Steiner als „Urstruktur der christlichen Botschaft" und „Ordnungsprinzip für katechetische Inhalte" verstanden (K. Steiner, Gestalt und Gestaltkatechese, a.a.O., 40), sondern um die zentrale und konkrete Bedeutung des historischen und erhöhten Christus herauszustreichen.
8) Vgl. SPUREN DER GANZHEIT, 16–18.
9) Vgl. ebd. 70; siehe ebenfalls PREDIGT UND HEUTIGE EXEGESE, 42 f., wo A. Höfer von der Sonne, die durch ein romanisches Glasfenster scheint, spricht.
10) Durchgängig ist bei A. Höfer aus seiner Münchner Zeit die Forderung nach Konzentration und Christozentrik anstelle von Addition zu erkennen (vgl. J. A. Jungmann, Glaubensverkündigung im Lichte der Frohen Botschaft, Innsbruck 1963, 53–58; 67–75).

11) Vgl. BIBL KAT 7/8, 26 f.; HANDELN AUS DEM GLAUBEN, 37 f.
12) W. Klafki, Das pädagogische Problem des Elementaren und die Theorie der kategorialen Bildung, Weinheim 1964, 322.
13) Vgl. HANDELN AUS DEM GLAUBEN, 38.
14) Vgl. BIBL KAT 6, 87–109.
15) Vgl. GLAUBENSWISSEN – GLAUBENSTUGEND, 7.
16) Vgl. DIE NEUEN GLAUBENSBÜCHER, 52: „Darum ist das Kirchenjahr mit seinen Festen nach wie vor der geheime, nein der offenkundige Lehrplan unserer Katechese."
17) Vgl. DAS GLAUBEN LERNEN, 56 f.
18) A. Höfer sagt, daß jede Einzelerzählung – jede Perikope – so etwas ist „wie das Evangelium in sich. Läßt sich ein Schüler auf *eine* Geschichte ein, dann hat er sich auf das ganze Evangelium eingelassen" (DIE NEUEN GLAUBENSBÜCHER, 21).
19) Den Ausdruck „eiserne Ration" (vgl. FORUM KATECHISMUS, 268) verwendet A. Höfer in Vorträgen und Vorlesungen ab 1984 nicht mehr. Er ersetzt diesen Begriff durch *„tägliches Brot"* und rückt damit bewußt vom militärischen Ausdruck und von einer äußersten Notration ab und stellt klar, daß das „depositum fidei" nicht nur für äußerste Situationen, sondern für das tägliche Leben eine zentrale Bedeutung hat.
20) Vgl. GLAUBENSWISSEN – GLAUBENSTUGEND, 2–4.
21) Vgl. ebd., 8–16.
22) Vgl. DIE NEUEN GLAUBENSBÜCHER, 49.
23) Vgl. HYMNUS; vgl. SPUREN DER GANZHEIT, 57–66; vgl. ÜBER DIE TRINITARISCHE GESTALT DER VERKÜNDIGUNG, 58 f.
24) Vgl. H. Sunden, Die Religion und die Rollen, Berlin 1966.
25) Vgl. BIBELUNTERRICHT, 135–138; BIBL KAT 5/6, 32–37; SPUREN DER GANZHEIT, 127–133.
26) Vgl. BIBL KAT 5/6, 36.
27) Vgl. GESTALT DES GLAUBENS, 139–144.
28) Vgl. GESTALT DES GLAUBENS, 84 ff.; LEBENSFRAGEN – GLAUBENSFRAGEN 2, 99–105; vgl. Kurt Prantner, Das Märchen im Religionsunterricht, in: LEBENSFRAGEN – GLAUBENSFRAGEN 2, 106–130. – Die profane Literatur kam über „Was heißt ,ERLÖSUNG'?" und 1971/72 mit „LEBENSFRAGEN – GLAUBENSFRAGEN 1/2" und dem „KATECHETISCHEN VORLESEBUCH I/II" in die GK.
29) Vgl. H. Petzold, Die Medien in der integrativen Pädagogik, a.a.O., 101–123. – Vgl. DIE GESTALT DES GLAUBENS, 111–137.
30) Siehe oben 2.3.2. und 2.7.
31) ÜBER DIE TRINITARISCHE GESTALT DER VERKÜNDIGUNG, 55 f.
32) Vgl. DIE NEUEN GLAUBENSBÜCHER, 52.
33) ÜBER DIE TRINITARISCHE GESTALT DER VERKÜNDIGUNG, 56 f.,; 62 ff.
34) Eine solche liegt ursprünglich in der „Biblischen Katechese" (1966) vor, aber eher im Hinblick auf Verstehensmöglichkeiten der entsprechenden Altersstufe.
35) Vgl. DIE NEUEN GLAUBENSBÜCHER, 11–18.
36) Vgl. ebd., 61–73; siehe unten 9.
37) Vgl. nur eine kurze Erwähnung in: DIE GESTALTKATECHESE, 50.
38) Die Konzentration geht davon aus, daß der Glaube ein Ganzes ist und eine organisierende Mitte hat (vgl. W. Kasper, Der neue katholische Erwachsenenkatechismus, in: Kat Bl 110 (1985), 367) und baut auf dem alten kerygmatischen Prinzip: Konzentration anstatt Addition auf (vgl. J. A. Jungmann, Glaubensverkündigung im Lichte der Frohbotschaft, a.a.O., 53–75).
39) Vgl. BIBL KAT 6, 87–143.

40) Vgl. ebd., 19–86.
41) Hier könnte demnach schon eine kritische Anfrage in der Richtung gestellt werden, ob innerhalb von 20 Jahren die Schülersituation keine Wandlung erfahren habe. Außerdem ist festzustellen, daß der Entwurf von 1966 letztlich auf den Lehrplan von 1962 zurückgeht.
42) Vgl. Wolfgang Langer, Religionsunterricht, in: Neues Handbuch theologischer Grundbegriffe, Bd. 4, hrsg. v. Peter Eicher, München 1985, 58–67, hier 66.
43) Vgl. Günter Biemer – Albert Biesinger, Theologie im Religionsunterricht, München 1976. – Vgl. Karl-Ernst Nipkow, Das Problem der Elementarisierung der Inhalte des Religionsunterrichts, in: Lehrplanarbeit im Prozeß. Religionspädagogische Lehrplanreform, hrsg. v. Günter Biemer, Doris Knab, Freiburg–Basel–Wien 1982, 73–95.
44) Vgl. Günter Lange, Symposium des DKV zum Grundlagenplan für Sek. I und zu einigen Länderplänen, in Kat Bl 110 (1985), 790–793.
45) W. Langer, Problemliste zum derzeitigen Stand der Lehrplanarbeit, in Kat Bl 110 (1985), 793.
46) Vgl. dazu: J. Ratzinger, Glaubensvermittlung und Glaubensquellen, a.a.O., 32.
47) Vgl. dazu W. Kasper, Der neue Katholische Erwachsenenkatechismus, a.a.O., 363–370 und die Antwort von Jürgen Werbick: Vom Realismus der Dogmatik. Rückfragen an Walter Kaspers These zum Verhältnis von Religionspädagogik und Dogmatik, in: Kat Bl 110 (1986), 459–463.
48) Es scheint so, als hätte die Bischofskonferenz die „Merksätze" und „Zusammenfassungen" von A. Höfer verlangt. Schon 1970 ging A. Höfer in einer Stellungnahme auf die Anfrage ein, ob der „Bibelkatechismus ohne Systematik" sei, und betonte das „materialkerygmatische Prinzip" gegenüber dem „formaltheologisch-abstrakten" (vgl. BIBELKATECHISMUS OHNE SYSTEMATIK, hier 140).
49) J. Ratzinger weist 1983 in seiner Rede „Glaubensvermittlung und Glaubensquellen" darauf hin, daß er in der Katechese eine „gewisse Verlegenheit dem Dogma gegenüber" feststellt (Josef Kardinal Ratzinger, Glaubensvermittlung und Glaubensquellen, in: Ders., Die Krise der Katechese und ihre Überwindung, Einsiedeln 1983, 21).
50) Georg Baudler, Symbolbildung und Korrelation. Zu Peter Biehls Entwurf einer „kritischen Symbolkunde", in: Peter Biehl – Georg Baudler, Erfahrung – Symbol – Glaube. Grundfragen des Religionsunterrichts, Frankfurt a. M. 1980, 123–137, hier 137.
51) G. Baudler, Korrelationsdidaktik, a.a.O., 61.
52) Apostolisches Schreiben „Catechesi Tradendae", 55.
53) Vgl. Johannes Thiele, Bibelarbeit im Religionsunterricht, München 1981, speziell diese Forderung: 103–106; Susanne Heine, Biblische Fachdidaktik. Neues Testament, Wien–Freiburg–Basel 1976.
54) Vgl. M. Kassel, Sei, der du werden sollst. Tiefenpsychologische Impulse aus der Bibel, München 1982, 17 f. M. Kassel betont, daß bei relativ freiem Umgang mit biblischen Texten „die Nachreflexion" ein „unerläßlicher Bestandteil" ist. Ohne „Phase des Denkens" könnten nur „diffuse Gefühle" zurückbleiben (ebd.).

Zu: 8. DIE „METHODEN" DER GESTALTKATECHESE

1) Vgl. ÜBER DIE TRINITARISCHE GESTALT DER VERKÜNDIGUNG, 55 f; 63.
2) Vgl. Karlfried Graf Dürckheim, Der Alltag als Übung, Bern–Stuttgart–Wien [3]1970, 57; ders., Vom doppelten Ursprung des Menschen, a.a.O., 117–149; vgl. O. Betz, Der königliche Bettler, a.a.O., 129; vgl. Margarete Niggemeyer, Christ werden – wie geht das? Der Weg als Symbol des Glaubens, München 1982, 7–59.

3) Vgl. Farau/Cohn, a.a.O., 309 f.
4) Wolfgang Schulz, Unterrichtsplanung, München–Wien–Baltimore, 3., erw. Aufl. 1981, 84.
5) H. Petzold, Die Medien in der integrativen Pädagogik, a.a.O., 101. – Im Originaltext ist im Plural formuliert.
6) Im folgenden wird „Methode" (konsistente Strategie) und „Weg" synonym verwendet.
7) ÜBER DIE TRINITARISCHE GESTALT DER VERKÜNDIGUNG, 55 f.
8) Ebd., 63 f.
9) Vgl. Scharfenberg/Kaempfer, a.a.O., 205.
10) Vgl. K. Dürckheim, Vom doppelten Ursprung des Menschen, a.a.O., 126; ders., Mein Weg zur Mitte, a.a.O., 131.
11) Vgl. DIE NEUEN GLAUBENSBÜCHER, 13 ff.
12) Siehe oben 4.2.
13) Siehe oben 2.4.2.
14) Vgl. Adolf Heimler, Selbsterfahrung und Glaube. Gruppendynamik, Tiefenpsychologie und Meditation als Wege zur religiösen Praxis, München 1976, 20 f.
15) Vgl. P. Wehrle, Die Bedeutung des Symbols für die religiöse Erziehung, a.a.O., 23. – Otto Betz, Religiöse Erfahrung. Wege zur Sensibilität, München 1977, 29 ff.
16) Vgl. Romano Guardini, Theologische Briefe an einen Freund. Einsichten an der Grenze des Lebens, hrsg. aus dem Nachlaß, München–Paderborn–Wien [3]1982 (1976), 42. – O. Betz hat auf dem Katechetentag im September 1985 in Salzburg den Unterschied zwischen der Sicht der Welt als „Geheimnis" und als „Problem" ausführlich dargestellt.
17) Vgl. Georg Baudler, Religionsunterricht im Primarbereich, Zürich u. a. 1973, 114, zit. nach: Günter Biemer, Menschliche Grunderfahrungen und ihre religionspädagogische Vermittlung, in: E. Feifel (Hrsg.), Welterfahrung und christliche Hoffnung, a.a.O., 64 f.
18) Vgl. Jürgen Heumann, Symbol – Sprache der Religion, Stuttgart–Berlin–Köln–Mainz 1983, 9.
19) Vgl. R. Guardini, Theologische Briefe an einen Freund, a.a.O., 37 ff.
20) Vgl. Norbert Mette, Impulse für unsere moderne Industriegesellschaft? Zur Situation der religiösen Sozialisation und der christlichen Initiations-Prozesse in der Bundesrepublik Deutschland, in: Kat Bl 110 (1985), 566–574, hier 573. – R. Guardini, Theologische Briefe an einen Freund, a.a.O., 38.
21) Der Ausdruck kommt in DAS GLAUBEN LERNEN, 51 zum ersten Mal vor.
22) Vgl. BIBL KAT 5, 46 f.
23) DAS GLAUBEN LERNEN, 59.
24) DIE NEUEN GLAUBENSBÜCHER, 44.
25) Vgl. FORUM KATECHISMUS, 267 f.; LEHRERHILFEN 7/2, 22.
26) Vgl. DAS GLAUBEN LERNEN, 43.
27) Vgl. ebd., 51–55.
28) Vgl. ebd., 58.
29) Vgl. ebd., 50 f.; 90 f.
30) Vgl. LEHRERHILFEN 7/2, 14–18.
31) Vgl. ebd., 19 ff.
32) Vgl. GESTALT DES GLAUBENS, 139–157.
33) Vgl. DAS GLAUBEN LERNEN, 62–72.
34) Vgl. ebd., 73 ff.
35) Ebd., 90.
36) DIE NEUEN GLAUBENSBÜCHER, 30 ff.
37) Vgl. DAS GLAUBEN LERNEN, 91 f.
38) Erich Feifel, Symbolerfassung als Weg zur Glaubenserfahrung, in: Ders. (Hrsg.), Welterfahrung und christliche Hoffnung, a.a.O., 13.

39) G. Baudler, Korrelationsdidaktik, a.a.O., 18.
40) Vgl. Georg Baudler, Einführung in die symbolisch erzählende Theologie. Der Messias Jesus als Zentrum der christlichen Glaubenssymbole, Paderborn–München–Wien–Zürich 1982, 25.
41) Siehe oben 5.4.3.
42) Vgl. ÜBER DIE TRINITARISCHE GESTALT DER VERKÜNDIGUNG, 62 ff.
43) Vgl. Paul Tillich, Wesen und Wandel des Glaubens, Frankfurt a. M.–Berlin–Wien 1975, 55.
44) Vgl. P. Wehrle, Die Bedeutung des Symbols für die religiöse Erziehung, a.a.O., 14.
45) Die Bezeichnung hat sich unter den Katecheten und Studenten der Religionspädagogischen Akademie für die in Abb. 10 wiedergegebene Graphik durchgesetzt (vgl. DIE NEUEN GLAUBENSBÜCHER, 19).
46) Vgl. DIE NEUEN GLAUBENSBÜCHER, 19–61; GLAUBENSWISSEN – GLAUBENSTUGEND, 2–6; HEUTE AN GOTT GLAUBEN; FORUM KATECHISMUS, 267 f.
47) DIE NEUEN GLAUBENSBÜCHER, 49 ff.
48) Vgl. SPUREN DER GANZHEIT, 19.
49) Vgl. DIE NEUEN GLAUBENSBÜCHER, 19–25.
50) Vgl. auch: Alfred Läpple, Kleine Geschichte der Katechese, München 1981, 30–34.
51) Vgl. DIE NEUEN GLAUBENSBÜCHER, 26–32.
52) Ebd., 30: A. Höfer gibt einen Fragenkatalog mit „Stufen der Vertiefung" an, wobei an jedem Punkt eingestiegen werden kann:
„1. Was siehst du alles? (Bildbeschreibung)
  2. Was fällt dir besonders auf? (Das kritische Detail)
  3. Was gefällt oder mißfällt dir besonders? (Wertung)
  4. Welche Person spricht dich an? (Beziehungsaufnahme)
  5. Wenn diese Personen sprechen würden, was würden sie gerade sagen oder aus ihrem Leben erzählen? (Kreativität)
  6. Sei selber die Person, denk dich in sie hinein und erzähle in der Ich-Form von ,dir' (Identifizierung)
  7. Magst du als diese Person im Bild mit einer anderen Person oder mit einem Ding auf dem Bild eine Zwiesprache halten?
  8. Gib dem Bild einen Namen
  9. Schließ die Augen: Was siehst du von dem Bild innerlich, wie siehst du es?
  10. Was würdest du, wenn du malen oder fotografieren könntest, auf dem Bild verändern?
  11. Schreib das Bild in eine Geschichte um (,Es war einmal . . .')
  12. Was will das Bild dem heutigen Menschen sagen, zu wem willst du das ganze Bild sprechen lassen?"
53) Vgl. ebd., 32–39.
54) Mit A. Höfler könnte man gestaltkatechetisch gerade hier von „Inhalt und Beziehung" sprechen. Vgl. A. Höfler, Theorie und Praxis, a.a.O., 9–14.
55) DIE NEUEN GLAUBENSBÜCHER, 34 f. – Zur Fragehaltung bereits auch BIBL KAT 5, 25–30.
56) Vgl. ebd., 39–47.
57) Vgl. ebd., 48–52.
58) Vgl. ebd., 53–61.
59) Vgl. Michael Klessmann, Identität und Glaube. Zum Verhältnis von psychischer Struktur und Glaube, München 1980, 146 ff.
60) Vgl. Shalom Ben-Chorin, Paulus – Mittler zwischen Juden und Christen, in: E. Biser, Paulus – Wegbereiter, a.a.O., 81.

61) Vgl. Biemer/Biesinger, Theologie im Religionsunterricht, München 1976.

62) Vgl. W. Kasper, Jesus der Christus, a.a.O., 25 f.

63) Vgl. Edward Schillebeeckx, Jesus. Die Geschichte von einem Lebenden, Freiburg–Basel–Wien 1975, 137 f.

64) Vgl. Peter L. Berger, Der Zwang zur Häresie. Religion in der pluralistischen Gesellschaft, Frankfurt a. M. 1980, 33.

65) Vgl. Konrad Hilpert, Erfahrung und Religionskritik, RpB 3/1979, 106.

66) Vgl. DIE NEUEN GLAUBENSBÜCHER, 11–18.

67) Vgl. Adolf Anderl, Aspekte der Bildbetrachtung, in: Kat Bl 110 (1985), 187.

68) So gibt A. Höfer etwa zur ersten David-Perikope „David wird gesalbt" folgende „Überlegungen zum Spielen: Jeder Spieler soll sich fragen: Wer bin ich? Wen stelle ich dar? Wo spielt die Handlung? Wie kann man den Ort im Klassenzimmer andeuten? Was habe ich darzustellen und zu sagen? Aus wieviel Akten besteht das Stück? Ihr könnt die Fragen leicht beantworten, wenn ihr den dazugehörigen Text im Buch aufmerksam durchlest. Betrachtet nach dem Spiel, welche Spieler euch besonders gut gefallen haben" (GLAUBENSBUCH 5 [1977 ff.], 15). – Während diese Fragen noch sehr konkret auf die äußere Situation hinzielen, gehen andere schon in Richtung der vertieften Wahrnehmung, wie zu einer Jesusperikope in der achten Schulstufe: „Welche Personen kommen vor? Beschreibe die einzelnen. Was haben sie mit Jesus zu tun? Was wollen sie von ihm? Wie erreichen sie ihr Ziel? Was gefällt dir daran und was nicht? Wie ist Jesus zu den einzelnen Leuten? Was überrascht uns dabei? Wie würden andere Menschen gewöhnlich reagieren? Was gefällt dir an Jesus besonders?" (vgl. GLAUBENSBUCH 8 [1978], 72).

69) „1. Was siehst du alles? (Bildbeschreibung) 2. Was fällt dir besonders auf? (Das kritische Detail)" (DIE NEUEN GLAUBENSBÜCHER, 30). – A. Pöllabauer beschäftigt sich etwas ausführlicher mit der äußeren Wahrnehmung (Aloisia Pöllabauer, Von Bild zu Bild – Die Passion Jesu, in: Arbeitshilfen IV, RPI Klagenfurt (o. J.), 33–52.

70) Vgl. GESTALT DES GLAUBENS, 139 ff.

71) DIE NEUEN GLAUBENSBÜCHER, 25.

72) Vgl. ebd. 54 ff. – Vgl. die Arbeitsanregungen zur Blindenheilung: „Lest den Brief! Was geht euch an ihm zu Herzen? Kann jemand von einem Blinden erzählen, den er kennt?" (GLAUBENSBUCH 5 [1977 ff.], 74). – Oder eine Arbeitsanregung zur „Salbung des Messias" (Mk 14, 1–11): „300 Denare verdiente ein Arbeiter im Jahr! Was gefällt dir am Tun der Frau? . . ." (ebd., 76).

73) Vgl. DAS GLAUBEN LERNEN, 90 f.

74) Vgl. GLAUBENSWISSEN – GLAUBENSTUGEND, 12.

75) Vgl. DIE NEUEN GLAUBENSBÜCHER, 27 f.

76) Vgl. SPUREN DER GANZHEIT, 19.

77) Kritisch ist zu fragen, was mit schwierigen Schülern geschieht, wenn sie nicht an ihre eigene Kontaktgrenze gehen wollen und für „bedeutsames" Lernen nicht offen sind.

78) H. Petzold, Integrative Geragogik, a.a.O., 222.

79) Interessant sind die Ausführungen A. Höfers rund um die Wunderheilungen. Er weist darauf hin, daß die neue Existenz eine Indienstnahme der Natur durch die Begegnung mit dem Schöpfer ist. Gestaltpädagogisch würde man sagen: Der Kranke ist in „awareness" seiner selbst und des Heilands, der großes Vertrauen ausstrahlt. Dadurch erwächst im Menschen von Grund auf Urvertrauen und der ganze Mensch wandelt sich von der Tiefe her (vgl. DAS GLAUBEN LERNEN, 47 f.).

80) Siehe oben 8.2.

81) Dies ist auch oft zu beobachten, wenn Kinder im Gottesdienst gestaltend mitwirken.

82) Die Reflexion wird hier „ganzheitlich" bezeichnet, weil nicht nur die kognitive Komponente, sondern auch die persönliche Betroffenheit und die Beziehung mitschwingen sollen.

83) Vgl. G. Baudler, Korrelationsdidaktik, a.a.O., 132.

84) Vgl. zur „Anklage gegen Jesus": Die ganze Klasse spielt den Prozeß gegen Jesus. „Zum Schluß wird der Prozeß vertagt, damit noch mehr Zeugen gehört werden können – und das seid ihr, die Klasse: Jeder schreibt auf sein Blatt Papier eine Verteidigung für Jesus. Wer fertig ist, läßt seine Schrift in der Klasse herumgehen, jeder kann sie lesen und wenn er einverstanden ist, seine Unterschrift darunter setzen. So könnt ihr Partei für Jesus ergreifen" (vgl. GLAUBENSBUCH 5 [1977 ff.], 72).

85) Es wird relativ häufig ein Gebet als Abschluß einer Einheit empfohlen; vgl. GLAUBENSBUCH 5 (1977 ff.), 74: Zur Blindenheilung wird der Brief eines Blinden gelesen, die Blindenheilung gespielt und zum Schluß formuliert: „Setzt euch wieder auf die Plätze und schreibt jeder für sich ein Dankgebet, das der Blinde nach seiner Heilung gesprochen haben könnte. Z. B. ,Ich war blind, jetzt kann ich sehen . . .‘, ,ich war traurig, jetzt aber . . .‘" (ebd.).

86) Vgl. M. Scharer, Thema – Symbol – Gestalt, a.a.O., 132–180; 217 f.

87) Vgl. Peter Biehl, Erfahrungsbezug und Symbolverständnis. Überlegung zum Vermittlungsproblem in der Religionspädagogik, in: Ders. – Georg Baudler, Erfahrung – Symbol – Glauben, a.a.O., 46 f. – Vgl. G. Baudler, Korrelationsdidaktik, a.a.O., 62 ff.

88) Zum ganzen Abschnitt, wenn nicht anders vermerkt: Vgl. DIE NEUEN GLAUBENSBÜCHER, 11–18.

89) So werden Konfliktgeschichten zum 6. Gebot angegeben und das Rollenspiel zu diesen Geschichten empfohlen. Dann heißt es: „Verfaßt aus eurer eigenen Erfahrung selber Konfliktgeschichten und stellt sie der Klasse zum Spielen und Diskutieren vor" (GLAUBENSBUCH 7 [1978 ff.], 61).

90) Vgl. „Ich als Freund" und „Ich als Klassenkamerad" (GLAUBENSBUCH 8 [1978 ff.], 53).

91) Vgl. O. Betz, Der königliche Bettler, a.a.O., 29 f.; K. Dürckheim, Vom doppelten Ursprung des Menschen, a.a.O., 213–233.

92) Vgl. Regina Schnell, Konzept zur Erschließung der vollen Wirklichkeit im Religionsunterricht, in: Kat Bl 110 (1985), 30–38.

93) Audiovisuelle Aufzeichnungen von konkreten Stunden der GK könnten einige Klärung bringen.

94) Man hat bei manchem Beispiel den Eindruck, daß die religiöse Erfahrung bereits vorausgesetzt wird (vgl. Manfred Glettler, Ein Schulkonflikt und seine gestaltpädagogische Aufarbeitung, in: Höfer/Glettler/Hadolt, a.a.O., 69–77: Es scheint, daß die zweite Phase mit der Schulbeichte didaktisch gesehen relativ unverbunden mit der ersten Phase der Konfliktbearbeitung im Raum steht).

95) Vgl. LEHRERHILFEN 7/2, 14–18.

96) Vgl. ebd., 19 ff.; LEHRERHILFEN 8/1, 26 f.

97) Der Autor dieser Arbeit hat 1976 die Möglichkeit gehabt, eine Woche lang die Methoden der neuen „Glaubensbücher" in Graz kennenzulernen und zu üben. Bei der Arbeit mit Konfliktgeschichten fiel ihm das „dauernde Abgleiten vom Thema" auf. Dauernd sprach von sich selbst. Für den Autor dieser Zeilen war das wahrscheinlich die Urerfahrung dieser Tage, als in einer Reflexionsphase die Absicht und Intention der Konfliktgeschichten klar wurde: Sie sollen anregen, Typisches erheben und dabei die Möglichkeit bieten, eigene Anteile an diesem Konflikt zu erörtern.

98) A. Höfer legt einen Fragenkatalog zur Arbeit mit Konfliktgeschichten vor (LEHRERHILFEN 7/2, 19 f.). Die Fragen sollen die Identifikation, die Beziehungsaufnahme mit den Konfliktpersonen, die Suche nach alternativen Möglichkeiten und

die Wertung der Lösungsvorschläge fördern. Eine weitere Reihe von Fragen will ähnliche Situationen aus dem eigenen Leben wachrufen.

99) Vgl. LEHRERHILFEN 7/2, 22 f.
100) Vgl. LEHRERHILFEN 8/1, 34–44.
101) Vgl. Reinhard Tausch, Personenzentriertes Zusammenleben in Schulen, in: Friedrich Ch. Sauter (Hrsg.), Psychotherapie der Schule, München 1983, 82–115; William R. Coulson, Klientenzentrierte Therapie und Humanisierung der Schule, in: F. Ch. Sauter (Hrsg.), Psychotherapie der Schule, a.a.O., 116–128.
102) F. Feiner, Typologie der Übungen, in: SCHÜLERÜBUNGEN 5–8, 33–63.
103) Vgl. Paul Neuenzeit, Rezension zu: A. Grabner-Haider, Ich bin gemeint. Selbsterfahrung durch die Bibel. Für den einzelnen und für Gruppen. Graz–Wien–Köln 1984, in: Kat Bl 110 (1986), 639 f.
104) A. Höfer dürfte diesen Aspekt 1985 sehen, wenn er „nicht exklusiv von ‚der‘ Gestaltpädagogik", sondern von „den Aufgaben und Anliegen des Gestalthaften in aller Pädagogik" spricht (vgl. DIE GESTALTKATECHESE, 48).
105) Vgl. M. Phillips, Confluent Education, a.a.O., 18.
106) Siehe unten 9.2.; vgl. oben 2.4.1.
107) Erst 1985 tauchten Ansätze zur Klarstellung mancher Fragen auf. Vgl. DIE GESTALTKATECHESE; ÜBER DIE TRINITARISCHE GESTALT DER VERKÜNDIGUNG. Diese Artikel wären in ihren Konsequenzen auf konkrete Unterrichtssequenzen weiterzudenken.
108) Mit den praktischen Schülerübungen zu den Religionsbüchern 5–8 von A. Höfer/ E. Tröbinger/F. Feiner ist 1976 für die deutsche Ausgabe der Schulbücher eine Handreichung vorhanden (vgl. SCHÜLERÜBUNGEN 5–8). Bei der Neuausgabe der Glaubensbücher 1977/78 in Österreich fehlen aber begleitende Schriften.

Zu: 9. „VERKÜNDIGEN UND HEILEN" – FRAGEN UM DEN „THERAPEUTISCH-ORIENTIERTEN" RELIGIONSUNTERRICHT

1) Vgl. den Untertitel von: DIE NEUEN GLAUBENSBÜCHER.
2) Vgl. DIE NEUEN GLAUBENSBÜCHER.
3) Vgl. ebd., 9.
4) SPUREN DER GANZHEIT, 83 f.
5) In den Evangelien scheinen eine ganze Reihe von Krankenheilungen auf. Deswegen aber schon alle Menschen, die Jesus begegnen, als „kranke" Menschen zu bezeichnen, ist fragwürdig. Hier dürfte von therapeutischer Seite der alte Krankheitsbegriff von S. Freud eingeflossen sein.
6) DIE NEUEN GLAUBENSBÜCHER, 61–69.
7) Ebd., 7. A. Höfer verweist auf O. Randak (vgl. Oskar Randak, Therapeutisch orientierte Religionspädagogik, Düsseldorf 1980).
8) SPUREN DER GANZHEIT, 77.
9) DIE NEUEN GLAUBENSBÜCHER, 88.
10) SPUREN DER GANZHEIT, 81 f.
11) DIE NEUEN GLAUBENSBÜCHER, 14 f.
12) Vgl. R. Tausch, Personenzentriertes Zusammenleben, a.a.O., 87: „Überwiegend einfühlend verstehend, achtungsvoll-warmsorgend sowie echt."
13) Vgl. DIE NEUEN GLAUBENSBÜCHER, 12 ff. und SPUREN DER GANZHEIT, 76 f.
14) Vgl. R. Leitner, Der Religionsunterricht an der Pflichtschule, a.a.O., 72.
15) Vgl. ÜBUNG UND ERFAHRUNG IM RELIGIONSUNTERRICHT, 13.
16) SCHÜLERÜBUNGEN 5–8, 5.
17) ÜBUNG UND ERFAHRUNG IM RELIGIONSUNTERRICHT, 11 – Hervorh. Kl. – In einer Zusammenschau versucht A. Höfer, die „alte mystische Tradi-

tion" mit ihren drei Phasen des Weges „zum Selbstwerden oder eigentlich zum Gott-finden" mit C. G. Jung, S. Freud und der Transaktionsanalyse zu vergleichen. A. Höfer führt aus, daß der alte mystische Weg der Tradition zuerst ein „Reinigungs-Läuterungsweg, dann Erleuchtungsweg, dann Einigen mit Gott und den Mitmen-schen (ist). Diesen drei Wegstrecken entsprechen in der Psychagogik heutiger tiefenpsychologischer Therapie sehr deutliche Parallen" (ebd.).

18) SPUREN DER GANZHEIT, 81.
19) Ebd., 22 – Hervorh. Kl.
20) Ebd. 84. – Leider ist bei genauerem Hinsehen der Vergleich zwischen Fahrschule und Autowerkstatt nicht stimmig, weil einmal der Lenker und einmal das Auto im Mittelpunkt des Vergleiches stehen. Trotzdem spiegelt dieses Bild sehr gut den Un-terschied zwischen Pädagogik und Therapie. – An anderer Stelle vergleicht A. Hö-fer Pädagogik, Therapie und Unterricht mit der Katechese. Er führt aus: „Die *Kate-chese* hat mit allen drei Gebieten etwas Gemeinsames, aber ebenso auch etwas, was sie von ihnen unterscheidet. Mit der *Pädagogik* hat auch die Katechese gemeinsam, daß es beiden um das Wachstum und die Reifung der Kinder geht. Unterscheidend ist, daß es der Katechese darüber hinaus darum geht, daß die Kinder mit Christus zusammenwachsen und in den Glauben hineinreifen. Mit der *Psychotherapie* hat die Katechese gemeinsam, daß beide Schüler vor sich haben, die in ihrer menschlichen Entfaltung behindert, verwundet und oft sehr zerstört sind. Beiden geht es darum, daß sie diesen Kindern helfen und ihre Seelen heilen. Katechese und Therapie un-terscheiden sich aber darin, daß die Katechese den tiefsten Grund der Zerstörung des Menschen in der Sünde, also in der Entfremdung von Gott, sieht und daß sie darum Gott selber als den Heiland dieser zerstörten Menschenkinder herbeiruft. Mit dem *Unterricht* hat die Katechese gemeinsam, daß beide der heranwachsenden Generation Wissen, Werte und Ziele vermitteln, die der Gesellschaft und ihrer Kul-tur wichtig sind. Von reiner Wissensvermittlung unterscheidet sich die Katechese aber darin, daß es ihr nicht um irgendein Kulturgut geht, sondern um den aufer-standenen Christus in Person und um die Beziehung des Schülers zu ihm" (GE-STALT DES GLAUBENS, 116 – Hervorh. Kl.). Hier streicht A. Höfer klar her-aus, daß Pädagogik und Katechese die Entfaltung zum Ziel haben. Andererseits spricht die Katechese im Gegensatz zur Therapie theologisch von Sünde. Der Hei-land selbst soll den „zerstörten" Menschenkindern begegnen. Der Hinweis, daß die GK nicht durch den Katecheten restituierend wirken soll, sondern Heilsbilder oder Heilsgeschichten anzubieten sind, ist wichtig.
21) Vgl. H. Petzold, Das Ko-respondenzmodell in der integrativen Agogik, a.a.O., 22.
22) Vgl. A. Höfler, Theorie und Praxis, a.a.O., 20–23.
23) Vgl. DIE NEUEN GLAUBENSBÜCHER, 68. Der Katechet ist kein ausgebilde-ter Therapeut und auch „nicht der Heiland in Person" und doch wird er „gesendet, zu heilen und Dämonen auszutreiben" (ebd.).
24) Vgl. SPUREN DER GANZHEIT, 85.
25) DIE NEUEN GLAUBENSBÜCHER, 63 f. – Hervorh. Kl.
26) Ebd., 70 f.
27) Vgl. SPUREN DER GANZHEIT, 83 – Hervorh. Kl.
28) Ebd.
29) DIE GESTALTKATECHESE, 48 – Hervorh. Kl.
30) Vgl. DIE NEUEN GLAUBENSBÜCHER, 64–67.
31) Vgl. DAS GLAUBEN LERNEN, 47.
32) Vgl. DIE NEUEN GLAUBENSBÜCHER, 67 ff. – Hervorh. Kl.
33) Der Ausdruck „therapeutisch intervenieren" deutet doch wieder auf die Therapie hin.
34) SPUREN DER GANZHEIT, 85.
35) Vgl. ebd., 76 ff.
36) Vgl. Claus Westermann, Das Lob Gottes in den Psalmen, Göttingen 1968.

37) Vgl. MODELLE EINER PASTORALEN LITURGIE, 61–90. Hier wird der Klagepsalm in seiner Bedeutung für die Liturgie untersucht. 1982 läßt Höfer die liturgischen Bezugspunkte weg.

38) Vgl. SPUREN DER GANZHEIT, 88–99.

39) Vgl. ebd., 88–93.

40) Vgl. SPUREN DER GANZHEIT, 93–96 – Hervorh. Kl.

41) DIE NEUEN GLAUBENSBÜCHER, 12.

42) Ebd., 70 f. – Hervorh. Kl.

43) SPUREN DER GANZHEIT, 92. – Vgl. DAS GLAUBEN LERNEN, 74.

44) Vgl. SPUREN DER GANZHEIT, 83.

45) Vgl. ebd., 97 ff. – Vgl. dazu auch WAS HEISST „ERLÖSUNG"?, 49 f.; vgl. LEHRERHILFEN 7/2, 12 f.

46) Vgl. GESTALT DES GLAUBENS, 111 f.; diese Ausführungen übernimmt A. Höfer wortident von MODELLE EINER PASTORALEN LITURGIE, 111–116.

47) Vgl. DAS GLAUBEN LERNEN, 47.

48) Vgl. ÜBER DIE TRINITARISCHE GESTALT DER VERKÜNDIGUNG, 56.

49) Vgl. SPUREN DER GANZHEIT, 97 ff.

50) Vgl. dazu auch den Hinweis, daß im „Lehrerverhaltenstraining" bei A. Höfer die Eucharistiefeier eine ganz entscheidende Bedeutung hat. – Siehe unten 10.4.

51) Vgl. GESTALT DES GLAUBENS, 70.

52) Vgl. SPUREN DER GANZHEIT, 100 ff.

53) Vgl. ÜBUNG UND ERFAHRUNG IM RELIGIONSUNTERRICHT, 13 f.

54) Vgl. GLAUBENSBUCH 7 (1969), 70 f.

55) LEHRERHEFT, 38.

56) Vgl. ÜBUNG UND ERFAHRUNG IM RELIGIONSUNTERRICHT, 5–8, 8–13.

57) GESTALT DES GLAUBENS, 73.

58) HANDELN AUS DEM GLAUBEN, 281; vgl. RELIGIONSBUCH 7, 85–98.

59) Vgl. LEHRERHEFT, 38.

60) Vgl. HEUTE AN GOTT GLAUBEN, 48.

61) Lehrplan für den katholischen Religionsunterricht an HS (Ausgabe 1985), a.a.O., 10.

62) Vgl. Adolf Heimler, Selbsterfahrung und Glaube. Gruppendynamik, Tiefenpsychologie und Meditation zur religiösen Praxis, München 1969; Dieter Stoodt, Die Praxis der Interaktion im Religionsunterricht, in: Der Evangelische „Erzieher" 23 (1971), 1–10; Paul Tillich, Wesen und Wandel des Glaubens, Frankfurt a. M.–Berlin–Wien 1975, 126; Gottfried Griesl, Praktische Theologie zwischen Verkündigung und Psychotherapie, in: Erika Weinzierl – Gottfried Griesl (Hrsg.), Von der Pastoraltheologie zur Praktischen Theologie 1774–1974, Salzburg–München 1976, 199–215; Dietrich Stollberg, Wenn Gott menschlich wäre . . . Auf dem Wege zu einer seelsorglichen Theologie, Stuttgart–Berlin 1978; Scharfenberg/Kaempfer, a.a.O., 123–197; Klaus Ebert, Verkündigung oder Therapie. Gegen falsche Alternativen in der Religionspädagogik, in: RpB 7/1981, 126–172; Fritz Arnold, Der Glaube, der dich heilt. Zur therapeutischen Dimension des christlichen Glaubens, Regensburg 1983; Gottfried Griesl, Die vertikale Dimension, in: Hermann Lenz – Katerina Liveriou – Gottfried Griesl, Ich verwandle mein Leben in Sinn. Erkennen und Bewältigen von Lebenskrisen, Wien–Freiburg–Basel 1985, 151–179; Hermann Stenger, Verwirklichung unter den Augen Gottes. Psyche und Gnade, Salzburg 1985; u.v.a.

63) Vgl. Josef Rudin, Psychotherapie und Religion. Probleme der tiefenpsychologischen Wissenschaft und der analytischen Erfahrung, mit einem Brief von C. G. Jung an den Verfasser, Olten und Freiburg i. Br. ²1964 (1960), 194–198.

64) Vgl. Scharfenberg/Kaempfer, a.a.O., 157.
65) Vgl. H. Halbfas, Das dritte Auge, a.a.O., 120.
66) Vgl. Klaus Ebert, Verkündigung oder Therapie, a.a.O., 129.
67) Vgl. Gottfried Griesl, Praktische Theologie zwischen Verkündigung und Psycho-therapie, a.a.O., 199–215, hier 199.
68) Vgl. G. Griesl, Die vertikale Dimension, a.a.O.
69) G. Griesl, Praktische Theologie zwischen Verkündigung und Psychotherapie, a.a.O., 207.
70) Vgl. ebd., 210; ders., Die vertikale Dimension, a.a.O., 161 f.
71) G. Griesl, Die vertikale Dimension, a.a.O., 161 f.
72) Vgl. ebd., 161; ders., Praktische Theologie zwischen Verkündigung und Psychothe-rapie, a.a.O., 214 f.
73) Vgl. Georg Baudler, Einführung in symbolisch-erzählende Theologie, Paderborn–München–Wien–Zürich 1982, 13.
74) Vgl. ebd., 76–79.
75) Vgl. D. Stollberg, Wenn Gott menschlich wäre, a.a.O., 41–44.

Zu: 10. „DER KATECHET (IN DER GESTALTKATECHESE)

1) E. u. M. Polster, Gestalttherapie. Theorie und Praxis der integrativen Gestalttherapie, München 1967, 13.
2) H. Petzold, Die Medien in der integrativen Pädagogik, a.a.O., 110.
3) Vgl. F. Ch. Sauter, Gemeinsamkeiten in den psychotherapeutischen Sichtweisen von Schule und Unterricht, a.a.O., 187 f.
4) Vgl. J. Bürmann, Gestaltpädagogik und Persönlichkeitsentwicklung, a.a.O., 220–228.
5) Vgl. SPUREN DER GANZHEIT, 80. Im „Christlich orientierten Lehrerverhaltenstraining" bemüht sich A. Höfer, eine fünffache Kompetenz in fachlicher, persönlicher, sozialer, religiöser und politischer Richtung zu fundieren.
6) Vgl. ebd., 25. – An anderer Stelle: „Nicht seine Ausrüstung (Sandalen, Reisestab und Geldbeutel, vgl. Lk 9,3), sondern seine heilbringende Wirkkraft (Shalom) ist es, was auf die Schüler übergeht und sie verändert. Er wird darum immer an sich selber arbeiten" (ebd., 83).
7) Vgl. Manfred Glettler, Meine Lehrerrolle als Medium, in: GESTALT DES GLAUBENS, 132–137, hier bes. 133.
8) Vgl. K. H. Ladenhauf, Curriculum: Beratende Seelsorge und christliche Pädagogik, in: Diakonia 8 (1977), 325; K. H. Ladenhauf spricht von „pastoraler Kompetenz".
9) Es kommt zur kritischen Anfrage nach der Überforderung des Lehrers. – Vgl. dazu auch KINDER SIND ANDERS, 50 f.
10) Vgl. SPUREN DER GANZHEIT, 76–86.
11) Wenn keine anderen Quellen erwähnt, vgl. SPUREN DER GANZHEIT, 20 ff.; 25 ff.; 76–86.
12) Vgl. ebd., 74.
13) Vgl. THESEN, 221; HANDELN AUS DEM GLAUBEN, 247; LEHRER-HEFT, 18; vgl. auch die ähnliche Beschreibung SPUREN DER GANZHEIT, 20–23.
14) Vgl. J. Bürmann, Gestaltpädagogik und Persönlichkeitsentwicklung, a.a.O., 220–228.
15) Wenn keine anderen Quellen erwähnt: SPUREN DER GANZHEIT, 78–86; LEHRERVERHALTENSTRAINING.
16) Wolfgang Mutzek – Waldemar Pallasch (Hrsg.), Lehrerhandbuch zum Lehrertraining. Konzepte und Erfahrungen, Weinheim und Basel 1983, 20 f.

17) Vgl. dazu auch ÜBUNG UND ERFAHRUNG, 5.

18) Vgl. SCHÜLERÜBUNGEN 5–8, 5 f.: „Die Übungen, die wir in diesem Heft anbieten, sind und wollen keine Psychotherapie sein und waren der außerschulischen Pädagogik und Jugendarbeit oft schon bekannt. Ihre Handhabung setzt aber voraus, daß der Lehrer für sie geschult ist. Manche sind so einfach, daß sie jeder anwenden kann. Für manche allerdings sollte der Lehrer ein dazugehöriges Lehrertraining mitgemacht haben. Wir bieten vom Religionspädagogischen Institut in Graz unseren Lehrern solche Schulungen an. Ähnliches wird es sicher auch andernorts geben. Manche Lehrer helfen sich dadurch, daß sie sich in Gruppen zusammentun und schwierige Übungen nicht nur besprechen, sondern in Selbsterfahrung durchexerzieren."

19) Vgl. Bernd Fitkau, Gestaltorientierte Selbsterfahrung, in: Mutzek/Pallasch (Hrsg.), a.a.O., 213–225.

20) Vgl. SPUREN DER GANZHEIT, 80. A. Höfer gibt für das „Christlich orientierte Lehrerverhaltenstraining" folgende „Lernziele" an:
„1. Erweiterung der fachlichen Kompetenz: Wer unmusikalisch ist, wird kaum Musikdidaktisches einsetzen: er muß zuerst seine Musikalität (re-)aktivieren, ehe er sie in Didaktik umsetzt. Das gilt für jede Form von Methodik und Didaktik: Eine schöpferische Erweiterung der eigenen Persönlichkeit ist die Voraussetzung für einen reichhaltigeren und lebendigeren Einsatz aller didaktischen Möglichkeiten.
2. Erweiterung der persönlichen Kompetenz: Ich kann nur dann Schülerschwierigkeiten aushalten und mit ihnen heilsam umgehen, soweit ich entsprechende Konflikte auch bei mir zu bearbeiten gelernt habe. Weiters weckt meine Kreativität die schöpferischen Kräfte der Schüler.
3. Erweiterung der sozialen Kompetenz: Indem ich die Grenzen meines Rollenverhaltens in dieser Gruppe hinausschieben lerne, erweitere ich meine Fähigkeiten, mit Klasse und Schule als einer sozialen Ganzheit zielstrebig umzugehen.
4. Erweiterung der religiösen Kompetenz: Indem ich meine Religiosität zur Erfahrung, Gestalt und Sprache bringe, kann ich Religion als erfahrene und gelebte vermitteln.
5. Erweiterung der politischen Kompetenz: Indem ich die Verantwortung für mich und den Gruppenprozeß übernehme, lerne ich meine politische Verantwortung im öffentlichen Bereich, z. B. als pädagogischer Berater für Schüler, Eltern und Lehrer in ihren Schwierigkeiten und als Fachreferent."
Eine differenzierte Auseinandersetzung mit den entsprechenden Kompetenzbereichen feht allerdings.

21) Vgl. dazu auch K. H. Ladenhauf, Curriculum, a.a.O., 324–333: K. H. Ladenhauf beschreibt das gleiche Curriculum ausführlicher unter dem Titel „Beratende Seelsorge und christliche Pädagogik" und erwähnt dabei, daß A. Höfer im Ausbildungsausschuß, der die Gesamtleitung der Ausbildung in Händen hat, vertreten ist. – Diesem Ausbildungsausschuß gehört A. Höfer heute nicht mehr an. – Vgl. K. H. Ladenhauf, Integrative Gestalttheorie, a.a.O.

22) Da A. Höfer noch keine detaillierte Beschreibung vorgelegt hat, wird als Beispiel die persönliche Aufzeichnung des Autors wiedergegeben.

23) Vgl. GESTALT DES GLAUBENS, 35–39.

24) Ebd., 120–123, 126–129.

25) Eine Teilnehmerin des Kurses hat zur Taufe ihres Kindes eingeladen. Die Gestaltung der Taufe übernahm die Gruppe.

26) Vgl. M. Scharer, Thema – Gestalt – Symbol, a.a.O., 214.

27) Vgl. Günter Lange, Zwischenbilanz zum Korrelationsprinzip, in: Kat Bl (1980), 155; vgl. Adolf Exeler, Der Religionslehrer als Zeuge, in: Albert Biesinger – Winfried Nonhoff (Hrsg.), Religionsunterricht und Schülerpastoral, München 1982, 89–103, hier 94–98; vgl. Norbert Mette, Zur Situation der Religionspädagogik, in: Kat Bl 110 (1985), 4–9, hier 5 f.

28) Vgl. Reinhold Bärenz, Das Gewissen. Sozialpsychologischer Aspekt zu einem moraltheologischen Problem, Würzburg 1978, 95.
29) Vgl. K. Dürckheim, Vom doppelten Ursprung des Menschen, a.a.O., 213–233; ders., Mein Weg zur Mitte, a.a.O., 132; ders., Beglückendes Wachwerden des Wesens, in: Kat Bl 110 (1985), 653 f.
30) Vgl. Georg Baudler, Korrelation von Lebens- und Glaubenssymbolen. Zwei Grundregeln einer Korrelations-Didaktik, in: Kat Bl 105 (1980), 763–771, hier 769 f.
31) Vgl. Dieter Funke, Themenzentrierte Interaktion als praktisch-theologisches Handlungsmodell, in: Lebendig lernen. Grundfragen der themenzentrierten Interaktion (Euro-Info, Sondernummer), Arlesheim 1984, 115–133, hier 131; vgl. M. Scharer, Thema – Gestalt – Symbol, a.a.O., 217 f.
32) Vgl. K. Dürckheim, Vom doppelten Ursprung des Menschen, a.a.O., 226.
33) Kinder sind bei entsprechender Motivation relativ offen und beeinflußbar. Gerade deshalb ist es wichtig, um die Dienstfunktion und um die Begleitfunktion zu wissen. Die Katechese muß „freies Angebot" bleiben. – Vgl. analog dazu G. Griesl, Die vertikale Dimension, a.a.O., 146 f.
34) Vgl. W. Langer, Die Vielfalt und die Mitte, a.a.O., 50.
35) Mit dem Entwurf des „Lehrertrainings" entwickelt A. Höfer ein Trainingsprogramm, das viele Ähnlichkeiten aufweist mit entsprechenden Entwürfen in humanistischen Ansätzen der Pädagogik. – Vgl. Mutzek/Pallasch, a.a.O. – Auch im religionspädagogischen Bereich sind „Training"-Programme schon weit verbreitet: Adolf Heimler, Selbsterfahrung und Glaube. Gruppendynamik, Tiefenpsychologie und Meditation als Wege zur religiösen Praxis, München 1976, 282 ff; Wilfried Faber, Mich um Gottes Willen mehr sein lassen. Erste Erfahrungen mit der Gestaltarbeit und dem christlichen Glauben in der Lehrerfortbildung, in: Jan Heiner Schneider (Hrsg.), Sand in den Schuhen. Vom Glauben der Religionslehrer, München 1983, 41–53; M. Scharer, „Miteinander glauben lernen", a.a.O., 17.

Zu: 11. ZUM LEHRPLAN UND SCHULBUCH

1) Deshalb wurde analog zu diesem Kapitel in den Erörterungen zur GP lediglich ein Exkurs angeführt: „Fragen zur schulischen Organisation" – siehe oben 2.9.
2) Vgl. J. W. Klaushofer, Verkündigung und Gestalt, a.a.O. – vgl. M. Appesbacher, Religionsunterricht in der Erzdiözese Salzburg 1968–1985, Salzburg 1988, 248 ff.
3) ERLÄUTERUNGEN ZUM NEUEN LEHRPLAN, 135 – Vgl. J. W. Klaushofer, Verkündigung und Gestalt, a.a.O., 58–85.
4) Vgl. SPUREN DER GANZHEIT, 17.
5) Ebd., 24, 69–72.
6) Ebd., 18; vgl. auch ebd., 73 f.
7) Vgl. F. Moser, Wirtschaft und Religion, a.a.O., 109–142.
8) SPUREN DER GANZHEIT, 25.
9) Vgl. M. Langer, Die Vielfalt und die Mitte, a.a.O., 50.
10) Vgl. GESTALTKATECHESE, 51.
11) A. Höfer legt zwar eine Skizze zur Erstellung eines Lehrplans (vgl. SPUREN DER GANZHEIT, 71) vor. Diese bringt aber keine weiteren Erkenntnisse.
12) Vgl. M. Scharer, Thema – Gestalt – Symbol, a.a.O., 41 f.
13) SPUREN DER GANZHEIT, 70.
14) Ebd., 23 f. – Hervorh. Kl.; vgl. THESEN, 221; HANDELN AUS DEM GLAUBEN, 247; LEHRERHEFT, 18.
15) Das GLAUBENSBUCH 5 wurde 1977 neu aufgelegt; das GLAUBENSBUCH 6–8 1978; von da an gab es jährlich unveränderte Neuauflagen.

16) Schul- und Werkbuch für den Religionsunterricht an Polytechnischen Lehrgängen und einjährigen Formen der berufsbildenden mittleren Schulen der neunten Schulstufe, erarbeitet von: Wolfgang Dedl, Franz Feiner, Manfred Glettler, Albert Höfer, Hans Krameritsch, Werner Reischl, Matthias Scharer, Gertraud Tröbinger, Ewald Ules, Klagenfurt u. a. 1982 ff.

17) Vgl. Kapitel IV „Wer ist dieser?" (TORE ZUM GLÜCK, 32–43) bringt sehr viel Sachinformation und Anregung zur argumentativen Auseinandersetzung. – Das Kapitel VI „Jesus lebt – wir sind erlöst" (TORE ZUM GLÜCK. 51–55) lebt eher im Bild, vom biblischen Text und bringt mehr existentielle Auseinandersetzung und kaum kognitive Informationsverarbeitung.

18) Vgl. DIE NEUEN GLAUBENSBÜCHER, 11–79.

19) Vgl. INSTITUT, 716 f.: Hier verwendet Höfer den Ausdruck „integrativ" im Sinn einer Einbeziehung aller Nachbardisziplinen der Pädagogik.

20) Die Reihenfolge der angeführten Autoren zeigt durch den erstgenannten, wer im Team hauptverantwortlich war.

21) So erklärte M. Scharer, daß er auf keinen Fall bewußt gestaltkatechetisch/gestaltpädagogisch an seinem Kapitel arbeiten wollte (vgl. TORE ZUM GLÜCK, 76–84).

Zu: 12. KRITISCHE WÜRDIGUNG DER „GESTALTKATECHESE" (A. HÖFER)

1) Zu dieser thesenhaft vorgelegten Zusammenfassung über „Gestaltkatechese" wurden nicht nur die in dieser Arbeit dargelegten Befunde herangezogen. Im Hintergrund steht die noch ausführlichere Bearbeitung des Lebenswerkes von A. Höfer (vgl. J. W. Klaushofer, Verkündigung und Gestalt, a.a.O.). – Auf neuerliche Zitationen wurde verzichtet. Ausdrücke von A. Höfer sind unter Anführungszeichen („. . .") gesetzt. Begriffe, die nicht auf A. Höfer sondern auf andere in der vorliegenden Veröffentlichung angeführte Autoren zurückgehen, sind mit einfachen Anführungszeichen (‚. . .') hervorgehoben.